introduction to ECONOMICS

경제학 입문

강남호 · 김경표

정독
DEEP READING

머릿글

이 책은 경제학 입문서이다. 이 책은 경제에 관한 교양서로 그리고 경제이론을 처음 접하는 전공자들이나 비전공자들을 위한 교재로 활용될 수 있다. 경제학 입문을 위한 기본개념이나 기본원리들을 쉽고 재미있게 이해하는 데 도움을 준다. 또한 이 책은 경제전문가나 경제학자가 아닌 합리적인 경제주체로서의 일반적인 시민들에게 바람직한 경제관을 형성시키는 데 도움을 준다. 저자는 이 책을 저술함에 있어 기존의 경제학 입문서와의 차별화를 시도했다. 기존의 경제학 서적들은 각각의 장마다 이론이 분절되어 경제학 입문자들에게 경제현상을 총체적으로 이해하는 데 어려움을 주고 있다. 따라서 이 책에서는 어떤 경제현상을 이해하는 데 필요한 이론들을 분절없이 연결시키고 핵심적인 논리가 융합적으로 연계되도록 얼개의 묘를 살리는 데 주안점을 두었다. 또한 일반적인 독자들에게 난이도가 높은 수식이나 그래프가 많아 가독성을 떨어뜨리는 문제를 해결하기 위해 가능하면 수식이나 그래프를 생략하거나 축소하기 위해 노력하였다. 이 책은 무엇보다도 기존 경제학 이론서들이 정형화시킨 이론의 전개 순서를 바꾸거나 혼합하여 독자들의 총체적 이해 능력을 높이는 데 초점을 맞추고 있다.

경제는 우리가 살아가는 일상에서 가장 필수적인 요소이고, 경제문제는 국가적으로나 세계적으로도 가장 중요한 과제 중 하나이다. 그런데 우리는 경제현상이나 경제문제가 날씨처럼 변화무쌍하여 바르게 이해하고 예측하는 데 어려움을 겪고 있는 것이 현실이다. 경제현상이나 경제문제는 단순하게 경제적 요인에 의해서만 변하는 게 아니라 정치적·사회적·외교적·문화적·기술적 요인에 의해 변하기 때문이다. 따라서 우리가 변화무쌍한 경제를 정확하게 예측할 수 있는 능력을 얻기 위해서는 경제원리뿐만 아니라 다양한 학문의 학제적 역량과 융합적 사고를 필요로 한다. 기본적으로는 사회과학의 기초를 형성하는 경제학을 학습하는 것이 무엇보다 선행되어야 한다는 점은 분명하다.

경제학은 우리에게 경제가 왜 그렇게 변하는 건지, 또 경제는 앞으로 어떤 방향으로 변할 것인지를 설명하는 안내지도이다. 경제학을 잘 학습한 개인, 조직, 국가라면 그렇지 못한 경제주체들보다 경제현상을 잘 이해하고 경제문제를 최적하게 해결하는 능력을 갖게 될 것이다. 경제학은 선택과학이고, 인간은 개인적이든 사회적이든 항상 선택문제에 직면한다. 집안 살림을 꾸려가는 가장이나 가정주부이거나 어떤 기업의 경영자, 사원이거나 또는 자영업을 하는 사업가이거나 정부의 관료나 지방의 공무원이거나 또는 국회의원이나 지방의회의 의원이거나 어떤 경제적 선택이나 정책적 의사결정과 마주하게 된다. 대통령은 국가차원에서의 선택의 문제(의사결정), 도지사나 시장은 지방자치단체차원에서의 선택의 문제(의사결정)에 직면하고, 우리 모두는 사생활에서의 선택의 문제(의사결정) 그 내용만 다를 뿐, 누구든 하루하루는 선택(의사결정)의 연속이고 그 선택의 결과에서 벗어날 수 없다.

어떤 선택을 하면 부자가 될 수 있는지, 이윤을 많이 남기는 기업을 만들 수 있는지, 지역의 발전을 도모할 수 있는지, 풍요로운 국가로 나아갈 수 있는지 모든 것들이 결국 선택에 의해 좌우된다. 우리는 유권자로서 정부의 정책이나 그 외의 경제와 관련된 정보와 지식을 충분하게 필요로 한다. 경제지식 없이는 투표를 제대로 할 수도, 일간신문을 제대로 읽을 수도 없기 때문이다. 경제생활을 지배하는 힘들이 어떤 것인지를 이해하고 있을 때 우리는 경제주체로서 또는 민주시민으로서의 역할과 기능을 제대로 수행할 수 있는 것이다,

학문으로서의 경제학은 선택과학이다. 경제교육은 합리적 선택으로 현실적으로 가장 최선의 상태를 유지하는 방법이 무엇인지를 깨닫게 한다. 개인적 차원에서 가장 합리적인 선택을 하는 사람은 성공할 것이고, 조직에서도 가장 합리적인 선택을 한다면 그 조직은 성장할 것이며, 국가적으로도 가장 합리적인 선택을 한다면 그 나라는 발전할 것이다.

이 책을 통해서 독자들의 합리적 사고가 확장되고 핵심적인 경제원리로 경제현실을 이해하며 융합된 통찰력으로 미래를 예측하는 데 도움이 될 수 있기를 소망한다.

이 책을 출판하는 과정에서 도움을 준 김경표 교수와 도서출판 정독 김중용 대표님께 감사의 말씀을 전하고 싶다.

2024년 2월

원광대 연구실에서

차례

제10장 총수요와 총공급이론

제11장 인플레이션과 실업

Chapter 01

경제와 풍요로운 세상

1. 경제(Economy)란 무엇인가?
2. 경제적으로 잘 산다는 것
3. 경제력과 삶의 질을 나타내는 지수들
4. 풍요와 빈곤을 결정하는 요인
5. 경제학적 이상사회

1. 경제(Economy)란 무엇인가?

경제는 인간의 가장 기본적인 생존기반이며 국가나 사회발전의 원동력이다. 또한 우리 인류의 문명은 경제라는 토대 위에서 진화하며 성장해 왔고 우리가 살고 있는 지구촌 사회는 경제라는 언어로 소통하고 있으며 교역이라는 연결고리로 교류와 협력의 네트워크를 만들어 왔다. 우리는 경제 없이는 단 하루도 행복할 수 없으며, 생산, 교환, 소비와 같은 경제적 순환과정에서 경제주체로서 참여하고 있다.

소비자가 청바지 한 벌을 얻기 위해서는 전 세계 10여 개 국가들의 그물망처럼 역어진 글로벌 공급체계가 작동해야 한다. 살펴보라! 우리가 하루를 살아가는데 필요한 수많은 물품들을 지금 우리가 직접 생산해서 소비하고 있는 것인가?, 우리가 필요로 하는 대부분의 물건들은 나 자신이 아닌 수많은 다른 사람, 다양한 지역, 수많은 조직(기업), 수많은 나라들이 생산에 참여해 협력하고 교역하여 공급된 상품들이라는 것을 … 우리가 오늘 하루를 큰 불편 없이 즐길 수 있었던 데에는 내 자신이 아닌 수많은 다른 사람들, 다른 지역, 다른 조직, 그리고 다른 나라들과의 경제적 교류가 그 바탕이 됨을 깨닫게 된다.

경제를 가장 쉽게 정의하면 경제란 만들고 쓰는 것이다. 보다 경제학적으로 깊이 있게 설명하자면 희소한 자원을 사용하여 생산하고 소비하는 과정에서 나타나는 자원배분 행위, 소득분배 행위, 교환행위, 분업(전문화)행위 등이 규칙적이고 연속적으로 작동하는 과정을 경제라 정의할 수 있다. 다시 한번 강조하지만 경제의 핵심은 생산과 소비이다. 생산과 소비 중에서 생산은 소비보다 선행되어야 한다. 생산하지 않은 것들을 소비할 수 없지 않겠는가?, 이런 맥락에서 인간의 생존, 인간의 역사, 인간의 문명(문화)이라는 것들은 모두 생산과 소비를 토대로 만들어지고 발전하는 과정임을 깨닫게 된다. 생산은 소비에 선행하는 것이고 소비는 인간의 욕구를 반영하는 것이기에 생산과 소비는 서로 상승 작용하면서 인류문명의 진화 내지는 발전을 촉진해 왔다.

우리가 상식적으로 이해하고 있는 농업혁명, 산업혁명, 정보혁명이라는 현상들은 과학기술이 주도하는 것들이고, 과학기술의 혁신적 발달이 생산방식을 혁명적으로 진보시킨 결과물이다. 경제학적으로는 생산력이 향상되면서 저축이 증가하고 저축된 것을 투자하여 자본축적이 이루어지며 자본 속에 과학기술이 체화되는 과정을 경제발전으로 설명할 수 있을 것이다. 원시인이 최초에 집어든 짱돌이 오늘날 스마트한 AI로 발전한 과정을 과학기술, 저축, 투자, 자본축적, 자본에 체화된 과학기술로 설명할 수 있는 것이고, 10만 년이라는 인류역사 속에서 담금질 된 자본축적의 결과물이라 설명할 수 있다.

따라서 경제는 생산과 소비라는 두 바퀴가 끌고 가는 수레와 같은 것이다. 생산과 소비는 공급과 수요라는 용어로 치환될 수 있고 생산과 소비(공급과 수요)가 균형을 이룰 때 경제라는 수레는 제대로 굴러갈 수 있는 것이다. 생산과 소비라는 두 바퀴가 서로 균형이 맞지 않게 된다면, 생산(공급)이 소비(수요)보다 많아지면 불경기(실업)의 문제가 발생하고 소비(수요)가 생산(공급)보다 많아지면 인플레이션(물가상승)의 문제를 발생시킨다. 경제라는 수레는 항상 생산과 소비라는 두 바퀴의 균형에 의해서 안정과 성장을 도모할 수 있는 것이다.

현실경제에서의 경제정책들은 실업을 줄이고 물가를 안정시키는데 목표를 두고 있으며, 국민들 입장에서도 실업과 인플레이션이라는 문제는 경제생활을 유지하는데 중요한 요소가 된다. 경제생활하는 과정에서 경제적으로 국민들을 괴롭히는 경제문제가 바로 실업과 인플레이션이기 때문이다. 어떤 정부든 그들이 권력을 유지하기 위해서는 유권자들의 경제생활을 안정화시켜야 하는데, 이를 달성하기 위해서는 좋은 일자리를 창출하고 생활물가를 안정시키는 일이 가장 중요하다. 따라서 실업률과 물가상승률을 고려하여 개발된 지수를 고통지수(misery index)라 하고, 대부분의 경제정책들은 고통지수를 낮추는 데 초점을 맞추고 있다.

2. 경제적으로 잘 산다는 것

경제의 핵심은 생산과 소비이다. 생산이 고도화되고 소비수준이 그만큼 높아지면 경제는 성장하는 것이다. 따라서 개인이나 국가, 모두가 잘살기 위해서는 생산능력을 강화하고 소비수준을 향상시켜야 한다. 한 나라의 생산능력은 생산성에 의해 좌우되는데, 노동생산성이나 자본생산성 향상에 가장 크게 기여하는 것은 과학기술이며, 저축과 투자에 의해 형성되는 자본축적이라 할 수 있다.

개인이든 국가든 잘산다는 것은 무엇인가? 생산능력이 높고 소비수준이 높은 상태를 의미한다. 생산은 소비보다 선행되는 것이어서 생산성을 높일 수 있는 과학기술이 중요하다. 저축, 투자, 인적자본이나 정보와 같은 생산요소들의 생산성도 중요하다. 선진국이란 생산능력이 높고 소비수준이 높은 나라들을 일컫는 용어이다. 국민소득이 높다는 것은 그 나라의 생산능력이 높다는 것이다.

어떤 나라의 생산능력은 GDP(국내총생산), 소득수준은 GNI(총국민소득)라는 경제지표로 측정할 수 있다. GDP(gross domestic products)란 어떤 나라에서 1년 동안 그나라 안에서 생산된 모든 생산물의 가치를 달러가치로 환산한 개념이다. 즉, 그 나라 안에서 1년 동안 만들어진 생산물의 모든 부가가치를 합한 개념이다. GNI(-gross national Income)란 그 나라 국민들이 1년 동안 소유하고 있는 생산요소를 국내외에 제공한 대가로 벌어들인 소득을 화폐가치로 환산한 개념이다.

어떤 나라가 다른 나라보다 잘 산다는 것은 GDP나 GNI가 상대적으로 높다는 것을 의미한다. GDP나 GNI를 인구수로 나눈 값을 1인당 GDP, 1인당 GNI라 하고, 1인당 GDP는 그 나라의 국민 한 사람당 생산능력을, 1인당 GNI는 그 나라의 국민 한 사람당 소득수준을 의미한다. 국민소득 3면 등가의 원칙에 의하면 생산, 분배, 지출이 모두 같아지는 특성을 말하는데, 생산능력이 높아지면 분배소득(생산에 기여한 만큼)이 그만큼 높아지고 소득이 높아진 만큼 소비수준도 높아진다는 것을 알 수 있다.

〈표 1-1〉에 나타난 세계 명목GDP 순위를 살펴보면 1위 미국(약 26조 달러),

〈표 1-1〉 2023년 기준 세계 명목GDP 순위

세계순위	명목GDP 비중	1인당 명목GDP	1인당 명목GDP 규모	인구수
1위	미국(25.3%)	룩셈브르크	135,605달러	64만 명
2위	중국(17.9%)	아일랜드	112,247달러	504만 명
3위	독일(4.2%)	스위스	102,865달러	878만 명
4위	일본(4.0%)	노르웨이	99, 266달러	546만 명
5위	인도(3.3%)	싱가포르	87,844달러	594만 명
6위	영국(3.1%)	카타르	81,968달러	271만 명
7위	프랑스(2.8%)	미국	80,412달러	3억4,049만 명
8위	이탈리아(2.1%)	아이슬란드	-	-
9위	브라질(2.0%)	덴마크	-	-
10위	캐나다(1.9%)	호주	-	-
일본	4위	30위	33,949달러	1억2,329만 명
한국	13위(1.7%)	31위	33,147달러	5,178만 명
중국	2위	71위	12,541달러	14억2,567만 명

자료: IMF에서 발표한 2023년 10월 기준 국가별 명목GDP 순위

2위 중국(약 18조 달러)규모의 생산능력을 갖고 있다는 것을 알 수 있으며 전 세계 GDP에서 미국이 차지하는 비중은 약 25.3%, 중국은 약 17.9%를 차지하고 있다. 미국과 중국의 생산능력이 전 세계 생산능력의 약 43.2%에 이르는 높은 비중을 장악하고 있는 셈이다. 우리나라의 경우에는 명목GDP 세계순위 13위, 약 1조 7천억 달러이고, 전 세계 GDP에서 차지하는 비중은 약 1.7% 수준임을 알 수 있다. 1인당 명목GDP를 기준으로 순위를 살펴보면 미국이 7위(약 8만 달러), 중국은 71위(약 1만 3천 달러)여서 국민 1인당 생산능력은 국가전체의 생산능력과 순위의 차이가 있다는 것을 알 수 있다. 1인당 명목GDP 기준으로 살펴보면 일본은 30위로 약 3만 4천 달러이고, 우리나라는 31위로 약 3만 3천 달러 수준임을 알 수 있다.

경제적으로 생산능력이나 소비수준이 높다면 우리는 항상 행복하고 삶의 질이 높다고 할 수 있을까?, 철학적인 가치판단에 의한 행복의 기준이 아니더라도 자연파괴, 환경오염, 인간소외, 사회적 갈등, 신뢰사회의 붕괴, 빈부격차 등의 문제는 경제적 생산능력이나 소비수준만으로는 평가할 수 없는 국가사회의 질적 문제이다.

3. 경제력과 삶의 질을 나타내는 지수들

우리나라는 명목GDP 기준 세계 13위이고, 1인당 명목GDP 기준 세계 31위로 나타나 있다. 우리나라 경제 전체의 생산능력은 세계 13위, 1인당 생산능력은 세계 31위에 있다는 것을 의미한다. 어떤 나라 전체의 생산능력이나 개인 1인당 생산능력이 어떤 나라에 살고 있는 국민들의 행복수준을 나타내 주는 지표일까?, 어떤 나라의 생산능력이 곧 그 나라의 국민들의 행복이나 삶의 질을 촉진시켜 주는 하나의 요소임에는 분명하지만 그렇다고 경제적 지표만이 절대적으로 사람들의 행복과 삶의 질을 결정하는 요소가 아니라는 점은 분명하다. 이와 관련해서 우리나라 국민들의 행복지수를 살펴보면 세계 57위 수준에 있고, 우리나라가 얼마나 번영 가능한 나라인가를 나타내는 레가툼번영지수를 살펴보면 종합 점수로 세계 29위인데 반해 사회적 신뢰를 나타내는 우리나라의 사회적 자본지수는 세계 107위에 머물러 있다.

우리가 어떤 나라가 살기 좋은 나라인가?를 판단하는 기준으로는 경제적 생산능력을 나타내는 GDP뿐만이 아니라 삶의 질을 반영하는 행복지수나 세계번영지수 같은 다양한 종합지표를 고려해야 한다. 또한 어떤 나라가 어떻게 하면 살기 좋은 나라로 발전할 수 있을까에 대한 방향을 설정하기 위해서는 생산능력을 나타내는 경제적 양적 지표뿐만이 아니라 환경, 안전, 교육, 신뢰 등의 수준을 나타내는 사회적인 질적 지표가 필요하다.

1) 경제후생지표(MEW; Measure of Economic Welfare)

미국의 경제학자인 폴 새뮤얼슨(Paul Anthony Samuelson)이 개발한 경제지표로 순경제복지의 수준을 나타내는 지표이다. GDP(국내총생산)나 GNI(총국민소득)와 같은 지표들은 한 국가의 삶의 질을 나타내는 후생(복지)수준을 산출하기에는 한계를 지니고 있기 때문에 이를 보완하기 위해 개발한 지표가 바로 순경제후생(NEW; Net Economic Welfare) 지표이다. 순경제후생 지표(MEW)는 GDP나 GNI에 산정되지 않는 가정주부의 가사노동과 여가를 즐기는 가치 등을 포함하고 환경파괴나 환경오염과 같은 공해비용을 제거하는 특성을 가진다. 이 지표의 단점으로는 객관적으로 수량화하기가 쉽지 않다는 점이다. 최근에는 기후위기에 대한 반영으로 ESG경영이 경제이슈로 떠오르고 있으며, 기업의 재무제표, 즉 이윤만을 추구하는 기업경영에서 비재무제표, 즉 환경, 사회적 가치나 민주적인 지배구조를 가치로 측정하는 ESG지표들이 주목받고 있다. 참고로 2023년 기준 세계 ESG경영 100대 기업에 우리나라 기업으로는 삼성SDI, KB금융그룹등 2개 기업이 포함돼 있는 수준이다.

2) 지구촌행복지수(HPI; Happy Planet Index)

2006년 7월 영국의 신경제재단이 도입한 행복지수이다. 잘산다는 것은 사람들이 행복한 삶을 누릴 수 있다는 것을 의미한다. 지구촌행복지수는 삶의 행복지표, 환경오염지표, 기대지수 등을 반영하여 산출된다. 국내총생산(GDP) 등 경제적 가치뿐만 아니라 삶의 만족도, 미래에 대한 기대, 실업률, 자부심, 희망, 사랑 등 인간의 행복과 삶의 질을 포괄적으로 반영하는 행복지수이다. 지구촌행복지수의 세계순위를 살펴보면 세계 10위권 국가들이 핀란드, 덴마크, 아이슬란드, 이스라엘, 네덜란드, 스웨덴, 노르웨이, 스위스, 룩셈부르크, 뉴질랜드, 오스트리아 등 대부분 북유럽 국가들이 차지하고 있다. 참고로 우리나라는 57위에 랭크되어 있다.

3) 레가툼 세계번영지수(Legatum Prosperity Score)

영국의 싱크탱크인 레가툼 연구소가 2007년부터 매년 발표하는 세계번영지수로써 경제, 기업환경, 국가 경영, 교육, 보건, 안전·안보, 개인의 자유, 사회적 자본, 자연환경 등 9개 지표를 기준으로 점수를 산정하고 국가별 순위를 매기고 있다. 2023 번영지수를 살펴보면 종합점수에서 우리나라는 29로 상위그룹에 랭크되었지만 우리나라의 사회적 자본 지수는 167개국 가운데 107위로 개인·사회 신뢰가 매우 낮은 것으로 나타나 있다. 사회적 자본이란 어떤 국가사회의 구성원 간의 신뢰를 나타내는 지표로써 인적자본이나 물적자본과 함께 어떤 사회가 선진사회로 발전하기 위한 필수적 요소이다. 선진국으로 도약단계에 놓인 우리나라가 사회적 자본지수에서 세계 최하위권에 있다는 것은 놀랄 만한 사실이며, GDP를 비롯한 경제지표들 보다 더 중요한 사회적 자본지수를 끌어 올리는 것이 정책적 우선순위가 되어야함을 깨닫게 한다. 우리 한국사회는 사법 시스템, 군, 정치인, 정부 등 공적기관에 대한 신뢰가 매우 낮은 상황이어서 무엇보다도 공적영역의 개혁, 특히 정치개혁의 중요성이 도드라지고 있다.

4) 국제연합개발계획이 개발한 인간개발지수(HDI)와 OECD의 더 나은 삶지수(BLI)

국제연합개발계획(UNDP)에서 1990년부터 매년 발표하는 인간개발지수가 있다. 인간개발지수는 한 국가의 생활, 건강, 교육수준을 측정하여 인간다운 생활수준을

〈그림 1-1〉 OECD 국가 삶의 만족도(단위: 점)

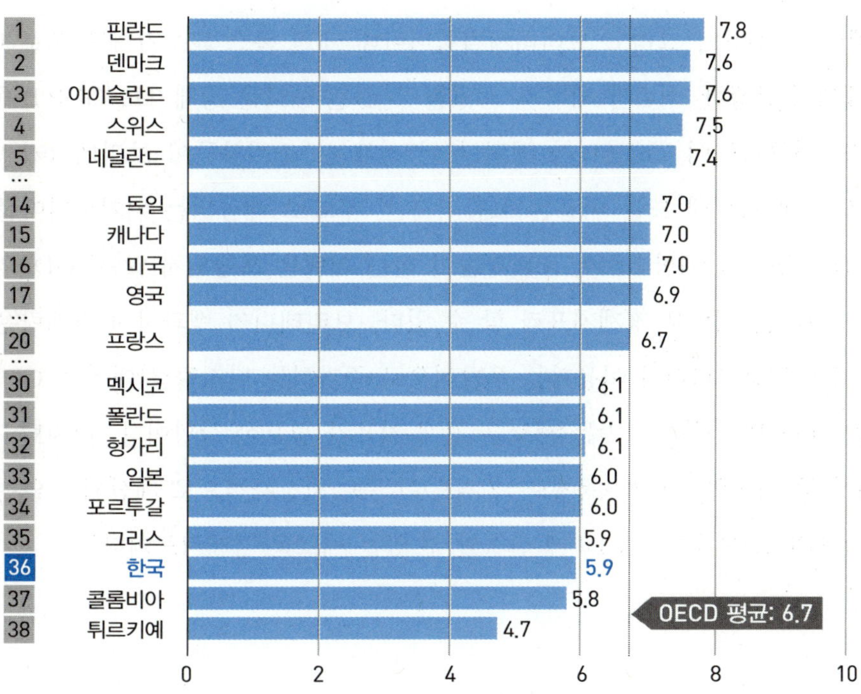

주: 2019~2021년 기준

자료: UN SDSN, World Happiness Report 2022

평가하는 지표이다. 기대수명, 성인문자해득률, 1인당 국민총생산을 지수화하여 산정한다. 우리나라의 경우 인간개발지수 세계 순위는 20위권이고, 점수는 0.925를 획득했다.

OECD는 2011년부터 회원국 등 36개국을 대상으로 더 나은 삶지수(Better Life Index)를 산정하여 매년 발표하고 있다. 더 나은 삶지수(BLI)는 주택, 소득, 일자리, 커뮤니티, 교육, 환경, 거버넌스, 건강, 생활만족도, 안전, 일과 삶의 균형 등 총 11개 분야에서 지표를 통합하여 계산된다. 우리나라의 경우에는 2022년 기준 OECD 회원국 전체 38개국 중에서 36위를 랭크하고 있다.

5) 디지털시대에 걸맞는 새로운 경제지표(GDP-B)

미국의 경제학자인 MIT 디지털경제연구소 책임자 에릭 브린욜프슨과 MIT슬론경영대학원 박사과정생인 아비나시 콜리인이 디지털시대의 새로운 경제지표를 최근 논문형식으로 발표한 바 있다. 이 연구에 더하여 캐나다 경제학자 어윈 디워트, 펠릭스 에거스, 그리고 브리티시컬럼비아대 케빈 폭스 교수가 공동으로 디지털경제에서 발생한 '소비자 혜택'을 측정할 수 있는 새로운 경제지표 'GDP-B'를 발표했다. 연구자들이 'GDP-B'라 명명한 이 지표는 "소비자들이 브리태니커 백과사전을 구매하는 데 드는 비용은 포함되지만, 무료로 제공되는 위키피디아를 통해 지식과 정보를 취함으로써 소비자들이 얻는 혜택은 포함되지 않는" GDP의 한계를 보완하는 새로운 경제지표라 할 수 있다. 브리태니커 백과사전 판매량은 점점 줄어들고 위키피디아 이용자는 폭발적으로 증가하는 디지털 시대에는 'GDP-B'와 같은 디지털시대에 걸맞는 새로운 경제 지표가 필요한 상황이다. 디지털 경제의 특성 중 비경합성(한계비용제로=가격제로), 즉, 시장가격으로 계산되지 않는 플랫폼경제의 효용(가치)을 GDP에 산정할 수 있는 새로운 경제지표이다.

4. 풍요와 빈곤을 결정하는 요인

경제학자들은 1980년대 후반부터 몰아친 신자유주의(neo-liberalism)의 물결이 저개발국가나 개도국들에게 세계화를 강요하고 국내적으로는 복지국가(일하지 않는 사회)의 실패에 대한 반동으로 저부담 – 저복지 논리가 강화되면서 K자형 양극화를 심화시킨 것으로 평가한다. 2008년 세계금융위기, 2019년 코로나 팬데믹, 2020년대 더욱 가속화되는 제4차 산업혁명을 맞으면서 국가간, 지역간, 계층간의 생산성 격차에 따른 빈부격차를 더욱 확대시키는 추세에 있다. 신자유주의, 코로나19 팬데믹, 제4차 산업혁명은 자본, 정보, 지식, 기술 등을 소수의 국가나 집단에게 집중시킴으로서 양극화 현상을 부채질하는 상황이다.

미국의 콜롬비아대 교수 조셉 스티글리츠에 의하면 지난 40년 동안 세계경제 성장은 정체되었고, 상류계층을 제외한 모든 소득계층의 소득이 감소추세를 보이기 때문에 세계적인 양극화 현상은 더욱 심화되는 것으로 진단하고 있다. 그는 경제학자 쿠츠네츠가 전망한 U자형 소득분배(경제성장 초기에는 분배가 악화되다가 경제성장에 따라 분배상태가 개선된다는 예측)가설이 틀렸음을 검증하고 있다.

2021년 기준 글로벌 소득과 부의 불균등에 관한 자료를 살펴보면 상위 1% 인구가 글로벌 전체소득의 19%, 글로벌 전체부의 38%를 차지하고 있는 반면, 하위 50% 인구가 글로벌 전체소득의 8%, 글로벌 전체 부의 2%를 분배받는 것으로 나타났다.

1) 빈곤의 원인은 무엇인가?

아직도 세계인구의 2/3가 굶주린 배를 움켜쥐고 잠자리에 들고 있으며, 1/4은 하루에 1달러로 생계를 겨우 연명해 가는 상황이다. 또한 세계인구 중 약 10억에 가까운 사람들은 너무 과다한 영양섭취로 인한 생명의 위협에 직면해 있으며, 반대로 약 10억에 가까운 사람들은 너무 부족한 영양섭취로 인한 생명의 위험에 직면해 있다. 1850년대만 해도 세계적인 빈부의 차는 거의 미미한 수준이었다. 산업혁명기에 접어들면서 세계의 부는 개선되기 시작했으나, 2000년대에는 국가 간의 빈부격차가 확연하게 드러나기 시작한다. 사유재산의 인정범위가 제한되는 인도, 중국, 알바니아, 헝가리, 폴란드 같은 나라들은 그렇지 않은 나라들에 비해 1인당 국민소득이 저조하다. 월스트리트 저널과 헤리티지 재단에서 매년 국가별 경제자유지수를 발표하는데 경제적 자유가 삶의 질이나 인적 개발에 영향을 미치는 것으로 분석된다.

제도학파의 창시자인 더글라스 노스는 역사발전의 동인은 효율적인 제도의 존재에 의해 좌우된다고 주장한다. 시장경제가 지닌 효율적인 제도는 ① 사적 소유권을 보장하고 그것을 확산시키는 제도, ② 경쟁을 보장하거나 유발시키는 제도, ③ 자원배분은 정부가 아닌 시장에서 경제주체들이 자발적 교환의 결과로 이루어지게 하는 제도, ④ 폐쇄적이고 않고 개방적으로 자유무역을 촉진하는 제도를 말한다. 여기서 사적 소유권은 개인의 자유를 보장하는 기본적 제도라는 점에서 더욱 주목된다. 소유권은 어떤 개인의 자원에 대한 배타적 권리, 손실을 입혔을 때 보상받을 수 있는 구상적 권리, 자신의 자유의지에 따라 처분할 수 있는 처분권을 포함한다. 따라서 사적 소유권이 없는 자유는 실속 없는 허울에 불과하다. 절대적 빈곤에서 벗어나지 못하는 나라들은 ① 노동의 질이 낮다. ② 자본축적이 빈곤하다, ③ 기술수준이 열악하다. ④ 자원배분이 비효율적으로 왜곡된다.는 구조적 특성을 갖고 있다.

제프리 삭스 교수는 1983년부터 20여 년간 남미, 동유럽, 아프리카 등을 발로 뛰며 경험한 것을 토대로 빈곤의 원인을 규명하고 있다. 그는 대부분의 극심한 빈곤의 원인을 물리적 환경에서 찾고 있다. 아프리카의 경우, 말라리아와 같은 질병(Disease), 농사를 망치는 가뭄(Drought), 교통체계가 미비된 낙후된 거리(Distance)를 절대빈곤의 원인으로 지목한다.

2) 풍요의 조건은 무엇인가?

잘사는 나라들의 특징을 살펴보면 다음과 같다.

① 시장친화적인 자유주의 경제시스템이 작동한다. 시장에 의한 자원배분이란 나의 돈을 나를 위해 사용하는 것과 같은 자원배분 원리가 작동한다. 정경유착이나 관치금융과 같은 정치논리보다 시장경제논리가 중시된다. 정치논리란 남의 돈을 남을 위해 사용하는 논리를 의미하며 비효율적이고 부정과 부패가 지배할 여지가 높아진다.

② 응능적 분배(According to ability)체계가 작동한다. 열심히 일한 만큼, 생산적으로 일한 만큼 소득이 배분되는 배분체계로써 소유권이나 이윤이 인정된다.

③ 자유무역주의를 존중하여 개방(Competition)된 경제체제, 즉 세계화된 경쟁을 극복하고 세계시장에서 경쟁우위를 점할 만큼 기술경쟁력이 높다.

④ 정부의 경제정책에 일관성이 높다. 특히 화폐개혁이 없고 화폐가치가 안정되어 통화제도가 안정적이다. 쿠데타와 같은 정치적 불안이 없어 소유권에 대한 권리가 안정적으로 보장된다.

⑤ 기업가정신을 활성화하는 기업문화가 충만하다. 기업가정신이란 문제해결능력, 현실개혁 능력, 미래창조 능력을 말하는데, 기업가정신에 의해 기업은 혁신되고 경쟁력을 키울 수 있다.

시장경제체제의 단점 중에 하나가 빈부격차의 문제이고 시장경제가 빈부격차를 심화시킨다고 주장하는 경제학자도 있다. 하지만 개인의 경제적 자유와 최하위소득 10%의 소득의 관계를 분석한 결과를 보면 시장경제가 잘 시행되는 나라의 하위 10%의 소득이 시장경제가 잘 시행되지 않는 나라의 하위 10%의 소득보다 높게 나타난다. 또한 상대적 소득을 비교한 자료에서도 하위 10%의 소득을 전체소득에서 차지하는 비중으로 비교해 보니 시장경제의 발달과 관계없이 거의 2% 수준을 유지하는 것으로 분석된 연구가 있다.

절대소득 측면에서 살펴보면 시장경제가 잘 시행되는 나라의 하위 10%의 소득이 그렇지 못한 나라의 하위 10%의 소득수준보다 높은 수준으로 나타나고, 상대소득 측면에서 살펴보면 시장경제가 잘 시행되는 나라의 하위 10% 소득수준이 그렇지 못한 나라의 하위 10%의 소득수준보다 더 열악하지는 않은 것으로 나타났다. 요약하면 시장경제는 적어도 하위 소득계층의 상대적 빈곤을 악화시키지 않으면서 절대소득은 오히려 증가시키는 힘이 작동하는 것으로 정리할 수 있다.

5. 경제학적 이상사회

경제학은 일반적으로 효율적이고 공평한 경제사회를 최선의 경제로 정의한다. 경제문제는 부족함에서 출발하기 때문에 부족함을 해결하기 위해서는 효율적으로 생산·소비하고 공평하게 분배하여 소비해야 하기 때문이다.

첫째, 효율성(efficiency)이 충족된 자원배분이 달성된 효율적인 경제사회이다. 효율성이 있는 사회란 그 사회가 생산적이란 것을 의미한다. 적어도 전체적으로 물질적 풍요를 구가할 수 있다는 조건이다. 물론 효율적인 사회가 되기 위한 조건에는 여러 가지 상충되는 요소들이 내재하지만 가장 중요한 요건은 개인의 자유라 할 수 있다. 모든 사람들이 자유롭게 선택하고 자신의 개성과 잠재능력을 마음껏 뽐낼 수 있어야 한다. 창의성과 잠재능력이 최대로 발현되는 조건이 성립되는 것이다. 또한 어느 누구의 개입이나 규제, 또는 편파적인 규칙이나 불공정한 판정 없이 자유롭게 경쟁할 수 있어야 한다. 이런 자유경쟁을 통해 창조적 파괴나 정글의 법칙에 의해 비효율성을 퇴출시킬 수 있다. 따라서 효율성은 공평성과 상충하는 요소도 함께 가지고 있다.

둘째, 공평성(equity)을 충족하는 소득분배가 이루어진 정의로운 경제사회이다. 공평성이 있는 사회란 그 사회가 정의로운 사회라는 것을 의미한다. 평등과 공정한 분배에 의해 모두가 인간답게 살 수 있는 정글의 법칙이 아닌 인권과 인격존중의 법칙이 작동하는 도덕적 인간으로 이루어진 경제사회라 할 수 있다. 또한 공평한 사회가 이뤄지기 위한 요건들이 상충될 수 있지만 가장 중요한 요건은 평등성이다. 그리고 더욱 복잡한 것은 위에서 언급한 효율과 공평, 자유와 평등은 서로 상충하는 측면을 배제할 수 없는 요소가 내재한다.

셋째, 수요와 공급이 균형을 이루는 안정된(stability) 경제사회이다. 균형된 경제사회란 총체적으로 필요한 재화와 용역이 수요와 공급이 균형된 것을 의미한다. 다시 말하면 과부족이 발생하지 않는 것을 의미한다. 만약 부족한 경우라면 물가가 지속적으로 상승할 것이요, 이런 경우를 인플레이션이라 하는 것이다. 만약 과잉된 경우라면 물건들이 팔리지 않고 창고에 쌓여 있는 것을 말한다. 재고가 넘쳐나므로 근로자들은 일터에서 계속 일할 수 없게 되고 기업은 파산하며 길거리에는 실업자가 넘실거리게 된다. 이런 상태를 불경기라 하고 실업의 문제가 발생한 경제사회라 한다. 따라서 바람직한 경제사회는 인플레이션이나 실업이 없는 경제사회이고 과잉이나 부족함이 없는 경제상태이다.

넷째, 경제가 지속적으로 성장(growth)하는 경제사회이다. 경제가 성장해야 소득수준이 증가하고 소비수준이 증가하며 일자리가 늘어난다. 성장하는 경제사회는 보다 많은 사람들에게 보다 더 많은 것들을 소유하고, 보다 더 많은 욕구들을 충족시킬 수 있는 가능경계를 넓힐 수 있다.

다섯째, 경제성장이 삶의 질(quality of life)을 향상시켜 사회의 순후생이 증대되는 경제사회이다. 양적으로 높은 성장률을 유지하는 국민경제라 하더라도 그 경제성장으로 인한 삶의 질이 향상되지 않는다면 그와 같은 경제사회를 바람직한 경제상태로 정의할 수는 없는 일이다. 바람직한 경제성장은 반드시 인간의 삶의 질을 개선하는 결과물로 나타나야만 한다. 경제성장의 결과가 물이나 공기를 오염시키고, 사회적 갈등과 불신풍조를 강화시킨다면, 오히려 사회적 순후생을 갉아 먹는 성장이 아닌 퇴보로 뒷걸음치게 한다.

경제학적으로 바람직한 경제사회는 ① 효율성(efficiency), ② 공평성(equity), ③ 안정성(stability), ④ 성장성(Growth), ⑤ 삶의 질(quality of life)이라는 조건을 충족해야 한다.

연 습 문 제

1. 경제(economy)의 개념에 대해 설명하라.

2. 문명의 발전과 경제의 관련성에 대해 설명하라.

3. 잘산다는 것은 무엇을 기준으로 판단하는가?

4. GDP의 개념과 GNI의 개념의 차이를 설명하라.

5. 우리나라의 GDP와 GNI의 세계순위를 설명하라.

6. 경제후생지표(MEW; measure of economic welfare)를 설명하라.

7. 지구촌행복지수(HPI; happy planet index)와 레가툼 세계번영지수에 대해 설명하라.

8. 인간개발지수(HDI)와 더 나은 삶지수(BLI)를 설명하라.

9. 디지털시대에 걸맞는 경제지표(GDP-B)를 설명하라.

10. 빈곤의 원인에 대해 설명하라.

11. 풍요의 조건을 설명하라.

12. 경제학적 이상사회가 지향하는 조건을 설명하라.

Chapter 02

경제학과 경제원리

1. 경제학은 어떤 학문인가?
2. 경제인(homo-economicus)이란?
3. 최적화란 무엇인가?
4. 경제학을 공부하는 이유
5. 주요 경제원리의 이해
6. 경제이론과 경제현실의 차이

1. 경제학은 어떤 학문인가?

1) 경제학은 선택과학(choice science)이다.

인간은 누구나 태어나서 죽는 순간까지 선택의 연속이다. 무엇을 먹고, 무엇을 입고, 무엇을 하며, 어떻게 살아야 하는지?, 언제 어디서든 선택해야 하는 상황에 직면한다. 이런 이유로 우리의 인생의 성공여부는 바로 선택이 결정한다. 좋은 선택, 바람직한 선택, 최선의 선택은 우리의 성공적인 삶을 뒷받침한다. 성공적인 삶을 위한 길은 좋은 선택 위에서 그려지는데, 중요한 것은 좋은 선택이 무엇인지?, 어떤 기준이나 조건을 충족해야 좋은 선택이 되는지를 알아야 한다. '많은 사람들이 그리 선택하니까', '경험적으로 어떤 선택이 좋을 것 같아서', '딱보니 좋을 것 같아서' 하는 판단들은 비과학적이고 비합리적인 선택이다. 과학적이고 합리적인 선택이란 그 원리의 적용이 객관적이고 시·공을 초월하여 보편·타당성을 확보해야 한다. 또한 어떤 선택이 왜 좋은 선택인지를 과학적으로 설명하고 증명할 수 있어야 한다. 경제학이 과학으로 인정받을 수 있는 논리로는 경제학이 과학적인 방법론을 사용하여 좋은 선택이 무엇인지를 합리적이고 객관적으로 설명할 수 있다는 것이다.

경제학은 경제현상을 연구하는 사회과학의 한 분과이다. 경제학자들도 과학적인 객관성을 가지고 경제문제를 연구한다. 경제학자들이 경제현상을 연구하는 것은 물리학자들이 물질을 연구하고, 생물학자들이 생명체를 연구하는 것과 다르지 않다. 경제학자들도 먼저 이론을 만들고, 자료를 수집하고, 이 자료를 분석하여 그 이론이 맞는지를 검증한다. 가정을 통해서 중요변수를 가려내고 가설을 설계하여 과학적 적합성을 검증하고 현실경제를 설명할 수 있는지 통계적으로 확인한다.

경제학을 처음 접하는 사람들에게는 경제학이 과학이라는 말이 다소 생소하게 들릴지 모르겠다. 물론 경제학자들이 시험관이나 망원경을 가지고 연구하는 것은 아니다. 그러나 과학의 핵심은 이 세상이 어떻게 되어 있는지에 대한 엄정한 관찰과 검증, 즉 과학적 방법론(scientific method)이다. 이런 방법론은 지구 중력에 대한 연구, 생명체의 진화에 관한 연구뿐만 아니라 나라 경제에 대한 연구에도 동일한 원리로 적용된다.

집안 살림을 꾸려가는 가장이나 가정주부이거나 어떤 기업의 경영자, 사원이거나 또는 자영업을 하는 사업가이거나 정부의 관료나 지방의 공무원이거나 또는 국회의원이나 지방의회의 의원이거나 어떤 경제적 선택이나 정책적 의사결정과 마주하게 된다. 대통령은 국가차원에서의 선택의 문제(의사결정), 도지사나 시장은 지방자치단체차원에서의 선택의 문제(의사결정)에 직면하고, 우리 모두는 사생활에서의 선택의 문제(의사결정) 그 내용만 다를 뿐, 누구든 하루하루는 선택(의사결정)의 연속이고 그 선택의 결과에서 벗어날 수 없다.

어떤 선택을 하면 부자가 될 수 있는지, 이윤을 많이 남기는 기업을 만들 수 있는지, 지역의 발전을 도모할 수 있는지, 풍요로운 국가로 나아갈 수 있는지 모든 것들이 결국 선택에 의해 좌우된다. 우리는 유권자로서 정부의 정책이나 그 외의 경제와 관련된 정보와 지식을 충분하게 필요로 한다. 경제지식 없이는 투표를 제대로 할 수도, 일간신문을 제대로 읽을 수도 없기 때문이다. 경제생활을 지배하는 힘들이 어떤 것인지를 이해하고 있을 때 우리는 경제주체로서 또는 민주시민으로서의 역할과 기능을 제대로 수행할 수 있는 것이다,

2) 경제학은 사회과학의 여왕이다.

경제학은 합리적인 선택의 방법을 제시한다. 합리적인 선택은 어떤 목적을 달성하는 효율적 수단이 된다. 어떤 목적을 달성하는데 가장 좋은 방법이나 수단을 안내하는 지적내비게이션과 같다. 경제학을 학습하면 우리는 경제현상을 이해(understanding)하고, 경제문제를 해결(solution)하며, 미래의 경제현상을 예측(expectation)할 수 있는 능력을 키우게 된다.

① 경제학을 학습하면 왜 물가가 오르는지?, 왜 실업이 발생하는지, 왜 환율이 오르는지, 왜 금값이 오르는지를 이해할 수 있다. 이것은 마치 의학이론을 학습한

의사가 환자의 배가 왜 아프게 되었는지를 이해하는 원리와 같다. 경제문제에 대한 진단이 가능하다(understanding).

② 경제학을 학습하면 어떻게 하면 물가를 안정시킬 수 있는지?, 어떻게 하면 실업을 줄일 수 있는지? 등에 관한 해법을 제시할 수 있다. 이것은 마치 의학이론을 학습한 의사가 환자의 아픈 배를 치료하는 것과 같은 원리이다. 경제문제에 대한 처방이 가능하다(solution).

③ 경제학을 학습하면 앞으로 경제가 어떻게 변화할 것인가?를 예측할 수 있다. 금리가 오를 것인지? 아니면 내릴 것이지? 주가가 오를 것인지? 아니면 내릴 것이지? 경기가 좋을 것인지? 아니면 경기가 나빠질 것인지?를 예측할 수 있는 것이다. 이것은 의학이론을 학습한 의사가 환자의 병이 나을 것인지? 얼마나 병원치료를 받아야 할 것이지?를 예측하는 원리와 같다. 경제의 변화에 대한 예측이 가능하다(expectation).

경제학(Economics)은 경제문제와 경제현상을 연구하는 학문이다. 경제학은 희소한 자원을 선택적으로 사용하여 재화와 서비스를 생산·교환·분배·소비하는 과정에서 일어나는 경제문제와 경제현상을 연구한다.

경제학은 경제의 중요한 현상, 즉 생산과 소비, 그리고 자원배분과 소득분배를 다룰 뿐만 아니라 시장, 교환과 교역, 화폐, 금융, 외환에 이르기까지 다양한 범주를 포괄한다. 또한 경제의 성장, 경제의 안정, 개인의 경제적 자유, 경제규칙이나 제도, 그리고 삶의 질에 관한 문제들을 다룬다. 따라서 경제학은 경제성장, 경제안정, 개인의 경제적 자유, 경제규칙이나 제도, 삶의 질 등과 관련된 경제현상이나 경제문제들을 다루는 학문으로 정의할 수 있다.

경제학은 희소성, 기회비용, 그리고 최적화(최선의 선택)라는 개념들로 짜여진 이론체계이고, 사회과학에서 가장 중요한 영역을 차지한다. 경제학은 선택과학이며 사회현상에서 발생하는 모든 선택문제에 폭넓게 적용될 수 있으며, 모든 사회과학에 기본원리를 제공하는 사회과학의 여왕으로 군림한다. 따라서 경제학은 전통적으로 경제현상이 아닌 사회현상으로 분류되어왔던 자녀, 교육, 종교, 범죄와 처벌,

스포츠, 예술, 성차별 같은 사회문제들을 이해하고 문제를 해결하는 데 도움이 된다. 이런 현상을 '학문적 제국주의(disciplinary imperialism)'라고 표현하기도 한다.

2. 경제인(homo-economicus)이란?

경제학에 등장하는 인간을 경제인(homo-economicus)이라 한다. 경제인은 경제행위의 주체이고 경제학에서는 가계, 기업, 정부, 해외로 구분한다. 정통경제학에서는 경제인을 제약된 상황에서 최선의 선택을 할 수 있는 합리적 이기주의자(rational egoist)로 가정하고 이론을 전개한다.

경제학에 등장하는 경제주체인 경제인은 개개인이 모두 합리적인 것은 아니지만 전체적·평균적으로는 합리성을 갖는 것으로 가정한다. 합리성(rationality)을 간결하게 설명하자면 어떤 경제적 선택을 함에 있어 이익(편익, 효용)과 손실(비용)을 계산할 수 있고, 자신에게 손실보다 이익이 되는 선택을 하는 의사결정능력을 의미한다.

1) 경제행위의 주체인 인간은 합리적인 존재인가?

전통적인 경제학은 인간을 합리적 이기주의자(rational egoist)로 정의하고, 경제인을 이익과 손실을 정확하게 계산하고 자신의 이익을 위해 선택하는 스크루지형 인간으로 이해한다. 하지만 최근 인지과학이 발달하고 경제학의 영역이 확장되면서 경제주체를 합리적이지 못한 휴리스틱(heuristic)한 인간으로 정의하기도 한다.

심리학에서는 오랫동안 인간을 감정적이고, 이타적이며, 공정성을 추구하는 존재로 인식해 왔는데, 최근 인지과학, 즉 인지심리학, 인공지능, 언어학 등 인간의 지능과 인식에 대한 다학문적·학제적 연구가 진전되면서 인간의 합리성이나 이기심에 대한 반론과 새로운 과학적 증거들이 나타나면서 전통경제학이 상정하고 있는 경제인에 대한 정의가 흔들리고 있다. 새로운 경제학의 분과로서 인간의 기억,

사고, 지각, 동기부여 등에 관한 연구에 주목하는 행동경제학(behavioral economics)이 발전하고 있다.

전통적인 경제학과 행동경제학의 차이점을 정리하면 다음과 같다.

① 주류경제학은 인간의 행동을 모두 합리적인 것으로 간주한다. 완전한 정보, 정보의 완전한 처리, 극대화, 최적화를 선택하는 완전한 합리성을 가정한다. 행동경제학은 인간의 행동을 비합리적인 패턴으로 간주하고 적정한 정보, 정보의 적정한 처리, 적정한 이윤 등 제한적 합리성을 가정한다.

② 주류경제학은 인간의 심리가 실제행동에 중요한 요소가 아니라고 본다. 행동경제학은 인간의 심리가 실제행동에 중요한 영향을 미치는 것으로 본다.

③ 주류경제학은 정보가 충분하면 할수록 좋은 선택을 할 수 있다. 행동경제학은 정보가 너무 많으면 선택하는 과정에서 혼란과 어려움을 주는 것으로 파악한다.

④ 주류경제학은 합리적인 이기심을 선호관계의 주축으로 본다. 행동경제학은 공정성이나 정의심도 선호관계에 영향을 미치는 것으로 본다.

⑤ 주류경제학은 비합리성, 이타심, 심리적 요인 등이 사회 전체에 영향을 주지 않는다고 본다. 행동경제학은 비합리성, 이타심, 심리적 요인 등이 사회 전체에 중요한 영향을 미치는 것으로 본다.

트버스키나 카네만 같은 행동경제학자들은 합리성보다는 “휴리스틱(heuristic)”이라는 개념으로 인간의 경제적 선택을 설명하고 있다. 그들은 시간이나 정보가 불충분하여 합리적인 판단을 할 수 없거나, 굳이 체계적이고 합리적인 판단을 할 필요가 없는 상황에서는 사람들은 신속하게 사용하는 주먹구구식이나 어림짐작(heuristic)의 기술을 사용한다고 주장한다. 사람들은 합리적 판단을 위해 정보수집과 분석에 최선을 다하기보다는 경험이나 감정 같은 요소들에 지배당하는 어림짐작으로 신속한 의사결정에 쉽사리 경도되는 경향이 있다고 주장한다. 사람들은 현실의 상황을 판단하고 선택하는 일은 매우 복잡성이 동반되기 때문에 대표성 휴리스틱, 가용성 휴리스틱, 기준점 효과와 같은 어림짐작(heuristic)으로 선택을 단순화한다고 설명한다.

① 대표성 휴리스틱은 우리가 어떤 대상이나 사람을 판단함에 있어 선입견이 작용하는 것을 말한다. 즉, 어떤 범주의 전형적인 특성이나 대표성을 근거로 판단하는 오류를 말하는데 이를 도박사의 오류라고도 한다. 실험 횟수가 작은 데도 평균치에 가까운 결과가 나오리라 기대하는 어림짐작에 해당한다. 예를 들어 동전 던지기 게임에서 앞면이 몇 번 나왔기 때문에 다음에는 뒷면이 나올 확률이 높다고 판단하는 현상을 경험할 수 있다.

② 가용성 휴리스틱이란 어떤 사건이 발생한 빈도를 판단할 때 그 사건의 객관적인 정보를 활용하는 것보다는 사건에 관한 구체적인 예를 얼마나 떠올리기 쉬운가를 근거로 발생빈도를 판단하는 현상을 말한다. 예를 들어 사망원인에 대한 판단에서 방송에서 교통사고에 대한 뉴스를 자주 접한 사람은 교통사고에 의한 사망을 우선순위로 갖게 되고, 자기 주변에 암 환자가 많은 것을 체험한 사람은 암에 의한 사망에 대해 우순순위를 갖게 되는 어림짐작 현상이다.

③ 기준점 효과(anchoring effect)는 어떤 비율을 추정할 때 그 기준점을 문제의 본질과는 관계가 없는 숫자인데도 그 숫자를 기준점으로 생각하는 편향을 말한다. 닻을 내리고 있는 배는 그 배가 흔들린다 해도 물결에 따라 그 부근에서 맴돈다는 현상의 비유이다. 예를 들어 어떤 물건을 살 때 정가와 할인가를 보고 정가를 기준으로 얼마나 할인했는가가 비싼 것인지 싼 것인지를 판단하게 하는 정가기준의 오류가 발생할 수 있다. 기준점인 정가가 조정된다면 판단이 달라질 수 있다.

휴리스틱과 같은 인간의 비합리적 성향으로 인해 나타나는 인간의 행동에 대한 특이현상(anomaly)을 정리하면 다음과 같다.

① 현상유지편향(status quo bias)은 현재의 상황을 유지하려는 성향인데 귀차니즘이라고도 한다. 합리적인 선택은 아니지만 나름대로의 일관성을 가진 행동이라 할 수 있다. 상황이 변화했음에도 불구하고 현재의 상황에서 벗어나지 않으려는 성향을 말하는데 어떤 변화를 선택하는 경우, 손실회피성향이 발동하여 현상을 유지하려는 관성작용에 해당한다.

② 부존효과(endowment effect)는 어떤 물건이나 상태(재산, 지위, 권리, 주장 등)를

소유할 때 그런 것들을 소유하지 않았을 때보다 더 높게 평가하는 성향을 의미한다. 사람들은 동일한 상품이더라도 자신이 소유한 것에 대해 가치를 높게 부여하는데, 이런 형상은 보유효과와 손실회피로 설명된다. 손실회피란 사람들은 똑같은 금액이라도 손실을 이득보다 더 높게 평가하는 성향을 말한다.

③ 틀짜기효과(framing effect)는 어떤 선택을 할 때 특정한 결정 틀(decision frame)을 사용하여 결정하는 성향을 말한다. 똑같은 사안인데도 불구하고 자신의 틀이 어떤 것이냐에 따라 서로 다른 선택을 하는 현상을 말하는데, 사람들의 의사결정이 질문이나 문제의 제시방법에 따라 달라지는 현상을 설명한다.

④ 심적회계(mental accounting)는 어떤 금전적 선택을 할 때 다양한 요인이나 선택대안에 대한 종합적 평가에 의해 결정하는 것이 아니라 특정한 틀에 끼워 결정하는 성향을 말한다. 사람들은 마음속에 장부를 기록해 두고 어떻게 생긴 돈이며 어디에 쓸 돈인지를 다르게 선택하는 것을 말한다. 똑같은 돈인데도 우연히 번 돈과 정상적으로 번 돈은 사용하는 방식도 서로 다르다는 것이다. 또한 어디에 쓸 것인지 마음에 정한 계정에서 돈의 가치를 다르게 평가한다는 것이다. 도박이나 복권으로 번 돈은 땀 흘려 어렵게 번 돈보다 쉽게 쓰는 현상을 설명할 수 있다.

2) 넛지 경제학(Nudge Economics)

경제의 주체인 인간이 합리적이지 못하다면 정통경제이론은 위기에 처하게 된다. 아직도 평균적으로는 합리성을 인정하기 때문에 정통경제학은 유효하다. 하지만 부분적인 문제이지만 비합리적인 선택으로 문제가 발생한다면 그 잘못된 선택을 어떻게 하면 합리적인 선택으로 유도할 수 있을까?라는 문제의식에서 출발한 개념이 넛지(Nudge)경제학이다. 넛지경제학은 경제학과 심리학의 가교를 이어 이성적인 인간행동의 비밀을 밝혀낸 공로를 인정받아 2017년 노벨경제학상을 수상한 시카고대학의 석좌교수인 리처드 탈러에 의해 개념화되었다.

다른 사람의 팔을 끌어 당겨서 어떤 행동으로 강제하는 것이 아니라 단지 팔꿈치로 툭툭 치는 정도에서 합리적인 방향으로 넌지시 어떤 행동을 유도한다는 개념을 '넛지'라 한다. 넛지라는 개념이 적용될 수 있는 사례를 살펴보면, 운동이나 다이어트 같은 경우에는 비용은 즉시 발생하지만 효과는 한참 후에나 나타나는 특성을 갖고 있다. 흡연이나 알코올 같은 경우에는 쾌락은 즉시 일어나지만 고통스러운 결과는 장래에 발생한다. 합리적 선택을 어렵게 만드는 이유이다. 또한 비합리적인 사회적 관행들에 대해서 우리가 그것을 좋아하거나 옹호할 가치가 있어서 동조하는 것이 아니라 다른 사람들이 대부분 좋아할 거라는 착각에서 옹호하는 현상을 다원적 무지(pluralistic ignorance)라 한다. 독재나 나치주의도 이 같은 다원적 무지에 의해 가능해지는 이유이고, 이런 유형의 비합리적 선택까지도 넛지가 필요하다. 넛지는 사람들에게 명령이나 지시 또는 계몽 같은 직접적 수단을 배제하고 교묘한 이벤트나 엔터테인먼트 같은 형식으로 사람들을 설득하고 유인하는 기술에 해당한다. 소변기의 파리라든지, 주유소의 연료공급 노즐의 차별화, 병원에서의 약물투입 노즐과 연결관을 약물마다 서로 다르게 설계된 주사기 등은 현실에서 넛지를 활용한 좋은 사례에 해당한다.

인간의 비합리성을 전략적으로 활용하여 보다 합리적인 선택으로 유도한다는 넛지경제학은 자유주의적인 개념이면서 개입주의가 가미된 황금률의 법칙으로서의 비대칭적 개입주의라는 특징을 가진다. 완벽한 경제주체(합리적인 설계자+합리적인 대중)가 존재하고 그들은 완벽한 시장에서 경제행위를 선택한 결과로 모든 것이 최적화된다면 넛지 경제학은 존재할 이유가 없게 된다. 그런데 최근의 인지과학과 신경경제학(neuroeconomics)에 관한 연구들은 인간행동의 비합리성을 밝혀내게 되었고, 따라서 사람들의 행동을 변화시킬 어떤 개입이 필요하다는 논리로 근거가 제공되었으며, 넛지를 활용한 다양한 정책들이 유효한 성과로 검증되고 있다.

3) 경제행위의 주체인 인간은 이기적인 존재인가?

정통경제학에 등장하는 경제주체로서의 인간은 합리적이고 이기적인 존재로 전제돼 있다. 하지만 최근의 인지과학에서 인간은 완전히 합리적이지 않은 존재라는 사실이 밝혀지고 있고, 경제적 선택을 함에 있어 전적으로 자신의 이익만을 쫓는 스크루지형 인간도 아니라는 것이 밝혀지고 있다. 인간은 생존을 위한 빵뿐만 아니라 아름다운 삶을 위한 장미도 필요로 하는 존재이며, 타인과의 공생과 협력을 중시하는 공감능력을 탑재한 호모 엠파티쿠스(Homo-empathicus)임이 확인되고 있다. 인간이 살아가는 삶의 터전 속에는 자기상관식 이타주의(self-referential altruism)나 상호주의 같은 공생과 협력에 관한 사회적 기술들이 접목되어 있다. 인간은 역사적으로 생물학적인 측면에서는 이기적인 유전자의 지배를 받으면서도 문화적인 측면에서는 이타적인 문화의 공진화에 의해 집단을 유지하는 공생과 협력의 사회적 기술을 유지해 왔다. 시장경제가 이기심에 의한 합리적 선택으로 발전했다면, 정부경제(public sector)는 공생과 협력에 의해 구축되고 작동해 왔다.

① 공공재게임과 이타주의

공공재게임(public good game)에서 나타난 공공재 이용에 대한 실험에서 무임승차자(free rider)가 아닌 공익을 중시하는 이타적인 경제주체들의 행동이 관찰되었다. 공공재게임의 사례를 살펴보면 사람들에게 10장의 표(token)를 배정한 후 표의 일부 혹은 전부를 자신이 갖거나 공공재에 투자할 수 있도록 프로그램을 설계한다. 자신이 가진 표는 1장당 1만원, 공공재에 투자한 표는 모든 참여자에게 1장당 5천원의 이익을 줄 수 있도록 보상규칙을 설정한다. 이런 상황에서 참여자들이 모두 자신에게 배정된 표 전부를 스스로 가지는 선택을 하게 된다면 공공재게임은 참여자 모두가 합리적 이기주의자로 행동한다는 실험결과를 도출하는 것일 텐데, 이 같은 실험에서 사람들은 평균적으로 자신에게 배정된 표의 40%에서 60%에 이르는 부분을 공공재에 투자하는 행동을 보인 것으로 나타났다. 따라서 이 같은 실험결과는 모든 경제주체들이 합리적 이기주의자로 행동하지 않는다는 사실을 검증해 준다. 사람들이 이기적인 선택을 자제하는 이유에 대한 연구에서는 이기적인 자신의 행동을 떳떳하지 못한 행동으로 인식하기 때문이라는 측면과 자신의 이기적인 행동이 타인의 분노를 사서 자신에게 더 큰 불이익이 돌아올지 모른다는 두

려움이 이기적인 행동을 제어한 것으로 나타났다. 경제주체들은 공익을 해칠 수 있는 선택에 대해서 도덕적인 기준에 의한 자의식이나 또는 사회적이고 제도적인 측면에서 우려되는 불이익에 의해 제어된다는 것을 알 수 있다.

4) 제4차 산업혁명과 공유경제

제4차 산업혁명은 디지털 플랫폼이 중시되는 공유경제(sharing economy), 온디멘드경제(on-demand economy)를 촉진시킨다. 디지털 플랫폼은 개인이나 조직이 자산을 활용할 때 발생하는 거래비용이나 마찰비용을 크게 떨어뜨리고 있다. 기존의 산업생산과 달리 한계비용을 거의 제로수준으로 낮추는 것이다. 다양한 제품과 서비스를 디지털 플랫폼을 통해 낮은 가격으로 구매하고 공유까지 가능하다. 디지털 혁명은 공유경제를 가속화하고 있으며 이기심이 아닌 공생과 협력이 생산성을 극대화하는 시대로 전환하고 있다. 공유경제는 개인의 소유권과 이기심이 작동하는 것이 아니라 공유과 이타심 그리고 공생과 협력에 의해 작동하는 경제이다.

시장경제와 공유경제가 어떻게 다른지를 요약해 보면 ① 소유권을 기반으로 하는 가격체계(price system)가 아닌 사회관계(social relations)와 공유의 윤리(ethic of sharing)에 의해 조율되는 경제, ② 자산의 부분적인 소유권, 이용권 또는 향유권을 주거나 받는 경제, ③ 자원이나 자산을 구성원들이 공동으로 소유, 사용 또는 향유하는 경제, ④ 정보통신 네트워크의 발전으로 범사회적 공유행위의 장애요인이었던 거래비용(transactions cost)이 현격하게 줄어들면서 다양한 공유행위를 통한 생산활동이 가능한 경제라고 정리할 수 있다.

플랫폼혁명의 핵심은 하나의 천재가 아닌 수많은 사람들의 공생과 협력에 의해 혁신과 기술적 혁명이 가능해진다는 것이다. 개방과 공유의 플랫폼은 한 명의 천재가 선도하는 시대가 아닌 다수의 지혜(crowding wisdom)가 협력하는 공동창조의 시대를 열어가고 있다. 1910년 미국의 하버드대학교 윌리엄 모턴 휠러 교수는 "우리는 나보다 똑똑하다(we are smart than me)." 개미 한 마리는 미미하지만 수십만 마리의 개미가 집단으로 뭉치면 놀라운 지적 능력을 발휘한다. 거대한 거미왕국을 건설하고 주변 환경에 빠르고 효과적으로 대응하는 높은 지능을 보여준다. … 찰스 다윈 하면 약육강식과 적자생존을 머릿속에 떠올리지만 그를 사로잡았던 또 다른 중요한 화두는 이 자연계에 왜 경쟁만큼이나 협력이 가득할까 하는 것이었다. 다윈은 공동체 전체의 이익 때문에 협력이 진화할 수 있다고 생각했다. 이제 다윈의 목소리를 경청해야 할 때다. 진화론적으로도 혼자서 살아남은 개체는 지구상에 존재하지 않는다. 단기적으로는 승자독식이 이득일 수 있지만, 장기적으로 볼 때 공생과 협력이 더 큰 파이를 나눠 갖게 한다. 암사자는 혼자 사냥해도 충분히 먹고 살 수 있지만, 무리와 같이 사냥하고 먹이를 나눈다. 그것이 모두에게 이득이 되기 때문이다. 휠러 교수가 개미연구에서 발견한 개미의 사회적 행동과 집단지성이 제4차 산업혁명으로 공유경제시대를 열어가는 우리에게 시사하는 바가 크다.

3. 최적화란 무엇인가?

모든 경제문제는 희소성의 원칙에서 발생한다. 모든 선택은 대가를 치르게 된다. "공짜 점심은 없는 법이다"(There is no such thing as a free lunch). 현실경제는 무엇인가를 선택하는 동시에 반드시 다른 무엇인가를 포기해야만 한다. 어떤 선택의 결과로 발생하는 다른 선택기회에 대한 포기비용이 발생하는 것이다. 따라서 경제적 선택과 기회비용(opportunity cost)은 동전의 양면과 같게 된다. 이런 상황을 예산제약, 또는 희소성의 원칙(law of scarcity)이라 한다.

경제학에서는 예산이 제약된 상황(희소성)에서 어떤 선택이 최선의 선택(최적화)인지를 규명하는 이론체계이다. 최적화(Optimum)란 자원이 희소한 상황에서 편익을 극대화(maximization)하고, 비용은 극소화(minimization)하는 선택, 즉 경제적 최선의 상태를 의미한다. 모든 경제이론은 최적화 상태를 찾고 최적화를 충족하는 필요·충분조건을 제시한다. 일반적으로 시장경제에서 시장균형이라는 상태를 최적화라고 하는데, 소비자는 효용을 극대화하고, 생산자는 이윤을 극대화하는 상태에서 사회적으로는 사회후생이 극대화되는 상태를 의미한다. 비유하자면 누이 좋고 매부 좋은 상태, 님도 보고 뽕도 따는 상태, 현실적으로 이 상태보다 더 좋아질 여지가 전혀 없는 가장 이상적인 선택을 의미한다.

경제학을 공부하지 않은 사람의 경우에는 법률적으로나 도덕적으로 범죄가 완전하게 통제된 이상적인 사회를 지향하고, 환경오염이 전혀 없는 무공해 세상을 꿈꿀 것이다. 하지만 경제학적으로는 모든 범법자를 감옥에 가둔다거나, 환경오염을 제로화하는 사회는 우리를 오히려 불행하게 만드는 선택이라는 것을 명료하게 설명한다. 우리 사회가 모든 범법자를 감옥에 투옥시키는 경우를 상정해 보자. 수사기관이 모든 범법자들을 체포, 수사, 기소, 재판, 변호, 투옥하는 경우, 그 많은 죄수들을 가둘 감방을 건설하고, 탈옥을 방지하고, 감옥 내에서의 의식주를 제공하는 모든 비용을 감옥 밖에 있는 우리가 세금으로 부담해야 한다는 사실을 주목해야 한다. 만약 범법자가 없는 사회에서 얻게 되는 편익보다 그런 사회를 만들기 위해 부담하는 비용이 더 높아진다면 우리는 어떤 수준까지 범법자를 감옥에 보내야 하는가를 고민하는 것이 합리성이다.

우리 사회가 환경오염이 Zero화된 사회를 상정해 보자. 우리는 자동차, 모든 화학제품을 비롯한 공해가 발생하는 모든 상품을 포기해야 한다. 극단적으로 무공해를 위해 우리의 문명사회는 원시사회로 회귀해야 한다는 논리가 성립한다. 무공해 사회에서 얻어지는 편익과 비용을 비교했을 때 무공해 사회보다는 적정규모의 자동차가 우리에게 순편익(편익 – 비용)을 제공한다는 사실을 발견할 수 있다.

경제학은 범죄문제나 공해문제에 대한 해법을 최적화로 설명한다. 범죄없는 세상이나 공해없는 세상이 해법이 아니라 적정수준의 범죄나 공해가 용인되는 사회가 사회적 순편익을 극대화한다. 범죄나 공해는 해로운 것이나 모두 없애는 것이 최선이라는 논리는 윤리적 가치판단에 해당하고 경제학적 합리적 선택은 적정한 범죄나 적정한 환경오염 수준을 유지하는 것이다. 경제학에서 제공하는 한계의 원리를 이해해야만이 최적화(최적수준)의 개념을 이해할 수 있다.

경제학에서 말하는 최적화, 즉 최적선택이란 편익과 비용을 비교해서 순편익이 극대화되는 선택을 말하며 그 수준에서 자원을 배분해야 한다는 논리이다. 범죄없는 세상, 환경오염이 없는 완전한 세상은 이상일 뿐, 현실적으로는 적정한 범죄와 적정한 환경오염이 조절되는 세상이 가장 최선이라는 것을 경제학은 최적화라는 개념으로 설명한다.

4. 경제학을 공부하는 이유

인간의 삶은 선택의 연속이다. 좋은 선택을 한다는 것은 좋은 결과를 보장한다. 개인이든, 조직이든, 국가사회든 항상 선택의 문제에 직면하게 되고 모든 문제의 해법은 좋은 선택에서 출발한다. 개인이나 기업이 직면하는 선택문제를 개별적 의사결정(individual decision making)이라 하고 정치인이나 관료가 직면하는 선택문제를 집단적 의사결정(collective decision making) 또는 공공선택(public choice)이라 한다. 우리는 집안 살림을 꾸려가는 가장, 가정주부이거나 어떤 기업의 경영자, 사원이거나 또는 자영업을 하는 사업가의 입장이라면 좋은 선택을 통해 효용이나 이윤을 극대화할 수 있을 것이고, 정부의 관료 또는 대통령을 비롯한 정치인들은 좋은 선택을 통해 사회후생을 극대화할 수 있을 것이다.

경제학은 선택과학이므로 좋은 선택이 무엇이며 좋은 선택이 되려면 어떤 조건이나 기준을 충족해야 하는지 합리적인 기준을 제공한다.

경제학에서 어떤 경제상태의 변화가 개선인지, 아니면 개악인지를 판단하는 중요한 두 가지 잣대, 즉 효율성(efficiency)은 자원배분을 평가하는 데 기준이 되는 잣대이고, 공평성(equity)은 소득분배를 평가하는 데 기준이 되는 잣대이다. 인간의 욕망은 무한하고 자원은 한정된 희소성의 원칙이 적용되는 상황에서 합리적으로 좋은 선택이란 효율적이고 공평한 선택이어야 한다는 원리이다. 효율적이고 공평한 선택으로 부족함을 최소화할 수 있다는 현실적 해법이다. 여기서 효율성이란 자원이 부족한 상황에서 필요한 곳에 가치있는 곳에 자원을 배분하는 것이 부족함을 최소화하는 합리성이라는 기준이다. 예를 들어 우유가 1팩 있는 경우, 우유로 피부를 맛사지하는 경우와 그 우유로 모유가 부족해서 죽어가는 아이를 살리는 경우, 어떤 선택(자원배분)이 우유를 보다 효율적으로 사용했는가의 관점이다. 공평성이란 자원이 부족한 상황에서 자원을 공평하게 나누어 가지는 것이 부족함을 최소화하는 공평성이라는 기준이다. 공평성이란 가치판단의 문제여서 다소 철학적이고 복잡한 개념이지만 우유를 먹을 수 있는 경제적 능력자에게만 우유를 배분하는 것이 아니라 우유가 필요한 자(경제적 무능력자일지라도)라면 그에게도 우유를 배분해야 한다는 관점이다.

미국, 일본, 프랑스 등 선진 각국에서는 경제 지력이 국가 경쟁력의 기본이라는 전제 아래 경제 이해력 강화를 국가정책적 차원에서 다루고 있다. 미국은 국가경제교육위원회(NCEE: national council on economic education)를 설치하고 경제교육을 체계적으로 지원한다. 미국의 경제교육위원회는 경제교육 목표를 "기본적인 경제 개념을 이해해 합리적 의사결정 능력을 기르고 책임 있는 시민으로 성장하도록 돕는 것"으로 설정하고 있다. 일본은 일본경제교육센터와 경제교육연구협의회를 설치하고 의욕적인 경제교육사업을 전개하고 있다. 프랑스는 정부 산하에 '경제문화확산위원회'를 설치하고 전 국민을 대상으로 하는 경제이론 계몽운동을 확산하고 있다. 이 밖에도 영국, 핀란드, 노르웨이 등 북유럽 선진국들도 국민들의 경제이해도를 높이기 위해 정부예산을 투입해서 다양한 정책들을 도모하고 있다.

보스하트 미국 애틀랜틱대 교수는 경제교육과 관련한 재미있는 보고서에서 대학과정에서 적어도 한 과목 이상 경제학을 수강했던 학생들의 졸업 후 생산성과 소득이 그렇지 못한 학생들에 비해 훨씬 높다는 사실을 밝힌 바 있다. 이런 현상이 나타난 원인에 대해서는 재테크 지식 때문이 아니라 경제적 사고능력이나 합리적인 사고능력의 차이가 이런 차별적 성과를 만든 것으로 분석하고 있다.

5. 주요 경제원리의 이해

1) 경제원리와 자원배분

경제문제는 희소성에 있고 경제원리는 합리적인 선택을 통해 부족함을 해결할 수 있는 방법을 제공하려 한다. 인간의 욕망은 무한한데 희소한 자원으로 모든 사람들의 욕구를 충족시키기는 쉽지 않다. 어떤 방법으로 사람들의 욕구를 채울 수 있을까? 부족한 자원을 사람들에게 배분하는 방법을 자원배분이라 한다. 예를 들어 설악산 정상에 생수가 100병 있고 그 생수는 병당 효율적인 시장가격(한계비용)인 1,000원이라 하자. 그런데 힘들게 등반을 하여 정상에 도착한 등산객들이 200병의 생수를 마시고 싶어 한다 하자. 이런 상황에서 어떤 자원배분기구가 작동할 수 있겠는가? 시장에 의한 자원배분, 선착순에 의한 자원배분, 쿠폰(정부가 발행)에 의한 자원배분, 제비뽑기에 의한 자원배분을 생각할 수 있다. ① 시장에 의한 자원배분은 돈이 없는 사람은 물을 마실 수 없다. 생수 가격은 100명이 기꺼이 지불할 용의가 있는 수준까지 상승할 수 있다. 따라서 산 아래보다 산 정상의 생수가격이 상대적으로 높아지면 산 정상으로 생수가 추가공급될 것이다. 시장원리는 자원배분에 인센티브를 제공함으로써 부족한 재화나 서비스의 생산을 촉진할 수 있다. ② 선착순에 의한 자원배분은 늦게 도착하는 사람은 물을 마실 수 없다. 산 정상에 공급된 생수에는 변함이 없다. ③ 쿠폰(정부가 발행)에 의한 자원배분은 정부의 지침이나 결정을 따르지 않는 사람들은 물을 마실 수 없다. 정경유착의 문제가 발생할 수 있다. 산 정상에 공급된 생수에는 변함이 없다. 정부가 직접 공급을 증가시킨다면 조세나 비효율로 인한 추가비용이 발생한다. ④ 제비뽑기에 의한 자원배분은 운이 없는 사람은 물을 마실 수 없다. 산 정상에 공급된 생수에는 변화가 없다. 흥부처럼 대박을 꿈꾸는 한탕주의가 지배한다.

시장경제원리는 인센티브가 작동하는 경쟁원리에 따라 모든 자원이 효율적으로 배분될 수 있다는 것을 보여준다. 자원의 효율적인 배분을 통해 생산의 질은 개선되고 양은 증대한다. 다만 시장이 실패하는 경우 정부가 조정하여 시장의 성과를 개선시킬 수 있다는 원리도 작용한다. 정부의 조정은 시장원리를 훼손하기보다는 시장원리를 활성화하는 방향으로 개입해야 한다. 경제원리는 법이나 명령에 의해 말살되거나 바뀔 수 없기 때문이다.

2) 경제학을 지배하는 주요 10대 원리

경제학은 선택과학(choice science)이다. 경제원리는 경제현상뿐만 아니라 다른 사회현상을 이해하는 데에도 널리 활용되고 있다. 경제학을 지배하고 있는 주요 10대 경제원리를 살펴보면 다음과 같다. 경제학의 주요 10대 원리를 분류하면 (1) 경제주체들의 경제적 선택을 지배하는 기본경제원리가 있다. ① 모든 선택에는 대가가 있다, ② 선택의 대가는 기회비용이다, ③ 합리적 판단은 한계적으로 이루어진다, ④ 사람들은 경제적 유인에 반응한다. (2) 경제주체 간에 서로 작용하는 기본경제원리가 있다. ⑤ 자유거래는 모든 사람을 이롭게 한다. ⑥ 일반적으로 시장이 경제활동을 조직하는 좋은 수단이다. ⑦ 경우에 따라 정부가 시장성과를 개선시킬 수 있다. (3) 전체 국민경제에 적용되는 경제기본원리가 있다. ⑧ 한 나라의 생활수준은 그 나라의 생산능력에 달려있다. ⑨ 통화량이 지나치게 증가하면 물가는 상승한다. ⑩ 단기적으로 인플레이션과 실업 사이에는 상충관계가 존재한다.

경제주체들의 선택원리로서 ① 모든 선택에는 대가가 있다. 자원이 한정된 상황에서 어떤 선택은 반드시 다른 선택의 기회를 구축한다. 예를 들어 10명이 살고 있는 어떤 섬에 10m의 원단이 있다 하자. 하나의 제품을 생산하려면 1m의 원단이 소모된다. 5개의 스카프를 만든다면 원단은 5m가 필요하고 남은 원단은 5m로 감소한다. 5개의 스카프를 선택한 경제적 행위는 원단 5m를 대가로 지불한 것이 된다. 10명이 모두 팬티가 필요하다면 5개의 스카프의 선택은 5명의 팬티를 입을 기회를 빼앗는 대가를 지불한 셈이다. 원단이 아닌 어떤 선택이든 한정된 상황에서는 반드시 대가를 지불하게 된다. ② 선택의 대가는 기회비용이다. ①의 예에서 5개의 스카프를 선택한 것에 대한 기회비용은 5명의 팬티 입을 기회가 사라진 비용에 해당한다. 기회비용이 큰 선택은 비효율적인 선택이라 할 수 있다. 유명한 연애인이 자신이 고용한 가사도우미보다 김치를 잘 담근다 해서 가사도우미를 해고하고 김치 담그기에 전념하는 것은 비효율적 선택이다. 연애인의 시간당 수입이 가사도우미의 시간당 수입보다 높기 때문에 연애인이 김치를 담그는 선택은 기회비용이 높은 선택이 된다. 어떤 학생이 다음날 시험인데 1시간 드라마보기를 선택한 경우를 생각해 보자. 만약 그 학생이 시험이 끝난 그 다음날 1시간 드라마보기를 선택한 경우와 기회비용은 달라진다. 동일한 1시간 드라마보기인데도 시험 전날의 기회비용은 좋은 평점이고, 시험 다음날 기회비용은 빈둥거림일 수 있기 때문이다. 공짜 점심은 없다는 말이 의미하듯이 음식을 비롯한 모든 소비품, 시간, 예산, 전공, 직업, 범죄, 친구, 배우자, 자녀의 수, 군사작전, 정부의 정책, 법적제도, 사회제도 등 어떤 것을 선택하는 순간 기회비용은 발생한다. 기회비용은 장부상 비용(explicit cos)에다가 장부상 정산되지 않는 비용(implicit cost)을 포함한다. 기회비용이 작은 선택일수록 합리적 선택이 된다. ③ 합리적 판단은 한계적으로 이루어진다. 한계원리에 대해서는 5장 경제원리와 합리적 선택에서 자세하게 다루고 있다. 간단하게 설명하면 최소비용으로 최대효과를 얻는 선택조건을 한계원리라 한다. 예를 들어 알사탕을 추가(한계란 변화의 개념)로 1개 먹었을 때의 달콤함(한계효용)이 100원어치인데, 알사탕 1개 만드는데 들어가는 추가비용(한계비용)은 50원이라 하자. 이 때 알사탕 1개를 추가생산하는 경우, 50원어치의 순효용이 발생한다. 그렇다면 생산을 마땅히 늘려야 총효용은 증가한다. 만약 거꾸로 알사탕을 추가(한계란 변화의 개념)로 1개 먹었을 때의 달콤함(한계효용)이 50원어치인데, 알사탕 1개 만드는데 들어가는 추가비용(한계비용)이 100원인 경우라면, 알사탕 1개를 추가생산하는 경우, 50원어치의 순비용이 발생한다. 그렇다면 생산을 마땅히 줄여야 총효용은 증가한다. 따라서 알사탕 1개를 추가로 생산·소비할 때 발생하는 한계효용(추가된 달콤함)과 한계비용(추가된 비용)이 같아질 때 총효용은 극대가 된다. 정리하면 한계효용이 한계비용보다 높으면 더 많은 양을 선택해야 하고 그 반대이면 생산량을 줄여야 하며, 같아지면 생산량의 증감을 멈춰야 한다. 한계원리는 양의 증감을 판단할 때 합리적인 선택의 잣대를 제공한다. ④ 사람들은 경제적 유인에 반응한다. 대부분의 사람들은 자신의 이익을 위해서 경제활동을 선택한다. 자신에게 이익이 주어지면 선택하고 손실이 발생하면 회피하는 선택을 한다. 보다 많은 이윤을 위해서 경쟁을 이기기 위한 고통을 기꺼이 감수한다. 반면에 많은 손실이나 고통을 부담하는 행위에 대해서는 선택을 꺼려한다. 따라서 훈장이나 포상, 보조금 그리고 상금과 같은 당근으로 유인하고 형벌, 벌과금, 세금과 같은 채찍으로 선택을 줄일 수 있다.

경제주체 간에 서로 작용하는 기본경제원리로서 ⑤ 자유거래는 모든 사람을 이롭게 한다. 자유거래는 협업, 분업, 그리고 규모의 경제라는 혜택을 누리게 한다. 애덤 스미스는 노동자 1명이 핀 만드는 전 공정을 담당하는 경우, 하루 20개의 핀을 생산하는 결과에 비하여 18개 공정으로 나누어 특화하는 경우, 4,800개의 핀을 생산하는 240배의 생산성이 증대되는 특화와 분업의 혜택을 핀공장의 사례로 설명하고 있다. 분업과 특화를 기반으로 하는 자유거래는 거래 당사들뿐만 아니라 사회적 이익까지 창출하는 것으로 밝혀지고 있다. 분업이나 특화는 선택과 집중의 원리가 작용하여 더 많은 것들을 생산하고 교환하며 소비할 수 있게 만드는 사회적 협동의 한 형태라 할 수 있다. 현대사회는 혼자서 생산하고 소비할 수 없다. 거의 대부분의 소비품들이 다른 사람들에 의해 만들어지고 자유거래에 의해 우리의 경제생활을 풍요롭게 한다. 자유거래는 희소한 자원을 가장 필요로 하는 자에게, 또한 가장 가치를 높게 부여하는 자에게 배분해 주는 최적화를 위한 윤활유이다. ⑥ 일반적으로 시장이 경제활동을 조직하는 좋은 수단이다. 시장에서는 효율적인 자원배분을 위한 조정계수, 시장가격이 작동한다. 또한 시장에서는 경쟁을 통해 가장 효율적인 경제활동을 촉진시킨다. 경쟁의 결과에 따른 이윤과 파산은 효율적인 경제주체는 계속 시장에 참여시키고 비효율적인 경제주체는 시장에서 퇴출시킨다. 시장은 수요와 공급의 선호를 반영하고 또한 수요와 공급을 균형화시킴으로써 부족함이나 과잉문제를 자동적으로 조절할 수 있다. ⑦ 경우에 따라 정부가 시장성과를 개선시킬 수 있다. 시장이 부족함이나 과잉공급의 문제를 해결하지 못하는 경우, 정부가 개입하여 미세조정으로 균형에 이르도록 조정할 수 있다. 시장이 실패하는 경우, 정부가 개입하여 시장의 성과를 극대화시킬 수 있다. 독과점과 소득분배의 불균등을 비롯한 금융시장(주식, 외환, 국제금융)의 불안정을 정부가 개입하여 안정화시킬 수 있다.

전체 국민경제에 적용되는 경제기본원리로써, ⑧ 한 나라의 생활수준은 그 나라의 생산능력에 달려있다. 한 나라의 생활수준은 소비수준을 의미하는 것이고 소비수준을 높이기 위해서는 생산수준이 높아져야 한다. 생산되지 않은 것들을 소비할 순 없는 일이다. 생산수준이 높아진다는 것은 그만큼 소득수준이 증가하는 것이고 소비능력이 증대하는 것이다. 또한 노동이나 자본의 생산성이 증대한다는 것을 의미한다. 한 나라의 경제발전은 그 나라의 생활수준이 높아지는 것이고 경제가 발전하기 위해서는 자본, 생산인력, 생산기술 같은 생산성을 높일 수 있는 생산요소들이 증대하여야 한다. ⑨ 통화량이 지나치게 증가하면 물가는 상승한다. 화폐경제에서는 돈의 가치가 중요하다. 화폐로 계산된 임금(명목임금)이 증가했다고 해서 반드시 생활수준이 개선되는 것은 아니기 때문이다. 만약 명목임금이 10% 상승했는데 화폐의 가치가 10% 하락했다면 실질임금은 변하지 않은 것이다. 화폐에 대한 구매력이 돈의 가치를 결정하고 실질임금을 결정한다. 화폐의 가치(화폐의 구매력)는 상품의 가격처럼 화폐에 대한 수요·공급에 의해 결정된다. 화폐의 공급이 지나치게 증가한다면 화폐가치는 당연히 떨어지게 된다. 이런 현상을 인플레이션이라 하고 실업률과 함께 인플레이션율을 고통지수(misery index)라고도 한다. 따라서 경제가 안정되기 위해서는 인플레이션이 적정하게 관리되어야 한다. 대체로 한해의 물가수준이 2~3% 정도 상승하면 물가가 안정된 것으로 평가한다. ⑩ 단기적으로 인플레이션과 실업 사이에는 상충관계가 존재한다. 인플레이션과 실업은 국민경제생활을 위협하는 고통지수(misery index)에 해당한다. 대부분의 나라들은 인플레이션과 실업이 적정하게 관리되는 안정된 경제를 위해 노력하고 있다. 단기적으로 유효수요를 증대시켜(통화량을 증대시켜) 일자리를 늘리는 경우, 일자리는 늘어나지만 물가가 상승하는 인플레이션과 실업간의 상충관계(trade-off)가 발생한다. 이를 그래프로 나타내면 필립스곡선(phillips curve)이라 한다. 그런데 장기적으로는 인플레이션과 실업 간의 상충관계(trade-off)가 발생하지 않고 실업률은 자연실업률(natural rate of unempolyment)수준으로 회귀해 간다. 일자리를 늘리기 위해 통화량을 증대시키는 경우, 장기적으로는 단기적으로 늘어났던 일자리가 자연실업률 수준으로 줄어들고 물가만 상승하는 현상이 나타난다. 이처럼 일자리는 늘어나지 않고 인플레이션만 증대시키는 현상을 스태그플레이션(stagflation)이라 한다.

6. 경제이론과 경제현실의 차이

경제이론은 모든 경제현실을 설명할 수 없다. 경제이론은 가정(ceteris-paribus)이라는 설계과정을 거쳐 현실경제의 복잡한 변수들을 축소하거나 정리했기 때문이다. 그뿐만 아니라 경제현실은 환경에 따라 나날이 변화하는 유기체와 비슷한 특성을 갖고 있다. 예를 들어 생물학자가 꿀벌은 1년 동안 100만 개씩 개체를 번식할 것이라고 예측했다 하자. 그런데 가뭄과 환경오염이 심화되어 꿀벌의 개체 수가 50만 개밖에 번식되지 않았다면, 이 같은 예측과 결과의 불일치를 두고 생물학적 오류라고 단정할 순 없을 것이다. 경제현실은 꿀벌(유기체)의 경우처럼 환경변화에 영향을 받는 생명체와 유사하다. 경제학의 관찰대상인 현실경제는 경제적 요인이나 경제 외적 요인에 의해 끊임없이 변화해 간다. 경제적 외부환경의 변화, 즉 유가, 환율, 국제금리, 교역상대국의 경제정책의 변화, 국제경제질서의 변화 등에 따라 현실경제는 변하고 있다. 그런가 하면 경제학자들은 정치적, 사회적, 외교적, 자연적 요인에 의한 변화, 즉, 전쟁, 지진, 가뭄, 태풍, 혁명, 폭동 등으로 인한 돌발변수들을 모두 고려하는 전지전능한 능력을 발휘할 수 없다. 따라서 경제이론이 경제현실을 정확하게 설명하거나 예측하지 못한다고 해서 그 경제이론이 틀렸다고 단정할 순 없다. 경제이론에 담지 못한 변수나 경제외적인 변수들이 현실경제를 마구 흔들어 댄다는 사실에 주목해야 한다. 이런 이유에서 경제학자와 기상학자를 자주 비교한다. 경제학자와 기상학자 모두 복잡한 수식과 통계를 이용하여 미래를 예측한다. 그런데 예측이 정확하지 않아 적잖은 피해를 발생시킨다. 하지만 기상학자는 예측이 맞았는지 틀렸는지를 오늘 날씨에서 확실하게 확인할 수 있는 반면, 경제학자는 예측이 맞았는지 틀렸는지를 오늘 날씨처럼 확인하기 어렵다는 점이 다르다. 따라서 경제학자는 기상학자가 날씨를 예측하는 것보다 더 많은 변수들을 고려해야 하고, 경제학자가 만든 이론적 모형들은 일기예보처럼 정확도를 빠르게 검증받기 어렵다는 특성을 가지고 있다.

연습문제

1. 경제학(economics)은 선택과학인 이유를 설명하라.

2. 경제학의 제국주의란 무엇을 의미하는가?

3. 경제학을 학습하면 얻게 되는 능력에 대해 설명하라.

4. 경제인(homo-economicus) 또는 합리적 이기주의자(rational egoist)에 대해 설명하라.

5. 주류경제학과 행동경제학(behavioral economics)의 차이점을 설명하라.

6. 휴리스틱(heuristic)과 넛지 경제학(nudge economics)에 대해 설명하라.

7. 다원적 무지(pluralistic ignorance)에 대해 설명하라.

8. 이타주의와 공공재게임에 대해 설명하라.

9. 제4차 산업혁명과 공유경제에 대해 설명하라.

10. 지식이나 정보의 공유와 다수의 지혜(crowding wisdom)에 대해 설명하라.

11. 경제학적 최적선택과 최적화(optimum)에 대해 설명하라.

12. 경제학을 학습하는 이유와 국민경제교육의 중요성을 설명하라.

13. 자원배분 방식과 시장경제원리를 설명하라.

14. 경제학을 지배하는 10대 경제원리를 설명하라.

15. 경제이론과 경제현실의 차이가 발생하는 이유를 설명하라.

Chapter 03

경제위기와 새로운 경제사상

1. 경제사상이 세상에 미치는 영향
2. 경제위기와 위대한 경제사상
3. 애덤 스미스의 〈국부론〉과 자유방임주의
4. 케인스의 〈일반이론〉과 뉴딜정책
5. 하이에크의 〈종속의 길〉과 신자유주의
6. 칼 마르크스의 〈자본론〉과 사회주의

1. 경제사상이 세상에 미치는 영향

경제 없이는 생존할 수 없고, 경제가 안정되고 발전해야 개인이든 국가든 풍요롭고 행복할 수 있다. 그런데 경제는 마치 날씨와 같아서 언제 폭우가 쏟아지고 태풍이 몰아칠지 예상하기 어렵다. 산업혁명 이후 풍요로운 경제를 인간의 능력으로 창출했음에도 불구하고, 자본주의 경제는 주기적으로 불황이나 공황 또는 고질적인 물가상승이나 스태그플레이션이라는 어려움을 마주해 왔다. 우리는 1920년~30년대의 세계대공황, 1970년~80년대의 스태그플레이션, 2008년의 세계금융위기와 같은 경제적 위기상황을 기억하고 있다.

경제적 위기 상황에서 새로운 경제사상으로 위기를 극복하고, 위대한 경제학자는 새로운 경제학적 패러다임을 구축해 간다. 새로운 경제사상이란 현실적으로 직면한 경제위기에서 태동하고 위대한 경제학자들의 시대적 사명의식에서 꽃핀다. 위대한 경제학자들은 인류가 직면한 경제위기를 해결하고 새로운 변화와 성장을 추동한 것이다. 특히, 산업혁명 이후 자본주의 경제가 발전하면서 복잡한 경제문제들이 발생해 왔고 치명적인 경제문제들은 자본주의 경제체제의 존립을 위협해 왔다. 자본주의 경제체제의 태동에서 자본주의 경제체제의 위기, 그리고 위기의 극복과 자본주의 경제체제의 변화와 발전에는 위대한 경제학자들의 신념과 열정 그리고 아이디어와 새로운 이론적 패러다임이 강력하게 영향을 미친 바 있다.

위대한 경제학자 케인스는 그의 저서 〈일반이론〉에서 경제사상의 영향력과 경제학자가 갖춰야 할 통찰력을 다음과 같이 강조하고 있다.

"경제학자 및 정치철학자의 관념의 힘은 옳고 그름을 떠나 일반적으로 이해되는 것보다 훨씬 강력한 것이다. 세계는 그 관념들이 움직여 나간다. 어떠한 지적 영향도 받지 않는다고 믿고 있는 실질적 인간조차도 사실은 이미 죽은 어느 경제학자의 노예이기 일쑤이다. … 좋은 일에 이용되든 아니면 나쁜 일에 이용되든 궁극적으로 위험한 것은 기득권의 문제가 아니라 관념의 문제이다." 케인스는 경제이론의 막강한 파급력을 강조한 것이다. 또한 그는 경제학자가 갖춰야 할 복합적인 요건을 다음과 같이 강조하고 있다. "경제학자는 수학자인 동시에 정치가이며 철학자여야 한다. … 그는 기호들만으로 이해한 것들을 평이한 말로써 설명해야 한다. 특수한 경우들을 일반적인 시각에서 고찰할 수 있어야 하며, 추상과 구상을 동일한 사고의 지평 위에서 다룰 수 있어야 한다. 과거의 경험 아래 미래를 목표로 현재를 연구해야 하고, 인간의 본성이나 사회규범 중 미세한 일부라 할지라도 관심의 대상에서 빠뜨려서는 안 된다. 무엇보다도 그는 공평무사함과 과단성을 겸비해야만 한다. 예술가처럼 초연하고 청렴하면서도 가끔씩 정치가처럼 치열하게 세속적이어야 한다."

2. 경제위기와 위대한 경제사상

애덤 스미스의 경제학은 자유방임주의를 근간으로 하는 시장중심적 경제이론이고 공급중심의 경제이론이다. 정부는 가능한 한 시장경제에 간섭하지 말 것이며, 시장은 스스로 공급에 의해 수요를 창출하게 됨으로써 시장균형에 이르게 된다는 믿음이다. 애덤 스미스는 시장은 보이지 않는 손의 작동으로 초과공급(실업)이나 공급부족(인플레이션)의 문제가 시장이 자동적으로 해소할 수 있다는 시장섭리주의를 주장한다. 시장은 스스로의 힘에 의해 항상 균형을 회복한다는 시장균형의 안정성을 강조한다. 시장균형은 시장에 참여하는 모든 경제주체들의 목적을 달성시키는 최선의 상태를 의미한다. 소비자는 효용을 극대화하고, 공급자는 이윤을 극대화하며, 사회적으로는 순후생이 극대화되는 균형을 의미한다. 1776년 애덤 스미스에 의해 출간된 〈국부론〉은 시장원리주의의 바이블이다.

1929~33년간 세계대공황이 발생하는데, 애덤 스미스의 시장원리주의 대로라면 발생할 수 없는 경제위기가 발생한 것이고 애덤 스미스의 시장원리주의로는 원인과 대책을 설명할 수 없는 상황에 놓이게 된다. 경제위기는 새로운 경제사상가를 탄생시키는데, 그가 바로 케인스이다. 그는 기존의 애덤 스미스의 시장원리주의를

비판하고 정부가 시장에 적극 개입하여 문제를 해결해야 한다고 주장한다. 소위 뉴딜정책은 케인스의 경제사상에서 설계된 정책이며 적자재정을 통해 재정지출을 확대함으로써 위축된 유효수요를 증대시키고 누적된 재고가 소진됨으로써 공황의 늪에서 벗어날 수 있다는 논리이다. 따라서 케인스 경제사상은 정부가 실패한 시장에 간섭하는 개입주의이고, 부족한 유효수요를 적극적으로 관리하는 수요 측면의 경제학이다. 이념적으로는 수정자본주의, 즉 복지국가를 지향하게 된다. 정부가 시장실패를 미세조정(fine tuning or smoothing operation)함으로써 경제문제를 해결하고 경제발전을 주도할 수 있다는 믿음이다.

1970년대에는 인플레이션과 경기불황이 함께 나타나는 돌연변이 같은 스태그플레이션 현상이 자본주의 경제를 위협하게 된다. 케인스의 재정지출확장 정책이 일자리를 늘리지는 못하면서, 오히려 물가상승만 부채질하는 현상, 일종의 합병증세가 나타난 것이다. 케인스의 경제사상인 정부의 개입주의가 경제병을 치유하는 것이 아니라 경제에 독이 되는 상황이어서 케인스의 경제사상은 처방을 낼 수 없는 위기에 처한다. 세계대공황은 시장의 실패에서 비롯되었고 스태그플레이션은 정부의 실패에서 원인을 찾을 수 있다. 시장실패로 인해 애덤 스미스의 경제사상은 힘을 잃게 되고 케인스의 경제사상을 꽃 피웠다면, 정부실패로 인해 케인스 사상은 힘을 잃게 되고 하이에크의 경제사상(애덤 스미스의 경제사상이 원조인)이 힘을 얻게 된다.

정부의 실패로 인해 수렁에 빠진 세계경제를 구할 수 있는 새로운 경제사상은 다시 애덤 스미스의 시장원리주의로 부활하게 되는데, 그것이 바로 하이에크의 신자유주의 경제사상이다. 이것은 케인스경제학의 패퇴이고 케인스혁명에 대한 반혁명(counter revolution)이며, 시장의 재발견(rediscovery of market)이자 시장원리주의의 부활이라 할 수 있다.

하이에크를 중심으로 하는 시카고학파에 의해 새로운 시장원리주의가 스태그플레이션이라는 경제병을 치유하는 처방전으로 빛을 보게 된다. 정부개입을 줄이고 시장에 맡겨야 한다는 시장주의가 통화주의 경제학, 공급중시경제학, 합리적 기대가설이라는 학파를 형성하며 경제사상을 주도하게 된다. 시장중심적 경제사상은 1980년대에 접어들면서 복지국가에서 발생하는 비효율, 일하지 않는 사회(no work society)를 극복하는 대안으로서 선진국들의 경제정책으로 나타나는데, 미국과 영국을 중심으로 한 신자유주의(neo-liberalism)의 세계적 확산, 이를 레이거노믹스나 대처리즘이라고도 한다. 개인의 자유, 시장가격에 의한 자원배분, 세계화된 경쟁, 이윤지상주의를 바탕으로 시장기능의 효율성을 극대화할 수 있다는 믿음이 시장원리주의이자 신자유주의의 이념이다. 신자유주의는 1991년 구소련을 붕괴시켰을 뿐만 아니라 동구권의 사회주의 국가는 물론 사회주의를 경험한 저개발국가들까지도 미국식 자본주의(워싱턴 컨센서스)를 받아들이도록 하는 거대한 물결을 만들어 낸다. 자본주의든, 사회주의든, 아니면 제3세계국가든 신자유주의라는 새로운 경제사상을 비켜날 수 없게 된다.

하지만 신자유주의는 극단적인 경쟁과 승자독식의 분배구조를 강화시킴으로써 양극화 현상을 심화시키는 단초를 제공한다. 2011년에는 신자유주의로 인한 양극화의 심화를 규탄하는 시위가 세계경제의 중심지 미국의 맨해튼에 위치한 월가에서 발생하는데, 99%의 희생과 1%에 의한 독식이라는 슬로건을 내걸고 신자유주의의 폐해를 비판하게 된다. 또한 신자유주의로 인한 경제문제는 2008년에 발생한 글로벌 금융위기와 그 이후 어려워지는 유럽의 재정위기로 인해 더욱 이슈로 부상하게 된다. 신자유주의가 만들어 낸 새로운 경제위기, 여기에 대응할 수 있는 새로운 경제사상으로는 질서자유주의라든지, 제3의 길과 같은 시장실패와 정부실패를 동시에 해결할 수 있는 융합된 아이디어와 새로운 이론적 패러다임들이 모색되고 있는 상황이다.

더 타임즈의 경제분야 총괄 에디터인 아나톨 칼레츠키(Anatole Kaletsky)는 자본주의 4.0을 제안하고 있다. 자본주의 4.0이란 시장의 인센티브와 공적 부문의 정치적 과정이 조화를 이루는 소위 적응형 혼합경제를 말한다. 자본주의 1.0(애덤 스미스의 자유방임주의), 자본주의 2.0(케인스의 수정자본주의), 자본주의 3.0(시장원리주의인 신자유주의)로 구분할 수 있다. 2008년 글로벌 금융위기 이후 규모는 작지만 강력한 정부의 역할이 필요하다는 주장이다. 아나톨 칼레츠키는 자본주의 1.0은 작은 정부의 경제, 자본주의 2.0은 큰 정부의 경제, 자본주의 3.0은 다시 작은 정부의 경제, 그리고 자본주의 4.0은 작고 강한 정부의 경제가 필요하다고 주장한다.

한편, 1848년 칼 마르크스는 공산당 선언문을 발표하는데, 그는 '프롤레타리아들이여, 단결하라!, 그대들이 잃을 것은 오로지 억압의 쇠사슬뿐이다.'라고 선언하면서 사회주의 운동의 서막을 알리게 된다. 1800년대를 살았던 마르크스는 산업혁명과 시장경제의 태동으로 독점자본주의 단계에서 드러난 노동자들의 처참할 정도의 생활상, 그리고 산업혁명에 성공한 자본주의 국가들이 식민지 국가들을 수탈하는 제국주의적 국제질서를 목도하게 된다. 칼 마르크스는 자본주의와 제국주의에 대한 모순을 그의 사상체계에 의해 비판하고 노동이 모든 가치의 중심이 되는 사회주의 경제이론의 바이블인, 〈자본론〉을 저술하게 된다. 칼 마르크스는 자본주의가 안고 있는 모순을 비판하고 공산주의 내지는 사회주의라는 새로운 경제체제, 통제경제 사상을 체계화하는데 성공하게 된다. 1917년 러시아에서는 소위 '볼셰비키혁명'으로 알려진 인류역사상 최초의 피지배계급에 의한 혁명이 성공하는데, 피지배계급에 의해 권력이 장악되는 노동자계급 주도의 공산주의 국가가 최초로 탄생하게 된다.

경제학의 역사는 현실경제를 반영한다. 경제위기는 새로운 경제사상의 산실이 된다. 중상주의의 모순에서 애덤 스미스의 '국부론'이 탄생했다면, 시장의 실패에서 케인스의 '일반이론'은 꽃을 피웠고, 정부의 실패에서 애덤 스미스의 자유주의는 (하이에크의 '종속에의 길')신자유주의로 부활하게 된다. 마르크스의 자본론은 자본주의의 내적 모순에서 출발하고 애덤 스미스의 국부론을 비판하며 사회주의 혁명으로 나아간다. 칼 마르크스의 비판처럼 자본주의 경제는 주기적인 공황과 제국주의 전쟁을 피할 수 없었고, 아이러니하게도 내재된 자본주의의 위기를 극복하는 과정에서 자본주의는 사회주의 장점을 받아들여 더욱 강해진 자본주의로 지속가능한 발전을 도모한다.

3. 애덤 스미스의 〈국부론〉과 자유방임주의

17~18세기 유럽을 지배한 경제사상은 중상주의(mercantilism)를 바탕으로 한 중금주의 사상이었다. 중상주의란 국가가 모든 생산과 수출을 주도하고 외국으로부터의 수입은 최소화하여 국내에 금과 은을 많이 축적하는 것이 국가를 부유하게 만들 수 있다는 믿음이다.

중상주의적 경제사상은 모든 교역을 '영합게임'(Zero Sum Game)으로 인식하기 때문에 국가간의 교역에서도 인국궁핍화법칙이라는 원리를 믿게 된다. 교역 상대국을 가난하게 만들 때 자국이 이익을 볼 수 있다는 잘못된 경제관이다. 따라서 국가가 부유해지기 위해서는 보호무역주의를 강화하고 무역전쟁을 일삼으며 저개발국을 침탈해야 한다는 논리가 성립한다. 크리스토퍼 콜롬버스는 이탈리아에서 태어났지만 스페인 왕으로부터 탐험을 위한 배를 얻게 된다. 소위 대항해 시대를 열게 되는데 탐험의 궁극적인 목적은 중금주의에서 비롯된 황금으로 번쩍이는 나라를 찾는 엘도라도였다. 그 당시 포르투갈과 스페인은 300년 동안 350만kg의 금과 1억kg의 은을 신대륙으로부터 반입했고, 아스텍, 잉카문명은 말살시켰으며, 중남미 인구는 1,000만 명이나 감소시키는 만행을 저지른다. 금과 은을 기반으로 스페인왕국은 유럽 전체를 호령하는 위치에 올랐으며, 정복전쟁을 위해 금·은을 대량으로 사용하게 된다. 더 많은 금과 은을 채굴하기 위해 값싸고 건강한 아프리카인들을 대상으로 노예무역을 시작하고, 노예무역선을 타고 아메리카로 팔려간 노예의 수가 1,500~4,000만 명이나 되는 것으로 추정된다. 콜롬버스가 아메리카를 정복한 이후 황금신화에 이끌려 스페인과 포르투갈이 16세기 남아메리카를 정복했고, 17세기에 영국, 프랑스, 네덜란드가 북아메리카를 정복하게 된다. 황금뿐만 아니라 노예를 이용한 담배, 커피, 면화, 설탕을 소위 삼각무역(유럽, 아메리카, 아프리카)을 통해 유럽국가들은 최대 500%의 이익을 얻을 수 있게 된다. 그 결과 16~17세기 스페인에서 시작된 인플레이션은 전역으로 퍼져 1540년부터 1640년까지 약 100년 동안 2~3배의 물가상승과 화려한 빈곤을 맛보게 된다. 스페인 왕국은 과다한 금은의 유입으로 인플레이션뿐만 아니라 자원의 저주(resource curse), 즉 풍부한 자원에 안주해 경제의 생산성을 높이려는 노력을 게을리 하는 현상에 직면한다. 네덜란드에서는 풍부한 유동성으로 그 유명한 튤립 투기가 발생하고 그로 인한 경제적 고통을 경험하게 된다. 중상주의에서 비롯된 인국궁핍화 논리와 중금중의라는 잘못된 경제사상은 남미나 아프리카에 대한 착취를 정당화했고, 과도하게 금·은을 국내에 유입한 중상주의 국가들은 극심한 인플레이션을 겪어야 했다.

"고무도 좋고, 후추도 좋다네. 금도 있고, 상아도 있지. 하지만 검은 상품이 더 좋다네. 나는 세네갈 강가에서 검둥이 600명을 값싸게 사들였다네. 내가 준 것은 포도주와 렌즈와 강철뿐. 그것으로 8배의 이익이 남지. 만약 검둥이가 절반쯤이라도 살아남는다면" … . 하이네라는 사람이 쓴 '노예선'이라는 시이다.

노예들은 마치 짐처럼 배 밑바닥 한가득 가지런히 정리되어 쇠사슬에 묶인 채로 누워 있어야만 했고, 배는 아프리카에서 아메리카로 수천 킬로미터를 건너 항해하고 있었다. 하지만 팔려가는 노예들은 몇 달씩이나 음식을 거의 먹지 못했기 때문에 배 안에서 많은 노예들이 죽을 수밖에 없는 비참한 일들이 자행되었다. 시대적 믿음 또는 시대정신은 사상에서 비롯되는 것이며 '중상주의'라는 잘못된 경제사상이 만들어낸 역사적 만행의 비극적 사례이다.

과학적 경제사상의 원조라 할 수 있는 애덤 스미스의 〈국부론(*An inquiry into the nature and causes of the wealth of nations*)〉은 1776년 영국에서 출간되었다. 국부의 원천은 그 나라가 축적한 금과 은이 아니라 그 나라가 필요한 것들을 생산할 수 있는 생산능력임을 밝히고 있다. 또한 모든 교역은 Zero Sum Game의 원리가 지배하는 것이 아니라 Plus Sum Game의 원리가 지배하므로 교역당사자 모두에게 이익을 준다는 자유무역의 원리를 설명한다. 애덤 스미스는 국부의 원천인 생산성이 발현되기 위해서는 국가가 적극적으로 개입하거나 통제하는 것보다는, 개인의 자유와 재산권을 보장함으로써 자유로운 경제활동과 국가 간의 자유무역을 활성화시켜야 한다는 시장주의와 자유무역주의를 강조하고 있다.

시장경제는 이기심과 시장기구(시장가격, 이윤, 경쟁)가 조화롭게 작동하여 개인의 사적 이익이 사회의 공적 이익을 극대화하는 데 기여한다는 '보이지 않는 손'(invisible hand)의 섭리를 설명하고 있다. 또한 시장경제는 무엇을 얼마나 생산할 것인지를 생산자가 주도적으로 결정하는 것이 아니라 소비자가 주도적으로 결정하는 소비자주권(돈 투표(dollar voting)에 의해 소비자의 선택은 생산을 결정하는 데 영향을 준다)이 작동한다. 또한 생산되는 것은 완전분배되고 소비됨으로써 시장은 항상 균형을 이룬다는 Say's Law를 신봉하고 있다. 시장에 참여하는 경제주체들에게 소유권(이윤추구)을 인정하고, 자유롭게 경쟁하는 법적 제도적 장치가 마련되면 정부의 개입없이 시장은 가장 바람직한 경제상태를 유지한다는 논리이고 믿음이다. 국부론은 성경 다음으로 세계적으로 많이 읽힌 책이며, 청부사상과 기업가정신의 모태이기도 하다. 자유방임주의란 아무리 무지하고 못난 사람일지라도 자기자신의 경제문제에서는 가장 현명하고 합리적인 선택을 한다는 믿음이기 때문에 온정적 개입주의일지라도 정부의 간섭이나 규제를 배격한다. 또한 애덤 스미스는 인간이란 원래 이기적이고 개인의 이익을 추구하는 것은 인간의 기본적 권리라는 믿음을 바탕으로 인간의 본성인 이기심을 고치기보다는 이를 수용하는 경제체제를 만드는 것이 합리적이라는 사상을 갖게 된다.

4. 케인스의 〈일반이론〉과 뉴딜정책

제1차 세계대전(1914~18) 이후 세계경제는 황금기(golden era)를 맞이한다. 찰스턴, 전화, 새로운 음악, 춤, 의사소통수단, 라디오, TV 생산기술, 뉴욕의 세계최초의 318m 크라이슬러빌딩 건축, 찰리 채플린 등 할리우드영화, 베이브 루스(홈런타자)의 야구를 비롯한 다양한 문화가 탄생하고 미국의 포드자동차는 컨베이어벨트로 대량생산체제를 구축하여 전 세계 생산의 40%를 미국이 담당하는 경제적 호황을 누리고 있었다. 음악과 춤, 새로운 의사소통 수단과 생산기술들이 경제에 활력을 불어넣는 기제로 작용하였다. 그런데 1929년이 되자 10월 25일 금요일 뉴욕증권시장의 폭락으로 시작된 경제불황은 전 세계를 경제공황의 공포로 몰아넣는다. 하루 만에 주가는 약 40% 폭락하였고 수십 명의 투자자가 뉴욕의 허드슨강에 뛰어드는 검은 금요일의 저주가 세계대공황의 시작이었다. 실업률은 30%대에 육박하였고, 미국의 경우 5,000여 개 은행이 파산하였으며, 그 여파로 900만 명의 예금통장이 하루아침에 쓸모없는 종이쪽지가 되어 버렸다. 1929년~33년간에 미국의 산업생산이 1/3이나 줄어드는 극심한 불황이었고, 불황의 여파가 영국, 독일, 프랑스 등으로 확산하여 세계적 불황을 만들게 된다. 그 당시 영국 수상 처칠은 세계대공황의 처참함을 30년 전쟁에 비유할 만큼 경제적 타격이 치명적이었다. 이런 상황은 시장경제의 폐해가 자유민주주의조차도 위협할 수 있는 자본주의체제의 최대 위기를 만든 것이라 할 수 있다. 아무도 예측하지 못했던 참혹한 시장경제가 좌초 위기에 놓인 것이다. 세계대공황은 독점자본주의로 인한 양극화 심화(소비성향이 낮은 부유층으로 소득과 재산이 집중), 생산의 자동화로 인한 과잉생산과 실업문제, 전쟁이 끝나면서 발생한 미국의 무기재고, 유럽에서는 생산시설의 재가동, 돌아온 군인들은 실업자로 전락, 보호무역주의로 인한 미국 농산물 수출의 급격한 둔화, 긴축으로 회귀한 금융정책의 오류 등이 문제를 악화시켰다. 이때 당시의 탐욕과 일반 서민들의 경제적 고통을 피츠제럴드는 〈위대한 개츠비〉라는 소설에 잘 담아내고 있다.

경제공황으로 인한 자본주의가 수렁에 빠지자 나치즘이나 파시즘 같은 전체주의가 민주주를 위협하게 되고 그 당시 세계 최고의 지성으로 평가받던 케인스는 자유민주주의를 구하기 위한 새로운 경제사상을 천명하게 되는데, 그 역작이 1936년에 출판된 〈일반이론(*The general theory on empolyment, interest and money*)〉이다.

그 당시에는 정치인이든, 관료든, 경제사상들조차 애덤 스미스의 경제사상인 자유방임주의와 시장주의, 그리고 균형재정을 최선이라고 믿는 패러다임에 지배당하고 있었기 때문에 정부가 시장을 조정하거나 고쳐야 한다는 생각은 금기시 되는 시대상황이었다. 정부조차도 세계대공황이 스스로 해결될 때까지 그냥 방관적으로 기다려야 하는 무책임하고 무능력한 태도로 일관하였다. 케인스는 〈일반이론〉에서 세계시장의 실패는 유효수요의 부족에서 비롯되었고, 유효수요는 소비와 투자에 대한 수요의 부족이 원인이므로 정부가 적자재정을 통한 확장적 재정지출정책으로 시장에서 부족해진 유효수요를 창출하는 해법을 제시하게 된다. 케인스는 불황에서는 균형재정이 아닌 적자재정으로의 전환이 필요하다는 것을, 경기가 나빠질 때에는 유효수요를 정부지출로 커버해야 한다는 수요 측면을 강조하는 새로운 경제사상을 주장한 것이다. 따라서 케인스의 경제사상은 자유주의가 아닌 정부의 개입주의, 공급 측면이 아닌 수요 측면, 화폐베일관이 아닌 화폐와 실물의 상호작용관 등으로 체계를 구성하게 된다.

1929~33년간 세계대공항의 발생 원인으로는 유효수요의 부족인데 정부의 경제정책조차도 유효수요를 압박하는 오류를 범했다는 점이 더욱 아쉬운 대목이다. 케인스 경제학이 이미 존재했었더라면 아마도 이런 정책적 실수는 저지르지 않았을 것이다. 제1차 세계대전 이후 미국의 경우 무기 재고가 증대하고 전선에서 돌아온 군인 실업자들은 소비를 줄이고 부채를 갚으려는 상황에다가 전쟁으로 멈추었던 유럽의 공장들이 재가동됨으로써 투자조차도 위축되는 총수요의 절벽현상이 나타나게 된다. 이런 상황에서 정부의 정책조차도 유효수요를 부양하기는 커녕 오히려 연방준비은행이 금융긴축정책을 강화해 가는 어이없는 실책을 범하게 됨으로써 상황은 걷잡을 수 없는 위기국면으로 진입하게 된다. 케인스는 이런 문제의 맥을 정확하게 진단하고 처방하는 거시경제 이론체계를 담은 〈일반이론〉을 출간하게 된다.

케인스는 균형재정이 옳다고 믿고 있는 정치인들에게 적자재정이라는 정책수단을 동원하여 세계경제를 불황의 늪에서 구할 수 있다고 설득하게 된다. 케인스는 정치인들에게 "경제가 회복되도록 기다리는 동안에 우리는 모두 죽고 말 것이"며, 루스벨트 대통령에게는 뉴욕타임지를 통해 "제발, 정부지출을 늘리십시오(Please, expand government spending), 그렇게 해야 미국이 살고 세계가 살게 됩니다"라고 공개서한을 발표하게 된다.

1933년 테네시강 공사를 시작으로 뉴딜정책이 시행되었고 세계경제는 공황의 늪에서 빠져나오기 시작한다. 실업자들을 모이게 하여 삽을 나눠주고 땅을 파게 한 후 그 다음 모은 실업자들에게 팠던 땅을 다시 메우게 하는 어처구니없는 방식으로도 유효수요를 창출하기 위해 안간힘을 다했다. 케인스경제학은 주류경제학의 중심이 되었고 하버드대학은 케인스경제학을 전파하는 전도사가 되었다. 1930년대 중반부터 케인스이론은 대부분의 나라에서 채택되었다. 1960년대 케네디 행정부와 존슨 행정부는 "이제 우리는 모두 케인스주의자다(Now, we are all keynesian)"라고 선언하게 되고 1960년대 말까지 케인스경제학은 주류경제학을 지배하게 된다.

5. 하이에크의 〈종속의 길〉과 신자유주의

하이에크는 프리드만과 함께 시카고학파의 중심이다. 신자유주의, 즉 시장원리주의의 전도사이다. 사회주의의 길은 자유의 길이 아닌 노예로 가는 길이라고 그의 저서 〈종속의 길(*The road to serfdom*)〉에서 역설하고 있다. 그는 케인스식 총수요관리정책의 실패를 예견한 공로로 1974년에야 노벨경제학상을 수상하게 된다.

재미있는 것은 하이에크는 케인스와 함께 영국의 캠브리지 대학에서 공부한 케인스의 가장 비판적인 벗이라는 점이다. 하이에크의 경제학은 케인스의 유명세 때문에 1970년대 후반까지 빛을 보지 못하다가 스테그플레이션이 세계경제를 옥죄기 시작하면서 전 세계 경제에 막대한 영향력을 행사하게 된다. 스태그플레이션이란 정부가 정부지출을 늘려도 경기는 살아나지 않고 오히려 물가만 지속적으로 올라가는 경제적 합병증세를 말한다.

이를 해결하기 위한 대안으로서 복지국가를 지향하던 선진국들은 다시 시장의 유인과 경쟁원리를 강화하게 된다. 이것이 신자유주의이고 그 내용은 계획(plan), 소유(possession), 규제(regulation)를 정부가 축소하고 시장원리에 맡기는 것이다.

미국에서는 레이거노믹스, 영국에서는 대처리즘으로 나타나게 된다.

또한 하이에크의 시장원리주의는 자본주의 경제뿐만 아니라 사회주의 경제에도 많은 영향을 미치게 된다. 구소련과 중국을 비롯한 동구권의 경제관료들이 하이에크의 저서를 탐독하고 비밀토론회를 가지는 등 시장원리주의를 학습하게 됨으로써 개방과 개혁이라는 이름으로 시장경제체제를 탄력적으로 받아들이게 되는 것이다.

하이에크는 두 가지 예측을 하고 있는데, 하나는 세계대공황을 예측한 것이고 다른 하나는 사회주의 경제체제는 반드시 망한다는 예측이었다. 하이에크의 두 가지 예측은 정확하게 적중하였고 하이에크의 시장예찬론 또한 전 세계에 영향을 미치고 있다. 그는 경제가 발전하기 위해서는 개인이 가지고 있는 능력과 소질을 극대화할 수 있는 제도가 필요한데, 이것이 바로 시장이라고 강조한다.

시장이란 개인의 자유와 사적 재산권의 보장이 그 축을 이룬다. 시장가격의 자원배분기능과 경쟁의 원리가 시장기능을 강화시킨다. 이것을 바탕으로 개인의 이익이 극대화되는 동시에 공적 이익도 극대화될 수 있다. 애덤 스미스의 '보이지 않는 손'의 섭리가 작동하는 것이다.

인류역사상 많은 경제체제가 대립하면서 흥망성쇠를 거듭해 왔다. 원시 공유제, 고대 노예제, 중세 봉건제, 자본주의, 사회주의, 특히 20세기 이후 자본주의와 사회주의 경제체제는 치열한 대결구도로 진입하였고, 그 과정은 전쟁을 불사할 만큼 냉혹한 긴장상태를 유지시켰다. 그런데 미국을 중심으로 하는 자본주의 질서와 구소련을 중심으로 하는 사회주의 질서가 양극체제를 구축하면서도, 경제체제의 내용적으로는 정부중심의 경제질서로 수렴해 가는 유사성을 가지게 된다. 이런 이유로 1970년대 말까지는 복지국가 내지는 수정자본주의가 시장원리주의 경제학자들의 목소리를 압도하는 현상이 유지되는 것이다. 하지만 1970년대의 자본주의 경제는 소위 복지국가가 경제위기를 심화시키면서 거대한 정부개입의 실패를 인정하게 된다. 이런 상황에서 신자유주의는 새로운 경제적 패러다임으로 주목받게 된다. 하이에크는 정부의 개입은 개인의 자유(집단지성)을 무너뜨리고, 시장가격을 왜곡시켜 경제의 효율성을 무너뜨린다. 또한 국가가 개인을 위해 계획을 통해 시장경제를 통제하지만 그 통제는 결국 국가가 개인을 노예로 만드는 길이라고 주장한다. 하이에크는 1975년에서야 세계대공황 그리고 1975년대의 정부의 실패, 그리고 사회주의 몰락을 예측한 공로로 노벨경제학상을 수상하게 된다. 1980년대에 접어들면서 미국과 영국을 중심으로 복지국가라는 개입주의의 가면을 벗어 던지고 새로운 자유방임주의라는 기치를 내세우며 새로운 자본주의에 대한 열망이 그 빛을 얻게 되고, 그 활력은 자본주의를 회생시키는 데 성공하게 된다. 새로운 자유방임주의의가 빛을 발하는 새로운 시대를 맞이하게 된 것이다.

1970년대 공산주의 국가들뿐만 아니라 자본주의국가들에서조차 정부실패로 인한 세계경제 쇠퇴를 경험하게 된다. 서방 민주국가들은 재정적자와 인플레이션으로 허덕이고, 공산주의 국가들은 통제경제의 실패를 군사력으로 위장하여 경제위기를 숨기려 한다. 남미에서는 군중의 인기를 등에 업은 독재자들이 강대국의 경제착취에 맞서지만, 그 과정에서 엄청난 채무와 초인플레이션으로 국민경제가 초토화된다. 인도와 아프리카를 비롯한 제3세계국가들은 과학적 통제경제로 빈곤을 퇴치하고자 만든 관료조직들이 오히려 암시장과 부패를 조장하여 기업의지를 꺾어놓는 상황이어서 정부주도의 세계경제가 총체적인 위기에 빠짐으로써 정부경제의 실패를 적나라하게 보여준다.

1980년대 이후 신자유주의 이론적 기반을 제공한 경제학자들은 하이에크와 프리드만을 비롯한 스티클리츠, 코우즈, 베커, 루카스 같은 노벨상에 빛나는 경제학자들이다. 미국의 레이건 대통령과 영국의 대처수상 그리고 미국에 거점을 둔 초국적금융자본의 이해관계와 세계자본주의 패권을 유지하려는 미국의 국가이익이 서로 조응하면서 신자유주의는 강력한 세력을 형성하게 되어 전 세계를 휩쓸게 된다. 1990년대에는 남미, 동구권, 아시아에 이르기까지 전 세계는 신자유주의로 몸살을 앓게 된다. 이런 과정을 통해 워싱턴 컨센서스(Washington Consensus)가 성립하는데, lIMF와 세계은행, 미국 내 정치경제학자들, 행정부 관료들의 논의를 거쳐 세제개혁, 무역·투자의 자유화, 탈규제화 등을 개도국이나 후진국들로 확산시켜 미국식 자본주의를 강화하게 된다.

어떤 경제학자는 시장경제의 위대한 힘을 다음과 같이 표현하고 있다. "자유방임시장 체제는 한 이기적 인간이 아침에 일어나 창 밖의 세상을 바라본 후, 천연자원으로부터 자신이 원하는 것 대신 남들이 원하는 것을 생산하게끔 유도한다. 그것도 자신이 팔고 싶은 양만큼이 아니라 남들이 사고 싶어하는 양만큼, 자신이 꿈꾸는 가격이 아니라 남들이 인정하는 가격에. 시장은 저절로 생겨나지 않았더라면 인류역사상 최대의 발명품"으로 꼽혔을 것이 분명하다. 또 다른 자유방임주의의 전도사인, 통화주의학파로 잘 알려진 시카고대학의 프리드만 교수의 일화를 소개한다. 시카고대학에서 강의하면서 프리드만은 학생들의 귀가 닳도록 정부의 예산축소를 주장했다. 졸고 있는 학생에게 "자, 이 경우 가장 효율적인 해결책은 뭐지?"라고 기습적으로 질문하자, "정부예산 축소"(Cut the government spending)라고 답할 정도로 프리드만은 하이에크와 함께 지독한 시장원리주의자에 속한다.

중국을 변화와 번영의 길로 이끌어 낸 등소평조차도 경제사상적으로는 하이에크의 제자라 할 수 있다. 등소평이 하이에크를 중국으로 초청하여 간곡하게 부탁하였다. "어떻게 하면 중국의 식량문제를 해결할 수 있습니까?" 하이에크의 대답은 "시장에 맡기십시오." 간단명료하였다. 농부들에게 소유권을 인정하라는 것이다. 그것이 어렵다면 임대제로 전환하여 농부들에게 이윤동기를 부여하라는 의미이다. 등소평은 받아들였고, 중국은 빠른 속도로 변화하고 있다.

6. 칼 마르크스의 〈자본론〉과 사회주의

칼 마르크스는 다윈과 프로이트에 비견될 만큼 20세기 역사를 변화시킨 강력한 문장과 선동적 문체를 뽐내는 비운의 사상가였다. 그는 1848년 공산당선언문에서 "프롤레타리아들이여, 단결하라! 그대들이 잃을 것은 오로지 억압의 쇠사슬뿐이다"라고 역설했다. 그의 저서 〈자본론(*Das Kapital*)〉은 사상적으로 20세기에 엄청난 파문을 일으키게 된다. 칼 마르크스는 철학으로 세상을 바꾸려고 꿈꾼 사상가로서, 지난 2007년 영국의 BBC방송에서 조사한 결과 지난 1,000년간 세계역사에 가장 영향을 미친 철학자로 평가받고 있다. 그는 1867년에 자본론 제1권(자본의 생산과정)을 집필하는 과정에서 애덤 스미스의 국부론을 수백 번 읽었으며, 자본론에서 국부론을 가장 많이 인용한 것으로도 유명하다. 마르크스의 자본론에는 최고의 가치는 노동가치이며, 가치는 절대 잉여가치와 상대 잉여가치로 개념화했는데, 자본의 유기적 고도화가 노동의 상대 잉여가치를 줄게 만들고 노동자를 빈곤하게 한다는 주장이다. 또한 자본주의는 필연적으로 돈이면 뭐든지 다 할 수 있다는 믿음, 즉, 물신화로 타락하게 되면 결과적으로 노동이 기계의 부품으로 전락하는 인간소외의 문제를 일으킨다고 주장한다. 자본론은 독점자본주의 시대의 노동자계급의 소외와 비극을 극복하기 위해 내놓은 하나의 경제사상으로서 노동자들에 대한 연민과 열정으로 가득하다.

마르크스가 목도한 노동자계급의 참담한 시대상을 살펴보면, 영아들의 57%가 3세를 넘지 못하고 사망하였으며 아동들은 15시간 이상 노동에 시달려야 했다. 공장주변은 좁고, 어둡고, 하수시설이 제대로 되어 있지 않은 길을 따라 건물들이 빽빽하게 들어찼다. 춥고 축축하고, 더러운 건물에서 공장노동자들은 대개 한 집에 두세 가구가 살았고 지하실이 있으면 여기서도 한 가구가 살았다. 이런 환경에서 태어난 아이들의 절반 이상은 5세가 되기도 전에 죽었다. 아이들은 체구가 작았으므로 아이들이 면직공장에서 일할 나이가 되면 기계 밑으로 기어 들어가 재빠른 손놀림으로 끊어진 실을 잇는 일을 담당하였다. 아이들은 하루 12~14시간 노동에 투입됐으며 게으름을 피우면 구타당했다. 어린아이들은 과로, 구타, 그리고 폐병으로 죽어가는 독점자본주의의 희생양이었다.

칼 마르크스는 자본의 집중과 함께, 세계시장의 그물망으로 자본주의 정권들은 국제적인 속성 속에 모든 인민을 노예로 구속시키고 이런 변화 과정의 모든 이익을 독점하는 자본 귀족의 수는 줄어가지만, 비참하고, 억압받고, 노예가 되고, 퇴화하고, 착취당하는 대중 수는 점점 늘어만 간다고 주장했다.

그의 생은 경제적으로 비참함과 가정적으로 비극적인 종말을 맞는 어처구니없는 파노라마라 할 수 있다. 의사의 치료를 받을 수 없을 만큼 경제적으로 궁핍하여 6자녀 중 3명을 폐렴, 결핵, 기관지염 등으로 잃게 되는 고통을 감당하게 된다. 하지만 그의 사상체계는 보다 나은 세상을 꿈꾸는 수많은 혁명가들을 매료시킬 만큼 이상적이며 변화에 대한 역동성을 함축하고 있다.

독일에서의 변증법적 철학체계, 프랑스에서의 유토피아적 이상세계관, 그리고 영국에서의 경제학적 자본주의 비판론이 융합되어 혁명론이 완성된다. 그의 사상체계는 유물사관과 변증법적 혁명론으로 가득하다. 체제유지를 위한 법, 문화, 종교, 도덕, 가치관 등 상부구조(Super Structure)는 하부구조(경제구조)에 의해 좌우된다. 물질적 생활능력은 사회적, 정치적, 지적 생활 형태를 좌우한다. 의식이 생활을 결정하는 것이 아니라 생활이 의식을 결정하는 것이다. 따라서 의식구조의 개혁에 의해서는 사회개혁은 불가능하며 오로지 사회구조의 혁명적 변혁에 의해서만 세상은 변화될 수 있다고 주장한다.

그의 묘는 영국 런던의 high gate cemetery에 있고 묘지명은 "만국의 노동자의 단결하라!"(Workers of all lands unite)이다. 그리고 그의 묘비에는 다음과 같은 구절로 그의 사상적 핵심을 강조하고 있다. "철학자들은 단지 여러 가지 방식으로 세상을 해석만 해왔다. 하지만 중요한 것은 그것(세상)을 바꾸는 것이다"(The philosophers have only interpreted the world, in various ways, The point, however, is to change it).

그의 묘비에 새겨진 문구처럼 그는 오로지 세상을 바꾸는 것이 중요하고 세상을 바꾸기 위해서는 의식구조가 아닌 사회구조의 개혁만이 유일한 길임을 강조한다. 말로 해석하고 말로만 떠드는 지식인들의 무력함을 날카롭게 비평한다. 말과 생각에는 아무것도 없고 오로지 혁명에 의해서만 세상은 바뀔 수 있다는 변증법적 논리를 강조하는 것이다.

그는 능력에 따라 일하고 능력에 따라 분배한다는 자본주의 원칙을 배척하고 능력에 따라 일하되 분배만은 필요에 따라 이루어지는 이상적인 경제관을 사회주의에 장착시킨다. 일은 능력 있는 자가 하고 그 생산물은 필요한 자에게 배분한다는 도덕적 분배의 원칙을 사회주의의 기본원칙으로 설정한 것이다. 이런 원칙이 사회적으로 작동하려면 모든 구성원이 도덕적으로 충만한 이타주의적 경제활동을 실천하여야 한다. 하지만 그의 사상은 현실 속에서 이기적인 인간을 도덕적 인간으로 바꾸는데 실패하였고 역사적으로 공유사회가 사유사회보다 더 효율적으로 작동할 수 있는 기제를 만드는 데 실패한 셈이다.

마르크스의 유물사관은 지나치게 유물론적인 원인만을 고집스럽게 추구함으로써 관념론적 원인을 전적으로 무시하였다. 사회현상에 미치는 관념의 강력한 힘을 지나치게 무시하였고 도덕적 인간관에 집착한 나머지 이윤동기에서 비롯되는 상상력, 독창성, 경영능력과 같은 인적자본을 경시하였다. 모든 가치창조는 노동에 의해서만 가능한 것으로 고착화하는 우를 범하고 있다. 잉여가치설과 노동착취설로 모든 가치체계를 설명하려는 가치의 오류를 극복하지 못한 것이다.

독점자본주의의 모순에서 칼 마르크스는 빛을 발했지만 사회주의의 실험의 실패에서 그는 시들어가고 있다.

칼 마르크스의 자본론은 도덕적 인간관의 오류, 인적 자본의 가치창조능력에 대한 무지, 노동자들의 소득수준 및 소비수준 향상에 대한 폄하, 서비스산업의 출현으로 인한 새로운 일자리의 창출에 대한 예측오류에서 자유롭지 못하다.

연습문제

1. 경제사상이 세상에 미치는 영향에 대해 설명하라.

2. 훌륭한 경제학자가 갖춰야 할 요건에 대해 설명하라.

3. 경제위기가 새로운 경제사상을 낳는 이유와 새로운 경제사상으로 경제위기를 극복하는 과정을 설명하라.

4. 애덤 스미스의 국부론과 자유방임주의 사상을 설명하라.

5. 중상주의와 자유방임주의의 차이점을 설명하라.

6. 보이지 않는 손의 섭리에 대해 설명하라.

7. 세이의 법칙(Say's law)과 시장균형의 의미를 설명하라.

8. 세계대공황의 원인과 애덤 스미스 경제학의 한계를 설명하라.

9. 애덤 스미스의 수요함수와 케인스의 소비함수를 비교·설명하라.

10. 유효수요의 부족과 뉴딜정책을 설명하라.

11. 수정자본주의와 복지국가의 관련성을 설명하라.

12. 스태그플레이션과 케인스 경제학의 한계를 설명하라.

13. 하이에크의 〈종속의 길(*the road to serfdom*)〉과 신자유주의(neo-liberalism) 경제사상을 설명하라.

14. 워싱턴 컨센서스(Washington consensus)와 신자유주의에 대해 설명하라.

15. 독점자본주의와 사회주의사상의 태동에 대해 설명하라.

16. 칼 마르크스의 공산당선언이나 자본론(Das Kapital)이 나타난 사회적 배경을 설명하라.

17. 칼 마르크스의 유물론과 유물론적 변증법에 대해 설명하라.

18. 칼 마르크스가 주장한 제국주의의 폐해를 피하기 위해 자급경제(Autarky)를 주장한 이유를 설명하라.

19. 칼 마르크스의 잉여가치설과 노동가치설을 비판하라.

20. 칼 마르크스가 주장한 산업예비군, 즉 공장의 기계화로 인한 거대 실업의 문제가 발생하지 않은 이유를 설명하라.

21. 일자리 상실로 인한 노동자의 위기를 상징적으로 표현한 "양이 사람을 잡아 먹는다." "기계가 사람을 잡아 먹는다." "AI가 사람을 잡아먹는다"는 경제적 의미를 설명하라.

22. 칼 마르크스의 〈자본론〉의 한계를 설명하라.

Chapter 04

경제체제와 시장경제

1. 경제문제와 경제체제
2. 시장경제와 자본주의 경제체제
3. 자본주의가 승리한 이유
4. 시장경제로 가기 위한 멀고도 험한 길
5. 신자유주의와 변화하는 경제질서
6. 사악한 삼총사와 사다리 걷어차기
7. 질서자유주의와 제3의 길

1. 경제문제와 경제체제

인간의 욕구는 무한한데, 자원은 한정돼 있는 상황에서 모든 경제문제가 발생한다. 경제문제는 희소성의 원칙(law of scarcity)에서 출발한다. 우리는 희소성(부족함)을 해결하기 위한 방식을 경제체제라 정의한다. 최근 100년 동안 전 세계는 자본주의냐, 아니면 공산주의(사회주의)냐라는 경제체제 문제로 전쟁까지 불사해 왔다. 희소성의 경제문제를 시장이 주도적으로 더 잘 해결할 수 있느냐, 아니면 정부가 주도적으로 더 잘 해결할 수 있는가에 대한 치열한 논쟁을 지속한 것이다. 희소성에서 비롯된 경제문제를 자본주의가 더 잘 해결하는가?, 아니면 공산주의(사회주의)가 더 잘 해결하는가?의 문제를 근간으로 국가 간의 세력을 형성하게 되고, 양극체제라는 이념적 경쟁질서가 세력 간의 대립구도를 규정했던 것이다.

모든 경제사회는 자원이 부족하므로 우선순위를 정해야 하고 비용은 최소화하고 생산은 극대화하는 최적화 방법을 찾아야 한다. 그러기 위해서는 효율적으로 생산하고 생산된 것을 공평하게 분배해야 하는데, 효율적이고 공평한 선택이야말로 부족함을 해결하는 최선이기 때문이다. 모든 국민경제는 희소성에서 비롯된 국민경제 3대 기본문제에 직면하고, 국민경제 3대 기본문제를 시장원리에 따라 시장경제가 해결하는 방식을 채택하면 자본주의 경제체제라 하고, 정부가 계획·통제 원리에 따라 주도하는 해결방식을 채택하면 공산주의(사회주의) 경제체제라 한다.

모든 국민경제는 ① 무엇을, 얼마나 생산할 것인가? ② 어떻게 생산할 것인가? ③ 누구를 위하여 생산할 것인가?라는 국민경제 3대 기본문제에 직면한다. ①과 ②의 문제는 효율성(efficiency)에 관한 문제이고 ③의 문제는 공평성(equity)에 관한 문제이다.

지난 반세기 동안 현실경제를 주도했던 자본주의 경제체제와 사회주의 경제체제는 치열하게 대립해 왔다. 그리고 자본주의 경제체제가 판정승을 거두었으나 두 체제는 혼합경제체제로 수렴해 가고 있다. 자본주의 경제체제는 소비자주권, 자유경쟁의 원리, 이윤을 인정하는 소유권 제도를 바탕으로 효율적인 자원배분을 강조하고, 사회주의 경제체제는 이윤을 불인정하는 도덕적 보상체제, 정부 관료에 의한 생산물의 선택과 분배를 바탕으로 하는 공평한 소득분배에 중심을 둔다.

지난 100여 년에 걸친 이념대결은 1980년대 이후 자본주의의 판정승으로 결말을 맺었으며, 자본주의 진영이든, 사회주의 진영이든 가릴 것 없이 신자유주의라는 이름으로 시장원리주의가 세상을 지배하는 추세이다. 구소련이나 중국, 그리고 동구권 국가들의 경우에도 '개방과 개혁'이라는 슬로건을 내세우며 사회주의에 시장경제 원리를 접목한 지 오래이고, 인도, 동남아시아, 라틴아메리카, 아프리카 등과 같은 제3세계 국가들조차 시장원리를 받아들여 빈곤을 퇴출시키려 노력하고 있다. 하지만 지난 2008년 세계경제를 덮친 금융위기는 신자유주의에 대한 의문의 단초를 제공한다. 금융부문의 탐욕에서 경제위기가 발생한 것이고, 빈부의 격차, 계급갈등, 인간소외, 기득권과 향락주의, 실업, 양극화, 환경의 파괴 등으로 시장경제는 여전히 정부의 미세조정을 필요로 한다는 사실을 검증하고 있다.

구사회주의 국가들은 1970년대 이후 특히 구소련과 중국이 중심이 되어 개방과 개혁이라는 기치 아래 효율성 증대를 위한 시장가격체계, 사유재산제도, 그리고 자유경쟁의 원리들을 도입하고 있다. 중국의 경우에는 자원배분은 시장에 맡기되 토지와 같은 주요생산수단은 국가가 소유하는 사회주의 시장경제(the socialist market economy) 시스템을 구축하고 있고, 러시아를 비롯한 동구권 국가들은 자본주의적 경제요소가 사회주의적 경제요소를 능가하는 체제전환경제(transition economy)로의 전환을 실현해가고 있다.

2. 시장경제와 자본주의 경제체제

애덤 스미스가 발견한 시장경제의 최대 장점은 개인의 이익추구가 공적이익을 더욱 증대시킬 수 있다는 '보이지 않는 손'의 섭리에서 비롯된다. 보이지 않는 시장의 섭리가 작동하려면 합리적인 소비자와 생산자가 주인공이 되고, 시장가격, 자유선택, 경쟁, 혁신, 이윤과 파산이 작동하는 자유방임주의적 경제무대(자유시장)가 필수적이다. 시장에 참여하는 모든 경제주체들은 자유로운 선택, 그리고 치열한 경쟁에 따라 승패가 좌우되는 시장배분의 원리, 승자독식의 원칙(winner takes all)을 미덕으로 받아들여야 한다. 이 같은 요소와 원칙들이 상호 작용하여 시장에서의 선택들이 조화를 이루고, 그 결과로 모든 생산과 소비가 가장 효율적인 최적수준에 이르게 된다. 소비자는 효용이 극대화되고, 생산자는 이윤을 극대화하며, 사회적으로는 순사회후생이 극대화되는 경제순환체계를 완성한다는 개념이다. 시장경제체제는 보이지 않는 손의 조화 속에서 개인의 이익을 사회전체의 이익으로 통합시킬 뿐만 아니라 개인의 창조정신과 잠재능력을 최대로 발현시키는 혁신과 조화의 장을 제공하는 특성을 가진다.

보이지 않는 손

애덤 스미스는 〈국부론〉에서 시장경제를 가장 효율적으로 조율하는 마법의 손, 신의 섭리와 같은 보이지 않는 손의 존재를 다음과 같이 설명하고 있다.

"인간은 항상 다른 사람으로부터 도움을 받아야 한다. 다른 사람으로부터 도움이 그들의 호의에 의존한다면 그것은 헛된 일에 불과하다. 다른 사람들의 이기심을 자신에게 이익이 되는 방향으로 유도할 수 있으며, 자신이 원하는 것을 제공하는 것이 다른 사람들에게도 이익이 된다는 사실을 보여줄 수 있다면, 그 사람은 보다 유리한 입장에 서게 될 것이다. 우리가 오늘 저녁을 풍성하게 먹을 수 있는 이유는 푸줏간 주인, 양조장 주인, 빵굽는 사람들의 호의 때문이 아니라 그들이 자신들의 이익을 얻기 위해 일하고 있기 때문이다. 시장에 참여하는 모든 개인들은 공적 이익을 증진시킬 의도를 가지고 있는 것도 아니며, 그들이 얼마나 공적 이익을 증진시키고 있는지도 모른다. 하지만 그들은 자신들의 이익을 추구하는 과정에서 자신들이 의도하지 않은 공적 이익을 증진시키고 있다. 그들은 자신들이 공적 이익을 증진시키려는 의도를 가지고 경제활동을 하는 경우보다도 자신들의 사적 이익만을 추구하는 과정에서 공적 이익을 더욱 효과적으로 증진시키는 경우가 많다."

시장경제체제가 국민경제 기본 3대 문제를 해결하는 경제순환모형을 그림으로 나타내면 〈그림 4 – 1〉과 같다.

① 무엇을, 얼마나 생산할 것인가?의 경제문제는 그림의 A, B구간에서 결정된다. 기업은 A, B구간에서 무엇을, 얼마나 생산할 것인가?를 결정하게 되는데 이윤을 극대화하려면 소비자가 원하는 것을 원하는 만큼 생산해야 한다. 소비주체인 가계는 생산물시장에서 자신의 효용을 극대화할 수 있는 상품과 상품의 양을 결정한다. 소비자(가계)는 돈 투표(dollar voting)를 통해 자신이 원하는 소비를 실현하는데, 돈투표는 바로 소비자의 선호를 반영한다.

시장은 소비자가 돈투표한 결과를 개표하여 공개하는데, 이것이 바로 시장가격으로 나타난다. 소비자들이 선호하는 상품의 경우에는 돈 투표가 몰리게 되어 가격이 오르게 되고, 그렇지 않은 상품의 경우에는 소비자의 선호가 줄어들어 가격은 떨어지게 된다. 기업의 입장에서는 시장가격이라는 신호를 보고 조사할 필요없이 소비자들이 무엇을 얼마나 원하는지를 파악할 수 있고, 그 정보를 바탕으로 최적한 공급을 결정할 수 있다. 한편, 경쟁시장에는 항상 경쟁자가 존재하므로 기업은 다른 경쟁자보다 질 좋고 값싼 제품을 공급해야 한다. 그래야만 파산을 모면

〈그림 4 – 1〉 시장경제체제에서의 경제순환모형

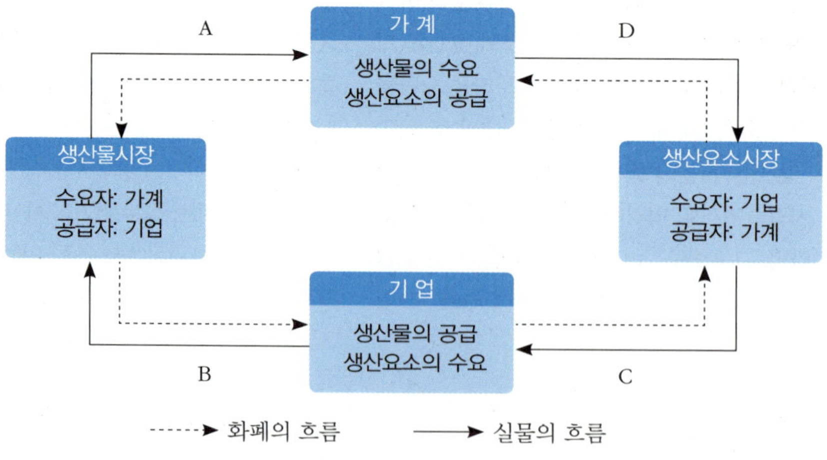

하고 이윤을 취득할 수 있기 때문이다. 따라서 시장원리는 기업이 소비자를 위해서가 아니라 자신의 이윤을 위해서 소비자가 원하는 상품을 원하는 만큼, 그리고 최고의 품질로 가장 싼 가격에 공급하도록 작동하게 된다. 또한 그림의 A, B구간에서는 소비자들의 선택으로 상품의 공급이 결정되는 방식, 즉 소비자주권이 실현되고 있을 뿐만 아니라 생산자와 소비자가 모두 만족하는 생산물에 대한 자원배분의 최적화가 이루어진다.

② 어떻게 생산할 것인가?의 경제문제는 그림의 B, C구간에서 결정된다. 기업은 소비자들이 원하는 상품을 원하는 만큼 다른 경쟁기업보다 우수한 질로 값싸게 공급하여야 한다. 만약 소비자들이 원하지 않는 상품을 생산하거나 다른 경쟁기업보다 품질이 떨어지거나 값비싼 제품을 공급한다면, 그 기업은 소비자들로부터 버림받고, 시장에서 퇴출(파산)될 것이다. 경쟁시장은 효율적인 생산자에게는 이윤으로 보상하지만, 비효율적인 생산자에게는 파산이란 채찍으로 처벌하기 때문이다. 따라서 기업은 그림의 C구간에서 가장 효율적인 생산공정과 생산기술을 선택해야하고, 가장 생산성 있는 생산요소로 가장 효율적인 기술적 배합을 결정하게 된다.

③ 누구를 위하여 생산할 것인가?의 경제문제는 그림의 D, C구간에서 결정된다. 기업은 생산과정에서 생산요소들의 조합을 선택하게 되는데, 마치 생산물시장에서 소비자가 돈 투표 하듯이 기업의 목적을 달성하기 위한 생산요소에 대한 돈 투표를 결정하게 된다. 가계는 이 과정에서 노동력, 자본, 토지, 경영 등의 생산요소를 기업에 공급하고 그 대가로 소득(기업의 돈투표=생산요소의 가격)을 얻게 된다.

기업은 그림의 C, B구간에서 다른 경쟁기업보다 값싸고 질 좋은 제품을 생산하기 위해 질 좋고 값싼 생산요소를 고용하고, 가장 효율적인 생산요소의 조합(기술적 생산방법)을 선택하게 된다. 또한 가계는 생산요소시장에서 기업이 어떤 생산성을 갖춘 생산요소를, 얼마나 공급받기를 원하는지 정보를 확보하고 그 수요에 맞는 생산요소를 공급하게 된다.

따라서 그림의 C, D구간에서는 소득수준이 높은 가계와 그렇지 않은 가계가 결정되고, C, B구간에서는 이윤을 획득하여 성장하는 기업과 경쟁과정에서 이윤을 얻지 못해 파산하는 기업이 결정된다.

그림의 경제순환모형은 시장기구가 경제문제 ①, ②, ③을 어떻게 해결하는지 A, B, C, D구간으로 설명해 주고 있다. 시장은 경제주체인 가계와 기업이 모든 자원을 효율적으로 배분하도록 유인기구(당근과 채찍=경쟁과 이윤)가 작동하는 자원배분체계라 할 수 있다. 결과적으로 시장에 참여하는 모든 경제주체가 자신의 이익을 위해 최선을 다하지만 상대의 이익을 훼손하기보다는 서로의 이익을 증식시킬 수 있는 이점을 가진다.

3. 자본주의가 승리한 이유

대니얼 벨은 그의 저서 〈이데올로기의 종언〉에서 1950년대 미국 사회의 변화를 심층 진단하고, 그 분석의 결과를 바탕으로 이념의 시대가 퇴조할 것임을 예고한 바 있다. 그는 기술의 발달과 경제·정치체제의 진화로 인해서 빈곤에서 벗어난 노동자들의 계급투쟁 의지가 급속도로 고갈되어간다는 점에 주목하였다, 따라서 급진사상은 설 자리를 상실하고 있으며, 마르크스주의는 조만간 종말을 고할 것이라고 주장하였다. 그는 다원주의적 정치의 부상, 복지국가의 대두, 과학기술의 발달 등으로 인해 '체제변혁'의 이슈가 노동계급의 관심에서 점점 멀어져 가고 있을 뿐만 아니라 화이트 칼라로 일컬어지는 사무직 노동자를 비롯한 새로운 대중집단의 역할과 의미가 중시된다고 주장하였다.

1980년대 이후 이데올로기에서 강조하는 전통적인 노동자라든지, 계급의 개념은 무의미해지고, 사회변동의 원동력으로서 취급된 불만 가득한 노동자 계급은 쇠퇴해 가고 있다. 자본주의가 발달한 나라일수록 유산계급과 무산계급의 양극화는 무디어 가고, 오히려 계층의 다분화가 사회변혁의 동력을 만들고 있다. 마르크스주의는 그 칼날이 무디어지고 이데올로기를 지키기 위한 성곽조차도 붕괴되는 위험에 처한 것이다. 사회주의에 대한 경제적 비전은 몽상적이고, 특히 경제부문에서의 생산의 조직화, 자원배분의 문제, 임금지급의 형태, 그리고 새로운 생산물 창조 등에 대한 이론적 모호성은 체제로서의 사회주의를 종언의 길로 몰아세우고 있다.

중국 공산당은 1959~62년간 대지주 80만 명을 처형하고 농촌에는 각각 약 2만 명으로 구성된 인민공사를 설립하여 노동자들의 유토피아를 약속하였지만, 1959년 중국에서 기아로 사망한 유아, 영아, 아동수가 1,650만 명에서 3천만 명에 이르는 처참한 결과로 신음하게 된다. 중국은 생산성을 회복시킨다는 정책으로서 1958년 대약진운동, 1966~69년간 문화대혁명을 추진하는데, 이 정책은 홍위병을 동원하여 관료주의자, 수정주의자, 반혁명분자라는 명분으로 수십만 명의 지식인과 과학기술자들을 살해하거나 강제노동수용소로 추방하는 과오를 범하게 한다. 돌파구를 찾기 위한 특단의 조치들마저 실패하였지만 1976년 절대권력자인 모택동이 사망하자, 중국은 새로운 변화의 돌파구가 마련되는데, 그것은 바로 등소평 같은 실용주의적 지도자의 등장이다. 등소평은 "검은 고양이든 흰고양이든 쥐를 잘 잡는 고양이가 좋은 고양이다."라는 흑묘백묘론으로 중국을 실용주의로 이끌어가고, 개방과 개혁을 성공시키는 지도력을 발휘한다. 한편 구소련의 경우에는 1928년부터 스탈린에 의해 부농의 재산은 모두 몰수되고 농민들은 집단농장인 콜호스에 강제로 이주되었으며, 그들의 삶과 노동은 공산당에 의해 통제되었다. 공산화과정에서 구소련의 농민들은 약 1,000만 명이 숙청되거나 아사했으며, 약 1,500만 명은 시베리아나 중앙아시아로 강제 이주되는 과정에서 질병이나 굶주림으로 사망하게 된다. 집단농장제도는 1960년대 구소련 역사상 가장 심각한 식량부족 문제를 야기하는 원인으로 지목된다. 또한 구소련 경제는 1980년대에 2만 4,000여 개의 공장이 폐업을 하고, 80루블(약 3,200원) 이하의 근로자가 4천만 명에 이르는 최악의 경제위기에 직면하게 된다. 구소련의 인민들은 설탕, 소금, 성냥을 구하기 위해 매일 줄을 서야 했고 중앙정부에 팬티스타킹, 치약, 가루세제위원회가 가동될 정도로 물자부족에 시달여야 했다. 1988년에는 구소련의 최고 지도자인 고르바초프가 소비에트 중앙위원회에서 "우리 식탁에 매년 고기를 80kg씩만 얻을 수 있었더라면 다른 문제가 이처럼 심각해지지는 않았을 것이다."라고 구소련 경제의 비효율성을 탄식할 정도로 구소련의 경제는 망가지게 된다. 1980년대는 자본주의 국가들도 스태그플레이션을 해결하기 위해 신자유주의를 받아들이는 상황에서 구소련의 정치지도자들이나 고위관료들이 신자유주의에 관심을 갖게 되고, 구소련을 변화시키려는 소위 개방(글라스노스트)과 개혁(페레스트로이카)이라는 기치를 내세우며 구소련이 해체되고 시장경제를 받아들이는 상황을 맞이한다.

1) 시장가격과 효율적인 자원배분

계획경제에서는 시장가격 대신 계산가격이 작동하여 자원배분을 조정한다. 계산가격은 정부의 관료들이 생산되는 생산품들의 우선순위를 평가하고 그 상품에 가격을 부여하는 방식의 가격체계이다. 계산가격은 시장가격과 달리 경제주체들의 선호나 수요를 제대로 반영할 수 없는 관료주의적 자원배분의 매개변수라 할 수 있다. 따라서 소비자들이 원하지 않는 관료들의 계획에 의해 생산된 물품들이 창고에 처박혀 자원이 낭비되고 생필품마저 부족해지는 자원배분의 왜곡현상이 나타나게 된다. 이런 문제를 해결하기 위해 구소련이나 중국 등 구공산권 국가들도 시장가격체계를 도입하여 자원배분의 효율성을 개선하고 있다.

시장가격체계는 경제주체들의 선호나 수요를 직접적으로 반영함으로써 신호기능이나 자원배분기능을 효율적으로 수행한다. 시장가격의 주요기능을 정리하면 다음과 같다.

① 시장가격은 신호기능을 수행한다.

소비자들이 무엇을, 얼마나 원하는지, 조사할 필요 없이 돈투표(dollar voting)의 결과로서 시장가격에 반영된다. 따라서 기업은 시장가격을 보고 무엇을 얼마나 생산할 것인가를 결정할 수 있다. 하지만 시장가격이 존재하지 않는 계획경제체제에서는 정부 관료가 소비자가 무엇을 얼마나 원하는지를 조사하여 계산가격을 설정하여야 한다. 따라서 계산가격체제하에서는 다양한 소비자의 선호를 정확하게 파악하기 어려우며, 수많은 상품들에 대한 막대한 선호조사비용을 부담해야 한다. 또한 정부의 관료들이 소비자의 개인적 선호를 조사하는 과정에서 소비자들의 프라이버시를 침해할 수 있고 개인의 프라이버시와 관련된 조사의 경우에는 소비자들의 정직한 선호표출을 기대하기 어렵다. 이런 이유로 구공산권 국가들에서 나타났던 생필품의 품귀현상은 매우 자연스러운 결과이다. 반면에 소비자들이 원하지 않는 제품들은 과잉 생산되고 상품의 질도 조잡해서 결국 창고에 재고로 쌓이는 결과를 초래했던 것이다.

② 시장가격은 자율적인 배분기능을 수행한다.

부족한 자원은 상대적으로 시장가격이 상승하여 절약을 유도하고 반드시 필요한 소비자만 사용하도록 제약을 가하게 된다. 반면에 상대적으로 풍부한 자원에 대해서는 상대적으로 낮은 가격이 설정되어 소비의 영역을 확장시킨다. 따라서 시장가격은 희소한 자원은 아껴 쓰고 절약하게 하고 풍부한 자원은 여유롭게 소비하도록 조절하는 배분기능을 수행한다. 만약 정부가 시장가격을 인위적으로 조정하거나 통제하는 경우, 부족한 자원은 낭비되고 풍부한 자원은 절약하는 자원배분의 왜곡을 가져올 수 있다.

2) 이윤추구와 효율적인 자원배분

모든 생산수단을 공유하는 공산주의체제에서는 소유권을 바탕으로 작동하는 자본주의 경제체제와는 달리 당근과 채찍이라는 유인구조가 부족하다. 자본주의는 사유재산, 즉 이윤을 인정하는 보상체계가 작동한다. 따라서 "능력에 따라 일하고 능력에 따라 분배한다."는 응능주의적 보상체계에 따라 소득과 부가 분배된다. 응능적 분배원리란 열심히 일하는 자에게는 더 많은 이윤으로 보상하고, 게으른 자에게는 파산이라는 채찍으로 응징하는 보상체계이다. 개인이나 조직이 최선을 다하도록 당근과 채찍으로 유인하는 체계이다. 공산주의 경제체제에서는 사유재산이 부정되고 "능력에 따라 일하고 필요에 따라 분배한다."는 도덕적 보상체계가 작동한다. 도덕적 보상체계란 능력 있는 자는 최선을 다해 일하지만, 그 결과물은 능력이 있든 없든, 관계없이 필요한 자에게 분배한다는 원칙이다. 도덕적 보상체계는 윤리적으로 이상적이지만, 현실적으로는 역사적 실험을 통해 도덕적 해이(moral hazard)를 발생시킨다는 사실이 증명되고 있다. 도덕적 아름다움이 효율적 실리를 무너뜨리는 결과를 초래한다. 인간은 소유권에 의한 이윤동기가 부여될 때 더욱 역동적이라는 애덤 스미스의 인간관이 역사적으로 승리를 거둔 셈이다.

중국의 경우, 공산화하는 과정에서 농민들의 사적 재산권을 박탈하고 농지를 강제 수용하여 인민공사라는 집단농장체제를 실험하였으나 모두 실패하게 된다. 공동생산, 공동소비체제가 식량생산을 크게 떨어뜨렸고 수천만 명이 아사하는 곤경에 처하게 된다. 대약진 운동이나 문화혁명과 같은 극약처방으로 생산성을 되살리기 위해 노력했지만 모두 실패하게 된다. 이념주의자인 모택동이 사망하자, 실용주의자인 등소평이 집권하고 개방과 개혁을 추진하게 된다. 1979년 등소평은 신자유주의의 대부, 하이에크를 중국에 초청하여 조언을 구하게 되는데, 하이에크는 식량부족문제를 해결하기 위해 "농민들에게 땅을 돌려주세요"라는 권고를 남기게 된다. 등소평은 농민들에게 임대제라는 방식으로 일종의 사유재산권을 인정하게 되고, 2년 후 식량생산은 무려 25%까지 증가하게 된다. 구소련의 경우를 살펴보면 1에이커 미만의 토지는 사유지로 인정하는 제도가 유지되었는데, 그 면적이 전체 경작면적에서 1%에 불과하였지만, 생산량은 전체 농작물의 25%를 차지하는 결과로 나타난다. 이것은 사유지의 생산성이 공유지에 비해 33배나 높다는 것을 보여준다. 공동소유, 공동생산, 공동소비와 같은 이상적 동기에 의해 만들어진 경제체제일지라도 자신의 노력이 자신의 이윤으로 보상되지 않는 경제시스템에서는 생산성이 극대화될 수 없다는 것을 증명한다. 소유권을 바탕으로 한 이윤동기야말로 기술혁신과 생산성 향상을 위한 최선의 유인제도인 것이다.

3) 자유경쟁체제와 효율적인 자원배분

자유무역주의는 시장을 개방하여 세계시장에서 경쟁하며 경쟁에서 승리하는 경우, 국내경쟁에서 얻을 수 있는 수준보다 훨씬 높은 경쟁력이나 이윤 수준을 보장한다. 시장의 규모는 글로벌하게 확대되며, 경쟁의 강도는 세계수준으로 치열해진다. 끊임없는 기술개발과 혁신을 지속하지 않으면 결코 생존할 수 없다. 시장경제는 자유무역의 원칙을 기반으로 성장한다. 시장경제에서 유통되는 모든 상품들은 글로벌 수준에서 최고의 질과 최고의 가성비를 자랑하게 된다. 결과적으로 국내 소비자들은 세계에서 가장 값싸고 질 좋은 상품을 구매할 수 있고 국내의 기업들은 세계에서 가장 혁신적인 생산기술을 도입하고 효율적인 자본을 유치할 수 있다.

전통적으로 구공산권 국가들은 칼 마르크스의 반제국주의론에 따라 자급자족경제(Autarky)체제를 구축해 왔다. 칼 마르크스는 주기적인 공황과 제국주의 전쟁이라는 예언으로 자본주의 경제체제의 모순을 규정한 바 있다. 자본주의 경제는 자본이 고도화될수록 생산능력이 폭증하게 된다. 그런데 국내의 소비가 폭증하여 이를 모두 소진할 수 없을 것이므로 자본주의 경제는 주기적인 공황에 빠지게 된다. 창고마다 재고가 넘쳐나고 길거리에는 실업자가 득실거린다. 실업자는 소득이 없으므로 유효수요가 더욱 부족해지고 공황의 늪은 더욱 깊어진다. 소위 '풍요 속의 빈곤'(poverty in the midst of plenty)현상이 경제를 병들게 한다. 자본주의 발전과정에서 이런 현상은 주기적으로 반복된다는 것이 칼 마르크스의 주장이다. 자본주의 발전 과정에서 공황이라는 폐해를 극복하기 위해 선진자본주의 국가들은 제국주의를 채택하게 된다. 식민지를 개척하여 새로운 시장을 창출하려는 국가이기주의적 발상이다. 식민지는 새로운 수요를 창출하고, 값싼 원료를 공급하는 착취의 대상이 된다. 따라서 칼 마르크스는 제국주의적 모순을 타파하고 반제국주의적 경제질서를 구축하기 위해 자급자족경제를 제안했던 것이다.

자급자족 경제체제란 쇄국주의를 의미하는 것이고, 세계 최고가 아닌 국내 최고를 지향하는 개념이다. 자유무역주의나 세계화는 개방경제체제를 의미하는 것이고 국내 최고를 넘어 세계 최고를 지향하는 개념이다. 따라서 오늘날 선진국이든, 후진국이든 관계없이 자유무역은 교역 당사국들에게 거래이익을 증진시키고 경제발전을 촉진하고 있으며, 구소련이나 중국을 비롯한 구공산권 국가들도 자유무역 질서에 편입되기 위해 노력하고 있다.

4) 경제적 자유와 효율적인 자원배분

1993년 노벨경제학상을 수상한 더글라스 노스(Douglass North)는 인류최대의 발명품을 과학기술이 아니라 소유권제도의 창안이라고 주장한 바 있다. 소유권이 수많은 발명을 촉발했다는 것이다. 소유권이야말로 개인의 산출물을 절도 및 약탈로부터 지킬 수 있는 훌륭한 보호막이다. 따라서 안심하고 연구개발하고 투자하여 자신의 경제를 풍요롭게 만들 수 있다. 농업사회에서는 토지에 대한 소유권, 산업사회에서는 자본에 대한 소유권, 지식정보화사회에서는 지식에 대한 소유권(특허권, 저작권, 상표권, 영업에 관한 비밀 등)이 중요한 이유이다. 제도학파 경제학자들은 소유권제도가 안정된 나라일수록 풍요로운 선진국이 될 수 있었지만 그렇지 못한 나라일수록 아직도 빈곤한 후진국으로 남게 되었다고 주장한다. 또한 소유권은 개인의 자유를 보장하고 활성화하는 제도적 장치로서 기능한다. 소유권은 배타적 권리여서 그 영역에서는 어느 누구도 간섭할 수 없고 구상권을 행사할 수 있으며 자유롭게 처분할 수 있는 권리를 보장하기 때문이다. 개인의 경제적 자유는 소유권을 기반으로 성립하고 개인의 경제적 자유는 한 나라의 경제발전을 촉진한다. 소유권과 개인의 경제적 자유는 그 나라의 풍요와 인과관계를 갖는다. 미국은 1776년은 애덤 스미스의 자유주의 시장경제와 정치적 자유주의를 독립선언문에 담아 자유주의 국가를 채택하게 된다. 미국은 애덤 스미스의 경제적 자유와 독립선언문에 담긴 정치적 자유라는 두 개의 수레바퀴로 세계에서 가장 번영한 사례에 해당한다.

애덤 스미스와 칼 마르크스의 서로 다른 경제체제관은 인간의 본성에 대한 서로 다른 믿음에서 출발한다. 애덤 스미스는 인간이란 원래 이기적이고 개인의 이익을 추구하는 것은 본성을 갖고 있으며, 이것은 인간의 기본적 권리로 존중돼야 한다고 주장한다. 따라서 인간의 본성을 고치려 하기보다는 이를 수용하는 경제체제가 가장 좋은 경제체제라는 믿음을 바탕으로 자유주의적 경제관을 확립한 것으로 보여진다. 반면에 마르크스는 인간의 본성은 탐욕과 이기심에 있는 것이 아니라 탐욕과 이기심은 사회적 계급에서 만들어진다고 주장한다. 따라서 칼 마르크스는 계급이 없는 공산사회로 사회구조를 개조함으로써 이기심과 탐욕으로 가득한 자본주의형 인간을 이타적인 사회주의형 도덕적 인간으로 개조할 수 있다고 주장한다. 지난 100여 년에 걸친 사회주의에 대한 실험은 인간은 통제와 이타심을 강제하는 경제체제에서보다는 자유가 보장되고 자신의 이익이 존중되는 경제체제에서 보다 더 역동적이라는 사실을 검증하고 있다.

4. 시장경제로 가기 위한 멀고도 험한 길

2차 세계대전이후 거의 반세기 동안 전 세계 인구의 약 1/3에 해당하는 사람들이 사회주의 혁명에 의한 역사적 실험에 동참해 왔다. 결과적으로 도덕주의에 바탕한 이상적인 사회주의혁명은 어디에서도 완성되지 못하고 새로운 길(시장경제)을 모색하고 있다. 아이러니하게도 칼 마르크스가 지적한 자본주의의 내적 모순들은 자본주의를 더욱 강화시켰고 이념의 벽을 넘어 오히려 사회주의 경제체제를 변화시키는 동력이 되고 있다. 도덕적 인간보다는 이기적인 인간의 자유로운 경제활동으로 경제문제를 보다 효율적으로 해결할 수 있고 보다 풍요로운 경제사회를 조성할 수 있다는 시장경제의 역동성이 통제경제로 침투하고 있는 것이다.

1) 공산독재체제의 붕괴

서방의 자본주의 경제체제는 복잡성과 자율성을 내부화하여 자유주의적 민주적인 의사결결정기구를 내부화하는 데 성공한 반면, 구소련이나 중국 그리고 동구권의 공산주의 국가들은 본질적으로 획일적이고 독재적인 틀을 무너뜨리지 못하고 소위 프로레타리아 독재라는 명분으로 독재체제를 구축하게 된다. 상의하달식의 독점적인 통치체제는 소련과 중국뿐만 아니라 모든 공산권에서 고스란히 통용되었고, 결국 스탈린주의, 동유럽의 사회주의, 중국의 모택동주의가 약속했던 새로운 인류의 출현과 위대한 사회주의 건설은 몽상에 불과했음을 증명하게 된다. 중앙집중식 관료주의는 열정과 창의성을 잠재웠으며, 토지집단화는 식량공급을 축소하였고, 작가나 사상가들은 투옥도거나 추방되었다. 또한 여행, 통신, 정보, 종교에 대한 권리와 자유가 묵살되는 반면에 레닌, 모택동, 호지명, 체게바라, 김일성 같은 지도자들은 반신반인의 존재로 추앙받는 우스꽝스런 종교집단처럼 변질되었다.

1958년 모택동의 농촌순방에서 벌어진 일화는 공산당이 주도한 독재권력들이 의사결정과정에서 얼마나 권위적이고 독단적이며 비실용적이고 비합리적으로 작동하는지 잘 보여주고 있다. 중국의 공산화 과정에서 식량문제가 심각해지자, 중국의 최고지도자인 모택동은 1958~60년간 대약진운동을 추진하는데, 농촌순방길에 곡식을 먹는 참새를 보고 '저 새는 해로운 새다'라며 참새를 향해 손가락으로 가리켰다 한다. 그러자 국영연구기관을 비롯한 연구기관들이 참새 1마리가 연간 곡식 2.4kg을 해치워 참새가 연간 70만 명의 먹거리를 축낸다는 연구보고서를 쏟아냈을 뿐만 아니라 무려 10억 명에 달하는 중국의 인민들이 냄비나 세숫대야를 울려대며 참새박멸운동에 동참하는 웃지 못할 광경이 벌어졌다 한다. 참새가 박멸되자 온갖 해충과 메뚜기들이 창궐하게 되고, 중국의 곡물 생산은 오히려 급감하여 결과적으로는 3,000만 명이 아사하는 비극적 상황을 마주하게 된다.

2) 개방과 개혁 그리고 새로운 사회주의

1980년대 까지 구소련의 경제는 GNP의 25%나 되는 규모를 군사 및 우주분야가 차지하고 있었다. 공산품은 질이 너무 낮아 소련의 영향력이 미치지 않는 지역에서조차도 팔리지 않는 수준이었다. 구소련의 물가통제에 관한 국가위원회 '고스코므첸'에서는 비행기 1대에 수십만 개의 부품이 필요한 시대에 매년 20만 품목의 가격을 다시 책정하는 계산가격으로 발생하는 엄청난 비용도 감당해야 했다. 구소련은 핵물리학자를 구슬리는데 성공했지만 자주 폭발사고를 되풀이하는 TV 설계 기술자들에게는 변변치 않은 대우를 했다. 그런 이유로 소비제품들은 비효율적으로 생산되고 그나마 부족하기 일쑤였다. 중앙정부에 팬티스타킹위원회가 설치·운영되었고, 설탕, 소금, 성냥과 같은 생필품을 구하기 위해 인민들은 매일 긴 줄을 서서 기다려야 했다. 인민들은 하루의 생활을 영위하기 위해 필요한 것이 있으면 당장 챙겨야 하는 상황이어서 '아포스카〈혹시나〉 가방'을 언제나 챙겨야 하는 불편까지 인내해야 했다. 소비에트제지산업에서 생산된 1톤의 종이가 핀란드에서 생산된 종이보다 7배나 많은 목재를 사용하였고, 석유 1톤(국제시장 150달러)은 루블화로 말보르 담배 한 갑과 거래되었으며, 블라디보스토크에서 모스크바(4천마일)까지 항공요금은 7달러에 불과한데 모스크바공항에서 붉은광장 호텔까지 택시요금은 10달러나 요구되었다. 구소련의 경제는 소비자가 소비하는데 1달러 가치밖에 얻을 수 없는 상품을 1.5달러의 자원을 투입해 생산하는 마이너스 부가가치의 생산체계가 유지되었다. 구소련의 경제는 부가가치를 창출하는 효율적인 경제가 아니라 오히려 부가가치를 훼손하는 비효율적 경제가 작동했던 것이다. 구소련은 석유를 팔고 군사력으로 망가진 경제력을 위장하며 강대국으로서의 지위를 유지하고 있었던 것이다. 공산주의 경제체제의 비효율성은 급기야 1985년 구소련의 고르바초프에 의한 신사고운동과 1989년 동구의 민주화운동에 의해 적나라하게 드러나게 되고 힘겨운 노동자 중심의 계급을 마감하게 된다. 구소련이 붕괴되면서 그들은 계급투쟁의 깃대를 부러뜨리고, 사유화 만세라는 시장경제의 깃발이 나부끼는 시장경제체제로 전환하고 있다.

1989년 동구의 공산주의체제가 붕괴되기 시작하자, 후쿠야마는 〈역사의 종말〉이라는 저서를 통해서 마르크스가 주장한 인류역사의 종점은 공산주의가 아니라 시민주도의 자유민주주의가 될 것이라고 논증하고 있다. 그는 인간의 욕구는 생명을 유지하고 재산을 추구하려는 생존본능뿐만 아니라 다른 사람으로부터 인정받고 싶어 하는 존엄이라는 욕구가 강렬하다는 것이다. 이 같은 인간의 존엄성에 바탕한 기본적 욕구를 가장 훌륭하게 반영할 수 있는 체제야말로 역사의 종점이며,

그것은 공산주의체제가 아닌 자유민주주의 체제가 될 것이라는 주장이다. 헤겔과 마르크스는 인간사회의 진화는 계속되는 것이 아니라 인간의 가장 근본적인 욕구를 충족시키는 사회형태가 출현했을 때 종말을 고할 것으로 믿고 있었다. 역사적으로 존재해 온 사회제도와 습관 중에서 인간의 본성에 반하고 인간에게 유익하지 않은 제도는 보다 인간적이고 보다 뛰어난 제도하고 접촉하고 충돌하면서 배제되고 최종적으로 가장 좋은 체제가 살아남아 역사의 종착역이 될 것이라는 믿음이다. 마르크스는 역사의 종착역을 공산주의(사회주의)로 설정한 반면 헤겔은 시민주도의 민주주의가 종착역이 될 것임을 예견한 바 있다. 후쿠야마에 의하면 역사의 종말론은 마크크스가 아닌 헤겔이 승리할 것이라는 진단이다.

1976년 모택동이 사망하고 1978년 등소평이 권좌에 오르면서 중국은 변하기 시작한다. 사유재산제도의 도입과 가격체제를 구축하고 이데올로기나 훈계 대신 교육과 경제적 인센티브가 경제를 지배하게 된다. "검은 고양이든 흰 고양이든 쥐만 잘 잡으면 된다"는 논리로 서방의 기계, 기술, 자본 그리고 민간의 자유를 더욱 확장시키는 데 주안점을 두었다. 등소평은 우선 먼저 기술계 지식인의 명성과 권위를 회복시키고 이데올로기가 선행되는 정치의 변덕으로부터 지식인을 보호하는 체제를 구축한다. 또한 공산당원과 고위관료들은 일본과 미국 그리고 싱가포르 등을 견학하게 하여 실용주의에 눈뜨도록 유도하고 미국의 자본시장을 적극적으로 활용하는 정책을 편다. 등소평의 개방과 개혁 정책은 3단계로 나눌 수 있는데, 1단계는 1978년~1984년까지 인민공사를 해체하고 개별 농가가 생산을 책임지는 도급생산제로 농촌경제 생산력을 4배 이상 증가시켰다. 국영기업을 개혁했고 심천, 주해, 산두, 하문에 경제특구를 설치하고 14개 연해도시를 개방했다. 2단계는 이윤과 조세의 분리, 청부 경영제 도입으로 기업의 활력을 증대시켰으며 시장육성, 가격개혁, 거시경제체제 등을 개혁했다. 3단계는 1992년 남순강화로부터 촉발되었는데, 선진적인 사회와 대량생산 방식을 도입하는 데에는 사회주의 성도 자본주의 성도 구분할 이유가 없다며 개혁노선을 더욱 강화시키게 된다.

등소평은 16세 되던 1920년에 중학교를 프랑스 마르세유에서 다녔는데, 공부보다는 르노자동차, 철강, 고무공장, 식당 그릇닦기, 기관차 화부, 콩죽가게 등 자본주의를 체험하는 데 많은 시간을 할애했다. 그래서 중국내 어떤 지도자보다도 시장경제원리를 체험하고 잘 이해하고 있는 사람이었다. 등소평은 1982년 한 연설에서 "정치체제가 어떻든 쇄국정책을 유지한 채로 근대화를 수행한 국가는 지금까지 세계적으로 볼 때 한 나라도 없었다."며 개방과 개혁의 중요성을 강조한다. 중국은 천안문사태 이후에도 시장경제와 경제정책 결정에 있어서 분권화의 필요성을 인식하고, 나아가 세계화된 자본주의적 분업체제에 적극적으로 참가할 필요성도 점차 인정하게 된다. 중국은 등소평의 개방과 개혁의 기치 아래 사회주의 시장경제체제로 변화하면서 G2국가로 성장하게 된다. 중국경제는 30여 년간 두 자릿수 경제성장을 통해 세계제조업의 최강자가 되었고 세계최대소비국으로 부상하고 있다.[1)]

구소련에서는 "사회주의란 자본주의로 가기 위한 멀고도 험한 길이다"라는 풍자로, 유고슬라비아에서는 사회주의 6대 경이, 즉 "실업은 없으나 아무도 일하지 않는다, 아무도 일하지 않으나 모두 임금은 받는다, 모두 임금을 받지만 이것으로 아무것도 살 수 없다, 아무것도 살 수 없지만 만인은 모든 것을 소유한다, 만인은 모든 것을 소유하고 있지만 만인은 불만이다, 만인이 불만이지만 모두 체제에는 찬성투표한다"라는 가십으로 공산주의 실험의 패배를 꼬집고 있다.

구소련의 고르바초프는 그의 연설문「페레스트로이카」에서 "우리 사회에는 실업이 없다. 게으르거나 직장 규율을 잘 지키지 않아 해고당한 사람들에게도 다른 직장을 준다. 비록 일을 열심히 하지 않거나 무능한 사람이라도 쾌적한 생활을 누릴 수 있는 급료를 받는다. 우리는 이것을 자랑스럽게 생각한다. 그러나 동시에 이러한 사회주의의 이점을 악용하는 악질적인 인간들이 있다는 사실도 우리는 잘 알고

---

1) 1971년 미국과 중국 간에 펼쳐진 핑퐁외교를 발판으로 오늘날 중국경제가 미국시장을 바탕으로 한 세계의 공장으로 탈바꿈했다는 사실은 매우 흥미롭다. 미국의 기대와는 달리 중국은 민주주의가 아닌 민족주의 국가로 경제발전을 추동하고 있다. 이때 당시 미국의 닉슨 대통령의 영부인과 중국의 총리 주은래 간의 대화에서 중국의 판다외교가 시작되고 서방국가들에게 부드러운 이미지로 중국이 다가서는 계기를 마련한다.

있다. 이들은 권리만 주장하면서 자기에게 부여된 의무는 조금도 생각하지 않는다. 일은 제대로 하지 않으면서 빈둥거리며 술만 퍼마신다. 사회주의는 평등화와는 아무 관계도 없다는 것을 분명하게 밝혀 둔다. '능력에 따라 일하고 필요에 따라 분배 받는다'는 원칙은 공산주의에서나 있을 수 있는 일이다. 사회주의는 이러한 생활조건과 소비생활을 보장할 수 없다. 사회주의는 사회적 이익의 배분에 관해서 그와는 다른 기준을 가지고 있다. '능력에 따라 일하고 일한 만큼 받는다'는 것이다. 이것이 사회주의의 기준이다"라고 주장한다.

러시아의 보리스 옐친은 1991년 6월 1일 모스크바 민주러시아 집회에서 "우리들의 국가는 행복하지 않았다. 이 나라는 마르크스주의의 실험을 하도록 결정지어져 있었다. 운명이 우리들을 정말로 그 방향으로 내몰았던 것이다. 이 실험은 아프리카의 어딘가의 나라가 아니고 확실히 우리들의 조국에서 시작되었다. 그리고 마침내 마르크스주의의 이론이 존재할 여지가 없다는 것이 입증되었다. 이 이론은 우리들을 세계의 문명국이 걸어온 길로부터 벗어나게 했을 뿐이다. 국민의 4할이 빈곤에 시달리는 오늘날의 현상, 나아가서는 배급표를 보이고 상품을 받아야 하는 항국적인 굴욕이 이것을 분명히 반영하고 있다. 이 항국적인 굴욕은 이 나라에서 여러분이 노예의 존재라는 것을 매 시간마다 상기시켜주는 것이다"라고 개혁의 중요성을 강조한다.

3) 자유 없는 평등과 평등 없는 자유

영국의 윈스턴 처칠은 "자본주의의 단점은 모두가 축복을 고루고루 나누어 가지지 못한다는 데 있고, 사회주의의 단점은 빈곤을 모두가 고루고루 나누어 가진다는데 있다"고 평가했고, 영국의 사회철학자 칼 포퍼는 "젊어서 공산주의자가 되어보지 않은 자는 바보요, 늙어서도 공산주의자로 여전히 남아있는 자는 더 큰 바보다"라고 비평한 바 있다. 미국의 언론인이자 구소련과 미국 사이에서 이중첩자로 활동했던 휘태커 체임버스는 '나의 아이들에게'라는 편지에서 공산주의 혁명의 철학적 동력에 대해 다음과 같이 기술하고 있다. "그것은 인류가 찾아낸 위대한 대안을 향한 믿음이다. … 중략 … 세상을 창조한 지적 존재인 신을 대체하는 인간 정신의 기획이다. 합리적 지성이라는 인류의 유일한 힘으로 인간의 운명을 바꾸고 인간의 삶과 세계를 다시 구성하려는 상상력이다."라고 사회주의 이념을 평가한 바 있다. 자유와 평등한 세상은 우리 인류가 꿈꾸어 온 이상향이다. 자유와 평등은 서로 상충하는 성격을 갖고 있으면서도 장기적으로 상호보완적인 것으로 평가된다. 자본주의는 자유를 바탕으로 풍요를 달성하지만 탐욕과 이기주의는 차별과 불평등을 야기시킨다. 공산주의(사회주의)는 공유를 바탕으로 평등을 지향하지만 자유를 훼손하고 빈곤으로부터의 탈출을 방해한다. 버리지 못하는 이기주의와 버릴 수 없는 사회적 휴머니즘은 현실이며 이상이다. 자유 없는 평등은 맹목이고 평등 없는 자유는 허무인 것처럼 공산주의의 이상은 자본주의의 모순에서 여전히 숨쉬고 있다.

5. 신자유주의와 변화하는 경제질서

1970년대는 스태그플레이션이 장기화되면서 1975년 미국의 〈타임〉지에 "자본주의 과연 살아남을 것인가?"라는 표지기사가 실릴 정도로 자본주의에 대한 위기가 고조된 상황이었다. 물가는 치솟고, 실업도 급증하는 인플레이션과 디플레이션 현상이 합병증으로 나타났을 뿐만 아니라 1973년 제1차 석유파동이 겹쳐 자본주의 국가들은 암울한 경제에 시달리게 된다. 20세기 초까지만 해도 대부분의 선진국에서 정부지출이 총생산에서 차지하는 비중은 3% 이하였는데, 세계대공황과 1, 2차 세계대전으로 정부의 시장개입은 역사적으로 증가추세에 놓이게 된다. 게다가 2차 세계대전 이후 공산주의의 확산, 제3세계 국가들의 사회주의적 개혁, 그리고 자본주의 내에서조차 케인스경제학이 주류를 이루면서 정부의 개입주의가 대세를 이루게 된다.

1) 정부의 실패와 신자유주의

1970년대까지만 해도 공산주의를 비롯한 후진개발도상국들은 수입대체산업전략에 의한 경제개발 및 성장을 도모하고, 대만·홍콩·한국 같은 나라들은 수출지향적 산업전략을, 인도·제3세계·남미 등에서는 종속이론에 근거한 경제개발기조를 채택한 바 있다. 남미를 지배한 종속이론(프레비시)은 세계경제의 중심국에 비해서 주변국의 무역조건은 상대적으로 점점 악화된다고 주장했다. 뿐만 아니라 라틴아메리카와 같은 제3세계 경제가 낙후된 원인과 책임을 세계화된 자본주의 경제질서에서 찾으려 했다. 그들은 세계화된 자본주의 경제질서가 제3세계 국가들을 영속적이고 종속적인 경제상태로 고착화시킨다고 주장했다. 또한 선진국 경제가 풍요로워질수록 후진국경제는 더욱 가난해지는 종속의 끈을 자를 수 없다고 주장한다. 선진국은 세계무역을 지배하면서 다국적기업을 이용하여 제3세계 국가들에게 소위 불균형적인 발전, 즉 원재료와 상품의 대부분을 미가공 상태로 수출하는 것을 강요하고 있다. 그리고 발전된 선진국들은 세계시장을 자동차와 항공기 등 세련된 상품으로 독점하고, 제3세계를 사실상 세계의 나뭇꾼과 물깃는 사람의 지위로 끌어내리고 있다고 비판하였다.

1960년대 아르헨티나의 경제학자 라울 프레비시에 의해 제창된 종속이론은 후진국들의 빈곤의 문제를 식민지주의의 탓으로 돌렸고, 식민지가 소멸하면 신식민지주의의 탓으로, 최후에는 다국적기업의 탓인 것으로 그 책임을 전가했다. 제3세계에서 마르크스주의를 유지하려는 극히 적은 최근의 시도조차도 소위 종속이론을 논리적 근거로 삼고 있다. 주로 라틴아메리카에서 발달된 민족주의와 연결된 종속이론은 수십 년 동안 제3세계 국가들에게 큰 영향력을 행사했지만, 오늘날 그들의 경제는 엉망이 되어버렸다. 1970년대 말부터 개발도상국들의 수입대체산업화 전략(보호관세, 보조금, 무역규제 등)이 실팼했음이 명백해졌다. 1980년대 이후 반자유주의적인 정책들은 대부분 폐기되었는데, 1982년의 제3세계 외채위기로 인해 개발도상국들은 대부분 신자유주의 노선에 합류하게 된다. 1989년에 이르러서는 구소련과 동구권이 붕괴함으로써 공산주의국가들조차도 개방과 개혁이라는 이름으로 신자유주의에 편승하게 된다. 정보·통신 및 운송기술의 비약적인 발전과 함께 대부분의 나라들이 개방을 선택함으로써 세계적 차원의 경제통합이 심화되었고, 이를 관리하기 위한 WTO체제(GATT에서 개방을 강화하는 세계무역질서), IMF(단기 세계금융), IBRD(장기 세계투자)가 핵심을 구성하는 범세계적인 관리시스템은 강화돼 간다. WTO의 초대 사무총장(레나토 루지에로)은 이와 같은 "신자유주의에 기반한 세계화질서가 21세기 초반에는 전 지구적인 차원에서 빈곤을 일소할 수 있는 잠재력이 있다고 선언한 바 있다.

미국의 경제사학자 윌리엄슨은 통계를 바탕으로 종속이론의 부적합성을 증명하였다. 그의 연구에 의하면 자유무역이 확대되던 시대에는 국가 간의 경제력 격차가 좁혀지는 반면, 자유무역이 위축되던 시기에는 국가 간의 경제력 격차가 확대되는 추세가 확인되었다. 윌리엄슨은 개방, 즉 자유무역은 한 나라 경제를 성장시킬 뿐만 아니라 국가 간의 격차도 줄인다는 사실을 통계적으로 검증한 셈이다. 중동과 같은 석유부국이거나 라틴아메리카 같은 광산자원의 혜택을 부여받은 나라가 아닌 천연자원이나 자본축적이 거의 없었던 나라들, 한국을 비롯한 대만, 홍콩, 싱가포르, 말레이시아, 태국 등 동아시아 국가들은 국민이라는 인적 자본 이외에는 아무것도 갖지 못한 상황에서 세계경쟁에 뛰어들었지만 자유무역을 통해 국가의 부를 창출하고 국제경쟁력을 높여 온 국가들로 평가받고 있다. 또한 최근에는 통제경제를 지속했던 중국, 인도, 베트남과 같은 제3세계 국가에서도 '개방과 개혁'이라는 신자유주의적 정책기조를 받아들임으로써 성공적인 경제성장을 맛보고 있다.

2) 신자유주의와 워싱턴 컨센서스

미국을 비롯한 선진국에서는 1970년대 시작된 복지국가형 수정자본주의의 위기를 타개하기 위해 조세와 사회복지 지출들을 축소하고, 자유와 경쟁을 촉진하는 시장원리주의의 부활을 적극 추진하게 된다. 소위 신자유주의를 정책의 기조로 삼았던 서방국가들은 조세와 정부지출을 삭감하고, 산업에 대한 규제를 축소하는 한편 국영기업들을 민영화하는 등, 정부의 영역을 대폭 축소하는 개혁정책들로 자본주의를 위기에서 또 한 번 구하게 된다(정부가 plan, possession, regulation을 줄인다.).

북유럽의 군나르 뮈르달, 하버드대의 케네드 애로 등 7명의 노벨상 수상자들은 정부의 단속기관, 노조, 대기업 등의 막강한 영향력이 시장경제 체제를 위협한다고 지적하고 서구자본주의는 1차적으로 기업 이윤만을 추구하는데서 자본주의의 위기가 발생했다고 진단하면서 이 체제를 대신할 새로운 체제의 모색이 필요히다고 주장한 바 있다. 한편, 하이에크를 비롯한 프리드만, 스티클리츠, 코우즈, 베커, 루카스 같은 신자유주의를 신봉하는 경제학자들은 자유는 우발적이고 일시적인 현상이 아닌 지배적인 인류 역사의 흐름이며 인간의 존엄성과 자유를 지키기 위해 자본주의가 필요하다고 주장한다. 자본주의 경제체제는 전쟁, 불황, 식민제국의 몰락 등 온갖 고비를 겪으면서도 살아남은 생명력있는 경제체제임을 강조한다.

1980년대에는 스태그플레이션으로 인한 자본주의의 위기를 해결하기 위해 케인스의 개입주의가 아닌 하이에크의 신자유주의가 주목받기 시작하는데, 미국의 레이건 대통령과 영국의 대처 수상은 신자유주의 이론을 받아들여 경제정책에 적극 반영한 것으로 유명하다. 더불어 미국에 거점을 둔 초국적 금융자본의 이해관계와 세계자본주의 패권을 유지하려는 미국의 국가이익이 서로 조응하면서 신자유주의는 IMF와 세계은행, 그리고 미국 내 정치경제학자들과 행정부 관료들은 개도국이나 저개발국가들에게 세제개혁, 무역·투자의 자유화, 탈규제화 등으로 그들의 경제를 개혁할 것을 강제하려는 시도가 확산되는데, 이를 워싱턴 컨센서스라 한다.

워싱턴 컨센서스는 미국의 국제연구소의 존 윌리암슨이 1989년 금융위기에 빠진 남미국가들을 지원하는 조건에서 출발하였다. ① 예산절감을 통한 균형재정, ② 보건·교육 공공재 확대, ③ 조세개혁, ④ 금리자유화, ⑤ 관세인하 및 경쟁적인 환율, ⑥ 무역자유화, ⑦ 해외자본의 국내 직접투자 자유화, ⑧ 민영화, ⑨ 경쟁제고를 위한 규제완화, ⑩ 사유재산 보호로 정리된다. 베이징 컨센서스는 2004년 중국의 칭화대 교수 조슈아 쿠퍼 라모가 제시했는데 정부주도의 시장경제 발전 모델이라고도 한다. ① 점진적·단계적 경제개혁, ② 조화롭고 균형잡힌 발전전략, ③ 평화롭게 국제사회 강대국으로 부상하는 대외정책, 타국의 주권존중과 내정불간섭을 원칙으로 발전한다는 내용이다.

1970년대 정부실패로 인한 세계경제 쇠퇴의 상황은 ① 서방 민주국가들은 재정적자와 인플레이션으로 허덕인다. ② 공산국가는 통제경제의 실패를 군사력으로 위장한다. ③ 남미에서는 군중의 인기를 등에 업은 독재자들이 강국의 경제착취에 맞서지만, 그 과정에서 엄청난 채무와 초인플레이션을 일으킨다. ④ 인도와 아프리카에선 과학적 통제경제로 빈곤을 퇴치하고자 만든 관료조직이 암시장과 부패를 조장하여 기업의지를 꺾어 놓는다. 정부주도의 세계경제가 총체적인 위기에 빠진 것이다. 정부주도경제가 침체의 늪에 빠진 상황 속에서 시장원리주의가 구원투수로 재기에 성공한 상황을 신자유주의의 부흥이라 할 수 있다. 인간의 가장 이기적인 특성을 바탕으로 전체 다수의 최대이익을 성취하기 위해 가장 이기적인 행위들을 찬양해야 한다는 믿음으로 다시 회귀한 애덤 스미스의 부활이다. 정부의 개입보다는 개인의 자유로운 선택으로 거대한 공적 영역의 비효율을 제거할 수 있다는 믿음과 처방의 부활이다.

3) 신자유주의와 공산주의 경제체제의 붕괴

돌이켜 보건데 1970년대 자본주의의 위기는 '정부의 실패'에 근거한다. 따라서 정부의 역할을 강조한 케인스의 개입주의는 패퇴하고 시장의 역할을 강조한 애덤 스미스의 시장원리주의가 부상하게 된다. 1980년대 초 미국의 대통령 선거기간 동안 레이건 대통령 후보의 선거운동원들은 애덤 스미스가 인쇄된 넥타이를 매고 다님으로써 애덤 스미스를 대통령 선거에 활용하였다. 신자유주의는 레이거노믹스(Reaganomics)의 탄생, 애덤 스미스의 부활, 자유주의의(시장주의)귀환, 공급주의 경제학을 상징하는 경제사조이다.

자본주의 경제체제는 신자유주의로 무장하면서 스태그플레이션이라는 경제위기를 해결하고 강력해졌던 반면, 공산주의 경제체제는 상대적으로 침체와 궁핍의 늪을 헤매는 상황에 놓이게 된다. 미국의 레이건 대통령은 취임 2년 후 헤리티지 재단이 제시한 미국의 전략방위구상 SDI를 구체화하고, 1986년에는 베를린장벽 앞에서 고르바초프에게 "이 장벽을 허무시오"라는 연설을 통해 공산주의에 대한 압박을 강화하게 된다. 고르디에프스키라는 영국의 이중스파이가 KGB의 개를 감자칩으로 따돌리고 서방세계로 탈출한 사건이 있었는데, 그는 구소련이 군사력으로 엉망이 된 경제상황을 위장하고 있다는 정보를 서방세계에 제공함으로써 서방세계가 구소련을 밀어붙일 수 있는 단초를 제공한다. 1982년 미국의 레이건 대통령은 국가안보 결정지침에서 구소련의 경제적 약점을 공격할 것을 명령하게 된다. 미국은 1983년 국제에너지기구(IEA)를 활용하여 유럽 국가들이 구소련의 천연가스 구매를 줄이도록 유도하고 사우디와 밀약을 통해 석유생산을 4배 증가시키는 한편, 서유럽과 일본의 비축유를 방출하여 국제유가를 곤두박질치게 만드는데 성공한다. 고유가로 인한 석유수출로 국사력을 유지하며 미국과 경쟁하던 소련경제는 외환보유고가 바닥을 치고 미국이 구소련에 대한 서방세계로부터의 차관을 차단하자 구소련경제는 한계상황에 직면한다.

미국은 SDI라는 방위전력주도권 계획으로 구소련을 압박하고, 어려운 경제로 인해 이에 대적할 수 없게 된 구소련의 고르바초프는 1986년 소위 우스코레니에, 글라스노스트, 페레스트로이카라는 개방과 개혁정책을 추진하게 된다. 결국 구소련은 미국의 전략대로 협상테이블에 끌려나오게 되었고 미국과의 무기경쟁체제인 양극체제를 포기하고 냉전종식의 길을 선택하게 된다. 1992년 구소련은 해체되고 세계는 이데올로기 대결인 냉전체제를 뒤로 한 채, 신데땅트라 불리는 탈냉전체제로 전환하게 된다.

4) 신자유주의와 금융위기

냉전체제가 무너지고 신데땅트가 도래하면서 1980~1990년대 전 세계는 신자유주의 열풍에 휩싸이게 된다. 인도마저도 소련을 본따, 추구했던 엄밀한 선형계획에 의한 자원의 효율적인 중앙계획적 분배경제를 포기하고 시장경제를 받아들인 것이다. 1991~1995년 동안 라오 총리는 정실자본주의, 형식주의, 관료주의 폐해를 제거하기 위해 개방과 개혁을 추진하게 된다. 미국의 경제학자 제프리 삭스는 충격요법을 통해 아르헨티나, 칠레, 쿠바, 볼리비아, 멕시코 등의 경제를 안정시

키고 개혁하려 노력한다.[2)]

신자유주의가 세계화 물결을 거세게 일으키는 과정에서 1997년에는 한국을 비롯한 태국, 말레이시아, 인도네시아 등 동아시아 국가들이 금융위기를 맞게 되고, 1998년에는 브라질의 금융위기와 러시아가 파산하는 등 세계경제가 금융위기에 휘청거리게 된다. 2007년 미국의 서브프라임 모기지 부실로부터 촉발되어 2008년 리먼브라더스의 파산으로 글로벌 금융위기로 발전하였고, 2010년에는 그리스에서 시작된 남유럽의 재정위기(PIIGS: Portugal, Italy, Ireland, Greece, Spain), 2013년에는 미국의 재정위기가 신자유주의의 깃발을 훼손하고 있는 것이다.[3)] 경제개혁에 실패한 중남미 국가에서 좌파정권 도미노 현상이 일어나고, 부의 양극화 현상으로 선진국과 후진국 간의 격차는 더욱 벌어져 가는 등, 신자유주의는 그 한계를 드러내고 있다. 특히, 남미와 아프리카에서 신자유주의를 도입하고 경제성장률이 거의 반타작나는 부작용에 시달리고 있다. 아프리카 경제는 그동안 IMF와 세계은행에서 일하는 신자유주의 경제학자들에 의해 운영된 만큼, '불평등이 증대하고 성장이 더딘 아프리카'의 경제적 쇠퇴문제에서 신자유주의는 자유롭지 못하다.

6. 사악한 삼총사와 사다리 걷어차기

신자유주의에 대한 비판적인 학자로 널리 알져진 캠브리지대학의 장하준 교수는 그의 저서 〈사다리 걷어차기〉와 〈나쁜 사마리아인들〉을 통해 신자유주의에 대한 역사적, 이론적 비판을 가하고 있다. 워싱턴 컨센서스를 강조하는 미국을 비롯

2) 하버드대학의 제프리 삭스 교수는 1983년부터 20여 년간 남미, 동유럽, 아프리카 등을 발로 뛰며 절대빈곤퇴치에 앞장선 바 있다. 그는 지구상의 절대빈곤을 퇴치하기 위해서는 선진국들이 후진국을 도와주어야 할 뿐만 아니라 후진국들도 개방경제의 성장전략(신자유주의)을 도입해야 한다고 주장한다.

3) 글로벌 금융위기 이후 선진국을 중심으로 다양한 금융개혁조치가 강구된다. 새로운 글로벌 은행 규제체제로서 바젤Ⅲ가 도입되는데, G20정상들에 의해 금융안정위원회(FSB: financial stability board)를 중심으로 자본규제, 레버리지 규제 및 유동성 규제가 추진된다.

한 선진국들은 그들이 개발도상국이었던 시절 자국의 유치산업을 보호하기 위해 보호주의의 장벽을 철옹성처럼 쌓아 올렸던 역사를 상기시킨다. 산업혁명 초기의 영국의 왕들은 자국의 유치산업을 보호하기 위해 규제, 특허, 장려제도 등을 활용한 바 있고, 1800년대 초 미국은 미국내의 유치산업인 면, 양모, 철강 제품 등을 보호하기 위해 관세장벽을 구축한 바 있다. 오늘날 선진국들은 그들이 취했던 과거의 보호무역주의는 과소평가하면서 개발도상국들의 더딘 경제성장의 원인을 왜곡시키고 있다.

1) 신자유주의와 보호무역주의에 대한 평가

선진국들은 개발도상국들의 경제성장이 더딘 요인으로서 ① 신자유주의 경제체제에 편입되지 않은 외적 요인과 ② 부정부패, 비민주적 체제, 경제발전에 불리한 민족성(문화) 같은 정실자본주의의 폐해라고 주장하고 있다. 이와 같은 선진국 중심의 경제논리를 장하준 교수는 비판한다. 근면, 시간준수, 검약 같은 경제주체의 행동 특성들은 경제발전의 원인으로 작동하는 것이 아니라 경제적 조건에서 비롯된 결과로서 나타나는 현상에 불과하다는 주장이다. 통계적으로도 보호주의가 통용되었던 1960년부터 1980년간의 개발도상국들의 평균 경제성장률은 3% 수준이었고 신자유주의가 세계화를 촉진한 1980년 이후 20여 년 간의 개발도상국의 평균 경제성장률은 1.5%수준에 불과했다는 논거를 제시한다. 특히 1980년대 이후 개발도상국의 경제는 신자유주의로 인해 더 큰 규모의 금융위기를 겪게 됨으로써 경제의 성장(효율성), 경제의 평등(공평성), 경제의 안정 측면에서 모두 어려워졌다는 주장이다. 개별 국가의 차원에서도 제2차 세계대전 이후 경제개발에 성공한 개발도상국들은 대부분 보호관세, 보조금을 비롯한 다양한 정부정책을 활용한 자유주의가 아닌 민족주의적 속성을 갖고 있다고 지적한다. 19세기 중엽의 미국이나 20세기 중엽의 일본이나 한국의 경우에도 자국의 전략산업을 구축하기 위해 개방과 함께 고율의 관세제도를 활용하였으며, 중국의 경우에도 1990년대까지 평균관세율이 30%가 넘을 정도로 높게 유지한 사실을 지적한다. 중국은 일본이나 한국보다 외국인들에 대한 직접투자를 환영하지만, 한편으로는 아직도 외국인 자산소유의 상한선을 긋고 있으며 부품의 경우 국내 생산부품에 대한 조달의무를 부과하고 있다. 인도경제의 경우에도 1990년대 초 무역자유화 이후에도 인도의 평균 제조업 관세는 30% 이상이었고, 외국인 직접투자에 대해서도 진입제한, 소유권제한, 다양한 행위요건들을 동원하여 제한을 유지하고 있다. 신자유주의에 대한 실험에서 성공한 사례로 칠레의 경우(시카고 군단이 주도한)를 제시하는데, 칠레경제는 지난 30년 동안 제조업이 무너지고 천연자원에 기반한 수출품에 대한 의존도가 높아지는 상황이고, 더욱이 생산성이 높은 경제영역으로 경제가 확장할 수 있는 기술적 능력에서 경쟁력을 확보하지 못한 상태이다.

2) 신자유주의와 사다리 걷어차기

개발도상국과 관련한 신자유주의의 행동 방침은 미국이 주도하는 부자나라 정부들의 협력체에 의해 추진되고, 주로 그들에 의해 통제되는 '사악한 삼총사'를 이루는 국제경제기구들, 즉 IMF와 세계은행, 그리고 세계무역기구(WTO)에 의해 주도되어 왔다. 부자 나라 정부들은 원조예산과 자국의 시장에 대한 접근권을 당근으로 내세우며 개발도상국들이 신자유주의 정책을 채택하도록 유도하고 있는데, 이는 때로 특정 기업들에게 이익을 주는 목적도 있지만 대개는 관련 개발도상국들 내에 외국상품과 외국인 투자 일반에 대해 우호적인 환경을 수행하고 있고, WTO는 (농업이나 섬유와 같이) 부자 나라들이 취약한 분야가 아니라 부자 나라들이 우위를 점하는 분야에서 자유무역의 원칙을 정립하는 데 기여하고 있다고 장하준 교수는 그의 저서 〈나쁜 사마리아인들〉에서 주장하고 있다.

장하준교수는 나쁜 사마리아인의 전형을 '사악한 삼총사', 즉 국제경제기구들－IMF와 세계은행, 세계무역기구(WTO)로 규정하면서 그들은 부자 나라들이 원하는 세계경제규칙을 만들고 있다고 주장한다. 우리나라의 경우에도 IMF에서 돈을 빌리는 경제위기를 경험한 바 있지만 이들 국제기구들은 채권자의 지위를 악용하여 채무의 변제와 깊은 관련이 없는 다른 정책부문까지 관여하면서 채무국의 경제조정과 본인들에게 이익이 되는 정책들을 강요한다고 비판한다. 그는 '자신에게 6살 난 아들을 예로 들며 아이 스스로 생활비를 벌 충분한 능력이 있다고 여기고 일을 시킨다면 아이는 약삭빠른 구두닦이 소년이 될 수도 있고, 또 돈을 잘 버는 행상이 될 수도 있겠지만, 뇌수술 전문의나 핵물리학자가 되는 일은 결코 없을 것이라고 단언한다. 이런 비유를 적용하여 개발도상국의 산업 역시 너무 일찍 세계적인 경쟁에 노출시킨다면, 고도의 산업구조를 갖춘 선진경제로의 도약은 불가능하다는 점을 강조한다. 따라서 개발도상국들의 경우에는 선진기술을 익히고 효율적인 조직을 만들어 운영하는 경영능력을 키워나갈 수 있는 경쟁력 축적의 시간적 과정, 즉, 상징적으로 개도국이 선진국으로 오르기 위한 사다리(보호주의)가 필요하다고 강조한다. 그는 선진국들이 개도국들에게 자유무역질서를 강제하는 신자유주의나 워싱턴 컨센서스는 개도국들이 오르고 있는 사다리를 걷어차는 것과 같은 일이라고 비판한다. 통계적으로도 1950~1970년대의 경우, 전 세계적으로 정부의 개입주의가 강화된 시기였고, 1980년대 이후 약 25년간 신자유주의가 주도한 시기였는데, 통제된 세계화시기에 세계경제는 오히려 효율적이고, 공평하며, 안정적인 경제상태를 보여준다고 주장한다. 더욱이 개도국의 경우에는 이런 현상이 더욱 두드러지게 나타난다고 주장한다.

유치산업 보호론의 원조격인 독일의 경제학자 리스트의 경우에도 19세기에 이미 '사다리를 타고 정상에 오른 사람이 그 사다리를 걷어차 버리는 것은 다른 이들이 그 뒤를 이어 정상에 오를 수 있는 수단을 빼앗아 버리는 행위로 매우 교활하다.'고 주장하면서 선진국의 이해에 짜 맞춘 자유무역주의에 일침을 가한 바 있다. 선진국(부자나라)들은 현재 세계생산의 80%, 국제무역의 70%, 외국인 직접투자의 70~90%를 차지하고 있다. 선진국들은 이와 같은 경제력을 바탕으로 그들의 국가이익을 위한 세계경제의 규칙이나 질서를 규정하는 지렛대로 활용한다. 선진국에 의해 통제되는 사악한 삼총사(WTO, IMF, IBRD)는 선진국이 원하는 정책을 구상하고 실행에 옮기는 파수꾼 역할을 충실히 수행하고 있는 셈이다. 전 브라질 중앙은행 총재였던 구스타보 프랑코는 이와 관련하여 '신자유주의자가 되느냐, 아니면 신바보주의자가 되느냐'라는 물음으로 신자유주의의 전도사인 사악한 삼총사의 사다리 걷어차기를 비판하고 있다.

7. 질서자유주의와 제3의 길

신자유주의(neo-liberalism), 코로나 펜데믹, 그리고 제4차 산업혁명에 의해 더욱 심화되는 세계적인 양극화 현상을 바라보면서 새로운 하나의 경제사상으로서 질서자유주의(order-liberalism)가 주목받고 있다. 자유주의란 경제문제는 시장에서 해결하고 사회문제 또한 각 개인의 문제로 보아 각 개인이 자유롭게 해결해야 한다는 시장원리주의로 정의된다. 하지만 개입주의는 경제문제와 사회문제 모두를 개인의 문제가 아닌 국가가 해결해야 하는 국가문제로 인식하는 중앙통제형 계획경제체제를 지칭한다. 그런데 우리는 경험적으로 시장원리주의는 사회문제에 취약하고 통제경제는 경제문제에 취약하다는 사실에서 고민하지 않을 수 없다. 자유주의든 개입주의든 경제문제와 사회문제를 균형있게 동시적으로 해결할 수 없다는 경제체제적 속성을 갖고 있기 때문이다. 그렇다면 경제문제와 사회문제를 동시적으로 균형있게 해결할 수 있는 경제체제는 없는 것일까? 최근에는 제3의 경제체제, 즉 신자유주의에 대한 대안으로서 질서자유주의(order-liberalism)가 부상하고 있다. 질서자유주의는 경제문제는 시장이 해결하고 사회문제는 정부나 공공부문에서 해결하려는 유도적 시장주의의 성격을 가지고 있다.

1) 질서자유주의의 개념

질서자유주의는 독일에서 발전한 개념인데 독점의 문제점, 그리고 자유방임주의의 문제점을 극복하려는 노력에서 출발한다. 독일의 프라이부르크학파의 발터 오이켄이 주도한 제3의 경제체제로 정의된다. 질서자유주의는 자유방임주의와는 달리 정부가 정치·경제적 자유와 사회적 안정을 확립하기 위해 사적 권력을 제어하고 경쟁질서를 확립하는 데 특정한 역할을 수행해야 한다고 강조한다. 다만 여기서 정부의 역할은 단순히 시장에 개입하거나 시장을 왜곡시키는 역할이 아닌 시장의 경쟁질서를 확립함으로써 완전경쟁 시장구조를 유지하는 데 필요한 일정 범주의 역할, 즉 시장질서를 약화하는 것이 아니라 시장질서를 강화하고 유지하는 역할을 강조한다.

신자유주의는 시장원리주의이므로 정부의 기능이나 역할 자체를 축소하고 제한하는 개념이라는 점에서 질서자유주의와 차별화된다. 그러면서도 신자유주의나 질서자유주의는 완전경쟁시장의 자원배분원리를 신봉한다는 차원에서는 동질성을 유지한다. 신자유주의는 자생적인 완전경쟁시장의 질서를 존중한다면, 질서자유주의는 인위적인 완전경쟁시장의 질서를 규정한다. 질서자유주의는 완전경쟁시장을 유지하기 위해 정부, 학자, 교회라는 세 부문의 질서형성세력의 역할을 강조한다. 그중에서도 가장 중요한 역할을 정부의 몫으로 규정한다.

2) 질서자유주의의 특성

질서자유주의는 시장경제나 시장질서를 강조하면서도 ① 정부는 완전경쟁을 저해하는 독점규제, 독점방지에 적극적으로 나서야 한다. ② 정부는 분배의 정의를 실현시키기 위해 누진과세제도를 시행해야 하고, 생산물시장이나 노동시장에서의 공정경쟁을 보장하여야 하며, 사회적 취약계층에 대한 복지를 강화하고, 중소기업이나 낙후부문을 지원해야 한다. ③ 외부효과와 같은 시장실패요인을 제거하기 위해서는 개인의 자유를 일정부분 제한해야 한다는 정부의 역할을 강조한다.

독일은 일찍이 단순 자유주의체제에서는 기업가보다 투기꾼이 권력을 장악하고 장기적인 사회의 풍요를 추구하기보다는 단기적인 개인의 이익만을 추구하는 보이지 않는 손의 왜곡을 염려해 왔다. 따라서 자유방임주의적 시장주의보다는 협의주의와 경제민주주의, 즉 질서자유주의를 기초이념으로 한 사회적 시장경제를 실현함으로써 시장경제의 한계를 극복하려는 노력을 시도해 왔다. 지나친 상업주의를 배격하고 복지면에서 정부의 책임과 사회적 연대를 강조함으로써 개인의 이익보다 공동체의 이익을 우선하고 공동체적 연대의식이 경제문화를 지배하는 보다 공평한 경제사회를 추구해 온 것이다.

현실적으로는 자유시장경제체제는 저부담 → 저복지를 낳았고 이로 인해 빈부격차가 심화되는 문제를 해결하기 위해 중부담 → 중복지로의 변화를 모색하고 있다. 반면에 사회적 시장경제는 고부담 → 고복지를 낳았고 이로 인해 재정건전성이 악화됨으로써 중부담 → 중복지로의 전환을 모색하고 있다. 신자유주의든, 질서자유주의든 모두 풍요롭고 공평한 경제사회를 지향한다. 개인의 자유를 보장하면서도 공동체의 연대를 담보하는 바람직한 경제체제를 구축하는 것은 모든 경제사상의 지향점이다.

3) 제3길에 대한 지향점

미국 하버드대학교의 마이클 샌델 교수는 그의 저서 〈돈으로 살 수 없는 것들〉에서 자본주의는 도덕적 딜레마에 빠진 것으로 진단하면서 ① 미래지향적 윤리의식이 부재하며, ② 건전한 시민의식을 상실하였고, ③ 민주주의적 가치를 훼손했으며, ④ 지역사회의 사회적 가치를 침탈한 것으로 평가한다. 또한 시장지상주의를 내걸고 있는 신자유주의는 교육, 환경, 의료, 스포츠, 삶과 죽음과 같은 사회적 모든 영역에 침투하여 불평등과 부패를 만연시키는 악행을 저지른다고 혹평한다. 개인적 자유를 보장하고 인간의 존엄과 가치를 드높일 수 있는 평등과 정의가 실현된 제3의 길은 없는 것일까? 엔서니 기든스는 그의 저서 〈제3의 길〉에서 사회정책에 있어 개인의 자율성과 개인적 집단적 책임을 결합하는 것을 목적으로 삼는 적극적 복지(positive welfare)의 개념, 즉 복지국가와 신자유주의의 한계를 균형있게 극복할 수 있는 제3의 길을 제시하고 있다. 그는 신자유주의와 사회민주주의를 모두 반대하고 '제3의 길'로 불리는 새로운 사회발전 모델을 주창한 것이다.

제3의 길은 기본적으로 전후 세계정치를 주도해 왔던 전통적 사회민주주의와 신자유주의를 극복하자는 개념이다. 제2차 세계대전 이후 '사회민주주의(제1의 길)'가 1945~1975년의 시기를 주도했다면 1975~1995년은 '신자유주의(제2의 길)'가

지배한 것으로 평가한다. 고전적 사회민주주의란 국가가 공익을 위해 시장과 사회의 다른 부문에 개입하여 복지국가를 건설하자는 논리인데, '케인스 이론'에 입각하여 국가가 수요를 관리하고 일부 국유화 정책을 통해 혼합경제체제를 확립하며 완전고용을 추구한다는 경제사상이다. 하지만 국가 주도의 경제와 복지체계는 관료주의와 비효율성을 야기하고 개인의 자유와 창의성을 억압하는 부작용을 일으킨다. 신자유주의의 경우에는 국가의 역할은 최소한으로 제한하고, 개인의 창의성을 바탕으로 하는 시장주의를 통해서 최대선(善)을 달성하며 시민사회는 국가의 간섭 없이 자동적으로 번영을 유지하는 한편, 전통적인 가족과 민족의 보존을 통해 사회적 질서는 유지된다는 이념이다. 하지만 신자유주의는 탐욕과 이기심으로 인한 양극화, 사회적 가치나 환경의 훼손, 인간소외, 저개발국가들에 대한 사다리 걷어차기 등 인류사회의 지속가능성을 위협하고 있다.

따라서 제3의 길은 정치적인 측면에서는 좌·우파 노선을 초월한 중도좌파적 실용 노선주의를 지향하며 경제적인 측면에서는 무한경쟁으로 인한 시장경제의 폐단을 막을 수 있는 자본주의와 사회주의를 결합한 새로운 혼합경제체제를 추구한다는 특성을 가진다. 경제개혁으로는 공공지출 축소, 세금 인하, 사회복지 개혁, 노동시장의 유연성 제고, 경제적 역동성 확보 등을 실현하는 것을 목표로 한다.

연 습 문 제

1. 모든 국민경제가 직면하는 3대 경제문제와 경제체제를 설명하라.

2. 희소성의 원칙(Law of scarcity)과 자원배분의 문제를 설명하라.

3. 1980년 이후 구공산권 국가들이 '개방과 개혁'이라는 기치 아래 체제전환경제(transition economy)를 추구한 이유를 설명하라.

4. 시장경제체제의 특징과 한계점을 설명하라.

5. 시장가격의 개념과 자원배분 기능을 설명하라.

6. 소유권과 이윤의 자원배분의 효율화 기능을 설명하라.

7. 경쟁의 원리가 자원배분의 효율성을 높이는 이유를 설명하라.

8. 시장경제에서 이윤과 파산의 기능을 설명하라.

9. 돈투표(dallor voting)와 소비자 주권을 설명하라.

10. 소유권과 경제적 자유, 그리고 제도학파의 경제사상에 대해 설명하라.

11. 계산가격과 자원배분의 비효율을 설명하라.

12. 사회주의 국가에 만연한 도덕적 해이(moral hazard)를 설명하라.

13. 응능적 배분원칙과 도덕적 배분원칙의 차이점을 설명하라.

14. 공황과 풍요 속의 빈곤(poverty in the midst of planty)을 설명하라.

15. 애덤 스미스의 인간관과 칼 마르크스의 인간관을 비교·설명하라.

16. 구소련의 개방과 개혁, 그리고 새로운 사회주의에 대해 설명하라.

17. 중국의 개방과 개혁, 그리고 새로운 사회주의에 대해 설명하라.

18. 자본주의의 단점과 사회주의의 단점을 설명하라.

19. 정부의 실패와 신자유주의에 대해 설명하라.

20. 신자유주의와 공산주의 경제체제의 붕괴에 대해 설명하라.

21. 신자유주의와 세계금융위기에 대해 설명하라.

22. 신자유주의와 보호무역주의를 비교·설명하라.

23. 신자유주의와 사다리 걷어차기에 대해 설명하라.

24. 질서자유주의의 개념과 특징에 대해 설명하라.

25. 제3의 길이 주목받는 시대적 배경과 지향점에 대해 설명하라.

Chapter 05

경제원리와 합리적 선택

1. 기회비용과 합리적 선택
2. 한계비용과 합리적 선택
3. 한계효용과 합리적 선택
4. 탄력성과 합리적 선택
5. 경쟁하에서 합리적 선택
6. 불확실한 상황에서 합리적 선택

1. 기회비용과 합리적 선택

1) 기회비용의 개념

인생은 선택의 연속이다. 인간의 욕구는 무한한데 자원은 부족하다. 이런 상황에서는 좋은 선택을 해야 하는데, 무엇을 선택하다는 것은 무엇인가를 포기해야 하는 원리가 작동한다. 10m 길이의 원단이 있다 하자. 원단으로 우리가 원하는 것을 만들 수 있는 상황이고 한 가지 무언가를 만드는데 1m 원단이 소요된다. 속옷 1장, 바지 1벌, 스카프 1장, 모자 1개, 재킷 1벌 등을 만든다면 1가지를 만들 때 마다 남아있는 원단의 길이는 1m씩 줄어든다. 1m 원단을 사용하여 속옷을 1장 만드는 선택은 그 원단으로 다른 무엇인가를 만들 수 있는 기회를 포기하는 것과 같다. 이런 원리가 작동하는 모든 선택에는 기회비용이 발생한다. 경제학에서는 이 같은 비용을 기회비용(opportunity cost)이라 하고, 기회비용의 크기는 어떤 선택을 위해 포기된 것 중에서 가장 가치있는 것으로 평가한다. 시간, 생명, 위험 같은 시장에서 거래되지 않는 것들의 가치를 평가하는 경우에도 기회비용의 개념은 유용하다. 어떤 사람이 사망하는 경우, 그 사람이 죽음으로 인해서 상실된 소득을 기준으로 생명의 가치를 추정하기도 하고, 사망의 확률이 높은 직종에는 생명수당을 주는 보상임금격차를 인정하고 계산할 수 있다. 중간고사 전날 야구중계방송을 1시간 즐겼다면 기회비용은 평점이 되고 중간고사가 끝난 다음날 1시간 야구중계방송을 즐겼다면 기회비용은 낮잠이나 빈둥거림일 것이다. 똑같은 1시간 야구중계방송을 선택한 것인데 기회비용은 서로 다를 수 있다.

2) 명시적 비용과 암묵적 비용

우리는 통상적으로 무엇을 얻을 때 지출하는 화폐비용을 비용으로 이해한다. 이 같은 비용은 회계상 장부상에 나타나는 비용으로 명시적 비용이라 하고, 통상적 비용이라고도 한다. 기회비용은 명시적 비용에다가 화폐로 지출한 것은 아니지만 어떤 선택으로 포기된 비용, 즉 암묵적 비용을 포함하는 개념이다. 기회비용은 장부상에 나타나는 비용(explicit cos)에다가 장부상 정산되지 않는 비용(implicit cost)을 포함한다. 우리가 어떤 선택을 할 때 보이지 않기 때문에 무시되기 쉬운 비용을 암묵적 비용이라 한다. 예를 들어 취업준비생이 더 좋은 직장을 얻기 위해 1년 취업준비를 연장했다 하자. 학원비며 생활비 그리고 교재비 등 1년에 3,000만원이 필요하다 하자. 이때 3,000만원은 명시적 비용에 해당한다. 만약 이 사람이 지금 바로 취업한다면 연간 2,000만원을 벌 수 있다면 이것은 암묵적 비용에 해당한다. 따라서 이 사람은 취업준비를 1년 연장하는 선택으로 인해 기회비용이 발생하는데, 이를 계산하면 3,000만원(명시적 비용)+2,000만원(암묵적 비용)=5,000만원이 된다. 어떤 사람이 친구에게 1억원짜리 승용차를 선물했다 하자. 그는 친구를 위해 연료비, 수리비, 보험료까지 지불하기로 약속했다. 승용차를 선물 받은 이 사람은 공짜로 차를 타고 다니는 것일까?, 이런 경우조차도 기회비용이 발생하기 때문에 공짜일 수 없다. 경제학에서 '공짜 점심 없다.'는 명제가 자주 사용되는데, 이런 경우를 두고 하는 말이다. 친구로부터 무상으로 받은 1억원짜리 승용차를 타고 다니는 그 사람에게 발생하는 기회비용은 다음과 같다. 기회비용은 명시적 비용 1억원(선물한 친구 부담)과 차를 타고 다니는 사람에게 발생하는 암묵적 비용(귀속비용), 차를 팔아서 1억원을 받을 수 있다면 그 금융자산에 대한 이자수익과 차를 타고 다니면서 차가 노후화되는 감가상각이라는 암묵적 비용을 부담하고 있는 것이다.

3) 이것이냐? 저것이냐?

셰익스피어의 작품 햄릿에는 '살 것인가? 아니면 죽을 것인가? 이것이 문제로다.'라는 구절이 나온다. 우리의 인생은 이런 종류의 선택에 대한 해법을 찾는 과정이라 해도 과언이 아닐 것이다. 그렇다면 어떤 선택이 옳은 선택일까? 경제학적으로는 기회비용을 작게 만드는 선택이 좋은 선택이다. 철학적으로나 종교적으로는 도덕적인 잣대로 선택을 평가하지만, 경제학적으로는 기회비용을 잣대로 선택을 평가한다.

기회비용은 경제학적 비용이라고도 하며, 어떤 선택의 결과로 나타나는 이익과 손실을 합리적으로 계산하고 판단하는 기준으로 활용한다. 명시적 비용인 회계학적 비용은 수지계산을 처리하는데 주로 사용되는 개념이지만, 기회비용은 이것이냐, 아니면 저것이냐, 어떤 선택을 하는데 합리적 기준을 제시해 준다. 직업을 선택한다든지, 어떤 사업을 할 것인지를 결정할 때에는 명시적 비용뿐만이 아니라 암묵적 비용까지 따져보아야 한다.

시장경제에서는 우리는 어떤 선택을 할 때 시장가격을 보고 선택의 기준으로 삼는다. 음식점이든 백화점이든 먼저 가격표(메뉴표)를 살펴본다. 시장가격은 기회비용을 반영한 개념이기 때문이다. 우리는 기회비용을 반영한 가격을 잠재가격(shadow price)이라 하고 가장 이상적인 선택기준을 제시하는 가격으로 활용한다. 우리는 기회비용이 낮은 선택을 하고 이런 선택을 합리적 선택이라 한다. 시장가격에 의한 자원배분은 효율적인 자원배분으로 귀결될 수 있을 것이고, 가장 효율적인 선택들은 시장에 참여하는 모든 사람을 이롭게 한다. 기회비용에 의한 선택은 우유, 돈, 시간, 자원 등 모든 것들을 가장 가치 있는 곳에 배분시킨다. 기회비용이 낮은 선택은 가치가 높은 선택이기 때문이다. 잘못된 선택으로 자원을 오용하거나 낭비하는 것은 그 사회의 구성원에게 죄를 짓는 일이다. 기회비용을 높여 다른 사람들이 사용할 기회를 축소시키기 때문이다. 자원을 낭비했기 때문에 다른 사람들이 사용할 기회를 날려버린 셈이다. 이런 이유로 잘못된 선택은 '비효율 죄'로 경계의 대상이 된다.

4) 매몰비용과 콩코드오류

매몰비용이란 개념이 있는데, 매몰비용은 어떤 선택을 할 때 무시해야 하는 비용이다. 매몰비용을 선택의 기준으로 삼으면 비합리적인 선택이 되기 때문이다. 매몰비용(sunk cost)이란 이미 지출된 비용으로써 그 다음의 경제적 선택에 의해 영향을 받지 않는 비용을 말한다. 어떤 경제적 선택을 하든 그렇지 않든 변하지 않게 되는 비용이어서, 한 번 투입되면 회수할 수 없는 성질을 가진다. 따라서 어떤 선택을 하는 경우, 고려하면 합리적 선택이 방해받는 성질을 갖고 있다. 따라서 합리적 선택을 위해서는 매몰비용은 무시되어야 한다.

매몰비용(sunk cost)은 이미 지출한 비용, 마치 배가 침몰한 것처럼 회수할 수 없는 비용을 말한다. 어떤 의사결정과정에서 매몰비용은 결과에 영향을 미치지 못한다. 어떤 결정을 하든 매몰비용은 달라지지 않는 특징을 가진다. 이미 투입된 고정비용의 경우에는 공장을 더 가동하든 공장 가동을 멈추든 관계없이 변하지 않는 매몰비용에 해당한다. 영화를 보기 위해 관람권을 지불했다 하자. 영화관에서 영화를 계속 보든 지루해서 영화보기를 중단하든 관람권을 얻기 위해 이미 지불한 입장료는 회수할 수 없으므로 매몰비용의 성격을 갖는다. 이처럼 한번 지불되면 회수될 수 없는 비용을 매몰비용이라 한다. 따라서 공장을 더 가동할 것인지, 영화보기를 중단할 것인지를 결정하는 기준으로서 고정비용이나 입장료는 무시해야 한다. 매몰비용은 어떤 선택을 하든 변하지 않기 때문에 선택에 대한 기준이 될 수 없는 것이다.

영국과 프랑스가 합작했던 초음속 여객기, 콩코드기의 개발과 생산에 대한 의사결정이 매몰비용과 관련된 좋은 사례이다. 매몰비용이란 한 번 투입되면 회수될 수 없는 비용을 말한다. 그런데 이 매몰비용의 규모가 커지면 이 비용 때문에 적기에 의사결정을 하지 못하게 된다. 이미 들어간 비용의 규모가 커질수록 소위 본전생각 때문에 비용을 회수할 수 없다는 것을 알면서도 계속해서 투자를 늘리게 되는 오류에 빠질 수 있다. 기존에 투입된 막대한 비용 때문에 사업을 중단하지 못하고 더 많은 추가비용을 투입한 후에야, 그 사업을 포기할 수밖에 없는 상황에 몰리게 되는 현상, 이런 사례를 콩코드 오류라 한다. 이미 투자된 비용이 아까워서 계속 더 투자하다가 결국 모든 것을 잃게 되는 비합리적 의사결정을 일컫는다. 초기 콩코드에 투자했던 투자가들은 매몰비용이 아까워 투자를 계속했지만 결국 2003년 4월에 콩코드기는 운행을 중단함으로써 총 190억 달러(약 20조원)를 날리게 되었던 실제 사례이다. 콩코드기를 개발하는 과정에서 초기비용, 즉 매몰비용이 많이 들어가게 되었는데 초음속여객기의 위험성, 여객기의 좁은 공간, 높은 연료비 등으로 인한 고비용문제가 발견되었는데도 불구하고 2000년 콩코드기가 공중

폭발하고 승객 전원이 사망할 때까지 이 사업을 지속했던 경제적 선택의 오류이다(2003년 운항 중단).

우리는 어떤 선택을 해야 하는 경우, 매몰비용은 무시해야 한다. 매몰비용을 선택에 따르는 비용으로 간주하면 비효율적인 선택을 하게 된다. 이미 투입된 매몰비용 때문에 중단해야 할 사업을 계속하는 경우 엄청난 추가손실을 부담하게 된다. 어떤 의사결정을 할 때 가장 중요한 기준으로 삼아야 하는 비용의 기준은 기회비용과 한계비용이다.

2. 한계비용과 합리적 선택

1) 한계의 원리

경제원리를 설명하는데 가장 유용한 개념 중에 하나가 한계원리이다. 합리적 선택이란 최적화를 의미하고, 최적화란 소비자의 효용극대화, 생산자의 이윤극대화, 사회적으로 사회후생의 극대화를 달성한 상태를 의미한다. 효용, 이윤, 사회후생을 극대화하기 위해서는 비용을 극소화하되, 편익(얻고자 하는 것)을 극대화해야 한다는 원리는 상식수준에서 당연한 논리이다. 즉, 순편익(얻고자 하는 것−투입되는 비용)을 가장 크게 만들면 되는 것이다. 한계원리란 어떤 수준에서 또는 어떤 조건에서 순편익을 극대화할 수 있는가를 설명하는 수학적 개념이다. 결론을 먼저 말하면 한계편익과 한계비용이 같아질 때 순편익은 극대가 된다.

한계편익(marginal benefit)은 우리가 어떤 행위를 하나 더할 경우에 추가적으로 얻는 편익을 말한다. 한계비용(marginal cost)은 우리가 어떤 행위를 하나 더할 경우에 추가적으로 투입하는 비용을 말한다. 소비자의 경우, 소비자가 컵라면을 한 개 더 먹을 때 느끼는 만족이 한계편익이라면, 컵라면을 한 개 더 사기 위해 지불해야 하는 돈을 한계비용이라 한다. 생산자의 경우, 식품회사가 컵라면을 한 개 더 생산함으로써 벌어들이는 추가 수입을 한계수입(편익)이라 하며, 컵라면을 한 개 더 생산하는 데에 추가적으로 들어가는 비용을 한계비용이라 한다.

소비자이든, 생산자(기업)이든 컵라면 1개를 더 소비하거나 생산하는 경우, 추가로 얻게 되는 한계효용이나 한계수입이 추가로 지불되는 구매비용이나 투입비용보다 높을 때 총효용이나 총수입을 증대시킬 수 있지만, 반대로 추가로 얻게 되는 한계효용이나 한계수입이 추가로 지불되는 구매비용이나 투입비용보다 낮을 때에는 총효용이나 총수입을 감소시키는 원리가 작동한다.

따라서 어떤 선택(생산 또는 소비의 량)을 추가로 하나 더할 때의 한계편익이 한계비용보다 크다면, 그 선택을 더 증가시켜야 한다. 만약 한계편익이 한계비용보다 작다면, 그 선택을 감소시켜야 한다. 그리고 한계편익과 한계비용이 같아질 때 그 선택(생산 또는 소비의 양)을 멈춰야 한다. 순편익이 가장 커지는 상태이기 때문이다. 이 같은 논리는 변화(량)를 선택할 때 매우 강력한 수단이 되며, 의사결정의 기본 원리가 된다. 〈그림 5-1〉에서 왼쪽처럼 한계편익곡선이 한계비용곡선보다 위에 있는 영역에서는 양을 증가시켜야 하고, 오른쪽처럼 한계비용곡선이 한계편익곡선보다 위에 있는 영역에서는 양을 줄여야 한다. 그래야만이 순편익은 증대하고 순고통이 감소해서 한계편익곡선과 한계비용곡선이 같아지는 지점에서 순편익은 극대화된다는 것을 알 수 있다.

수학적으로는 미분값이 같아질 때, 즉, 한계편익과 한계비용이 같아질 때 총편

〈그림 5-1〉 한계원리와 순편익의 극대화

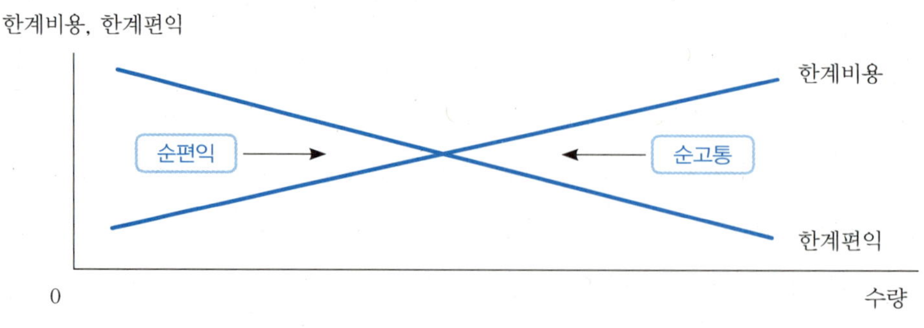

익과 총비용 사이의 차이인 순편익(순편익함수)이 최대가 된다. 만약 총편익과 총비용이 같아지는 조건이라면 순편익은 최댓값을 갖는 것이 아니라 제로(0)값을 갖는 상태가 된다. 한계원리(marginal principle)는 변화(량)를 선택할 때 순편익이 극대가 되는 기준은 총량(총편익이나 총비용)을 비교하는 것이 아니라 변화율(한계편익이나 한계비용)을 비교하는 합리적 의사결정 법칙을 제시한다.

2) 한계비용과 한계편익(수입)

이것이냐 저것이냐를 선택하는 문제에서는 기회비용이 중요하다. 하지만 어떤 변화 또는 양을 선택하는 문제에서는 한계비용이 합리적 선택의 기준을 제공한다. 모든 경제주체는 합리적이고 순편익을 극대화하기 위해 경제활동(선택)을 한다. 순편익을 극대화하기 위해서는 한계비용(marginal cost)과 한계편익(marginal benefit)을 비교하여 한계편익이 한계비용보다 높으면 양을 증가시키고 한계비용이 한계편익보다 높으면 양을 감소시켜야 한다. 예를 들어 컵라면을 생산하는 기업의 경우라면 컵라면 하나를 더 생산할 때 발생하는 추가비용이 한계비용이고, 컵라면 하나를 더 생산할 때 발생하는 추가 수입은 한계수입(한계편익)이기 때문에 한계수입이 한계비용보다 높다면 컵라면의 생산을 늘려야 하고 한계비용이 한계수입보다 높다면 컵라면 생산을 줄여야 한다. 결국 컵라면의 생산량은 한계비용과 한계수입이 같아지는 수준에서 결정되고, 기업의 순수입은 가장 커지게 된다.

항공사의 마케팅 전략의 예를 들어보자. 어떤 항공사가 제주공항에서 인천공항으로 가는 여객기에 10석이 비어있는 경우, 할인가격으로 10석을 채워야 하나, 얼마나 할인가격을 적용해야 하나를 의사결정해야 한다고 하자. 이 여객기의 제주공항 → 인천공항까지 운항하는데 드는 총비용은 1,000만원이고 탑승정원은 100명이라 하자. 그렇다면 합리적인 가격은 1인당 10만원(평균비용)이다. 할인가격을 5만원을 제시하는 경우, 10명의 승객이 탑승을 원한다 하자. 이 항공사가 이윤을 증대시키기 위해서 5만원의 승객을 태워야 하나?, 답은 아주 간단하고 명료하다. 이 항공사가 5만원씩 10명을 태우는 경우, 1명당 한계수입은 5만원이다. 그렇다면 한계비용이 얼마인가가 중요하다. 만약 한계비용이 5만원보다 작다고 한다면 태워야 하고, 반대인 경우에는 태우지 말아야 한다. 한계비용이 3만원이라면 1명 추가로 태울 때마다 2만원의 이윤이 발생하지만 한계비용이 8만원이라 한다면 1명 태울 때마다 3만원의 손실이 발생하기 때문이다. 현실적으로 여객기의 좌석이 10석 비어있다는 것은 한계비용이 거의 발생하지 않는다는 것을 의미한다. 10명을 추가로 태우기 위해 비행기 사이즈를 늘려야 하는 것도, 좌석을 더 설치해야 하는 것도, 조종사를 더 써야 하는 것도, 승무원을 더 고용해야 하는 것도 필요하지 않기 때문이다. 이런 경우 추가비용은 발생하지 않는 것이다. 즉, 10명을 더 태우는데 조종사나 승무원의 임금, 좌석의 설치비용, 비행기를 크게 만드는 비용 등은 변하지 않는다. 따라서 비어있는 좌석에 10명을 추가로 태우는 것은 한계비용이 매우 낮은 상태에 있다는 것을 알 수 있다.

한계원리와 군사작전의 예를 들어보자. 제1차 세계대전 당시 독일군은 프랑스를 육지로 공격하는데 얼마의 병력으로 공격할 것인가를 고민하게 된다. 공격하는 병력과 수비하는 병력의 분배를 결정하는 문제인데 처음 작전계획은 침공군의 병력을 강하게 유지하는 것이었다 한다. 그런데 후임자인 헬무트 폰 몰트케 장군은 본래의 작전계획을 변경하는 과정에서 몇 개의 사단을 수비대로 재배치하는 우를 범하게 된다. 대부분의 역사가들은 독일이 패전한 이유를 공격부대의 병력을 약화시킨 작전변경에서 찾고 있다. 병력을 수비군에 증가시킬 때와 공격군에 증가시킬 때의 한계개념에 대한 이해가 부족했던 결과라 평가할 수 있다. 수비군보다 공격군의 한계비용은 낮고 한계편익이 높았던 상황인데 오히려 수비군에 병력을 증강시키는 오류를 범했던 사례이다.

이런 한계의 원리를 잘 이해한다면 신속하고 명확한 의사결정(선택)에 도움이 된다. 총수입이나 총비용, 평균수입이나 평균비용 같은 것들을 고려할 필요도 없이 한계비용과 한계수입만 비교하여 의사결정하면 순수입이 극대화되는 선택을 하게 되는 원리이다. 기회비용이나 한계원리는 합리적 선택을 위한 중요한 잣대가 된다. 이것이냐 저것이냐를 선택하는 양자택일의 경우에는 기회비용이 유용하고,

규모나 양을 증가시킬지 감소시킬지를 선택하는 수량선택의 경우에는 한계원리가 매우 유용하다.

우리는 현실경제에서 어떤 경제적 선택을 하는 경우, 보편적으로 시장가격을 보고 선택을 결정한다. 시장가격은 완전경쟁균형가격이라면 기회비용을 반영한 잠재가격일 수 있고, 한계효용과 한계비용을 반영한 가격이라 할 수 있다. 따라서 시장가격을 선택의 기준으로 삼는 시장경제활동은 합리적인 선택을 보장할 수 있다. 소비자의 수요의도(수요곡선)는 한계효용을 반영한 것이고 공급자의 공급의도(공급곡선)는 한계비용을 반영한 개념이다. 따라서 수요과 공급이 일치하는 시장균형가격은 한계효용과 한계비용이 일치하는 가격을 의미한다. 시장가격에 의한 선택들은 한계원리가 번영된 합리적 선택의 조건을 충족한다. 시장경제에서의 자원배분이 효율성을 담보하는 것도 시장가격이 자원배분을 매개하기 때문이다.

3. 한계효용과 합리적 선택

시장에서 거래되는 모든 상품에는 가격이 설정된다. 각각의 상품마다 가격은 다르게 설정된다. 시장에서 상품은 무엇 때문에 서로 다른 가격에 거래되는 것일까? 일반적으로 사람들은 그 상품에는 그만한 가치에 있기 때문에 그 가치만큼의 가격이 설정된다고 생각하기 쉽다. 과거에는 한때 이런 문제로 경제학자들 사이에서도 가치논쟁으로 치달았던 시대가 있었는데, 상품의 가격은 가치가 결정하는 것이 아니라 시장에서의 수요와 공급에 의해 결정된다는 수요·공급에 의한 시장가격결정론으로 가치논쟁을 대체할 수 있었다.

1) 한계효용체감의 법칙과 한계생산력체감(한계비용체증)의 법칙

경제학에서는 한계원리가 중요한 개념인데 수요측면에서는 한계효용체감의 법칙이 작용하고, 공급측면에서는 한계생산력체감의 법칙이 작용한다. 소비량(존재량)을 늘리면 한계효용은 체감하고 생산량을 늘리면 한계생산력(한계비용체증의 법칙)은 체감한다는 원리가 작동한다. 한계원리가 소비와 생산과정에 작동함에 따라 수요곡선은 우하향하고 공급곡선은 우상향하는 형태를 도출된다. 한계개념을 바탕으로 한 수요·공급이론은 어떤 상품의 가격이 그 상품의 가치라기보다는 그 상품에 대한 수요(한계효용)와 공급(한계비용)요인에 의해 결정된다는 사실을 설명하게 된다. 소비자는 어떤 상품을 소비하는 과정에서 효용을 얻고 대신 상품의 가격(비용)을 지불하게 된다. 컵라면 1개의 시장가격이 1,000이라 하자. 소비자는 컵라면 1개를 추가로 소비하면서 1,000원을 지불해야 하는데, 만약 컵라면을 1개 사 먹으면서 추가로 얻게 되는 한계효용(marginal utility)이 900원에 해당한다면 그 소비자는 컵라면을 구매하지 않을 것이고 한계효용이 1000원 이상이라면 컵라면을 구매해 소비할 것이다. 소비자가 기꺼이 지불할 수 있는 시장가격은 한계효용과 같아지는 가격에서 출발한다. 생산자는 어떤 상품을 생산하는 과정에서 비용을 투입하고 그 상품을 판매해서 수입을 얻을 수 있다. 생산자 입장에서는 컵라면을 1개 추가로 생산하는데 추가로 발생하는 비용을 한계비용(marginal cost)이라 한다. 컵라면 1개의 시장가격이 1,000이라 하자. 생산자는 컵라면 1개를 추가로 생산해서 1,000원을 받고 판매할 수 있는 상황이다. 만약 생산자가 컵라면을 1개 생산하면서 추가로 부담하는 한계비용(marginal cost)이 900원이라면 그 생산자는 컵라면을 추가로 생산하겠지만, 한계비용이 1,000원 이상이라면 컵라면을 추가로 생산하지 않을 것이다. 생산자가 기꺼이 생산할 수 있는 시장가격은 적어도 한계비용과 같아지는 가격에서 출발한다. 이런 이유로 소비자는 한계효용을 따라 소비하고 생산자는 한계비용을 따라 생산하게 된다. 이것을 함수로 만들고 그래프로 그리면 〈그림 5-2〉와 같이 수요곡선은 우하향(가격이 떨어지면 소비량이 증가) 모양으로, 공급곡선은 우상향(가격이 오르면 공급량이 증가하는)하는 모양으로 도출된다. 수요곡선이 우하향하는 이유는 소비량을 증가시키면 한계효용이 체감하기 때문이고, 공급곡선이 우상향하는 이유는 공급량을 증가시키면 한계비용이 체증(한계생산력이 체감)하기 때문이다. 이런 원리가 작동하여 시장가격은 수요곡선과

〈그림 5 - 2〉 수요·공급에 의한 시장균형점

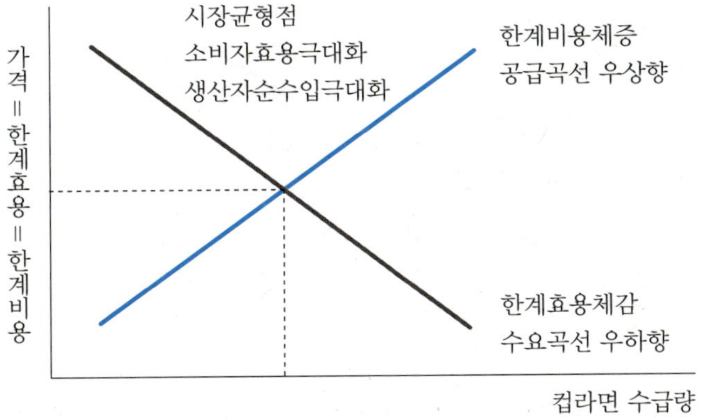

공급곡선이 만나는 지점에서 균형을 이루게 된다. 수요곡선과 공급곡선이 만난다는 것은 수요곡선은 한계효용을 반영하고 공급곡선은 한계비용을 반영하기 때문에 한계효용과 한계비용이 일치한다는 것을 의미한다. 소비자는 한계효용과 같은 가격에서부터, 생산자는 한계비용과 같은 가격에서부터 합리적으로 교환이 가능해지기 때문이다.

2) 소비자잉여와 생산자잉여

소비자나 생산자는 시장교환을 통하여 일반적으로 교환이익을 얻고 있다. 소비자는 교환을 통하여 자신이 지불한 총지출 이상의 만족(총효용)을 얻고 있으며, 생산자는 자신이 투입한 생산비 이상의 총수입을 얻고 있다. 소비자가 얻는 총효용의 잉여를 소비자잉여(consumer's surplus)라 하고, 생산자가 얻는 총수입의 잉여를 생산자잉여(producer's surplus)라 한다. 〈그림 5 - 3〉에서 삼각형 AP_EE가 소비자잉여이고, 삼각형 $0P_EE$가 생산자잉여이다.

〈그림 5 - 3〉은 컵라면 시장균형을 나타낸 그림이라 하자. 컵라면 시장에서 시장균형점 E점에서 성립된 시장균형가격(P_E)은 100원이고 균형수급량(Q_E)는 100개라 하자. 소비자가 컵라면 100개를 소비하면서 지불한 화폐액은 100(시장가격)×100(컵라면개수)=10,000원(사각형 P_E0Q_EE)이 된다. 그런데 소비자가 컵라면 100개

〈그림 5-3〉 소비자잉여와 생산자잉여

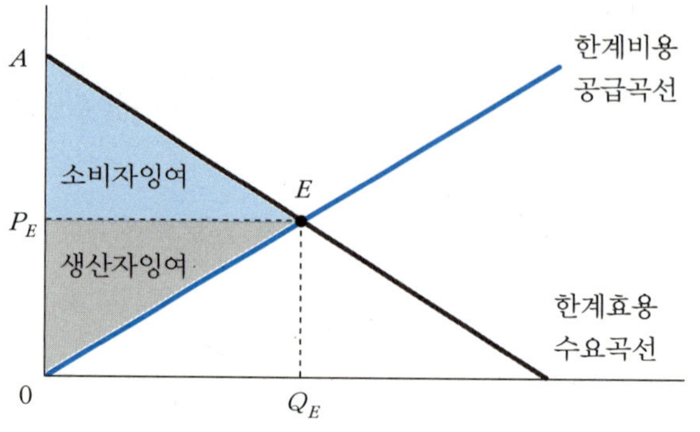

를 소비하면서 얻은 총효용은 한계효용을 모두 더한 사다리꼴 $A0Q_EE$의 면적이다. 소비자가 얻는 총효용 사다리꼴 $A0Q_EE$의 면적에서 소비자가 지불한 화폐액(10,000원) 사각형 P_E0Q_EE를 뺀 나머지 삼각형 AP_EE가 소비자잉여에 해당한다. 생산자가 컵라면 100개를 생산하면서 투입하는 총비용은 1개를 추가 생산할 때마다 발생하는 한계비용을 모두 더한 삼각형 $0Q_EE$의 면적이다. 그런데 생산자는 컵라면 100개를 판매하여 얻는 총수입은 소비자가 지불한 화폐액 사각형 P_E0Q_EE의 면적이다. 따라서 생산자는 총수입 사각형 P_E0Q_EE의 면적에서 총비용 삼각형 $0Q_EE$의 면적을 뺀 나머지를 생산자잉여로 얻게 되는 것이다. 합리적인 경제주체(소비자와 생산자)가 자유로운 시장에서 교환을 통해 자원을 배분하면 소비자도 삼각형 AP_EE만큼의 소비자잉여를 얻게 되고, 생산자도 삼각형 $0P_EE$만큼의 생산자잉여를 얻게 된다. 시장경제는 누군가가 이익을 보면 다른 누군가가 손실을 보는 영합게임(zero sum game)이 아닌 시장참여자 모두가 이익을 보는 플러스섬게임(plus sum game) 원리로 설명할 수 있다. 또한 여기서 주목할 것은 앞장에서 설명한 최적화는 바로 〈그림 5-3〉의 E점에서 달성한다는 것도 확인할 수 있다. 최적화란 소비자의 효용이 극대화, 생산자의 이윤극대화, 사회 전체의 후생극대화가 달성되는 상태를 말하는데, 바로 E점에서 소비자의 효용극대화, 생산자의 이윤극대화, 그리고 사회후생의 극대화가 달성됨을 알 수 있다. 시장균형점 E점(Q_E)에 미치지 못하는 왼쪽에서 생산하면 소비자잉여나 생산자잉여의 크기를 나타내는 삼각형이 작아진다는 것을 확인할 수 있으며, 시장균형점 E점(Q_E)을 초과하는 오른쪽으로 넘어가면 한계비용이 한계효용보다 커져 순효용이 감소한다는 것을 알 수 있다. 따라서 시장균형점 E점(Q_E)에서 소비자잉여와 생산자잉여를 모두 합한 삼각형 $AE0$의 크기, 즉 사회후생이 가장 커지는 것도 확인할 수 있다.

3) 한계효용과 가치의 역설

시장에서 거래되는 모든 상품에는 가격이 설정된다. 각각의 상품마다 가격이 다른 이유는 상품마다 가치가 다르기 때문이라고 생각하기 쉽다. 애덤 스미스는 사용가치가 곧 가격이라고 생각하였기 때문에 사용가치가 매우 높은 물이나 공기의 가격이 거의 0에 가까운 이유를 설명할 수 없었다. 그는 이런 현상을 가치의 역설(paradox of value) 또는 애덤 스미스의 역설이라 하고 교환가치와 사용가치 간의 괴리현상을 의미한다.

그런데 수요·공급이론에 의하면 시장가격은 소비자의 한계효용(MU)과 생산자의 한계비용(MC)에 의해 결정된다. 한계효용은 소비자의 주관적 만족도의 반영이고, 한계비용은 생산자의 객관적 비용의 반영이다. 가격은 사용가치가 결정하는 것이 아니라 수요·공급에 의한 시장균형에 의해서 결정된다. 상품마다 가격이 다른 이유는 상품마다 수요곡선(한계효용)과 공급곡선(한계비용)이 다르기 때문이다.

한계효용이론은 애덤 스미스가 제기한 가치의 역설 문제를 설명하였는데, 상품의 가격은 사용가치가 아닌 교환가치에 의해 결정되며, 교환가치는 한계효용의 크기에 의해서 결정된다는 내용이다. 한계효용이론에서는 상품의 가격은 교환가치(exchange value), 즉 한계효용의 크기가 결정하고, 상품에 대한 사용가치(use value)는 총효용의 크기가 결정한다고 설명한다.

한계효용과 총효용을 이해하기 위해 먼저 한계효용체감의 법칙을 설명해 보자. 이미 앞에서 한계효용은 체감하고 한계효용을 반영하여 수요곡선은 우하향한다고 설명한 바 있다. 우리가 알사탕을 소비한다고 하자. 처음 1개를 먹었을 때 달콤함은 매우 높을 것이다. 그런데 알사탕을 1, 2개 계속해서 먹게 되면, 알사탕 소비량이 증가할수록 달콤함은 감소해 간다는 사실을 알 수 있다. 급기야는 알사탕을 너무 먹어 고통스럽게 될 것이다. 달콤한 사탕이 아닌 알사탕 고문으로 변하게 되는 현상, 이와 같은 현상을 한계효용체감의 법칙이라 한다. 이 같은 원리는 모든 재화에 적용되는데, 존재량이 많아지면 한계효용이 작아진다는 법칙이고 한계효용이 작아지면 교환가치가 낮아진다는 원리이다. 한계효용은 욕망의 강도에 비례하고 존재량의 크기에는 반비례한다. 한계효용은 존재량과 역의 관계이고 한계효용은 곧 교환가치이며, 가격의 크기를 결정한다. 따라서 대체로 존재량이 많은 물이나 공기 같은 자원의 가격은 낮은 것이고, 금이나 다이아몬드 같은 존재량이 희소한 자원의 가격은 높은 것이다. 사우디아라비아에서는 물이 휘발유보다 5배나 비싸다고 한다. 사우디아라비아에서는 휘발유가 물보다 풍부하기 때문이다. 물이 상대적으로 부족한 사우디아라비아에서는 물의 한계효용이 휘발유의 한계효용보다 높은 것이다. 값이 싼 물건이라고 사용가치가 낮은 것이 아니라 존재량이 많아 한계효용이 낮기 때문에 교환가치가 낮을 뿐이다. 물이 다이아몬드보다 싸다고 해서 물이 다이아몬드보다 사용가치가 낮은 것이 아니다라는 것을 설명한다. 물은 다이아몬드보다 총효용이 많아 다이아몬드보다 교환가치는 낮지만, 사용가치는 높다는 사실을 설명한다.

〈그림 5-4〉 물과 다이아몬드의 가치의 역설

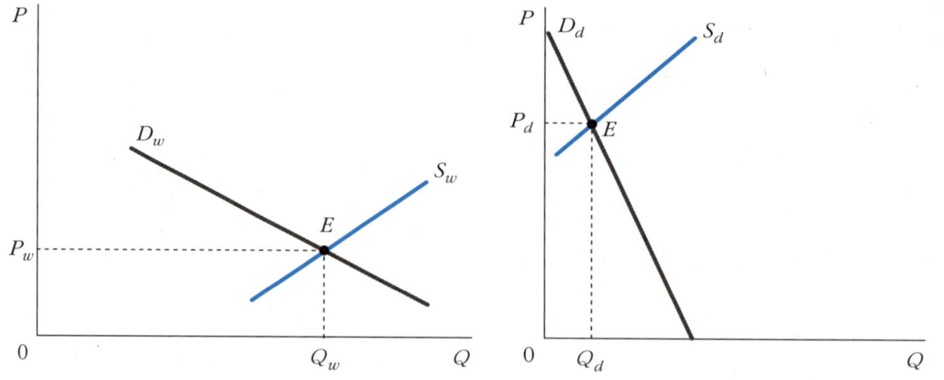

(a) 물의 경우 (b) 다이아몬드의 경우

사용가치를 이해하기 위해서는 총효용을 이해해야 하는데, 총효용(TU)은 어떤 재화의 한계효용(MU)을 모두 합한 개념이다. 예를 들어 알사탕 1개를 먹었을 때, 한계효용(달콤함)이 100이고, 또 하나(2번째 알사탕)를 먹었을 때 한계효용(달콤함)이 90이라면 한계효용은 체감하지만 총효용은 한계효용이 음의 값이 아니라면 계속 증가해 간다. 알사탕 2개를 먹을 때 한계효용은 100, 90이라면 총효용은 한계효용을 합한 190이 되는 원리이다. 물의 한계효용은 낮은 수준이지만 물을 소비하는 총량은 다이아몬드보다 훨씬 많기 때문에 물의 총효용은 다이아몬드의 총효용보다 크다는 것을 알 수 있고, 총효용의 크기가 사용가치를 결정하기 때문에 물의 사용가치가 다이아몬드의 사용가치보다 높다는 것을 설명할 수 있다. 그런가 하면 교환가치는 한계효용의 크기가 결정하므로 다이아몬드는 물보다 존재량이 훨씬 적으므로 한계효용이 매우 높고 가격이 비싸지는 이유를 설명할 수 있다.

〈그림 5-3〉에서 물의 총효용은 왼쪽 그림의 D_w0Q_wE의 면적이고 다이아몬드의 총효용은 오른쪽 그림의 D_d0Q_dE의 면적이다. 물의 총효용의 면적인 D_w0Q_wE의 크기가 다이아몬드의 면적인 D_d0Q_dE의 크기보다 더 크다는 것을 알 수 있다. 이것은 가치 측면에서 물의 사용가치가 다이아몬드의 사용가치보다 높다는 것을 나타낸다. 하지만 물의 시장가격은 P_w수준이고 다이아몬드의 시장가격은 P_d수준이어서 물보다 다이아몬드의 가격(교환가치=한계효용)이 월등히 높다는 것을 나타낸다. 물가격이 낮은 이유는 한계효용이 낮은 까닭이고 다이아몬드 가격이 높은 이유는 한계효용이 높기 때문이다.

따라서 물이나 다이아몬드처럼 높은 가격수준으로 평가받기 위해서는 사용가치보다 교환가치를 높게 유지해야 한다. 교환가치를 증대시키기 위해서는 한계효용을 높여야 하고 한계효용을 높이기 위해서는 희소성을 증대시켜야 한다. 또한 교환가치(시장가격=돈)가 가격을 결정하는 중요요소이므로 사용가치는 무시되거나 폄하되는 물신화 현상의 원인이 되기도 한다. 사람들은 황금만능주의에 몰입하게 되고 사회적으로는 물이나 공기 같은 공유자원뿐만 아니라 사랑, 우정, 정의, 연대의식 같은 사용가치의 중요성을 경시하는 원인이 되기도 한다.

4. 탄력성과 합리적 선택

경제원리를 이해하는데 한계원리만큼이나 탄력성에 대한 이해가 중요하다. 대부분의 경제이론은 변수(독립변수)와 변수(종속변수)의 관계인데 탄력성이란 이 두 변수가 변하는 비율(%)을 측정하는 개념이다.

1) 수요의 가격탄력성의 개념

수요함수를 예로 들어 가격이 변할 때 수요량이 변하는 비율을 수요의 가격탄력성이라 한다. 측정산식은 다음과 같다.

$$\text{가격탄력성}(\varepsilon_p) = \text{수요량의 변화율}(\%) / \text{가격변화율}(\%) = \frac{\frac{\Delta Q}{Q}}{\frac{\Delta P}{P}}$$

분모는 가격변화율이고 분자는 수요량의 변화율이다. 수요의 가격탄력성이 1이라면 가격이 변하는 비율과 수요량이 변하는 비율이 같다는 것을 의미한다. 수요의 가격탄력성이 1보다 크다는 것은 분자인 수요량의 변하는 비율이 가격이 변하는 비율보다 크다는 것을 의미하고, 수요의 가격탄력성이 1보다 작다는 것은 그 반대의 경우를 의미한다. 예를 들어 어떤 상품의 가격을 10% 할인하는 경우, 수요량이 10% 증가한다면(수요의 법칙에 따라 가격을 내리면 수요량은 증가함) 그 상품의 수요의 가격탄력성은 1이 되는 것이다. 수요의 가격탄력성은 그 재화의 특성, 대체재의 존재여부, 가격이 소득에서 차지하는 비중, 소비자가 가격변화에 적응하는 기간 등에 따라 다르게 결정된다. 수요의 가격탄력성을 결정하는 요인들을 정리하면 다음과 같다. ① 대체재의 존재 여부가 수요의 가격탄력성을 결정한다. 대체재가 존재하면 수요의 가격탄력성은 커진다. 그 재화의 가격이 오른다면 그 재화에 대한 수요가 가격이 변하지 않은 대체재로 이동할 수 있기 때문이다. 소비자가 어떤 상품을 버리고 대체재로 수요를 옮길 수 있기 때문에 수요량이 크게 변할 수 있다. ② 재화의 용도나 성질에 따라 수요의 가격탄력성은 크기가 다르게 나타난다.

사치재는 필수재에 비해 수요의 가격탄력성이 큰 성질을 가진다. 보석과 같은 사치품의 경우에는 수요의 가격탄력성이 매우 큰 재화이다. 가격이 변동할 때 필수재인 경우에는 수요량의 변화가 크지 않겠지만 사치재인 경우에는 수요량의 변화가 크기 때문이다. 마약이나 담배와 같이 중독성이 강한 재화의 경우에는 필수재보다도 더욱 수요량을 줄일 수 없기 때문에 수요의 가격탄력성은 아주 작게 나타난다. ③ 재화의 가격이 소득에서 차지하는 비중이 높을수록 그 재화의 수요의 가격탄력성은 크게 나타난다. 어떤 재화의 가격이 소득에서 차지하는 비중이 클수록 가격이 오르는 경우 소득에서 차지하는 비중이 작은 경우보다 소비자의 부담을 크게 만들기 때문이다. ④ 소비자가 가격변화에 따른 적응기간도 수요의 가격탄력성을 결정한다. 가격변화에 적응하는 기간이 길어지면 수요의 가격탄력성은 커지고, 그렇지 않은 경우에는 작아진다. 가격변화에 적응할 수 있는 기간이 길어지면, 소비자는 단기적으로는 쉽게 바꿀 수 없는 소비습관을 바꿀 수 있기 때문이다. 따라서 단기에는 가격변화에 소비량을 바꿀 수 없지만 장기에는 소비습관을 바꿀 수 있게 되어 수요량의 변화가 커질 수 있는 것이다.

2) 수요의 가격탄력성과 기업의 총수입

기업은 기업의 수입을 극대화하기 위해 다양한 가격전략을 구사한다. 현실적으로 는 기업들이 제품의 가격을 할인하는 세일전략과 가격을 다르게 적용하는 가격차별화 전략을 가장 많이 사용하는 것 같다. 기업이 세일을 하는 이유는 가격을 할인하여 기업의 수입을 증대시킬 수 있기 때문이다. 가격을 할인하면 수요량이 증가하는데, 가격을 내린 비율보다 수요량 증가비율이 더 높게 나타나면 그 기업의 수입은 증가하기 때문이다.

기업의 총수입(가계의 총지출)은 상품의 판매가격×판매량(수요량)에 의해 결정된다. 수식으로는 총수입(TR)=가격(P)×수요량(Q)이다. 이 수식에서 기업의 총수입을 결정하는 주요 변수는 가격(P)과 판매량=수요량(Q)임을 알 수 있다. 기업이 가격을 변화시키면 소비자의 수요량이 변하게 되고, 기업의 총수입의 변화는 두

〈그림 5 - 5〉 수요의 가격탄력성과 기업의 총수입

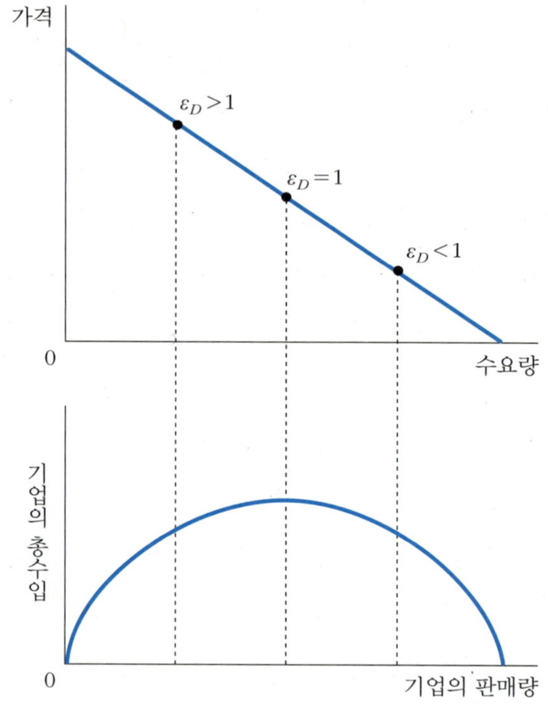

변수, 가격과 수요량이 어떻게 변하는 비율이 결정하게 된다. 따라서 가격이 변할 때 수요량이 변하는 크기를 나타내주는 수요의 가격탄력성은 가격의 변화에 따른 기업의 총수입의 변화를 결정하는 주요 변수가 된다.

〈그림 5 - 5〉는 수요의 가격탄력성과 기업의 총수입과의 관계를 나타낸 그래프이다.

〈그림 5 - 5〉의 위 그래프는 수요곡선이고 수요곡선의 정중앙은 수요의 가격탄력성이 1이고, 정중앙 아랫부분은 수요의 가격탄력성이 1보다 작으며, 정중앙 윗부분은 수요의 가격탄력성이 1보다 큰 구간이다.[1)]

〈그림 5 - 5〉의 아래 그래프는 기업의 총수입이 변하는 곡선을 수요의 가격탄력

---

1) 수요곡선의 구간마다 왜 수요의 가격탄력성이 다른지는 경제학원론(강남호, 정독) 65페이지를 참고바람.

성과 연계시켜 그린 그래프이다. 수요곡선을 따라 우하향하면 가격을 인하하는 경우이고, 수요곡선을 따라 좌상향하면 가격을 인상하는 경우이다.

수요곡선 정중앙에서 윗부분, 수요의 가격탄력성이 1보다 큰 구간에서는 가격을 인하하면 기업의 총수입이 증가하고, 가격을 인상하면 기업의 총수입이 감소한다. 수요의 가격탄력성이 1보다 크다는 것은 10% 가격을 변화시켰더니, 수요량이 10% 이상 변한다는 것을 의미한다. 수요의 가격탄력성이 2라고 해보자. 백화점에서 가격을 10% 할인하면 수요량이 20% 증가한다는 것을 의미하고, 기업의 총수입을 결정하는 두 변수 중 가격변수는 10% 작아졌지만 판매량은 20% 커졌으므로 두 변수를 곱한 값, 즉 기업의 총수입은 증가하게 된다. 가격을 올리는 경우에는 정반대로 작동하여 가격은 10% 증가했지만(수요법칙을 적용) 판매량은 20% 작아지므로 가격과 판매량을 곱한 값, 즉 기업의 총수입은 감소하게 된다.

수요의 가격탄력성이 1인 구간에서는 가격을 내리든, 올리든, 기업의 총수입은 일정하다. 그래프가 정점이므로 변화가 멈춘 점이다. 수요의 가격탄력성이 1인 경우에는 가격을 변화시킨 비율과 판매량(수요량)이 변하는 비율이 동일하기 때문에 두 변수를 곱한 값, 즉 기업의 총수입은 변하지 않는다.

수요곡선 정중앙에서 아랫부분, 수요의 가격탄력성이 1보다 작은 구간에서는 가격을 인하하면 기업의 총수입이 감소하고, 가격을 인상하면 기업의 총수입이 증가한다. 수요의 가격탄력성이 1보다 작다는 것은 10% 가격을 변화시켰더니, 수요량이 10%보다 작게 변한다는 것을 의미한다. 수요의 가격탄력성이 0.1이라고 해보자. 백화점에서 가격을 10% 할인하면 수요량이 1% 증가한다는 것을 의미하고, 기업의 총수입을 결정하는 두 변수 중 가격변수는 10% 작아졌지만 판매량은 1% 커졌으므로 두 변수를 곱한 값, 즉 기업의 총수입은 감가하게 된다. 가격을 올리는 경우에는 정반대로 작동하여 가격은 10% 증가했지만(수요법칙을 적용) 판매량은 1% 작아지므로 가격과 판매량을 곱한 값, 즉 기업의 총수입은 증가하게 된다.

따라서 수요의 가격탄력성이 1보다 크다면 기업은 가격을 할인해야 기업의 수입이 증가하고, 수요의 가격탄력성이 1인 경우에는 가격변화는 기업의 수입에 아무런 영향을 미치지 않으며, 수요의 가격탄력성이 1보다 작다면 기업은 가격을 할증해야 기업의 수입이 증가한다는 원리를 알 수 있다. 백화점은 대부분을 세일을 하고, 심야택시는 대부분 할증하는 서로 정반대의 가격전략을 내세우지만, 이 같은 가격전략을 통해서 얻고자 하는 목표는 모두 기업의 수입에 있다는 것을 알 수 있다.

3) 수요의 가격탄력성과 가격차별

우리는 거의 매일 백화점이나 대형마트에서 만든 광고지의 할인쿠폰, 영화관의 조조할인, 청소년 할인, 효(경노)세일과 같은 다양한 가격할인이나 차별광고를 마주하며 생활하고 있다. 이미 앞에서 살펴보았지만 이와 같은 기업의 할인 마케팅은 어디까지나 기업의 수입을 증대시키기 위한 마케팅 전략의 일부에 해당한다. 이론적으로는 가격차별에 해당하고 기본원리는 수요의 가격탄력성과 기업의 총수입과의 관계에 기반한다. 기업의 가격할인이나 할증에 대해서는 이미 살펴보았기 때문에 여기서는 가격차별을 중심으로 설명하고자 한다.

기업은 수요의 가격탄력성이 서로 다른 시장으로 분리할 수 있다면, 수요의 가격탄력성이 크고 작은 점을 활용하여 서로 다른 가격차별화전략을 구사할 수 있다. 수요의 가격탄력성이 높은 쪽에는 상대적으로 낮은 가격을 설정하고 수요의 가격탄력성이 낮은 쪽에는 상대적으로 높은 가격을 설정하여 기업의 수입극대화를 달성할 수 있기 때문이다. 수요의 가격탄력성과 기업의 총수입(가계의 총지출)과의 관계에서 살펴본 것처럼 수요의 가격탄력성이 1보다 크다면 가격을 할인하여 기업의 수입을 증대시킬 수 있고 수요의 가격탄력성이 1보다 작은 경우에는 가격을 할증하여 기업의 수입을 증대시킬 수 있는 원리를 적용해 보자. 영화관에 적용되는 조조할인의 경우, 시간대로 시장을 분리하여 서로 다른 가격을 설정할 수 있다. 수요의 가격탄력성이 탄력적인 오전 시간대(오전에 영화를 감상하는 사람들은 대체로 소득이 낮고 가격에 예민하다.)에 영화를 관람하는 고객에게는 가격을 할인하고, 수요의 가격탄력성이 비탄력적인 저녁시간대(대체로 연인들은 입장료가 높다고 영화를 포기하지는 않는다.)에 영화를 감상하는 고객에게는 가격을 올려 가격을 차별화하는 전략이다. 따라서 조조할인이 가능해지는 이유이다. 세일기간이나 조조할인 같은 기간이나 시간대별로 다르게 가격을 설정하는 방식을 시점간 가격차별이라고 한다.

청소년 할인이나 효할인의 경우, 세대별로 시장을 분리하여 가격을 다르게 설정하는 가격차별에 해당한다. 청소년은 성인에 비해 주머니 사정이 좋지 않으므로 수요의 가격탄력성이 크게 나타난다. 기업은 수요의 가격탄력성이 큰 청소년할인에게는 가격을 할인하는 마케팅 전략을 활용하여 기업의 수입증대를 도모할 수 있다. 노인들의 경우에도 청소년처럼 일반 성인에 비해 주머니 사정이 좋지 않으므로 수요의 가격탄력성이 크게 나타난다. 기업은 수요의 가격탄력성이 큰 노인에게는 가격을 할인하는 마케팅전략을 활용하여 기업의 수입증대를 도모할 수 있다.

기업은 세일기간을 설정하거나 광고지에 붙어있는 쿠폰을 가져오는 고객들을 선별하여 가격차별을 활용할 수 있다. 세일기간에 구매하기 위해 매장을 방문하는 고객은 그렇지 않은 고객보다 수요의 가격탄력성이 크게 나타난다. 따라서 기업은 가격탄력성이 큰 고객에게는 낮은 가격을 설정하여 기업의 수입을 증대시킬 수 있는 전략으로 활용하는 것이다. 또한 광고지에 붙어있는 쿠폰을 오려오는 고객의 경우에는 그렇지 않은 고객보다 수요의 가격탄력성이 크게 나타난다. 따라서 기업은 가격탄력성이 큰 고객에게는 낮은 가격을 설정하여 기업의 수입을 증대시키기 위한 전략으로 활용하는 것이다. 이와 같은 형태의 가격차별을 장애물 가격차별이라고 한다

다음으로는 국가 간의 시장을 분리하여 가격을 차별하는 경우를 살펴보자. 우리나라의 현대차가 국내에서 생산한 승용차를 미국시장에서는 낮은 가격으로 국내시장에서는 높은 가격으로 판매하는 현실을 설명해 보자. 현대차가 미국시장과 국내시장을 분리하여 승용차 가격을 차별화하는 이유는 두 시장에서의 승용차에 대한 수요의 가격탄력성이 다르기 때문이다. 자동차시장의 경우, 미국시장이 국내시장에 비해 더 개방적이고 대체재가 많이 존재하므로 수요의 가격탄력성이 국내시

장보다 높게 나타난다. 따라서 현대차는 수요의 가격탄력성이 높은 미국시장에서는 자동차 가격을 낮게 설정하고, 수요의 가격탄력성이 낮은 국내시장에서는 자동차 가격을 높게 설정하는 마케팅 전략을 구사하는 것이다.

1차 지불가격(기본료)을 부과한 다음 2차 지불가격(사용료)을 부과하는 가격체계인 이부가격(two-part tariff)제도 역시 가격차별의 일종이다. 놀이공원의 경우, 기본료(1차 지불가격)는 입장하는 사람 모두에게 일정액으로 부과되어 고정비용과 같고 사용료(2차 지불가격)는 이용하는 양에 따라 부담이 증가하여 가변비용과 같다. 콘도미니엄 회원권, 놀이공원 입장료, 전기요금처럼 이부가격제로 요금을 징수하는 경우에는 소비량이 증가할수록 1단위당 지불가격은 작아지게 된다. 소비량이 증가할수록 1단위당 기본료가 작아지기 때문이다(평균고정비용은 생산량이 증가할수록 작아지는 원리와 같다.). 제품의 수요량을 증대시키기 위해 2차 지불가격은 이용량이 많아질수록 평균비용이 낮아지도록 가격체계를 설계한 것이다. 입장료를 지불하고 입장을 하고 난 다음에는 입장하기 전보다(입장료를 지불하지 않았기 때문에) 수요의 가격탄력성이 커지는 원리를 활용한 개념이다.

4) 탄력성과 정책효과 분석

농민들은 매년 풍년을 기원한다. 그런데 풍년이 되었는데도 농민들의 소득은 증가하지 않는 이유는 무엇일까? 그 해답은 농산물의 수요의 가격탄력성에 있다. 풍년은 농산물의 공급이 증가하는 것을 의미하고 농산물 가격이 하락하는 것을 의미한다. 농산물가격이 하락하는 비율보다 농산물에 대한 수요량의 증가비율이 더욱 증가한다면 농민들의 소득은 증가할 것이다. 농산물에 대한 수요의 가격탄력성이 1보다 큰 경우, 풍년은 농민들에게 축복을 보장하는 것이다. 수요의 가격탄력성이 1보다 작은 경우라면 풍년은 농민들에게 재앙이 될 수 있다. 풍년으로 가격은 떨어지는데 수요량은 가격하락 비율보다 작게 증가하기 때문이다. 또 다른 측면에서 어떤 정책당국자가 농민들의 소득증대를 위해 농산물가격을 인상하는 가격지지정책을 폈다 하자. 농민들의 소득을 증대시킬 수 있을 것인가? 역시 이 경우에도 답은 농산물에 대한 수요의 가격탄력성에 있다. 농산물에 대한 수요의 가격탄력성이 1이라고 한다면 이런 정책은 농민들의 소득증대에 아무런 도움을 주지 못한다. 왜냐하면 농산물가격이 오른 비율만큼 농산물 판매가 줄기 때문이다. 그런데다 쓸데없는 가격인상에 따른 거래비용만 증가하게 된다. 만약 농산물에 대한 수요의 가격탄력성이 1보다 큰 경우라면 이런 정책은 오히려 농민들의 소득을 감소시키는 정책이 되고 만다. 가격이 오른 비율보다 농산물판매비율이 더 크게 줄어들기 때문이다. 농민들의 소득에 기여하기 위해서는 농산물가격을 인상할 것인가? 아닌가의 문제가 아니고 농산물에 대한 소비자들의 수요의 가격탄력성의 크기가 얼마인가를 먼저 파악해야 한다.

임금인상협상이나 광고효과에 대한 분석도 수요의 가격탄력성을 활용할 수 있다. 임금협상의 경우 생산제품의 수요의 가격탄력성이 상당히 탄력적이라면 제품가격을 인하하여 기업의 수입을 증대시킨 후 임금인상이 가능해질 수 있다. 경영진은 수요의 가격탄력성이 1에 가깝다고 주장하고 노조는 수요의 가격탄력성이 1보다 크다고 주장할 가능성이 높다. 광고효과의 경우에는 광고 이후에는 그 제품의 수요의 가격탄력성이 작아져야 한다. 수요의 가격탄력성이 얼마나 작아졌나를 측정하여 광고효과를 분석할 수 있다. 광고로 인해 가격이 오르더라도 수요량이 줄어들지 않는다면 그 제품에 대한 충성도가 높아졌음을 나타내기 때문이다.

수요의 가격탄력성은 여러 가지 정부정책의 효과를 분석하는 데에도 유용하다. 가격정책이나 임금정책 그리고 흡연이나 마약과 관련된 정책을 결정하는 데에도 중요한 분석수단이 된다. 수요의 가격탄력성이 탄력적인 경우에는 가격인상으로 수요량을 효과적으로 줄일 수 있지만 비탄력적인 경우에는 가격정책보다는 비가격정책을 더 효과적인 수단으로 고려해야 한다. 가격규제의 경우에도 효과가 다르게 나타난다.

5) 탄력성과 조세부담의 귀착

조세는 우리의 경제활동에 많은 영향을 미친다. 정부가 어떤 경제주체에게 조세를 부과하면 그 조세는 다른 경제주체에게 전가되는 경우가 많은데, 이런 현상을 조세의 전가(tax shift)와 조세의 귀착(tax incidence)라 한다. 조세가 전가되면 조세 전체 부담액 중에서 어떤 경제주체에게 얼마나 부담시키는가의 문제를 조세의 귀착이라하는데, 조세귀착의 크기는 수요의 가격탄력성과 공급의 가격탄력성의 크기가 결정한다. 설명의 편의를 위하여 정부가 공급자(기업)에게 물품세를 부과하였다 하자. 물품세의 부과는 시장에 어떤 영향을 미치고 조세부담은 수요자와 공급자 간에 어떻게 배분되는지 분석해 보자. 종량세인 물품세가 부과되면 〈그림 5-6〉에서 보는 바와 같이 공급곡선은 S에서 S_t로 좌상향 이동하게 된다. 기업의 입장에서는 종량세 부과가 비용의 증가이기 때문이다. 따라서 시장에서는 변화가 일어나는데 물품세 부과로 인한 시장균형이 E에서 E_t로 변하게 된다. 시장가격은 P_E에서 P_d수준으로 상승하게 되고 균형수·급량은 Q_E에서 Q_t수준으로 감소하게 된다. 물품세가 부과되면 시장균형가격은 상승하고 균형수·급량을 감소하게 된다. 따라서 삼각형 E_t, E, E_s만큼의 사회적 후생의 손실을 발생시킨다. 이런 현상을 초과부담(excess burden)이라 하는데, 조세로 인한 효율성의 상실을 의미한다. 조세로 인해 자원배분의 왜곡이 만들어 낸 비효율성의 크기이다(초과부담에 대한 보다 자세한 내용은 제7장 정부경제와 공공선택을 참고바람).

〈그림 5-6〉 탄력성과 조세부담의 귀착

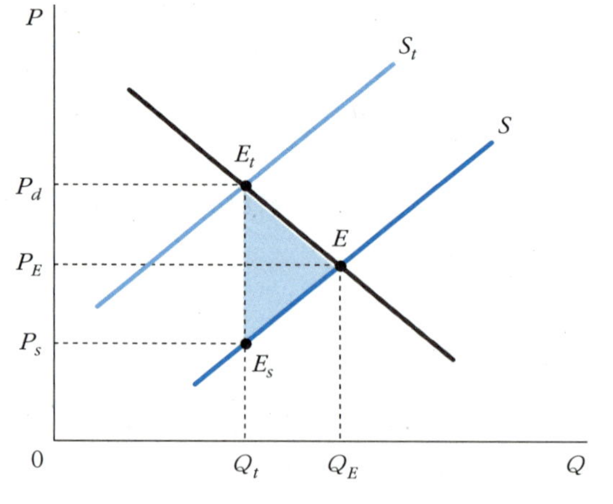

종량세가 $t(E_s - E_t = P_d - P_s)$만큼 공급자에게 부과된다면 공급자는 t만큼의 가격을 인상하려 할 것이고, 수요자는 인상된 가격에 따라 수요량을 줄이려 할 것이다. 납세의무자가 공급자이므로 공급곡선은 S에서 S_t로 상향 이동하게 된다.

〈그림 5-6〉에서 보는 바와 같이 $t=(P_s - P_d)$만큼의 물품세가 부과되면 가격상승이 $t=(P_s - P_d)$만큼 아닌 $P_E - P_d$만큼만 증가함을 알 수 있다. ① 조세가 부과됨으로써 소비자 가격이 상승하였다는 것은 가격상승분만큼 소비자가 그 조세를 부담한다는 것을 의미한다. ② 그런데 가격상승분이 조세부과액보다 작다는 것은 소비자가 부담한 가격상승분을 제외한 나머지 조세는 생산자가 부담한다는 것을 의미한다. ③ 전체 조세액$(P_s - P_d)$ 중에서 $P_E - P_d$만큼은 소비자가 부담한 크기이고, 나머지 $P_s - P_E$만큼은 생산자가 부담한 크기이다. ④ 전체 조세액에서 소비자에게 전가되는 조세귀착액의 크기는 수요의 가격탄력성이 클수록(수요곡선의 기울기가 작을수록)작아지고, 전체 조세액에서 생산자가 부담하는 조세귀착액의 크기는 공급의 가격탄력성이 클수록(공급곡선의 기울기가 작을수록)작아진다.

⑤ 만약 수요의 가격탄력성이 무한대라면(수요곡선이 수평인 경우) 소비자는 조세를 전혀 부담하지 않는 결과를, 반대로 공급의 가격탄력성이 무한대라면(공급곡선이 수평인 경우) 공급자는 조세를 전혀 부담하지 않게 된다.

⑥ 조세부담의 귀착은 수요와 공급의 가격탄력성의 상대적 크기에 의해 결정되며, 수요의 가격탄력성(수요곡선의 기울기와 역의 관계)과 공급의 가격탄력성(공급곡선의 기울기와 역의 관계)이 서로 같다면 〈그림 5-6〉과 같이 소비자는 $P_E - P_d$, 공급자는 $P_s - P_E$만큼 조세부담의 귀착 크기가 동일하다는 것을 알 수 있다.

5. 경쟁하에서 합리적 선택

현실적으로 우리는 끊임없는 경쟁 속에서 살고 있으며, 시장경제의 작동원리는 경쟁구조하에서 경제주체들의 경쟁에 의한 효율적 자원배분체계가 주도하고 있다. 완전경쟁처럼 나의 경쟁자(경쟁자가 헤아릴 수 없을 만큼 다수여서)가 누구인지 알 수 없고, 그의 전략이 나에게 어떤 영향(미치는 영향이 너무 미미해서)을 미치는지 신경 쓸 필요조차 없는 시장구조에서는 경쟁상대를 특정하는 전략적 상황이 존재하지 않는다.

하지만 경쟁자가 소수여서 경쟁자를 분명하게 인식할 수 있고, 경쟁자의 전략이 나에게 치명적인 영향을 미칠 수 있는 전략적 상황(strategic situation)에서는 상대의 전략에 대한 합리적 대응 전략이 중요해진다. 이 같은 전략적 상황을 갖는 시장구조를 과점시장이라 한다. 전략적 상황에서는 나의 전략이 무엇인지, 경쟁자의 전략이 무엇인지에 따라 경쟁의 결과(보수행렬)가 달라진다. 따라서 나와 경쟁자인 상대의 전략은 일종의 조합(set)으로 나타나는데, 경쟁상대의 전략을 확실하게 알 수 없으므로 불확실한 상황에서 나의 최선의 전략(합리적 선택)은 무엇인지가 중요해 진다. 전략적 상황이란 마치 상대의 카드가 무엇인지 알 수 없는 포커 게임이나 상대가 어떻게 공격할 것인지를 알 수 없는 링 위에서의 상황과 유사하다.

상대의 전략은 다양할 것이고, 거기에 대응한 합리적 전략은 무엇일까?, 이 같은 전략적 상황에서 합리적 선택에 대한 해법을 제시한 이론이 게임이론(game theory)이다. 게임이론은 포커 게임에서의 경쟁, 스포츠에서의 경쟁, 국가 간의 전쟁이나 경쟁, 시장에서의 경쟁과 같은 불확실한 전략적 상황에서 우리에게 합리적 선택의 길을 안내한다.

게임이론은 경기자(player), 전략(strategy), 게임의 보수(payoff)로 구성된다. 경기자는 게임에 참여하는 경제주체를 말하고, 전략은 자신의 이윤(효용)을 극대화하는 선택적 대안을 의미하며, 게임의 보수는 게임의 결과로 얻어지는 이윤이나 효용을 의미한다. 게임의 균형은 게임에 참여하는 모든 경기자가 어떤 전략들을 선택하고 그에 따른 결과에 대하여 모두 만족함으로써 더 이상 전략을 변동시킬 유인이 없는 상태를 말한다.

1) 용의자의 딜레마(Prisoner's Dilemma)

두 명의 공범자가 공동 범죄행위에 대해 검사의 취조를 받는 상황이라 하자. 검사는 범죄행위를 입증할 만한 증거로써 어떻게든 자백을 받아야 하는 상황이다. 검사는 용의자로부터 자백을 받아 내기 위해 용의자 1, 2를 분리 심문하고 자백을 이끌어내기 위해 용의자 1, 2가 자백하거나 자백을 거부했을 때의 검사가 구형할 서로 다른 형량의 조합을 제시했다 하자. 〈표 5-1〉은 검사가 제시한 구형량을 기반으로 만든 보수행렬이다.

범죄행위에 대해 1, 2용의자가 모두 함께 자백하는 경우, 모두에게 5년을 구형한다. 한 사람은 자백하고 다른 사람은 자백하지 않는 경우, 자백한 자에게는 1년을 구형하고, 자백하지 않은 자에게는 10년을 구형한다. 〈표 5-1〉에 표시한 보수는 형량을 나타냈으므로, 경기자(용의자)에게는 작은 값이 우월한 전략이다(비협조적 게임).

심문에 임하는 용의자 1, 2는 모두 자백하는 것은 불리함으로 당연히 서로 자백하지 않겠다고 약속한 상태라고 가정하자. 하지만 용의자 1, 2의 입장에서는 모두 자백을 선택하는 것이 우월전략이라는 것을 〈표 5-1〉의 보수행렬에서 확인할 수 있다. 용의자 각각의 입장에서 우월전략균형(내시균형)은 두 사람 모두 자백(형량 1년 구형)인 것이다. 만약 자신이 의리를 지키기 위해 자백하지 않고, 상대가 약속을 어기고 자백하는 경우, 자신은 10년 구형, 약속을 지키지 않은 상대는 1년 구형에 처하게 되기 때문이다.

용의자의 딜레마 게임의 균형은 상대방이 현재 전략을 유지한다는 전제하에 나 자신도 현재 전략을 바꿀 유인이 없는 상태, 즉 내시균형(Nash equilibrium)에 해당

〈표 5-1〉 용의자의 딜레마

경기자 1 \ 경기자 2	不자백	자백
不자백	(2, 2)	(10, 1)
자백	(1, 10)	(5, 5)

한다. 하지만 그 결과가 최선(모두 약속을 지킴으로서 2년, 2년)이 아닌 모두 약속을 어기는 선택, 용의자 모두가 5년 형을 선고받게 된다는 우월전략의 보수행렬을 보여준다. 용의자 개인의 입장에서는 최선의 선택인 우월전략으로 사회 전체의 공동선, 즉 사회후생을 극대화할 수 없다는 게임결과를 보여준다.

용의자의 딜레마(Prisoner's Dilemma)게임을 통해 적용할 수 있는 경제원리를 정리하면 다음과 같다.

① 용의자가 서로 신뢰하고 약속을 지킨다면, 모두에게 최선의 결과가 보장될 수 있다. 법은 사회적 약속이다. 용의자 딜레마를 통해서 법(약속)을 지키지 않는 자가 개인적으로는 이익을 얻을 수 있겠지만, 사회 전체적으로는 비효율이 발생할 수 있다는 사실을 보여준다. 모든 사회구성원이 법(약속)을 잘 지키는 것이 개인적으로나, 사회적으로 최선의 결과를 가져올 수 있음에도 불구하고, 개인의 입장에서는 법(약속)을 지키지 않는 것이 우월전략이므로 범죄가 발생하게 된다는 것을 설명할 수 있다.

② 개인의 이익추구가 공동의 이익을 해치는 현상을 설명할 수 있다. 공유지의 비극도 이런 유형에 해당한다. 참여자가 3명 이상이라는 점이 다를 뿐이다.

③ 카르텔의 불안전성을 설명할 수 있다. 카르텔의 불안정성은 협정을 위반하는 자가 이익을 볼 수 있는 유인에서 비롯된다. 하지만 이 같은 게임이 지속적으로 반복된다면 결과는 달라질 수 있다. 약속을 어긴 상대방에게 얻는 이익보다 더 큰 손해를 주는 강한 보복을 가한다면 카르텔의 안정성은 회복될 것이다. 조폭들의 경우에도 조직의 안정성을 유지하기 위해 조직을 이탈하는 자에게 처절한 보복을 행하는 이유이기도 하다.

④ 법과 카르텔 모두 핵심은 약속을 지키는 것이다. 그런데 약속을 어긴 자가 이익을 보는 유인이 존재하는 상황을 설명하는 모형이 용의자의 딜레마이다. 따라서 "이에는 이, 눈에는 눈"(tit for tat)이라는 방식이 합리적인 해결방식으로 부상하는 이유이다. 많은 실증 연구에서도 공동체적 해결방식, 즉 보복과 협력을 바탕으로 문제를 해결할 가능성이 높은 결과들을 보여준다. 서로 협력과 조정을 통해 가

장 합리적인 선택을 유인할 수 있다는 주장이다.

⑤ 용의자의 딜레마 게임은 애덤 스미스의 보이지 않는 손의 원리와 다른 논리를 제기한다. 애덤 스미스가 주장하는 개인의 이익 추구가 공동의 이익을 더욱 촉진할 수 있다는 사적 재산권의 승리에 대한 반론을 제기한다. 현실적으로는 지나친 지적 재산권이 희귀한 과학적 자원들의 활용을 방해한다는 반공유자원의 비극(tragedy of anticommons)을 설명할 수 있다. 지적 재산권은 개인의 이익을 보장하는 제도인데, 지적 재산권이 강화되면 새로운 과학지식들이 다른 연구자들이나 과학자들에게 널리 활용될 수 없기 때문이다. 하지만 용의자의 딜레마 게임은 협력에 의한 공유사회의 가능성, 즉 공유자원의 희극(comedy of tragedy)에 대한 논리적 근거를 제공한다. 제4차 산업혁명에 의해 발전하는 디지털 경제에서는 사적 소유권보다는 공유권으로, 개인의 지적 능력보다는 대중의 지혜(the wisdom of crowds)가 지배하는 플랫폼으로 전환하고 있다.

2) 내시균형 (Nash equilibrium) 과 뷰티풀마인드(beautiful mind)

존 내시(John Nash)라는 미국의 수학자이자 경제학자에 의해 게임이론과 내시균형이 정립되었고, 그는 경제학에 기여한 공로로 1994년 노벨경제학상을 수상하게 된다. 당대에 천재적 두뇌를 가졌으나 불운했던 경제학자 존 내시(John Nash)는 파란만장한 삶을 살게 되었고, 그의 삶을 담은 영화, '뷰티풀마인드(beautiful mind)'는 아직도 많은 사람들에게 큰 감동을 주고 있다. 존 내시는 20대(대학원 시절)에 50년 뒤인 1994년에 노벨경제학을 수상할 수 있는 창의적인 논문을 발표하였으나, 정신분열증으로 그의 삶은 파란만장한 우여곡절을 거치게 된다. 그가 프린스턴대학으로 진학할 때 선생님의 그의 추천서에는 '그는 천재입니다(He is a genius)'라는 단 한 줄의 문구가 씌어져 있었다고 한다. 내시균형은 경쟁상대들 사이에 벌어지는 위협과 반응의 역학관계를 균형의 개념으로 설명한 최초의 이론체계이다. 그의 게임이론은 "상대방이 생각하는 걸 나도 생각한다고 그가 생각하리라는 걸 나는 생각한다."라는 논리체계로 경쟁자가 생각하는 걸 나도 생각하며 행동한다면, 경쟁자와

나 자신 모두가 만족할 수 있는 균형상태에 도달할 수 있다는 추론에서 출발한다. 따라서 경쟁자가 현재의 전략을 유지한다면 나 자신도 현재의 전략을 바꿀 필요가 없게 되는 그런 상태를 유추하게 되고, 이런 상태를 내시균형으로 정의한다.

6. 불확실한 상황에서 합리적 선택

대부분의 전통 경제이론들은 선택의 문제를 확실한 상황(완전한 정보)하에서 합리적인 선택조건들을 다루고 있다. 하지만 현실경제에서는 항상 불확실성이 존재하며 그 불확실성은 경제주체들의 합리적 선택에 영향을 미치고 있다. 이런 불확실성하에서 선택문제를 다루는 경제이론으로는 기대효용이론, 게임이론, 정보경제학 등으로 나눌 수 있다. ① 기대효용이론은 어떤 결과가 발생할지 정확하게 예측이 불가한 상황에서의 소비자의 합리적 선택을 다루고 있다. ② 게임이론은 경쟁대상인 상대의 전략을 예측 불가한 상황에서 경쟁주체(player)에게 합리적인 전략적 선택을 다루고 있다.

현실에서 고스톱에서부터 카지노 게임이나 인터넷 도박을 즐기기도 하고 주식이나 선물 및 옵션에서부터 복권, 비트코인에 이르기까지 다양한 위험자산에 투자하기도 한다. 파생상품, 헤징, 그리고 보험 같은 금융상품들은 미래의 위험에 대응하려는 합리적 선택의 대안들이다. 경제주체들은 불확실한 상황에서 러시안 룰렛게임과 같은 극단적인 위험에 자신의 생명을 걸기도 하는가 하면, 반대로 무한대의 기대수익이 걸린 게임에 무관심한 행동, 즉 세인트 피터스버그의 역설을 보여준다.

기대효용이론(Expected Utility Theory)은 불확실한 상황에서 위험에 대한 선택과 회피의 원리를 반영한 합리적 선택의 경제학적 이론체계이다. 약 200년 전 스위스의 수학자 베르누이(D. Bernoulli)는 불확실성하에서의 개인들의 선택을 설명하기 위해 기대효용(expected utility)의 개념을 정립했다. 불확실한 상황에서 어떤 사건이 일어날 확률은 표본을 많이 분석할수록 진실에 근접한 기댓값을 구할 수 있다는 대수의 법칙을 주장했다. 하지만 위험과 경제적 선택을 설명한 이론들은 1940년대에 폰 노이만과 모르겐슈테른이 정립한 기대효용가설(expected utility theory)에서 출발한다.

1) 기대치(expeced value)

기대치란 불확실한 상황에서 확률적으로 얻을 수 있는 이득이나 손실을 의미한다. 기대치는 특정한 결과가 발생할 확률에 그 결과가 나왔을 때 지불되는 상금을 곱한 값을 모두 합한 개념이다. 복권을 구매했을 때 복권이 당첨될 확률에 당첨금을 곱하고, 당첨되지 않았을 때 그 결과를 합하면 기댓값을 구할 수 있다. 만약 복권에 당첨될 확률이 10%이고 당첨금은 100만원이라면, 그 복권에 대한 기대치(expected value)는 10만원이 된다. 계산식은 다음과 같다.

당첨될 확률(0.1)×100만원 + 당첨이 안될 확률(0.9)×0원=10만원

우리는 불확실한 상황에서 확률을 이용하여 기대지를 구할 수 있고, 기대치를 활용하여 불확실한 상품, 게임, 복권, 보험등이 공정한 상품인지, 불공정한 상품인지를 평가할 수 있다. 위의 사례에서 복권의 구매가격이 만약 10만원이라면 공정한 게임이고, 복권의 구매가격이 10만원보다 비싸다면 불공정게임으로 평가할 수 있을 것이다. 그런데 우리나라에서 발행되는 대부분의 복권들은 기대치가 액면가의 50%수준인 것으로 평가되는 상황이어서, 복권은 구매하는 것은 불리한 선택이라 할 수 있을 것이다. 그런데 왜 많은 사람들은 복권을 구매하는 것일까? 이런 행위를 설명하기 위해서는 기대치만으로는 한계가 있기 때문에 기대효용이론이 등장한 것이다.

2) 기대효용(expected utility)

복권이나 카지노 게임은 기대치로 계산했을 때 대부분 불공정게임이다. 게임을 주관하는 기업이나 단체가 게임을 통해 얻는 수익만큼 불공정게임이라 할 수 있다. 예를 들어 주택복권이라면 복권을 판매한 수익으로 당첨금을 지급하고 나머

지 수익으로 서민들을 위한 주택공급사업을 추진하는 것이다. 일반적으로 복권의 경우, 고객이 주로 서민들이라는 것을 알 수 있다. 고급백화점이나 고급호텔에서 복권을 판매하지 않는다. 또한 재벌 총수들은 복권을 사지 않는다. 따라서 복권은 공평성 측면에서도 국민경제에 부정적인 영향을 미치는 것으로 평가할 수도 있을 것이다.

우리나라의 경우, 복권의 기대치(기대수익)는 복권의 액면가에 비해 50% 이하로 평가되고 있는데 왜 사람들은 복권이라는 불공정한 게임에 참여하는 것일까? 반대의 경우로는 보험회사들은 보험상품을 개발하여 판매하고 이윤을 남기는데, 사람들은 왜 보험이라는 불공정게임에 참여하는 것일까? 복권을 사는 행위는 위험을 선호하는 선택으로서, 보험에 가입하는 행위는 위험을 회피하는 선택으로서 불공정한 게임에 참여하는 것이다.

기대효용이론을 통해 우리는 왜 이와 같은 비합리적인 선택들이 이루어지는지, 합리적인 선택을 위해 어떤 수준의 부담을 용인해야 하는지를 이해할 수 있다(더 깊이있는 설명은 경제학원론(강남호, 정독) 133~138페이지를 참고바람).

기대효용이론은 불확실한 상품에 대한 선택의 문제는 기대소득이 결정하는 것이 아니라 위험에 대한 소비자의 태도가 결정하는 것으로 규정한다. 어떤 경제주체의 위험에 대한 태도가 바로 기대효용의 크기를 결정하고, 기대소득이 아닌 기대효용에 의해서 복권을 살수도 있고, 보험에 가입할 수도 있다는 것이다. 위험을 기피하는(risk averse) 사람의 경우, 기대치가 높더라도 위험상품은 선택하지 않는다는 논리이며, 위험을 선호하는(risk loving) 사람의 경우에는 기대치가 낮더라도 위험상품을 선택한다는 논리이다. 위험에 중립적(risk neutral)인 사람의 경우에는 기대치가 크다면 위험상품을 선택하고 기대치가 작다면 위험상품을 회피한다는 선택논리이다.

보험금을 수입으로 보험수급자들에게 보험금을 지급 하고 이윤을 남길 수 있다. 보험가입자들이 부담하는 보험료가 적정보험료(기대손실)보다 높다는 것을 의미한다. 기대효용이론은 우리에게 보험의 원리를 제공하고, 적정보험료, 최대보험료

(보험회사의 이윤을 결정), 리스크 프리미엄(risk premium) 등을 계산할 수 있는 이론적 기초를 제공한다.

3) 세인트 피터스버그의 역설

1730년대 스위스의 수학자 다니엘 베르누이가 세인트 피터스버그(현재 성 페테르스부르크)의 한 도박장에서 제기한 역설이다. 이 도박장에서는 도박 참가비가 10,000루블이었고, 동전을 던져서 처음 앞면이 나오면 게임이 종료되고, 상금은 $2n$인 게임이 이루어지고 있었다. 그런데 흥미로운 사실은 이 게임의 기대치는 무한대인데, 참가하는 사람들이 없었다는 이야기이다. 이 게임의 기대치를 계산하는 산식은 다음과 같다.

$$\left(\frac{1}{2}\right)\times 2^1=1,\ \left(\frac{1}{2}\right)^2\times 2^2=1,\ \cdots,\ \left(\frac{1}{2}\right)^n\times 2^n=1 \Rightarrow 1+1+\cdots+1=\infty$$

이 게임에서 30번째 앞면이 나오면 상금은 10억 루블을 상회하게 되는데, 이런 게임에 사람들은 왜 참여하지 않은 것일까? 세인트 피터스버그의 역설은 우리에게 위험상품에 대한 경제주체들의 선택을 결정하는 요소는 기대치가 아니라 기대효용이라는 사실을 보여주는 사례이다. 이 게임의 기대치가 참가비인 10,000루블을 엄청나게 상회하는 수준으로 평가되지만 이 게임에 참가하여 얻는 기대효용은 1,000루블 이하로 평가된 것으로 이해할 수 있다.

연습문제

1. 기회비용의 개념과 합리적 선택 원리를 설명하라.

2. 명시적 비용과 암묵적 비용을 비교·설명하라.

3. 기회비용과 잠재가격(shadow price)의 관계를 설명하라.

4. 매몰비용(sunk cost)과 콩코드오류를 설명하라.

5. 한계편익과 한계비용의 개념을 설명하라.

6. 한계개념을 활용한 합리적 선택원리를 설명하라.

7. 한계효용의 개념과 소비자효용의 극대화 원리를 설명하라.

8. 한계효용체감의 법칙과 한계비용체증의 법칙을 비교·설명하라.

9. 시장수요·공급에 의한 시장균형을 설명하고 시장균형의 경제적 의미를 설명하라.

10. 소비자잉여(consumer's surplus)의 개념과 생산자잉여(producer's surplus)의 개념을 비교·설명하라.

11. 한계효용과 가치의 역설(paradox of value)을 설명하라.

12. 교환가치와 사용가치를 설명하고 가치논쟁의 무용성을 설명하라.

13. 수요의 가격탄력성의 개념과 계산하는 산식을 설명하라.

14. 수요의 가격탄력성을 결정하는 요인을 설명하라.

15. 수요의 가격탄력성과 기업의 총수입(소비자의 총지출)과의 관계를 설명하라.

16. 수요의 가격탄력성과 기업의 가격차별의 원리를 설명하라.

17. 현대자동차가 국내시장보다 미국시장에서 자동차 가격을 낮게 설정하는 이유를 가격차별 원리를 활용하여 설명하라.

18. 풍년이 되면 농민들의 농업소득이 증가할 수도 있고 감소할 수도 있는 이유를 설명하라.

20. 농산물은 공산품에 비해 가격변동이 크게 나타나는 이유를 수요의 가격탄력성과 공급의 가격탄력성 원리로 설명하라.

21. 마약에 관한 합법화와 불법화 정책의 효과에 대해 수요의 가격탄력성을 적용하여 설명하라.

22. 조세부단의 전가와 귀착에 대해 수요의 가격탄력성과 공급의 가격탄력성을 적용하여 설명하라.

23. 용의자의 딜레마(prisoner's dilemma)게임의 경제적 의미를 설명하라.

24. 지나친 지적 재산권으로 나타나는 반공유자원의 비극(tragedy of anticommons)을 게임이론으로 설명하라.

25. 게임이론과 내시균형(Nash equilibrium)의 개념을 설명하라.

26. 전략적 상황에서의 게임이론의 활용에 대해 설명하라.

27. 기대치와 기대효용의 개념과 차이점을 설명하라.

28. 세인트 피터스버그의 역설을 설명하고 기대효용이론의 유용성을 설명하라.

Chapter 06

시장경제의 성공과 실패

1. 시장경제의 작동원리
2. 시장균형과 시장의 성공
3. 완전경쟁시장과 독점시장
4. 시장의 실패와 정부의 개입

1. 시장경제의 작동원리

앞장에서 애덤 스미스의 보이지 않는 손의 섭리나 신자유주의에 대해 학습하면서 시장경제의 특성을 정리한 바 있다. 또한 지난 100여 년에 걸친 시장경제(자본주의)와 통제경제(공산주의, 사회주의)의 이데올로기 대결에서 시장경제가 판정승을 거두었으며, 이로 인해 사회주의나 공산주의 경제체제에서는 시장경제가 갖고 있는 장점들을 받아들이는 현실을 마주하고 있다. 시장경제는 자원을 효율적으로 배분한다는 장점을 가지고 있는데, 시장경제에 참여하는 모든 경제주체(소비자와 생산자)가 소유권을 바탕으로 자유롭게 경쟁하면서 자신의 이익(효용과 이윤)을 극대화하기 위해 최선을 다하게 하는 경제시스템이기 때문이다.

1) 효율적 자원배분

시장은 자유롭고 경쟁적인 구조여서 경쟁에서 실패하면 소비자는 빈털터리가 되거나 기업은 파산하게 된다. 시장경제에 참여하는 모든 경제주체들은 다른 사람이나 공적 이익을 위해서 노력하는 것이 아니라 자기자신을 위해 최선을 다할 뿐이다. 하지만 자기자신의 이익을 위해 최선을 다하는 과정에서 보이지 않는 손의 섭리는 개인의 이익 추구가 다른 사람들의 이익을 촉진시키는 성과를 만들어 낸다. 예를 들어 옷을 만드는 기업이 있다 하자. 그 기업이 이윤을 많이 얻기 위해서는 ① 자신이 만들고 싶은 옷이 아니라 다른 사람들이(소비자) 원하는 옷을 만들어야 하고(소비자주권), ② 시장에는 경쟁이 존재하므로 다른 경쟁 기업보다 질 좋은 옷을 만들어야 하며, ③ 자신이 만든 옷이 잘 팔리려면 다른 경쟁 기업보다 낮은 비용(가격)으로 만들어야 한다. 정리하면 시장에서는 이익(이윤)을 얻기 위해서는 다른 사람들이 원하는 것을 가장 질이 좋고 가격은 가장 싸게 제공해야 한다는 원리가 지배한다. 우리가 오늘 내가 원하는 질 좋은 옷을 값싸게 입을 수 있는 행복은 다른 사람들의 이기심에서 비롯된다는 사실이다. 시장은 다른 사람이 원하지 않는 쓸모없는 옷을 만드는 기업, 질이 좋지 않고 값은 비싸게 만드는 기업들(비효율적인)을 파산이란 채찍으로 시장에서 쫓아내 버리는 시장의 효율성을 지키는 심판자이자, 파수꾼 역할을 수행한다.

2) 시장경제의 순환과정

시장경제는 가계(소비자)와 기업(생산자)으로 구성된 경제이다. 소비자와 생산자가 시장이란 무대에서 소비자는 효용의 극대화를 추구하고 기업은 이윤의 극대화를 추구하는 경제활동으로 구성된 경제체제를 시장경제라 한다. 〈그림 6 - 1〉에서 A, B, C, D로 순환하는 영역을 시장경제, E와 F로 순환하는 영역을 공공경제(정부경제), G로 순환하는 영역을 국제경제(세계경제)로 구분한다. 시장경제와 정부경제가 상호순환(조세, 정부지출)하면서 A, B, C, D, E, F를 영역으로 하는 국민경제라 하고 한 나라의 국민경제와 다른 나라의 국민경제가 상호순환(수출, 수입)하는 G영역의 경제를 국제경제 또는 세계경제라 한다.

〈그림 6 - 1〉 시장경제의 순환모형

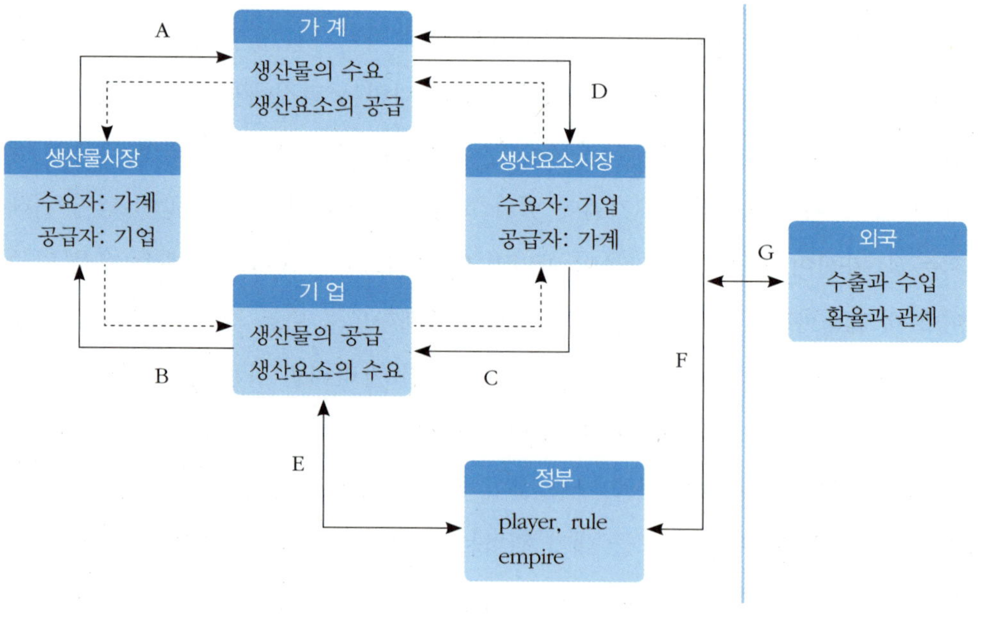

2. 시장균형과 시장의 성공

1) 시장균형과 안정성

시장균형을 이해하기 위해서는 먼저 수요곡선과 공급곡선을 이해해야 한다. 시장경제의 두 주인공, 가계와 기업이 선택하는 합리적 의사결정을 함수로 만들고 그래프로 도출하면 수요곡선과 공급곡선이 된다. 수요곡선은 소비자(가계)가 효용을 극대화하는 선택점들을 그래프로 도출한 것이고, 공급곡선은 생산자(기업)가 이윤을 극대화하는 선택점들을 그래프로 도출한 것이다. 소비자는 가격이 하락할 때, 수요량을 증가시켜야 효용을 극대화할 수 있기 때문에 수요곡선은 우하향하는 기울기를 가지게 되고, 생산자는 가격이 상승할 때 공급량을 증가시켜야 이윤을 극대화할 수 있기 때문에 공급곡선은 우상향하는 기울기를 가진다.

이런 원리가 작동하여 시장균형은 우하향하는 수요곡선과 우상향하는 공급곡선이 교차하는 〈그림 6-2〉의 *E*점에서 이루어진다. 시장균형은 소비자와 생산자가 동시에 가격과 수·급량에 대하여 의사가 일치되는 점이어서, 양자 모두 만족하는 상태이고 사회적으로도 자원배분이 효율성을 달성하게 된다(논리는 아래에서 상세하게 설명됨).

〈그림 6-2〉 수요·공급에 의한 시장균형

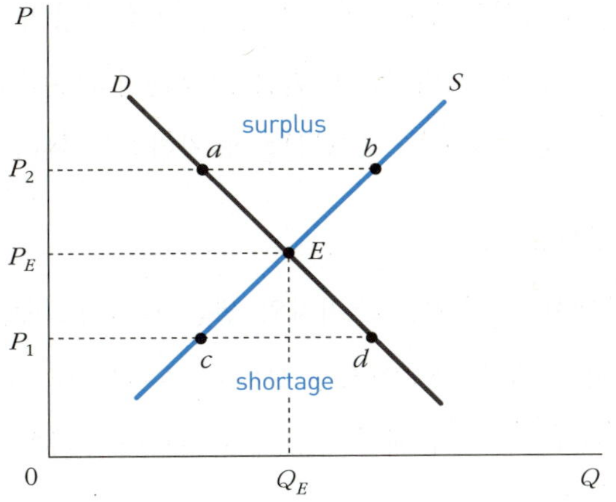

따라서 시장균형은 자원배분의 효율성을 달성한 최적의 상태이고, 이 같은 최적의 상태를 유지하기 위한 힘이 지속적으로 균형을 유지시킨다. 균형이 무너지면 최선의 상태가 깨지는 것이므로 시장은 다시 최선의 상태인 균형으로 되돌리려는 힘을 작동시킨다. 이 같은 성질을 시장균형의 안정성이라 한다. 이론적으로는 시장가격이 탄력적으로 매개하여 균형을 회복시킨다는 왈라스적 안정성과 수·급량이 탄력적으로 매개하여 균형을 회복시킨다는 마샬적 안정성으로 설명한다. 먼저 가격 중심적인 시장균형의 안정성을 살펴보면 시장균형이 무너지는 경우, 시장가격은 탄력적으로 움직여서 균형으로의 회복을 매개하는데, 〈그림 6-2〉에서 $a-b$ 구간(초과공급=과잉)에서는 초과공급상황이므로 시장가격은 하락하게 되고, 이에 따라 공급량은 줄여들고, 수요량은 증가하여 균형점 E점으로 회귀하게 된다. $c-d$구간(초과수요=부족)에서는 공급량이 부족한 상황이어서 시장가격은 상승하게 되고, 이에 따라 공급량을 증가하고, 수요량은 감소하여 균형점 E점으로 회귀하게 된다. 수량중심으로 시장균형의 안정성을 살펴보면 〈그림 6-2〉의 균형점 E보다 왼쪽 영역에서 균형이 무너지는 경우, 수요가격이 공급가격보다 높은 수준이므로 공급량은 증가하여 균형점 E점으로 회복하게 되고, 균형점 E점보다 오른쪽 영역에서는 수요가격이 공급가격보다 낮은 수준이므로 공급량은 감소하여 균형점 E점으로 회복하게 된다. 시장균형은 균형이 무너지는 경우, 시장가격이나 수·급량을 탄력적으로 변화시켜 다시 시장균형을 회복시키는 힘을 가지고 있다. 이처럼 시장은 스스로 균형을 회복하는 힘을 갖고 있는데, 이를 시장의 자동안정화기능이라 한다. 애덤 스미스의 시장원리주의는 이같은 시장균형의 논리를 바탕으로 모든 것을 시장에 맡기면 시장은 자동적으로 최선을 유지한다는 논리에서 출발한다.

2) 시장균형과 시장의 성공

시장균형은 시장에서 두 주인공 소비자와 생산자가 서로 동일한 가격과 동일한 수·급량에 만족하며 거래가 이루어지는 상태를 의미한다. 시장균형에서는 ① 생산자는 생산한 모든 상품을 시장에서 생산자가 기꺼이 판매하고자 하는 가격에 남

〈그림 6-3〉 소비자잉여와 생산자잉여

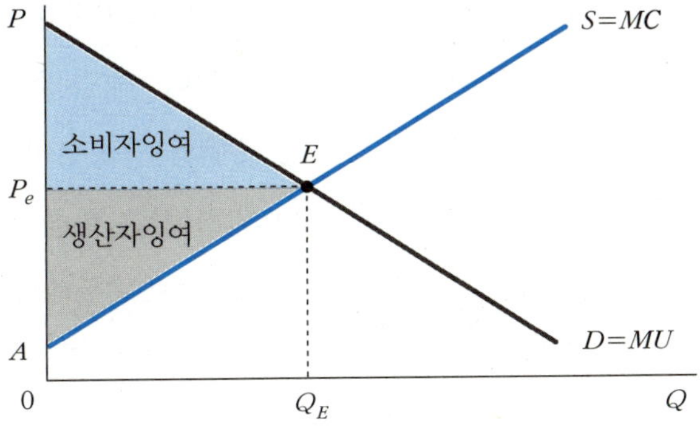

거나 모자람 없이 모두 판매한다. ② 소비자는 그가 원하는 상품을 원하는 만큼 그가 원하는 가격에 모두 구매한다. ③ 소비자는 효용을 극대화하여 소비자잉여가 극대화된다. ④ 생산자는 이윤을 극대화하여 생산자잉여가 극대화된다.

⑤ 따라서 사회후생도 극대화되고 모든 자원이 효율적으로 배분된다. 이런 상태를 후생경제학에서는 완전경쟁균형은 파레토최적이라고 정의한다.[1)]

〈그림 6-3〉의 시장균형 *E*점은 소비자잉여와 생산자잉여가 극대화된 점, 즉 시장 참여자가 모두 만족하는 점, 효율적 자원배분점이다. 시장균형 *E*점은 위에서 설명한 ①, ②, ③, ④, ⑤를 그래프로 나타낸 것이다. 사회적 후생(social welfare), 즉 삼각형 *PAE*의 크기는 *E*점에서 극대가 되며, 소비자잉여, 즉 삼각형 PP_eE의 크기와 생산자잉여, 즉 삼각형 P_eAE의 크기의 합이 결정한다. 시장균형인 *E*점의 왼쪽 영역에서는 수·급량을 증가시키면 사회적 후생(social welfare), 즉 삼각형 *PAE*의 크기가 커지는 것을 알 수 있고, 시장균형인 *E*점 오른쪽 영역에서는 수·급량을 줄여야 고통을 줄일 수 있다는 것을 확인할 수 있다. 시장균형인 *E*점 오른쪽 영역에서는 *S*=*MC*곡선이 *D*=*MU*곡선보다 위에 있기 때문에 한계효용보다 한계비용이 높다는 것을 알 수 있고, 비용을 고통으로, 효용은 만족으로 변환하여 생각해 보면, 수·급량을 늘리면 순고통이 증가한다는 것을 알 수 있다. 따라서 이 영역에

1) '소비자의 선호체계가 강단조성을 가지며 외부성이 존재하지 않는다면 경쟁시장일반균형은 파레토 최적이 된다'는 후생경제학 제1정리에 해당한다.

서는 수·급량을 줄여야만이 순고통의 크기를 줄일 수 있고, 균형점 *E*점에 이르면 순고통은 제로가 된다. 따라서 시장균형인 *E*점에서는 소비자잉여, 생산자잉여, 그리고 사회적 후생을 극대화하는 최적 수준이 달성된다. 애덤 스미스의 시장이론은 시장은 자동적으로 균형에 이를 수 있고, 시장균형의 안정성이 유지될 수 있다는 논리체계로 시장의 성공을 설명하고 있는 것이다. 시장은 항상 효율적인 자원배분 상태를 유지할 수 있으며, 초과공급(실업)이나 초과수요(인플레이션)가 발생하지 않는다는 논리이다.

3. 완전경쟁시장과 독점시장

완전경쟁시장은 이론적 모형에서 유추된 가장 이상적인 시장구조이다. 완전경쟁시장은 시장경제이론을 전개하는데 편리성과 유용성을 가지고 있다. 현실경제에 존재하는 시장구조는 경쟁정도에 따라 완전경쟁시장(경쟁자 무한), 독점시장(경쟁자 없음), 과점시장(경쟁자 소수), 독점적 경쟁시장(경쟁자 다수이지만 제품의 차별성으로 독점력 발생) 등으로 구분된다. 이 같은 시장구조를 다시 양분하면 완전경쟁시장과 불완전경쟁시장(독점, 과점, 독점적 경쟁)으로 분류할 수 있다. 이 장에서는 시장의 성공과 실패를 의미를 살펴보기 위해 완전경쟁시장에서는 시장의 성공에 대한 성과를 유추해 보고, 독점시장에서는 시장의 실패에 대한 결과를 유추해 보고자 한다.

1) 완전경쟁시장의 성립조건과 독점시장의 성립조건

완전경쟁시장(perfect competition market)의 성립조건은 다음과 같다.

① 각 경제주체는 가격수용자(price taker)이어야 한다. 개별적인 경제주체가 가격설정에 영향을 미칠 수 없을 정도로 참여자의 수가 많아야 한다. 독점력이 Zero라는 것을 의미하며, 개별기업이 직면하는 수요곡선은 수평선이 된다. 개별기업의

노력으로 아무리 많은 생산량을 늘리거나 줄인다 해도 시장가격은 전혀 영향받지 않는다는 것을 의미한다.

② 완전경쟁시장에 공급되는 모든 동종의 상품은 동질적이어야 하고, 수요자 입장에서 어느 공급자든 무차별하게 선택하여야 한다.

③ 완전경쟁시장에는 진입이탈의 장벽이 존재하지 않는다. 모든 경제적 자원들이 자유롭게 시장에 진입하고 이탈할 수 있고, 모든 경제주체들의 진입과 이탈도 자유로운 상태를 말한다.

④ 모든 경제주체들이 완전한 정보를 가지고 있어야 한다. 상품의 생산, 가격, 시장 등 상품과 관련된 모든 정보를 인지하고 있어 정보의 비대칭적인 현상을 일으키지 않아야 한다.

완전경쟁시장의 현실적 형대로는 농산물시장이나 증권시장 정도에서 엿볼 수 있는 상황이고 단기보다는 장기적인 측면에서 성립 가능성이 높은 것으로 평가한다. 경쟁자가 소수인 과점시장의 형태로는 자동차, 가전, 정유, 이동통신 시장 등에서 엿볼 수 있으며, 완전경쟁시장과 독점시장의 속성을 동시에 지니고 있는 독점적 경쟁시장(경쟁적이면서 차별화된 상품)의 형태로는 화장품, 탄산음료, 패션의류 시장 등에서 엿볼 수 있다.

독점시장이란 한 상품에 대한 시장 전체의 총 공급을 한 기업이 지배하는 시장이라 정의한다. 독점시장의 성립조건으로는 ① 독점기업은 가격설정자(price maker)여야 한다. 독점기업은 이윤을 극대화하기 위해 가격수준과 산출량을 탄력적으로 조정하는 힘, 즉 가격결정력을 가진다. 이것을 독점력(monopoly power)이라 한다. 독점기업이 직면하는 수요곡선은 급격하게 우하향하는 모양을 가진다. 독점기업이 산출량을 조절하여 시장가격을 마음대로 결정할 수 있다는 것을 의미한다. ② 독점시장에는 대체재가 존재하지 않으며, 진입장벽(entry barrier)이 높아 어떤 기업도 독점시장에 진입할 수 없다.

기업의 독점력은 주로 진입장벽에 의해 결정된다. 진입장벽이 구축되는 요인들은 다음과 같다.

① 정부가 직·간접적으로 민간경제에 개입함으로써 독점을 발생시킨다. 정부가 관장하는 허가나 특허제도는 진입장벽이 되어 독점시장을 형성한다. 또는 정부가 전매권을 행사하거나 특정기업에게 전매권을 부여하는 경우에도 진입장벽과 독점시장이 형성된다.

② 규모의 경제가 발생하는 비용체감산업의 경우에는 자연적으로 독점이 발생할 수 있다. 대규모의 고정자본을 필요로 하는 산업의 경우, 하나의 기업만이 본 산업에 참여한다 할지라도 현실적으로 최소효율규모(minimum efficient scale)수준에서 생산할 수 없기 때문이다. 따라서 비용체감산업의 경우에도 대규모의 고정자본을 투자할 수 있는 기업만이 이 시장에 진입할 수 있고 진입장벽과 독점시장이 형성될 수 있다.

③ 생산요소를 독점하는 경우에도 산출물시장을 독점할 수 있다. 생산요소에 대한 독점은 다른 기업의 진입을 차단하는 진입장벽으로 작용한다. 따라서 생산요소에 대한 독점력으로 산출물 시장에서도 독점력을 행사할 수 있게 된다.

④ 기업의 합병이나 통합을 통해서 진입장벽을 형성할 수 있다. 또한 새로운 생산기술의 개발은 다른 기업들에 대한 진입장벽이 된다. 따라서 합병이나 통합, 그리고 새로운 생산기술의 보유를 통해서 독점력을 행사할 수 있다.

2) 기업의 이윤극대화 조건

기업은 이윤극대화를 달성하기 위해 기술적으로 최대생산하는 생산함수, 비용측면에서 최소비용으로 생산하는 비용함수, 수입극대화와 비용극소화를 동시에 충족시키는 이윤함수를 충족해야 한다.

총비용과 산출량과의 관계를 $TC = TC(Q)$라 하고, 총수입과 산출량과의 관계를 $TR = TR(Q)$라 하자.

이윤함수란 산출량과 이윤과의 관계를 함수로 나타낸 수식이며 다음과 같다.

$$\pi(Q) = TR(Q) - TC(Q),\ \text{이윤}(\pi) = \text{총수입}(P \times Q) - \text{총비용}(AC \times Q)$$

이윤은 기업의 총수입에서 총비용을 뺀 값이며, 기업의 총수입(TR)은 상품의 가격(P)과 판매량(Q)을 곱한 값이고, 기업의 총비용(TC)은 평균비용(AC)과 산출량(Q)을 곱한 값이다.

이윤함수가 극댓값을 갖기 위해서는 이윤함수를 미분해서 극대화조건을 충족해야 한다. 이윤함수를 1차 미분해서 필요조건을 구하고, 2차 미분해서 충분조건을 구할 수 있다.

① 기업의 이윤이 극대화되기 위해서는 한계수입(MR)과 한계비용(MC)이 같아야 한다. 이 조건은 이윤함수가 극댓값을 갖기 위한 필요조건이다.

MR(한계수입)$=\dfrac{\Delta TR}{\Delta Q}$인데, 기업이 1단위 추가 생산할 때마다 발생하는 추가수입의 크기를 나타낸다. MC(한계비용)$=\dfrac{\Delta TC}{\Delta Q}$인데, 기업이 1단위 추가 생산할 때마다 추가로 발생하는 비용의 크기를 나타낸다. 기업은 1단위 생산해서 얻는 추가수입이 1단위 생산하는데 소요되는 추가비용보다 크다면 생산을 늘려야 하고, 그 반대라면 생산을 줄여야 한다. 한계수입과 한계비용이 같아지면 이윤은 극대화된다. 이런 원리를 수식으로 나타내면 다음과 같다.

$$\pi'(Q)=TR'(Q)-TC'(Q)=0$$

$TR'(Q)=MR$, $TC'(Q)=MC$이므로

$MR-MC=0$, 따라서 $MR=MC$의 조건이 충족되어야 한다.

② 기업의 이윤이 극대화되기 위해서는 한계비용곡선의 기울기가 한계수입곡선의 기울기보다 커야 한다. 이 조건은 이윤함수가 극댓값을 갖기 위한 충분조건이다. 1차 미분값이 0인 조건은 수학적으로 극치값(극대나 극소)을 갖는 조건이어서 극댓값을 갖는 조건을 충족해야 극솟값이 아닌 극댓값을 구할 수 있다. 이런 원리를 수식으로 나타내면 다음과 같다.

$$\frac{d^2\pi}{dQ^2}=TR''(Q)-TC''(Q)<0$$

$TR''(Q)=MR'$, $TC''(Q)=MC'$이다.

$MR'-MC'<0$, 따라서 $MR'<MC'$의 조건을 충족하여야 한다. 이것은 MC곡선의 기울기가 MR곡선의 기울기보다 커야 한다는 조건인데, MC곡선이 MR곡선을 아래에서 위로 교차하는 성질을 갖는다.

〈그림 6-4〉에서 기업의 이윤극대화 필요조건인 한계수입(MR)=한계비용(MC)을 충족하는 산출량수준은 Q_1과 Q_2로 나타난다. 산출량 수준 Q_1의 경우에는 이윤극대화의 필요조건(제1계조건)은 충족하나 충분조건(제2계조건)에는 위배된다. 한계수입곡선의 기울기가 한계비용곡선의 기울기보다 크다는 이유이다. 따라서 산

〈그림 6-4〉 기업의 이윤극대화 조건

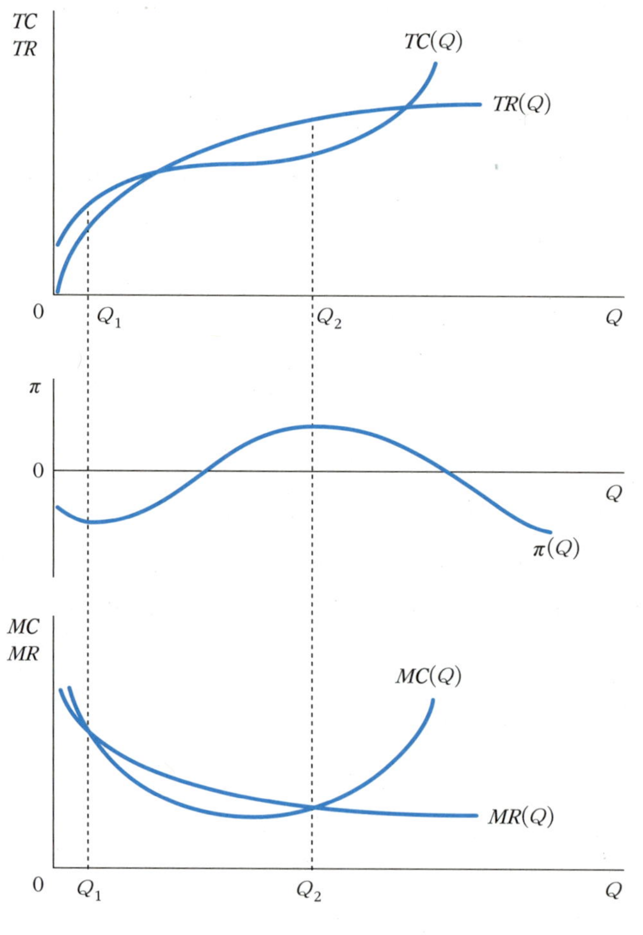

출량 Q_1수준에서는 이윤극대화가 달성되지 않는다는 것을 보여준다. 〈그림 6-4〉의 중간 그래프에서 이윤곡선을 보면 산출량 Q_1수준에서는 이윤이 음의 값을 가진다는 것을 알 수 있다. 산출량 Q_2수준의 경우에는 이윤곡선이 가장 높은 수준을 보여준다. 산출량 Q_2수준에서는 〈그림 6-4〉의 맨 아래 그래프에서 한계수입(MR)곡선과 한계비용(MC)곡선이 교차하고, 한계비용곡선이 한계수입곡선을 아래에서 위로 교차하는 형태를 보여준다. 산출량 Q_2수준에서 기업의 이윤극대화의 필요조건($MR=MC$)과 이윤극대화의 충분조건($MR'<MC'$)을 충족한다는 것을 확인할 수 있다.

3) 완전경쟁시장의 균형과 독점시장의 균형

〈그림 6-5〉는 완전경쟁시장의 단기균형과 독점시장의 단기균형을 비교하는 그래프이다. 완전경쟁시장의 단기균형점은 E'점이고 독점시장의 단기 균형점은 B점이다. 완전경쟁시장이든, 독점시장이든 기업은 기윤극대화를 충족하는 조건에서 생산량과 상품가격을 결정한다. 앞에서 살펴본 이윤극대화 원리에 따라 E'점은 완전경쟁시장의 이윤극대화 조건 $MR=MC$, MC곡선의 기울기가 MR곡선의 기울기보다 커야 한다는 조건을 모두 충족한다. 완전경쟁시장의 경우에는 수요곡선 D

〈그림 6-5〉 완전경쟁시장과 독점시장의 차이

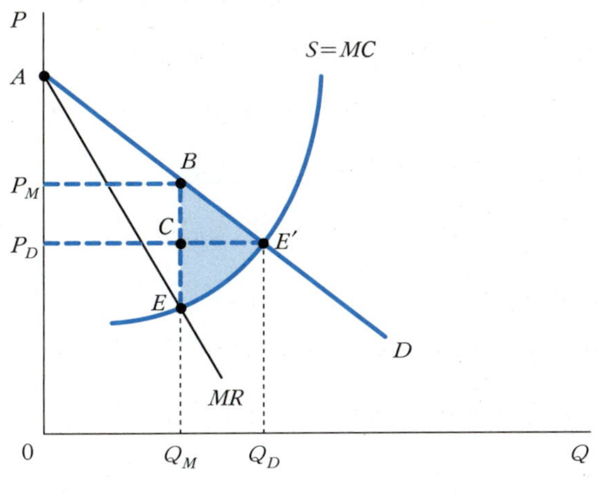

가 한계수입(MR)곡선이어서 한계수입곡선($D=MR$)과 한계비용곡선($S=MC$)이 교차하는 E'점에서 이윤극대화 조건이 충족되며, 가격은 E'점$=P_D$수준에서 결정되며, 생산량은 Q_D수준에서 결정된다. 때문이다. 독점시장의 경우, MR곡선과 MC곡선이 교차하는 E점에서 이윤극대화 조건이 충족되며, 가격은 수요곡선상의 B점$=P_M$수준에서 결정되고, 생산량은 Q_M수준에서 결정된다.

완전경쟁시장과 독점시장을 비교 평가하면 다음과 같다.

① 완전경쟁시장에는 경쟁압력이 매우 강하나 독점시장에는 경쟁압력이 전혀 존재하지 않는다. 따라서 완전경쟁시장의 기업들은 효율적인 생산을 하여야만 경쟁압력을 이겨내고 기업이 존립할 수 있다. 즉 경쟁의 효율화가 항상 내재하는 것이다. 독점기업의 경우에는 경쟁압력이 존재하지 않기 때문에 효율적인 생산방법보다는 진입장벽을 높게 만들어 경쟁압력을 차단하려는 유인이 존재한다. 일반적으로 완전경쟁시장에서는 경쟁적 효율성이 내재하는데 반해 독점시장은 비경쟁적 비효율성, 즉 일종의 X-비효율성(X-inefficiency)이 내재하는 것으로 알려져 있다. 실증연구에서 미국의 경우 X-비효율성은 총생산비의 약 5% 내외인 것으로 추정되고 있지만, 완전경쟁과 독점 중 어느 경우에 기술혁신이 더 촉진되는지에 대한 명확한 실증연구결과는 아직 없다는 점도 고려해야 한다.

② 단기균형에서 완전경쟁시장은 $P=MC$에서 균형이 성립하고, 독점시장은 $P>MC$에서 균형이 성립한다. 독점시장은 완전경쟁시장에 비해 가격은 높은 반면, 생산량은 완전경쟁시장에 비해 작아진다. 소비자입장에서 가격(P)은 한계효용을 의미하는데, 독점시장의 경우, 균형에서 가격이 한계비용보다 높다는($P>MC$) 것은 독점기업이 소비자의 효용을 일부 빼앗아간다는 것을 의미한다. 시장경제원리는 시장균형에서 살펴보았듯이 $P(MU=MB)=MC$가 성립할 때, 가장 효율적인 자원배분 조건을 충족하는 것이므로 독점시장의 균형점에서 $P>MC$가 성립한다는 것은 자원배분이 비효율적으로 이루어진다는 것을 의미한다.

③ 〈그림 6-5〉에서 산출량수준을 보면 완전경쟁시장은 Q_D수준에서, 독점시장은 Q_M수준에서 생산량을 결정한다. 두 시장 모두 이윤극대화 조건을 충족하는 산

출량 수준이다. 하지만 독점시장의 경우에는 완전경쟁시장에 비해 과소생산수준에 있다는 것을 알 수 있다.

④ 〈그림 6-5〉에서 완전경쟁시장의 소비자잉여는 $\triangle AP_DE'$이고, 독점시장의 소비자잉여는 $\triangle ABP_M$이다. 완전경쟁시장의 소비자잉여가 독점시장의 소비자잉여 보다 ▱P_MBP_DE'만큼 더 크다. 직사각형 P_MP_DBC만큼의 소비자잉여가 생산자잉여로 변환되고, $\triangle BCE'$만큼의 소비자잉여는 사회적으로 손실되었다. 이것은 독점으로 인해 잃어버린 사회적 후생의 크기를 나타내고, 사중적 손실(deadweight loss)이란 개념으로 측정한다.

⑤ 〈그림 6-5〉을 살펴보면 독점시장은 완전경쟁시장에 비해 $\triangle CEE'$만큼의 생산자잉여와 BCE'만큼의 소비자잉여가 줄어든다는 것을 알 수 있다. 독점으로 인한 비효율이 $\triangle CEE'$만큼의 생산자잉여와 BCE'만큼의 소비자잉여의 크기를 합한 $\triangle BEE'$만큼의 사회적 후생 손실을 발생시킨 것이다.

⑥ 독점은 생산품의 종류가 1가지일 가능성이 높으므로 소비자의 선택의 자유가 제한된다. 따라서 소비자의 후생이 감소할 수 있다.

⑦ 독점으로 인해 경제력이 집중될 수 있고 경제력 집중으로 인한 정경유착의 문제도 발생할 수 있다.

독점시장은 효율성 측면에서 비효율을 만들어 낼 뿐만 아니라 분배측면에서 공평성을 악화시킬 수 있다. 생산자의 소득계층이 소비자의 그것보다 높은 계층에 있는 경우, 독점으로 인한 소비자잉여의 일부가 생산자잉여로 전환되어 소득분배를 악화시킬 수 있다. 또한 세계적인 부호들이 소유하고 있는 재산형성의 상당부분이 독점이윤과의 관련성을 검증한 연구결과들도 설득력을 높여 준다.

한편, 독점시장은 경쟁시장보다 오히려 효율적일 수 있다는 주장도 제기되는데, 그 내용은 다음과 같다.

① 시장규모가 협소하거나 경제개발이 초기단계인 상황에서는 경쟁시장보다 오히려 독점시장이 유용하다는 주장이다.

② 독점이윤이 기업들의 기술혁신을 자극할 수 있고, 독점이윤의 축적은 기술개

발의 자원으로 재투자될 수 있다는 주장이다. 기술개발은 규모의 경제보다는 시장 지배력에 의해 더욱 촉진된다는 실증연구들이 많다.

③ 규모의 경제가 발생하는 비용체감산업의 경우에는 독점은 오히려 비용을 최소화하는 데 도움을 준다.

4. 시장의 실패와 정부의 개입

앞 절에서 완전경쟁시장이 균형에 있을 때 자원을 효율적으로 배분하는 원리에 대해 설명하였다. 하지만 현실경제에서 모든 시장이 완전경쟁균형 상태에 있지 않을뿐더러, 설사 모든 시장이 완전경쟁상태에 있다 하더라도 자원배분의 효율성을 달성하지 못하는 경우가 발생한다. 이처럼 시장경제에서 나타나는 비효율성의 문제를 시장의 실패라 정의하는데, 시장의 실패에는 완전경쟁균형 상태에 이르지 못한 비효율성의 문제에서 발생하는 시장의 실패가 있고, 시장이 완전경쟁이더라도 외부성 때문에 발생하는 시장실패가 있다. 여기서는 시장실패를 일으키는 원인을 살펴보고 시장실패로 나타나는 정부의 개입에 대해 살펴보도록 한다.

1) 독점과 자연독점

완전경쟁시장과 독점시장을 비교하면서 우리는 이미 독점시장은 가격이 한계비용보다 높은 수준($P>MC$)에 있고, 완전경쟁시장보다 과소생산이 이루어지며, 자중적 손실(deadweighted loss)을 발생시킨다는 내용을 학습한 바 있다. 따라서 독점시장이 존재하면 시장경제가 비효율성을 갖게 되어 시장이 실패한다는 논리인데, 자연독점의 경우에도 독점처럼 한계비용보다 높은 시장가격으로 인해 효율적인 자원배분을 왜곡시키게 된다. 독점과 자연독점은 시장을 실패하게 하는 하나의 원인이 된다.

자연독점(natural monopoly)은 자연적 요인, 즉 기술적인 비용체감현상(규모의 경제)에 의해 발생하는 시장실패이다. 〈그림 6-6〉에서 *LAC*(장기평균비용)곡선의 우하향하는 구간에서는 비용체감현상이 나타나는데, 이 구간에서 발생하는 산업을 비용체감산업(decreasing cost industry) 또는 규모의 경제(economy to scale)라 한다. 장기평균비용곡선이 우하향하는 영역에 있는 산업을 비용체감산업이라 하고, 이런 비용체감산업은 생산기술의 특성상 재화 생산량이 증가할 때 단위당 평균비용(Average cost)이 지속적으로 감소하는 특성을 가지며, 현실적으로 전기, 전화, 수도사업 등이 비용체감산업에 포함된다. 이와 같이 초기 투하비용이 많이 소요되어 생산량의 증가가 비용하락을 가져오는 경우 시장에 가장 먼저 진입한 기업이 생산비용측면에서 가장 유리한 위치를 점하게 된다. 따라서 시장에 자원배분을 맡겨두면 가장 먼저 진입한 기업이 자연스럽게 독점화될 수밖에 없어 이를 자연독점이라 한다. 비용체감산업의 경우에는 초기의 투자 자본비용이 막대하여 경쟁이 불가능하고, 독점상태라 할지라도 〈그림 6-6〉에서 보는 것처럼 장기평균비용곡선의 최저점 $LAC=LMC$(최적생산규모)보다 적은 생산규모 Q_E에서 산출량을 결정하게 된다. 생산규모 Q_E에서는 기업의 총생산비용은 평균비용(LAC)을 Q_E와 곱하므로 생산물의 가격은 F점($LAC=P$)인 P_F수준에서 결정되어야 손실을 면할 수 있다.

따라서 비용체감산업의 경우, 손실을 보지 않으려면 가격수준은 F점($LAC=P$)인 P_F에서 결정되어야 하는데, 이 수준의 가격은 $MC=P_E$조건을 충족하지 못한다는

〈그림 6-6〉 비용체감산업과 자연독점

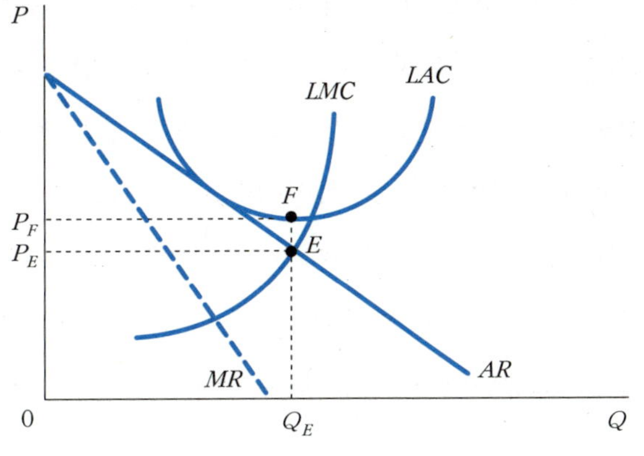

데서 문제가 발생한다. 시장에서 자원을 효율적으로 배분하기 위해서는 시장가격이 한계비용($P=MC$)과 같아야 한다는 조건을 충족해야 한다. 그런데 비용체감산업의 경우, Q_E생산수준에서 소요되는 한계비용(MC)은 E점에 있으므로 시장의 효율성 조건을 충족하려면 가격을 E점(P_E)에서 받아야 한다. 효율성을 유지하기 위해 E점(P_E)가격을 받게 되는 경우, 이 기업은 단위당 $E-F(P_E-P_F)$의 가격 차이만큼 손실을 감수해야 한다. 따라서 이 기업의 총손실액은 직사각형 P_FP_EEF 규모가 된다.

결론적으로 비용체감산업의 경우, 시장의 효율성 가격수준을 유지하기 위해 사각형 P_FP_EEF 규모의 손실을 부담해야 한다면 현실적으로 비용체감산업은 유지될 수 없을 것이다. 이런 상황에서는 전기, 전화, 수도가 공급될 수 없기 때문에 시장은 실패하는 것이다.

자연독점으로 인한 시장실패를 조정하기 위해 정부가 개입하는 수단은 다음과 같다. ① 비용체감산업을 국영기업으로 운영할 수 있다. ② 정부가 P_F수준으로 가격을 관리할 수 있다. ③ 이부가격제(two part tariff)나 최대부하가격제(peak load princing)를 운영할 수 있다. ④ 정부가 보조금(subsidy)으로 손실을 보전해 줄 수 있다.

2) 공공재의 부족

시장이 완전경쟁이라 하더라도 공공재는 그 재화가 갖는 특성으로 인해 적정수준을 공급하는데 실패하게 된다. 사적재(private goods)와 공공재(public goods)는 비배제성(non-excludability)과 비경합성(non-rivalry)이라는 특성에 의해 구분한다. 사적재는 배제성과 경합성이 강한 재화를 말하는데, 배제성은 대가를 지불하지 않으면 사용할 수 없는 특성을 의미하고, 경합성이란 어떤 재화를 소비하면 또 생산해야 다른 사람도 그 재화를 소비할 수 있는 특성을 의미한다.

공공재는 어떤 경제주체에 의해 생산되는 즉시 모든 사회구성원들이 공동으로 소비할 수 있는 재화라고 정의한다. 공공재는 비배제성(non-excludability)으로 인해 공중화장실처럼 대가를 지불하지 않아도 사용이 배재되지 않으며, 또한 비경합성(non-rivalry)으로 인해 도로처럼 어떤 사람이 사용해도 추가 생산없이 다른 사람이 또 사용할 수 있는 성질을 갖고 있다. 예를 들면 컵라면은 돈을 지불한 사람만 컵라면을 먹을 수 있는 성질을 배제성이라 하고, 컵라면은 어느 누군가가 먹어버리면 다른 사람이 먹기 위해서는 컵라면을 추가로 생산해야 하는 성질을 경합성이라 한다. 무료도로의 경우에는 돈을 내지 않은 사람도 이용할 수 있고, 도로를 추가로 생산하지 않아도 그 도로를 다른 사람이 이용할 수 있다는 차이점에서 컵라면은 사적재이고 도로는 공공재가 된다. 공공재의 비배제성이나 비경합성으로 인해 공공재의 경우, 시장에서 충분한 공급이 이루어질 수 없다. 특히 비경합성은 공공재의 한계비용(MC)이 0이라는 것을 의미하는데, 시장이 자원을 효율적으로 배분하려면 가격은 한계비용($P=MC$)과 같아야 한다는 조건을 적용하면 공공재는 시장에서 가격없이 거래되어야 한다는 것을 의미한다. 따라서 시장은 공공재 부족으로 실패하게 되고 그 원인을 정리하면 다음과 같다.

① 공공재는 비배제성, 즉 대가를 지불하지 않은 자를 배제할 수 없는 특성 때문에 공공재에 대한 무임승차자(Free rider)문제가 발생할 수 있다. 국방, 치안, 소방 같은 공공재의 경우, 대가를 지불하지 않은 자로부터 공공서비스의 이용을 배제시키기 어렵다.

② 공공재는 비경합성, 즉 한번 생산되면 즉시 모든 사회구성원들이 공동소비할 수 있는 결합소비의 특성을 갖고 있다. 따라서 추가수요가 발생하더라도 추가생산없이 추가소비가 가능하다. 이 같은 공공재의 특성으로 인해 공공재의 효율적인 가격은 0이 된다. 한계비용이 0이기 때문이다.

③ ①의 공공재 특성으로 인해 시장에서 공공재에 대한 수요가 있는 그대로 표출되지 않는다. 이 같은 왜곡된 수요를 의사수요(pseudo-demand)라 한다. ②의 공공재 특성으로 인해 공공재는 시장에서 충분히 공급될 수 없다. 따라서 정부는 공급재를 직접 공급하는 방식으로 시장에 개입하여 시장실패를 조정한다.

3) 외부성의 문제

외부성이 발생하면 한계비용이나 한계편익에 의해 결정되는 시장균형가격에 비용이나 편익이 제대로 반영될 수 없게 된다. 시장가격은 소비자 입장에서는 한계편익(효용)을 반영하고 생산자 입장에서는 한계비용을 반영함으로써 자원배분을 위한 효율적 매개변수가 된다. 그런데 외부성이 발생하는 경우, 한계비용이나 한계편익이 과소평가되거나 과대평가되어 시장을 교란하는 현상을 시장의 실패라 한다.

어떤 경제주체의 행동이 제3자에게 의도하지 않은 이익이나 손실을 발생시키고, 그 이익이나 손실에 대한 대가를 시장을 통하여 지불하거나 지불받지 못하는 현상을 외부성(externality)이라 한다. 외부성은 생산과정이나 소비과정에서 발생한 편익이나 비용이 시장가격에 모두 반영되지 않고 생산수준이 결정되기 때문에 과대생산이나 과소생산의 문제를 만들어 낸다. 시장구조가 완전경쟁이더라도 외부성이 발생하면 시장가격이 제기능을 수행하지 못하기 때문에 시장은 실패하게 된다.

외부성은 외부경제(external economy)와 외부불경제(external diseconomy)로 나눌 수 있고, 외부경제란 이익의 발생에서 비롯되고 외부불경제란 손실의 발생에서 비롯된다.

(1) 외부경제와 시장실패

외부경제(external economy)는 어떤 경제주체의 경제행위가 제3자에게 의도하지 않은 이익(효용)을 발생시켰는데, 시장을 통해 보상되지 않는 상태로 정의한다. 외부경제가 발생하면 사적비용(private cost)은 사회적 비용(social cost)보다 높아지게 되고, 과소생산의 문제가 발생한다.

외부경제로 인한 시장실패의 사례로는 예방주사를 들 수 있는데, 경제이론적으로 과소공급의 문제이고, 사적비용이 사회적 비용보다 높아서 발생한다. 정부는 보건소를 통해 예방주사를 공급함으로써 과소생산의 문제를 해결하려는 이유이다.

〈그림 6-7〉의 *E*점은 외부경제가 발생했을 때의 시장균형점을 나타낸다. *E*점은

〈그림 6 - 7〉 외부경제와 과소생산

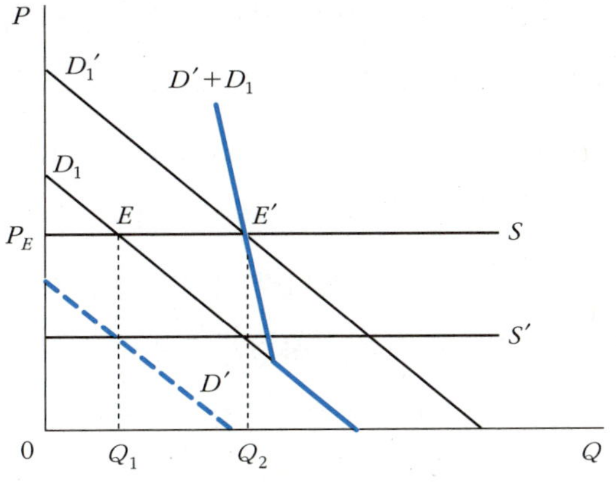

점선으로 표시된 D'만큼의 이익=효용을 반영하지 못한 시장수요곡선 D_1에 의해서 만들어진 시장균형이다. 시장수요곡선은 한계효용(한계편익)을 의미하므로 제3자에게 발생한 이익=효용을 반영하지 못했다면 효용을 과소평가한 수요곡선이라 할 수 있다.

따라서 외부경제를 반영하지 못한 시장균형 E점에서 생산은 Q_1수준만큼 결정된다. 그런데 외부경제, D'만큼(제3자에게 발생한 이익=효용)을 수요곡선에 D_1에 반영하면, 수요곡선은 D_1의 형태에서 D_1+D'의 형태로 변하게 된다. 따라서 외부경제가 반영된 새로운 시장균형은 E'에서 성립하고, 최적 생산수준은 Q_2에서 결정된다. 외부경제로 인해 시장균형은 $E'-E$만큼 왜곡된 것이고 생산수준은 Q_2-Q_1만큼 최적수준에 비해 과소생산이 이루어졌음을 알 수 있다.

시장균형을 최적수준인 균형점 E'(생산수준 Q_2)로 조정하려면 정부는 사적비용이 사회적 비용과 일치되도록 사적비용을 줄이는 정책을 펼쳐야 한다. 정부의 정책 수단으로는 ① 정부는 수요보조금을 지급하여 수요곡선을 D_1에서 D_1'로 상방이동시킬 수 있다. ② 정부는 공급보조금을 지급하여 공급곡선을 S에서 S'로 하방이동시킬 수 있다.

(2) 외부불경제와 시장실패

외부불경제(external diseconomy)는 어떤 경제주체의 경제행위가 제3자에게 의도하지 않은 손실(비용)을 발생시키고, 시장을 통해 배상하지 되지 않은 상태로 정의한다. 외부경제불경가 발생하면 사적비용(private cost)은 사회적 비용(social cost)보다 작아지게 되고, 과대생산의 문제가 발생한다. 어떤 경제주체의 행위과정에서 발생한 비용을 자신이 부담하는 것이 아니라 사회가 부담하게 되어 사적비용이 사회적 비용보다 작아지기 때문이다. 외부불경제로 인한 시장실패 사례로는 환경오염문제를 들 수 있는데, 환경문제는 경제이론적으로 과대생산의 문제이고, 사회적 비용이 사적비용보다 높아서 발생하는 문제이다. 정부는 환경규제나 환경세를 부과하여 과대생산을 줄이려고 노력하는 이유이다.

〈그림 6-8〉의 E점은 외부불경제가 발생했을 때의 시장균형점을 나타낸다. E점은 S'만큼의 외부불경제(손실=비용)를 시장공급곡선 S_1에 반영하지 못한 상태에서 만들어진 시장균형이어서 최적생산은 Q_1수준에서 결정된다. 그런데 외부불경제, S'만큼을 시장공급곡선(S_1)에 반영하면 시장공급곡선은 S1의 형태에서 $S'+S_1$의 형태로 변하게 된다. 외부불경제가 반영된 최적균형점은 E'가 되고 최적생산수준은 Q_2가 된다.

〈그림 6-8〉 외부불경제와 과대생산

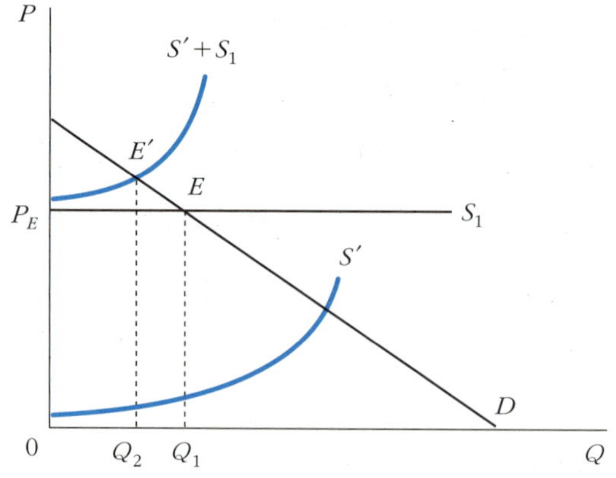

따라서 외부불경제로 인해 시장균형은 $E' - E$만큼 왜곡된 것이고, 생산수준은 Q_2에서 Q_1만큼 과대생산이 이루어졌음을 알 수 있다.

시장균형을 최적수준인 균형점 E'로 조정하려면 정부는 사적 비용과 사회적 비용이 일치되도록 사적 비용을 높여주는 정책을 펼쳐야 한다. 정부의 정책수단으로는 ① 법률로 직접 규제하여 생산수준을 최적수준으로 줄일 수 있다. ② 배출부과금(effluent fee)이나 공해세(Pigouvian tax)를 부과하여 간접적으로 생산수준을 최적수준으로 줄일 수 있다. ③ 환경에 소유권을 부여하는 외부성의 내부화방식으로 생산수준을 최적수준으로 줄일 수 있다.

4) 정보의 비대칭성과 시장의 실패

완전경쟁시장은 모든 경제주체가 완전한 정보(perfect information)하에서 합리적 선택을 하고 있으며, 정보비용이나 정보의 불균형도 발생하지 않는다고 가정한다, 하지만 현실경제에서는 정보부족에 따른 불확실성과 위험(uncertainty and risk), 그리고 정보의 불균형으로 인한 비효율의 문제들이 발생하고 있다. 소비자의 선호와 생산기술, 그리고 경제주체들의 예상 등에 불확실성이 발생하면 시장가격은 종잡을 수 없이 요동치고 효율적인 자원배분을 위한 한계비용수준의 가격설정을 왜곡할 수 있다. 현실경제에서 불확실성이 존재하는 상황에서 만약 모든 위험을 커버할 수 있는 완벽한 보험시장이 존재한다면 정보부족으로 인한 시장실패는 발생하지 않을 수 있다. 하지만 현실경제에서 완벽한 보험시장은 존재기 어려울 뿐만 아니라 보험시장 내에서도 정보의 비대칭문제가 발생한다.

시장에서 정보가 불완전하게 되면, 즉 정보의 비대칭(asymmetric information)으로 인한 도덕적 해이(moral hazard)와 역선택(adverse selection)의 문제가 발생한다. 정보의 비대칭성은 경제적인 이해관계가 있는 경제 주체들 간에 갖고 있는 정보의 불균형을 의미한다. 정보의 비대칭성은 감추어진 특성(hidden characteristic)이나 감추어진 행동(hidden action)을 추동하고, 도덕적 해이나 역선택의 원인을 제공한다.

도덕적 해이는 정보가 비대칭인 경우, 정보가 충분한 경제주체가 정보가 부족한 경제주체에게 바람직하지 않은 행동(숨겨진 행동)으로 자신의 효용을 극대화할 때 발생한다. 예를 들면, 도덕적 해이는 본인이 대리인의 행동을 완전히 관찰할 수 없을 때(정보의 부족), 대리인이 본인을 위해 최선을 다하기보다는 자신의 효용을 극대화하는 과정에서 발생하고, 이런 문제를 본인-대리인의 문제(principal-agent problem)라고도 한다. 역선택은 정보가 비대칭인 경우 정보가 부족한 경제주체가 부족한 정보로 인해 불리한 상대방(숨겨진 특성)과 거래할 가능성이 높아지는 현상을 말한다. 예를 들면 중고차시장에서 구매자는 판매자보다 정보가 부족하여 겉은 깔끔하지만 차의 성능이 좋지 않은 자동차를 선택하는 개살구시장(lemon market), 자동차보험시장에서 보험회사는 보험가입자에 대한 정보가 부족하여 사고를 낼 가능성이 높은(숨겨진 행동) 운전자를 보험에 가입자로 선택하는 현상을 역선택이라 한다.

따라서 도덕적 해이나 역선택 문제는 시장에서 시장거래 규모를 축소시키거나 아예 거래 자체를 방해하는 요인으로 작용할 수 있고, 이런 현상들은 원활하고 효율적인 시장의 자원배분 기능을 왜곡함으로써 시장실패의 원인을 제공한다.

정보의 불완전으로 인한 시장실패를 조정할 수 있는 정부의 정책으로는 ① 완전한 조건부상품시장을 갖추어 불확실성을 제거하는 방법, ② 정부가 정보비용을 제공하거나 완전한 정보를 제공하여 불확실성을 제거하는 방법 등을 활용할 수 있다.

역선택의 경우에는 선별(screening)과 신호보내기(signalling)로 활용하여 정보의 비대칭성문제를 해결할 수 있다. 선별이란 보험회사가 사고확률이 높은 보험가입대상에게 더 높은 보험요율을 적용한다든지, 금융기관이 신용도가 낮은 채무자에게 높은 이자율을 부과하는 방식을 예로 들 수 있다. 신호보내기란 자격증을 취득한다든지, 품질보증서를 발행한다든지 상대에게 적극적으로 정보를 알리는 방식으로 정보의 불균형을 해소하는 방법으로 문제를 해결할 수 있다. 또한 소비자가 상품을 사용해보고 마음에 들지 않으면 현금으로 반환한다든지, 상품에 문제가 발생하면 모두 해결해 준다는 조건으로 계약을 체결해서 해결하는 방법과 어떤 상품에 대한 평판이 좋으면 이익을 발생시키는 평판지대(reputation rent)를 작동시켜 해결하는 방법도 있다.

도덕적 해이의 경우에는 감시나 담보설정 등으로 정보의 비대칭성문제를 해결할 수 있다. 감시는 금융기관이 채무자(기업)의 행동을 주기적으로 모니터링하는 방식을 말하며, 담보설정은 금융기관이 채무자에게 담보를 부담하게 하여, 대출받은 자금을 위험이 높은 곳에 투자하지 못하도록 견제하는 방식을 말한다. 주인-대리인문제에 대한 해결방안으로는 기업이 사원에게 주식옵션이나 성과금 등을 제공함으로써 정보의 비대칭성 문제를 해결할 수 있다. 주식옵션이나 성과금은 유인설계의 일종으로 주인의 이익이 대리인의 이익과 연계시킴으로써 도덕적 해이를 방지할 수 있다. 또한 효율임금제나 팀생산체제를 활용하여 근로자의 도덕적 해이를 해결할 수 있다.

또한 승자의 불행(winner's curse)이라는 비효율의 문제도 발생시킨다. 승자의 저주는 비대칭적 정보로 인해 경쟁과정에서 승자가 지불한 승리비용이 너무 높아 승자가 실질적으로는 손실을 입는 현상을 말한다. 예를 들면, 가격을 정확히 가늠하기 어려운 도자기를 놓고 경매를 벌인다 하자. 경매에 참가한 구매자는 점점 경쟁자가 늘어나는 것을 보고 원래 생각했던 가격보다 더 높은 가격을 불러 도자기를 취득하는데 성공했다 하자. 그런데 실제 물건의 가치가 구매자가 지불한 금액보다 낮은 것으로 평가되면 구매자는 경쟁에서 승리하고 손해를 입는 상황을 승자의 저주라 한다.

연 습 문 제

1. 시장경제의 순환과 시장경제가 효율적인 자원배분을 달성하는 원리에 대해 설명하라.

2. 시장균형에서 나타나는 가격과 수량의 최적수준을 설명하라.

3. 시장균형의 안정성을 가격중심으로 설명하라.

4. 시장균형의 안정성을 수량중심으로 설명하라.

5. 시장균형에서 극대화되는 사회적 후생의 조건과 원리를 설명하라.

6. 완전경쟁시장의 성립조건을 설명하라.

7. 독점시장의 성립조건을 설명하라.

8. 완전경쟁시장에서 기업이 직면하는 수요곡선과 독점시장에서 기업이 직면하는 수요곡선의 차이점을 그래프를 그려 설명하라.

9. 진입장벽을 구축하는 요인들에 대해 설명하라.

10. 완전경쟁시장, 독점시장, 독점적 경쟁시장, 과점시장의 특징을 비교·설명하라.

11. 기업의 이윤극대화조건을 수식과 그래프를 그려 설명하라.

12. 완전경쟁시장의 단기균형과 독점시장의 단기균형을 그래프를 그려 비교·설명하라.

13. X비효율성(X-inefficiency)을 설명하라.

14. 효율적인 자원배분의 조건으로 가격(P)과 한계비용(MC)이 같아야 하는 이유를 설명하라.

15. 독점시장이 완전경쟁시장에 비해 효율성 측면뿐만 아니라 공평성 측면에서도 부정적인 결과를 만들 수 있는 이유를 설명하라.

16. 독점시장이 완전경쟁 시장에 비해 효율적일 수 있다는 논리에 대해 설명하라.

17. 독점이나 자연독점이 시장실패의 요인이 되는 이유를 설명하라.

18. 공공재가 시장에서 충분히 공급되지 못하는 이유를 설명하라.

19. 외부성의 개념을 설명하고 외부경제와 외부불경제를 비교·설명하라.

20. 외부경제가 발생하면 과소생산이 발생하고, 그로 인해 시장의 실패 현상이 나타나는 이유를 설명하라.

21. 사적 비용(private cost)과 사회적 비용(social cost)의 개념을 설명하고, 두 비용이 서로 다를 경우, 외부성(externality)이 발생하는 원리를 설명하라.

22. 외부불경제가 발생하면 과대생산이 발생하고, 그로 인해 시장의 실패 현상이 나타나는 이유를 설명하라.

23. 정보의 비대칭으로 발생하는 도덕적 해이(morale hazard)를 설명하라.

24. 정보의 비대칭으로 발생하는 역선택(adverse selection)을 설명하라.

25. 정보의 비대칭으로 발생하는 본인 – 대리인문제(principle-agent problem)를 설명하라.

26. 정보의 비대칭으로 발생하는 개살구시장(lemon market)이 시장실패의 원인이 되는 이유를 설명하라.

27. 정보의 비대칭으로 발생하는 경매시장에서의 승자의 불행(winner's curse)의 비효율성을 설명하라.

28. 도덕적 해이나 역선택의 문제를 해결하기 위한 대책에 대해 설명하라.

Chapter 07

정부경제와 공공선택

1. 정부의 개념과 역할
2. 공공재와 공유자원의 비극
3. 정부의 실패
4. 정부의 규제와 규제의 역설
5. 정부와 조세
6. 재분배 정책과 빈곤선
7. 합리적인 공공선택

1. 정부의 개념과 역할

우리는 앞에서 시장경제의 성공과 실패에 대해 살펴보았다. 시장경제는 효율성 측면에서 어떤 경제체제보다 강력하지만, 그 효율성 측면에서조차 약점을 가지고 있다. 무엇보다 시장경제의 약점은 공평성 측면에 있으며, 환경문제를 비롯한 다양한 사회문제를 해결하는 데 취약하다. 역사적으로는 시장의 실패를 보완하기 위해 정부가 필요하게 되었지만, 정부 또한 문제를 만들어 내는 정부의 실패에 직면하게 된다. 정부는 시장의 실패를 보완하는 수단으로 시장에 개입하고, 시장은 정부의 실패를 해결하는 방책으로 정부의 역할을 시장기능으로 대체시킨다. 우리는 현실적으로 혼합경제에서 살고 있다. 혼합경제란 시장경제를 바탕으로 시장의 실패를 정부가 보완하는 경세시스템을 말한다. 정부경제는 공공경제를 의미한다. 공공경제는 국민을 대변하는 정치인, 관료집단에 의해 강제적이고 집단적인 의사결정과정, 즉 정치적 과정으로 만들어지는 공공선택에 의해 작동한다.

1) 정부의 개념과 본질적 의미

시장경제와 공공경제는 다음과 같은 특성에 의해 구분된다. ① 정부는 국민이 직접 선출한 사람(정치인)이나 선출된 사람에 의해 임명된 사람들(관료)에 의해 운영되는 집단적 성격을 가진다. ② 정부는 국민들(시장)에 대해 강제성을 가진다. 납세나 국방은 자유로운 선택이 아닌 국민으로서의 기본적인 의무이고 정부에 의해 강제된다. ③ 정부에 의해 생산된 재화나 서비스는 주로 비시장배분(non-market rationing) 방식에 의해 국민들에게 배분되는 특징을 가진다. 국방, 경찰, 소방서비스는 시장에서 공급되는 상품과는 다르게 대가 없이 누구나 이용할 수 있다. 또한 보조금이나 이전지출은 대가 없이 배분되고 지출된다.

정부의 본질적 의미는 다음과 같은 2가지 관점에서 찾을 수 있다.

① 정부가 존재하는 본질적 의미를 유기체적 관점에서 찾을 수 있다. 사회 전체를 하나의 유기체로 인식하고 정부는 그 유기체의 심장부로 이해하는 관점이다.

정부(공적영역)가 개인(사적영역)보다 우월한 존재라는 인식에서 출발한다. 개인의 자유나 권리를 보장하기 위해 정부가 필요하다는 인식이 지배한다. 적극적인 정부의 개입주의(큰 정부)나 전체주의에 대한 논리적 근거로 사용된다. ② 정부가 존재하는 본질적 의미를 기계론적 관점에서 찾을 수 있다. 사회 전체를 하나의 기계적인 존재로 인식하고 정부는 개인의 목표달성을 돕기 위해 고안된 하나의 기제(mechanism)로서 이해하는 관점이다. 정부는 개인의 자유를 최대한 보장하기 위한 하나의 수단이나 장치로 인식된다. 따라서 최소한의 정부(자유방임주의)내지는 자유주의, 무정부주의에 대한 논리적 근거로 사용된다.

2) 정부의 역할과 기능

혼합경제에서 정부가 존재하는 논리적 근거는 시장실패에서 비롯된다. 정부는 시장이 실패하는 경우, 직접규제방식이나 간접규제 방식을 통해 시장경제의 운용을 통제하거나 방향을 조정하여 시장경제를 보완한다. 또한 정부는 시장경제가 원활하게 작동할 수 있는 규칙을 만들고, 자신이 직접 경기자가 되기도 하며, 원활한 경기진행을 위한 심판이 되기도 한다. 정부는 시장에서 벌어지는 경쟁이라는 게임규칙(재산권의 확립 등)을 마련하고, 그 규칙에 대한 준수 여부를 감시하거나 분쟁을 해소하는 심판자 역할을 수행할 뿐만 아니라 정부도 하나의 경기자로서 생산과 소비에 직접 참여하기도 한다.

정부는 다음과 같은 기능을 수행한다.

① 자원배분(allocation)의 효율성(efficiency)을 촉진시킨다. 시장이 실패하는 부분을 보완하거나 조정하는 역할을 수행한다. ② 소득재분배(redistribution)를 통해 공평성(equity)을 강화한다. 누진적인 조세제도나 사회보장제도를 통하여 시장에서의 소득분배를 공평하게 재조정한다. ③ 경제안정화(stabilization)를 달성한다. 시장에서 초과수요(shortage)나 초과공급(surplus)이 발생하는 경우(인플레이션이나 실업) 총수요나 총공급을 관리함으로써 경제를 안정화시킨다. ④ 경제가 지속적으로 성장(growth)할 수 있도록 경제의 성장동력을 창출하는 데 기여한다. 투자와 기술개발,

새로운 일자리의 창출 및 혁신을 촉진하는 정책을 수행한다. ⑤ 경제의 성장과 발달이 삶의 질을 개선하도록 유인하고 조정한다. 인적 물적자원의 개발, 쾌적한 환경, 범죄 없는 안전한 사회, 행복지수가 높은 경제사회를 위한 정책을 수행한다.

2. 공공재와 공유자원의 비극

1) 공공재와 가치재, 그리고 정보재

(1) 공공재

재화는 공공재(public goods)와 사용재(private goods)로 구분할 수 있다. 일반적으로 공공재는 시장(기업)이 아닌 정부(공경제)에서 공급된다. 그렇다고 해서 정부가 공급해서 공공재로 정의하는 것은 아니다. 시장(기업)에 의해서 공급되는 공공재도 존재한다. 예를 들면 개인이 소유한 미술관이나 박물관을 일반에게 무료로 개방할 수 있다. 공공재와 사적재는 공급의 주체가 누구냐가 결정하는 것이 아니라 그 재화가 가진 특성, 즉 비배제성과 비경합성에 의해 구분된다. 공공재의 경제학적 정의는 어떤 사람을 위해 또는 어떤 사람에 의해 생산되는 즉시 그 집단의 모든 구성원이 함께 소비할 수 있는 재화나 서비스라 규정한다. 공공재는 공급과 함께 무상배분이며, 공동소비(joint consumption)가 이루어진다. 공공재의 부족으로 인한 시장실패는 이미 다루었기 때문에 여기서는 생략한다.

(2) 가치재와 비가치재

정부는 사용재의 성격을 갖고 있는 재화를 공급하기도 하는데, 이런 성격의 재화를 가치재(merit goods)라 부른다. 다른 한편으로는 정부는 시장에서 공급되는 특정한 성격의 재화에 대해서는 공급을 제한하는데, 이런 성격의 재화를 비가치재(demerit goods)라 부른다. 가치재(merit goods)는 개인들이 일정수준까지 소비하는 것이 바람직하나, 개인들의 자발적인 선택에 의해서는 과소생산·소비되는 재화 및 서비스의 특성을 갖는다. 또한 가치재는 많아질수록 사람들을 이롭게 하는 재화이므로 정부가 나서서 공급을 확대하거나 장려하는 것이고, 예를 든다면 교육서비스, 의료서비스, 운동서비스, 공공주택서비스 같은 재화들이다. 비가치재는 많아질수록 사람들을 해롭게 하는 재화이므로 정부는 적극적으로 공급을 제한하고 있는데, 예를 든다면 사치품, 술, 마약, 도박, 담배, 매춘 같은 재화들이다.

(3) 정보재

정부는 소득격차의 축소, 글로벌 경제민주화의 촉진, 환경적으로 지속가능한 경제사회를 위해 정보재산업을 지원하기도 한다. 정보재(information goods)는 비트 형태로 운송, 저장 가능한 재화인데, 예를 들면 책, 영화, 음악, 기술, 소프트웨어, 음성통신, 데이터 서비스 같은 디지털 상품을 말한다. 정보재와 IOT기술이 접목되어 정보재 산업이 만들어지는데, 초기비용이 막대하여 생태계구축이 어려움으로 정부가 초기 자본을 지원하는 특성을 가진다. 따라서 정보재 산업은 자연독점처럼 경쟁체제가 성립하기 어렵다. 하지만 정보재 산업은 초기비용은 막대하지만 추가생산비용(한계비용)은 거의 제로수준이어서 많은 사람들을 이롭게 한다. 컵라면은 어떤 사람이 소비하면 사라지므로 다른 사람이 소비하려면 컵라면을 추가생산해야 하므로 양의 한계비용이 발생한다. 하지만 음악의 경우에는 어떤 사람이 소비한다고 해서 사라지지 않으므로 추가생산 없이 다른 사람(무한대)들이 이용할 수 있다. 한계비용이 제로이므로 가격은 제로일 때 자원이 효율적으로 배분된다. 인터넷상 공유사이트가 공짜인 이유이다. 정보재 산업은 자연적으로 독점화되는 경향을 갖는 동시에 자연적으로 그 독점력을 약화시킬 수 있는 특성도 갖고 있다. 정보재는 네트워크효과(network effects)와 잠김효과(lock-in effect)가 뚜렷하다. 네트워크 효과는 가격이나 기술력보다 많은 사람이 어떤 정보재를 많이 사용하는가가 그 정보재의 가치를 결정하고 시장지배력을 키우는 효과이다. 잠김효과는 어떤 프로세서에 익숙한 사람들은 다른 프로세스로 바꾸기 싫어하는 효과인데, 바꾸려면 비용과 노력이 필요하기 때문이다. 정보재의 경우, 네트워크효과나 잠김효과가 크기 때문에 초기에 얼마나 많은 소비자층을 확보하느냐가 그 상품의 성공여부를 결정한다. 따라서 정보재 산업에서는 무료견본이나 한정판매 같은 방법으로 초기에 넓은 소비자층을 확보하는 데 집중한다.

2) 공유자원의 비극과 희극

(1) 공유자원의 비극(tragedy of common)

공유자원의 비극이라는 용어는 미국의 생물학자 가렛 하딘(Garrett Hardin)이 1968년 자신의 논문에 인용한 이후 널리 사용되고 있다. 공유자원의 비극은 공유자원에 대해 협조와 타협없이 개인의 이익을 추구하면 공익과 사익이 모두 훼손된다는 것을 설명하는 개념이다. 공유자원은 소유권이 어느 특정한 개인에게 있는 것이 아니라 사회 전체에 귀속된 자원을 의미하는데, 예를 들면 땅이나 물 같은 환경자원뿐만 아니라 공공화장실 같은 공공시설물도 공유자원에 포함된다. 특히, 공유자원의 비극은 오늘날 심각해지는 환경훼손이나 환경오염을 설명하는데 유용하게 적용된다. 공유자원에는 개인의 소유권이 없으므로 함부로 사용한다는 원리에 기초한 개념이다. 공기나 물은 소유권이 없으므로 공중화장실처럼 함부로 사용되어 훼손되거나 오염되는 현상에 주목한다. 공유환경자원 남용으로서 어부들의 수산물이 남획되는 문제이거나, 석탄이나 석유 등의 무분별한 채굴 등으로 발생하는 자원의 고갈사태도 여기에 해당한다. 정부가 개입하지 않는다면 공유자원 역시 시장에서 거래되는 재화나 서비스와 마찬가지로 무한하지 않기 때문에 결국에는 더 이상 소비할 수 없을 정도로 고갈될 것이고, 어종의 멸종, 에너지자원의 고갈, 지구 온난화 현상 같은 문제를 발생시킨다.

따라서 정부는 공유자원의 비극을 해결하기 위해 정부가 공유자원의 이용을 관리하거나, 공유자원을 사유화하여 개인이 직접 관리하도록 유도한다. 실제로 많은 국가의 정부들은 법으로 어획량이나 어획 시기 등을 제한하거나 에너지 자원을 국유화하거나 혹은 민영화하는 등의 조치를 취하고 있다. 한편, 아프리카의 코끼리 멸종위기를 해결하기 위한 아프리카 국가들의 서로 다른 정책의 결과에서 우리는 매우 흥미로운 사실을 발견하게 된다. 아프리카 밀림지대에 자생하고 있는 코끼리들은 공유자원이다. 그런데 미국에서 당구게임이 유행하자 당구볼의 소재로 쓰인 코끼리의 상아가격이 오르면서 코끼리의 비극은 시작된다(최근에는 코뿔소가 문제되고 있다). 밀렵꾼들은 코끼리 사냥이 금지되어 있는데도 불구하고 돈이 되기 때문에 무차별한 밀렵을 자행하여 급기야는 코끼리가 멸종위기에 빠진 것이다. 이에 대응하는 아프리카 국가들은 서로 다른 정책을 선택하는데, 케냐의 경우에는 코끼리 사냥을 금지하고 상아의 거래까지 금지하는 강력한 규제정책을 채택하고, 짐바브웨의 경우에는 코끼리에 대한 소유권을 인정하고 상아의 상업적 거래를 허용하는 정책을 채택하게 된다. 그 결과를 비교해보면, 케냐의 경우에는 코끼리의 개체수가 오히려 감소했는데, 짐바브웨의 경우에는 코끼리의 개체 수가 증가하는 서로 다른 결과가 나타난다. 이것은 공유자원에 대한 사용을 정부가 규제하기보다는 공유자원에 대한 소유권을 개인에게 부여해서 시장원리에 따라 문제를 해결하는 것이 효율적이라는 사례를 보여준다.

(2) 공유자원의 희극(comedy 0f common)

공유자원의 비극은 희소성의 원칙이 지배하는 공유자원에서 발생한다. 그런데 정보재처럼 지식이나 정보와 같은 몇몇 특수한 공공재의 경우에는 아는 사람이 늘어날수록 상대적인 가치는 떨어질 수 있겠지만 누군가가 사용한다고 해서 사라지지 않는 비경합성을 가진다. 이런 경우 공유자원의 비극은 벌어지지 않으며, 임계점을 넘으면 해당 공유자원은 무한히 널리 사용되게 되는데, 사람들은 공유자원을 더 잘 사용하기 위한 방법을 연구·개발하게 되고, 그로 인해 새로 개발된 기술들은 공유자원에 체화되어 공유자원을 더 가치있게 만들게 된다. 이런 현상을 공유자원의 희극이라 한다.

예를 들면, 공공 도서관을 들 수 있는데, 도서관에서 책을 읽는다고 해서 그 책이 사라지는 것은 아니기 때문에 많은 사람이 공공도서관을 이용할수록 사람들의 지식은 계속 복제되어 늘어나는 경우이다. 우리가 잘 알고 있는 위키피디아, 우버, 에어비앤비, 자유 소프트웨어(오픈소스) 등은 공유자원의 희극에 해당하는 대표적인 사례들이다. 공유자원의 희극에서 비롯된 이와 같은 개념들이 인터넷 기반의 공유경제를 유지하는 원리이고 공유기업의 효율성을 설명하는 이론적 토대가 된다.

2009년 노벨 경제학상을 수상한 인디아나 대학교의 엘리너 오스트롬(Elinor Ostrom) 교수는 세계 여러 나라에서 공유자원이 성공적으로 운용된 다양한 사례들을 분석한 바 있다. 그는 공유자원이 성공적으로 운용되기 위해서는 거버넌스(governance)의 역할이 중요하며, 거버넌스가 잘 확립되어 있는 공유자원의 경우에는 공유자원의 비극이 발생하지 않았다는 사실에 주목한다. 그는 공유자원(목초지, 관계시설, 어장 등)을 관리하는 데 있어 개인은 종종 사리사욕보다 공동체의 이익을 더 앞세운다는 사실은 인정한다(공공재 실험에서도 검증). 정부가 시장을 간섭하지 않아도 공동체가 자치적으로 공공재 문제를 해결할 수 있다는 논리가 강화된 것이다. 이런 원리를 바탕으로 그는 시장에서 공동체가 자치적으로 공공재 문제를 해결하고, 경제적, 사회적 혁신의 원동력을 생성시키며, 자본주의의 새로운 성장을 지속할 수 있다는 논리를 강조한다. 또한 공유사회가 지탱하기 위해서는 구성원 간의 타협과 협력을 촉발하는 '사회지능'(social intelligence) 내지는 '사회적 자본'(social capital)의 중요성도 강조한다.

1986년 예일대 교수 캐럴 로즈(Carol Rose)는 땅, 호수, 강, 숲, 도로, 다리 등 공공재의 성격을 띠고 있는 공유자원은 개인이 아닌 공공의 손에 있을 때, 공동체에 더욱 이득이 될 수 있다고 주장했다. 또한 많을수록 더 즐거운, 보다 많은 개인이 참여할수록 각각의 참가자에게 부여되는 가치가 더 커지는 공유자원의 희극이라는 개념을 확장했다. 그는 공유자원의 희극이 지배하는 소셜 공유사회(social commons)란 문화공동체로서 금전적 가치가 아닌 사회적 가치를 창출하는 공동의 이익에 의해 동기가 유발되고, 서로 연결하여 공유하고자 하는 열망에 의해 새로운 가치가 창조되는 공유경제의 효율성을 논증하고 있다.

3. 정부의 실패

혼합경제(mixed economy)에서 정부는 시장에 개입하여 시장의 실패를 보완한다. 그런데 정부의 개입이 오히려 시장경제를 왜곡시키거나 비효율을 조장할 수 있는 상황이 발생하는데, 이를 정부의 실패(government failure)라 한다. 정부의 실패가 발생하는 이유를 정리하면 다음과 같다.

① 제약된 정보로 인해 정부는 실패할 수 있다. 정부의 정책은 정치가나 관료에 의해 수립되고 실행된다. 그런데 정책을 설계하고 실행하는 과정에서 필요한 모든 정보를 정치가나 관료가 완전하게 인지할 수 없다. 따라서 어떤 정책이든 그 정책의 실행결과를 정확하게 예측할 수 없고, 의도하지 않은 정부정책의 결과가 초래될 수 있다. ② 정부의 정책을 수립하는 과정에서 민간부문이 어떻게 반응할 것인가를 정확하게 예측하기 어렵고, 정부정책이 실행되는 과정에서 민간부문의 반응이 예측을 벗어나는 경우, 그것을 통제할 수단이 부족하다. ③ 정부의 정책은 모든 경제주체들의 이익을 증진시킬 수 없다. 어떤 정책으로 인한 경제적 이해관계는 서로 상충하고 그 정책을 결정하는 과정조차도 정치적 과정을 거치게 된다. 따라서 어떤 정책이든 그 정책으로 인해 이익을 얻는 집단이 있는가 하면, 손실을 보는 집단이 양립한다. 이해관계가 상충하는 정책결정과정에서 정치적 세력이나 이익집단의 로비가 영향을 미칠 수 있다. 따라서 경제문제가 합리성과 효율성에 기반한 경제논리가 아닌 정치논리나 특정 세력의 힘의 논리에 의해 좌우될 수 있다. ④ 정부의 정책은 정책의 설계, 집행, 효과의 시기가 서로 다를 수 있다. 정부의 정책적 개입 시기와 그 결과가 나타나는 시기가 서로 다른 경우, 정부의 정책은 소기의 목적을 달성하기 어렵다. 이것을 정책의 시차(time lag)문제라 한다. ⑤ 모든 정책의 결정은 정치인들이 수행한다. 하지만 그 정책을 실행하는 것은 관료조직이다. 관료조직은 주인인 국민을 위해 일해야 하지만 그들의 이익을 위해 일할 여지는 항상 존재한다. 이런 현상을 본인과 대리인 간의 문제, 즉 도덕적 해이라고 한다. 도덕적 해이가 발생했는데도 관료조직에 대한 통제가 불가능하다면 정

부는 실패하게 된다. 관료가 국민을 위해 일하지 않는 경우 정치인이 관료조직을 완벽하게 통제할 수 있어야 하는데, 정치인에 의한 완벽한 관료조직의 통제는 현실적으로 불가능하다. 관료는 자기가 담당하는 분야에서 오랫동안 일해왔기 때문에 정치인보다 전문적일 가능성이 높기 때문이다.

4. 정부의 규제와 규제의 역설

정부는 시장의 실패를 보완하기 위한 수단으로 시장에 여러 가지 규제를 가하고 있다. 법과 제도를 통한 직접규제, 시장을 활용하는 가격규제 그리고 조세규제 같은 간접규제가 있다. 가격규제에는 가격상한제(임대료 규제)나 가격하한제(최저임금제)가 있고 조세규제는 환경세나 비만세 같은 교정과세가 있다. 여기서는 독점규제, 산업규제, 사회규제를 중심으로 살펴보도록 한다.

1) 독점규제

독점규제는 정부가 독점시장의 비효율성을 개선할 목적으로 시행하는 독점력을 완화키거나 시장경쟁을 촉진시키려는 정책에 해당한다. 정부는 경쟁을 촉진하기 위해 자연독점의 통제기능을 맡는 공적규제기관을 설립하거나 독점의 확장을 억제하기 위한 제도화 내지는 법제화를 추진한다. 우리나라의 경우에는 독점규제 및 공정거래에 관한 법률이 1980년 제정되고 1986년 개정되었는데 규제내용은 다음과 같다. ① 사업자의 시장 지배적 지위의 남용과 과도한 경제력 집중의 방지, ② 부당한 공동행위 및 불공정거래 행위의 규제, ③ 대규모기업집단에 대한 상호출자의 금지 등을 내용으로 하고 있다.

독점규제에 대한 정책적 효과에 있어서는 구조주의적 견해와 행동주의적 견해가 대립하고 있다. 독점규제에 대한 구조주의적 견해는 시장점유율이 높은 기업들은 독점기업처럼 행동한다. 따라서 시장점유율이 높은 기업들을 구조적으로 분할

시킴으로써 기업들의 행동과 성과를 개선시킬 수 있다고 주장한다. 반면에 독점규제에 대한 행동주의적 견해는 시장의 구조는 기업의 행동 및 시장의 성과와는 상관관계가 미약하거나 불분명하다고 설명하면서, 독점기업의 시장점유율이 높은 이유는 기술수준의 우월성, 상품의 우수성, 규모의 경제로 인한 비용의 감소에서 비롯된다고 주장한다. 따라서 독점기업이 효율적인 경영과 우월한 기술을 개발하여 상품의 질을 개선하고 합리적 가격을 설정할 수 있다면 단지 시장점유율이 높다는 이유만으로 독점을 규제하는 것은 옳지 않다고 주장한다. 현재의 독점은 시간이 흐름에 따라 새로운 기술에 의해 잠식되고 파괴되는 창조적 파괴의 진행과정이라 주장한다.

대부분의 경제학자들은 독점규제에 대해 일반적으로 약탈적이거나 남용적인 독점력을 규제대상으로 삼는 현실적으로 유효한 정책적 수단으로 평가한다. 정부는 주로 가격담합(가격담합, 입찰조작, 시장분할 등의 합의)이나 반경쟁적 기업결합(주로 수평결합)을 규제함으로써 시장의 경쟁과 효율성을 개선시킬 수 있다는데 의견을 함께 한다.

2) 산업규제

시장실패에서 학습한 바와 같이 자연독점은 규모의 경제가 나타나는 비용체감산업(decreasing cost industry)에서 발생한다. 장기평균비용곡선이 우하향하는 초기 고정비용이 대규모로 투입되는 산업의 경우(전력, 상수도, 천연가스 등), 자연독점이 자연스럽게 이루어지기 때문에 자연독점(natural monopoly)이라 한다. 이런 상황에서는 여러 경쟁기업에 의한 생산보다는 단일 기업에 의한 대규모 생산방식이 단위당 평균비용을 낮출 수 있다. 따라서 자연독점현상이 나타나는 대부분의 공익사업의 경우에는 오히려 독점이 경쟁보다 더 효율적인 생산방식으로 활용된다. 이런 이유로 인해 정부는 자연독점산업에서 독점을 허용하거나 오히려 장려하는 경우가 발생하는데, 자연독점의 성과를 개선시키고 그 성과를 사회적으로 공유하기 위해서는 정부가 자연독점 기업의 가격을 규제해야 한다는 반론도 강력하다. 이런 주장들은 공익기반규제이론에 근거한다. 공익기반규제이론은 자연독점기업이 독점가격을 부과하지 못하도록 정부가 가격을 규제함으로써 소비자와 사회가 자연독점의 성과를 공유하도록 유도해야 한다는 이론체계이다. 예를 들어 전기요금, 가스요금, 전화요금 같은 경우에는 규제기관이 생산비용을 충당하고 적정한 수익을 얻을 수 있는 수준에서 가격을 설정하는 방식을 사용하는데, 이 같은 규제방식을 산업규제라 한다.

하지만 이와 같은 산업규제 방식은 X-비효율을 만드는 원인이 된다는 주장도 있다. 자연독점기업의 입장에서 보면 생산비용을 줄이는 합리적 경영을 달성하더라도 가격규제에 의해 기업의 이윤은 증가시킬 수 없는 한계에 직면하게 된다. 이 같은 상황에서는 자연독점기업은 경영을 합리화해야 할 유인을 상실하게 되고, X-비효율의 문제가 발생하게 된다. 산업규제에 대한 또 다른 문제점으로는 새로운 기술의 등장으로 더 이상 자연독점의 요건이 존재하지 않는 상황인데도, 독점규제가 여전히 지속되는 독점의 고착화로 빠져들 수 있다. 더욱이 경쟁의 잠재력이 있는 산업임에도 불구하고 정치인과 자연독점기업의 이익이 일치하는 경우, 그들은 담합하여 독점규제를 합법화해 버리는 문제를 야기할 수 있다.

이런 문제를 해결하기 위해 1970년대와 1980년대에는 신자유주의의 물결을 타고 항공산업, 트럭운송, 은행, 철도, 천연가스, 통신, 전기산업에 걸쳐 광범위한 탈규제가 세계적으로 진행된 바 있다. 탈규제가 경쟁을 촉진한 결과로 인터넷, 팩스, 휴대폰, 광케이블, 마이크로파 통신 등의 새로운 기술개발을 촉진하고 새로운 상품을 창출하는 성과를 거두게 된다.

3) 사회규제

산업규제가 가격수준, 비용, 이윤 등에 초점을 맞춘 정부의 규제라면, 사회규제는 생산여건, 생산이 사회에 미치는 영향, 재화가 품고 있는 물리적 성질 등을 관리하고 통제하는데 초점을 둔다. 사회규제는 제품의 안전성, 환경오염기준, 생산현장의 안전성 등을 확보하기 위한 규제이며, 각 경제주체들의 경제적 기회의 균등을 보장하고 시장경제의 모순을 바로잡기 위한 규제이다. 사회적 규제를 유형별로 정리하면 다음과 같다.

① 식품, 화장품, 의약품과 같은 제품들의 유통기한, 또는 광고에 대한 안정성과 유효성의 기준에 관한 규제가 있다. ② 인종, 성, 나이, 종교 등에 따른 근로자의 고용, 승진, 그리고 해고와 관련한 차별을 금지하는 규제가 있다. ③ 생산현장에서의 안전과 보건 위생을 확보하기 위한 기준에 관한 규제가 있다. ④ 제품의 생산과 소비과정에서 발생하는 대기 및 수질오염 그리고 소음공해에 관한 기준과 규제가 있다. ⑤ 장난감을 비롯한 각종 소비제품의 안정성 보장을 위한 기준과 규제가 있다.

대부분의 경제학자들은 사회규제에 대한 필요성에 대해서는 의견을 함께하면서도, 사회규제의 최적수준에 대한 견해에서는 다양한 기준을 제시한다. 사회규제를 찬성하는 경제학자들은 사회규제로부터 발생하는 편익이 규제에 들어가는 비용보다 훨씬 크다고 주장한다. 사회규제로부터 보장되는 안전한 식품, 깨끗한 대기, 안전한 작업장, 안전한 자동차 등에 대한 편익의 크기를 과소평가해서는 안된다고 주장한다. 반면, 사회규제를 반대하는 경제학자들은 대부분의 사회규제에 관한 법률들이 부족한 정보를 바탕으로 입안되었고, 규제의 목적이나 기준이 명료하지 못할 뿐만 아니라 시장경제에 적대적이며 규제의 역효과를 제대로 평가하지 못하고 있다고 주장한다. 또한 지나친 사회규제는 상품의 소비자 가격을 상승시키고, 생산과정에서 오히려 기술혁신을 방해하며, 시장에서 경쟁을 위축시킬 수 있다고 주장한다. 결론적으로 사회규제는 이윤을 추구하는 시장경제에서 시장경제의 남용을 억제하고 시장경제의 단점을 보완하는 유효한 정책수단으로 활용하고 있는 것이 현실이다.

4) 규제비용

정부가 시장에 개입하는 이유는 ① 규제를 통해 시장을 효율화시키고, ② 시장의 단점을 보완하며, ③ 사회적 목적의 달성을 촉진하려는 데 있다. 하지만 정부의 규제에도 모든 경제법칙처럼 규제에서 발생하는 다양한 기회비용이 존재한다. 규제에 대한 논쟁은 규제로부터 얻는 편익뿐만 아니라 규제로 인해 발생하는 비용을 꼼꼼하게 따져보아야 한다는 지점에서 시작된다.

각종 직업면허제도와 같은 규제의 경우에는 편익보다 규제비용이 더 높다는 주장이 있다. 예를 들어 의사협회나 변호사협회 같은 특수이익집단은 국민들을 무면허 돌팔이나 허풍쟁이들로부터 보호해야 한다는 명분을 강조하며 까다로운 면허제도나 자격요건을 강화하려 노력한다. 하지만 이런 규제의 결과는 특수이익집단들의 합법적인 카르텔을 강화하는 역할을 수행하며, 그 결과로 그들에게 일종의 독점이윤을 보장해 주는 결과를 낳게 한다. 각종 면허자격시험을 어렵게 하고 합격정원을 줄일 수 있다면, 의사나 변호사들의 입장에서는 그런 규제들이 그들의 독점적 지위를 강화해주는 높고 견고한 진입장벽으로 작용하기 때문이다.

규제비용과 관련한 또 하나의 관점으로는 정부가 규제를 활용하여 정부의 예산을 절감하고, 그러면서도 정부의 정책목표를 달성하려는 숨겨진 의도가 작용할 있다는 논리이다. 최근 들어 정부의 규모가 시장에 비해 비대해지자 예산규모의 확대가 아닌 다양한 규제수단을 활용하여 정부의 활동영역을 확장하려는 시도가 늘어나고 있다. 규제라는 수단을 이용하면 정부는 예산을 편성·집행하지 않으면서도 정책효과를 얻을 수 있기 때문이다. 예를 들어 최저임금제도 같은 규제방식은 정부가 저소득 근로자들에게 소득보조를 해 주는 대신 기업에게 소득보조에 대한 부담을 전가시킬 수 있는 정책수단이다. 소득재분배와 관련하여 정부의 예산규모는 그대로이지만 실제로는 예산규모를 확대시킨 것과 같은 재분배효과를 기대할 수 있다. 정부가 공공정책의 목표를 달성하려면 예산을 지출해야 한다. 그런데 규제라는 방식을 사용하면 지출해야 할 예산비용이 규제비용으로 전환되고, 그 규제비용은 개인이나 기업으로 전가되는 결과를 초래한다. 예를 들어 정부가 환경기준이나 안전성 기준을 강화하면 기업의 입장에서는 공기나 물에 대한 정화시설비용이나 안전디자인비용 등을 추가로 지불해야 한다. 그렇게 되면 정부의 입장에서는 실제로 정부가 부담해야 하는 환경정책이나 사회정책에 대한 예산지출을 줄일 수 있는 상황이 발생하는데, 여기서 중요한 것은 규제비용을 산정하는 과정에서 정부로부터 개인이나 기업에게 전가된 비용도 함께 계산되어야 한다는 점이다. 규제비용이 과소평가되는 경우, 정부는 비효율적인 규제를 남발하여 사회문제를 해결하려는 우를 범하게 된다.

5) 규제의 역설

일반적으로 정부가 시행하는 규제효과는 시장의 남용을 억제하고 시장의 실패를 보완하는데, 유용한 것으로 평가한다. 하지만 잘못된 규제, 비효율적인 규제들은 새로운 기술의 개발이나 새로운 산업의 성장을 가로막는 역기능을 수행한다. 규제가 경제의 활력이나 효율성을 망가뜨리거나 엉뚱한 부작용을 만드는 것을 규제의 역설이라 한다.

(1) 영국의 붉은 깃발법(1965년, red flag act)

영국은 1800년대에 산업혁명이 발발하고 그 결과로 증기기관이 다양한 운송수단으로 대체하는 기술과 산업의 대변혁기를 맞이한다. 그 당시 대중교통은 주로 마차가 담당하였는데, 증기기관이 장착된 자동차가 등장하자 기존의 운송업계는 큰 위기에 직면한다. 마차로 생계를 유지하는 마부들은 마차가 증기자동차로 대체되는 상황을 마냥 지켜볼 수는 없는 일이었다. 자신들의 일터와 일자리가 위협받는 상황이기 때문이다. 그들은 표를 필요로 하는 의원들을 상대로 로비를 하게 되는데, 그 결과로서 1865년부터 1896년까지 약 30년간 시행된 세계 최초의 도로교통법인 붉은 깃발법이 실행되게 된다. 붉은 깃발법은 한마디로 증기자동차 규제법인데, 증기자동차의 도심에서의 차량 속도 시속 3.2km로 제한하고 증기자동차의 최고제한 속도는 시속 6.4km로 제한하였으니 자동차의 장점을 규제로 소멸시킨 규제의 역설에 해당한다. 한 대의 자동차에는 반드시 운전사, 기관원, 기수 등 3명이 있어야 하며, 기수는 낮에는 붉은 깃발, 밤에는 붉은 등을 들고 자동차의 55m 앞에서 차를 선도하도록 했다. 즉, 자동차를 운행하기 위해서는 붉은 깃발을 앞세워 자동차가 마차보다 빨리 달릴 수 없게 만든 것이다. 증기자동차의 속도를 제한한 이유를 살펴보면 도로의 손상을 막고, 주변의 말을 놀라게 하지 않으며, 좁은 도로를 자동차가 가로막는 사태를 막아야 한다는 명분을 제시한다. 산업혁명을 주도한 영국에서 코미디 같은 붉은 깃발법을 법제화함으로써 영국은 가장 먼저 자동차 산업을 시작했음에도 불구하고 독일나 미국에 뒤처지는 규제의 역설에 빠지게 된다.

(2) 미국의 금주법(1919년, 전국금주법; national prohibition act)

미국은 과거부터 현재까지 술을 즐기는 국가다. 미국은 술뿐만 아니라 자원과 물자가 풍부해서 뼈 발라먹기 귀찮다고 노예들에게 치킨(닭다리, 닭날개)을 던져주던 매우 풍요로운 나라였다. 그런데 1920년부터 1930년대까지 소위 볼스테드법, 일명 금주법이라는 잘못된 규제로 인한 많은 부작용을 경험하게 된다.

미국에서 금주령이 법제화된 배경으로는 ① 금주주의로 유명한 여성운동가들의 요구를 정치권이 받아들인 결과라 해석한다. 당시 미국에서는 보수성향 여성단체뿐만 아니라 노동자 여성들의 의견을 수렴한 사회민주주의나 사회자유주의 정당들도 금주운동에 열성적이었다. 그 당시 미국에서 여성들이 계급의 고하를 막론하고 금주운동에 참여한 이유로는 남편들은 밖에서 번 돈을 술로 탕진하고 집에 들어오면 처자식들을 구타하는 일이 허다했기 때문이다. 이 같은 사회분위기 때문에 금주령이 법제화될 수 있었다고 해석한다. ② 미국의 기독교 근본주의자들은 건전한 사회를 부르짖으면서 미국의 자유로운 사회 분위기와 도시 이주민 유입, 대량의 범죄 발생 등을 구조적인 문제로 이해하기보다는 음주, 흡연, 성적인 문란으로 이해하여 금주법을 통해 건전한 사회를 실현하자는 사회운동을 전개한 결과로 해석한다. ③ 1920년대 미국은 1차 세계대전으로 독일에 대한 반감이 극에 달했다. 이런 상황에서 미국으로 이주한 독일 이민자들을 견제하기 위해 금주법을 제정한 것이라고 해석한다. 독일에서 이민 온 사람들이 당시 손쉽게 뛰어들 수 있었던 양조업을 견제하려는 목적이라고 해석한다. 그 당시 맥주의 알코올 농도는 2.5%~3%였고 금주법에서 정한 알코올 함유 기준은 0.5%였기 때문에 독일인들이 만든 맥주를 타깃으로 설정했다는 해석도 가능하다.

이유야 어찌되었든 미국에서 금주법은 시행되었고 많은 부작용으로 공공의 적이 되는 규제의 역설을 보여준다. 금주법으로 술 마시지 않는 사회가 만들어지기는커녕, 원래 술에 관심도 없던 사람마저, 술이 새로운 돈줄이라는 사실을 알게 되면서 상황은 갈수록 꼬이게 된다. 술의 제조, 운송, 판매 등이 불법이므로 공급은 어려운데 오히려 수요는 증가하다 보니 술 가격은 천정부지로 치솟게 되어 맥주 1배럴의 원가가 4달러인데 맥주 1배럴의 가격은 55달러가 된다. 결과적으로 알카포네와 같은 갱조직은 밀주를 통해 연간 1억 달러 규모의 수입을 챙기게 된다. 금주법은 마피아 등 범죄집단에게 주류 밀매·밀무역을 독점하도록 하여 갱조직을 확대할 수 있는 환경을 조성해 주는 부작용을 만든 것이다. 금주법은 이권을 둘러싼 범죄를 증가시키고, 약물에 대한 수요를 확대시켰으며(술의 대체재로 마약을 선택), 공업용 메틸 알코올에 노출된 하류계층에서는 실명하거나 사망하는 자가 속출하였다. 또한 금주법은 정부의 세수를 급감시켜 미국경제가 1929년에서 1933년간 발생한 세계대공황으로부터 벗어나는 데 장애가 된 것으로 평가되기도 한다.

5. 정부와 조세

1) 조세란 무엇인가?

(1) 조세의 개념과 세원

조세(tax)는 국가 또는 지방자치단체가 필요한 경비로 사용하기 위해 국민이나 주민으로부터 강제로 거두어들이는 화폐액을 말하며, 국세(내국세와 관세)와 지방세가 있다. 인류의 역사를 보면, 잘 정비된 정부가 존재하면 반드시 조세가 존재한다. 어떤 정부든 조세수입을 재정으로 국방, 치안, 소방, 교육, SOC투자, 복지 등 정부의 기본적인 역할을 수행할 수 있기 때문이다. 과학기술이 발달하면서 산업구조가 변하고 그에 따라 세원(tax base)이 변하게 되어 조세제도가 변하고 있다. 세원이란 조세부과의 대상이 되는 경제변수 또는 경제행위라 정의하는데, 예를 들면 소득, 재산, 부가가치, 소비행위, 거래행위 등을 말한다. 우리나라의 조세수입 구조를 살펴보면 소득과세(소득세, 법인세)가 약 53%, 소비과세(부가가치세, 개별소비세, 교통에너지환경세)가 약 36%의 비중을 차지한다. 조세수입의 대부분을 소득수준과 소비능력이 결정한다고 보아도 무방하다. 우리나라의 조세부담률$\left(\frac{\text{조세수입}}{\text{GDP}}\right)$은 지속적으로 증가하고 있으며, 약 20% 수준으로 OECD평균인 25%보다 낮은 수준에 있다.

(2) 조세와 경제적 선택

조세는 개인들에게 금전적 부담을 주는 것으로 끝나지 않고, 개인들의 경제적 선택, 노동선택, 저축결정, 투자결정, 위험부담행위 등에 영향을 미친다. 조세는 개인들에게 실물적인 의사결정에만 영향을 주는 것이 아니라 금융적인(financial) 의사결정에도 영향을 준다. 조세가 개인들의 의사결정에 영향을 미쳐 경제행위에 변화가 발생하고 그 변화가 긍정적이면 교정효과(corrective effect)라 하고, 부정적이면 교란(distortion)효과라 한다. 따라서 정부는 동일한 세수를 얻는 과세정책일지라도 조세로 인한 교정효과와 교란효과를 비교하여 바림직한 과세정책을 수립해야 한다. 또한 정부가 어떤 과세를 할 계획만을 공표했음에도 불구하고, 개인들의 경제적 선택에 영향을 미치는 현상이 나타나는데, 이를 공표효과(announcement effect)라 한다. 정부는 어떤 과세정책을 실제로 시행하지 않고서도 공표효과만으로도 일정한 효과를 거둘 수 있다는 점까지 고려하여 과세정책을 시행해야 한다.

2) 공평한 조세부담

'조세는 무덤까지 쫓아간다'는 격언이 있을 정도로 국민으로서 납세의무는 막중하다. 개인의 입장에서 보면 조세는 자신의 재산권을 침해하여 가처분소득을 빼앗아가는 제도여서 자칫하면 조세에 대한 강한 저항을 부를 수 있다. 역사적으로도 조세없는 반란은 없을 정도로, 조세는 국가권력에 대한 개인들의 저항심을 촉발하는 중요한 요인이 된다. 조세에 대한 저항을 줄이기 위해서는 ① 조세부과는 주권자인 국민들의 동의하에 이루어져야 한다. 개인의 재산권에 대한 침해를 허용하겠다는 민주적인 절차가 필요하다. 조세법률주의가 여기에 해당한다. ② 개인의 조세부담의 크기가 다른 사람들의 조세부담의 크기에 견주어 공평해야 한다. 조세부담의 수평적 공평과 수직적 공평이 달성돼야 한다.

공평한 조세부담이 무엇인지를 판단하는 기본 원칙에는 두 가지 잣대가 존재하는데, 이것은 편익원칙(benefit principle)과 응능원칙(ability-to-pay principle)이다.

(1) 조세부담의 편익원칙

편익원칙이란 조세부담의 크기는 납세자가 정부 서비스로부터 얻는 편익에 비례하여 결정되어야 공평한 조세로 보는 접근법이다. 이런 경우, 납세자의 자발적 협조를 얻기가 용이하다. 하지만 현실적으로는 실제로 정부가 제공하는 재화와 서비스에서 각 납세자가 얼마나 큰 편익을 얻고 있는가를 정확하게 파악한다는 것은 쉽지 않은 일이다. 또한 현실적인 소득분배가 불균등한 상황이라면 편익원칙을 적용한 조세부담의 분배가 조세의 소득재분배 기능에 역행한다는 비판을 면할 수 없다.

(2) 조세부담의 응능원칙

응능원칙이란 조세부담은 납세자의 개인별 조세부담능력(경제적 능력)에 따라 분배되어야 공평한 조세로 보는 접근법이다. 조세는 경제적 부담이므로 조세로 인해 희생되는 효용수준이 동등하도록 조세부담을 분배해야 한다는 논리이다. 이런 개념을 동등희생의 원칙(equal sacrifice rule)이라 하고, 절대동등희생, 비례동등희생, 한계동등희생의 기준으로 활용된다. 동등희생의 원칙은 경제적 능력이 1만원인 납세자와 100만원인 납세자에게 동일하게 1만원의 세금을 부담하게 하는 것은 공평하지 않다는 개념에서 출발한다. 현실적으로는 각 납세자의 경제적 능력을 평가하기 위해서 각 납세자가 누리고 있는 경제적 복지의 수준을 기준으로 삼아야 한다는 논리인데, 경제적 복지라는 것은 주관적인 개념이어서 객관적인 수치로 평가하기가 쉽지 않은 상황이다. 따라서 경제학자들은 적합한 대리변수(proxy), 소득수준, 소비능력, 예산집합, 임금률, 재산 등을 활용하여 경제적 능력을 평가하려 한다. 또한 응능원칙을 적용하는 경우, 조세의 소득재분기능 측면에서는 긍정적인 요인으로 작용하지만, 납세비용 측면에서는 납세자의 자발적 협조를 얻기 어려워지는 부정적 요인으로 작용한다.

(3) 동등희생의 원칙

동등희생의 원칙은 조세부담으로 인한 효용의 감소의 크기를 동등하게 산정하는 기준에 대한 개념이다. 동등희생을 산정하는 기준으로는 절대기준으로의 희생, 비례기준으로의 희생, 한계기준으로의 희생 등의 개념이 활용된다.

① 절대동등희생의 개념은 모든 납세자가 조세부담으로 잃어버리는 희생의 크기를 절대량으로 측정하고 조세로 인한 부담을 그 희생의 절대량만큼 동일하게 배분되어야 한다는 원칙이다. 〈그림 7 - 1〉에서 수평축은 소득을 나타내고 수직축은 소득으로부터 얻는 효용수준을 나타낸다. $Y_t - Y$만큼의 조세가 부과되면 ▢β면적만큼의 절대희생량이 발생하는데, ▢β면적의 절대희생량을 발생시키는 조세부담으로 모든 납세자에게 동등하게 부과되어야 한다는 것을 의미한다. 만약 절대동등희생의 원칙에 따라 과세된다면 반드시 누진세를 요구하지는 않아도 조세부담의

〈그림 7 - 1〉 동등희생의 원칙

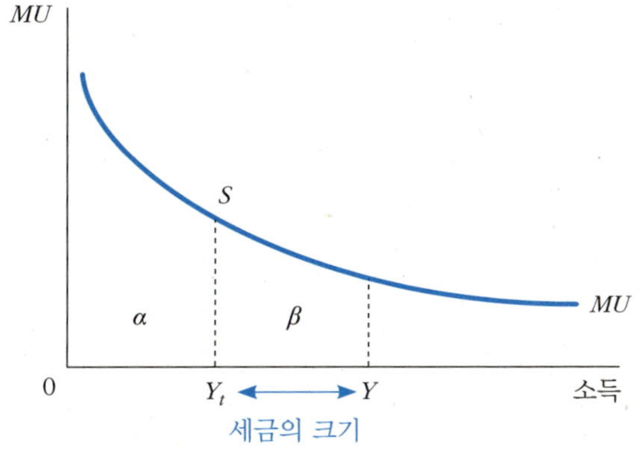

공평성은 달성될 수 있다. 사람들의 소득에 대한 한계효용이 불변이라면, 모든 사람이 똑같은 금액의 세금을 낼 때 희생의 절대량은 서로 같아질 수 있기 때문이다.

② 비례동등희생의 개념은 모든 납세자에게 조세부담으로 잃어버리는 희생의 크기를 비례량만큼 동일하게 조세부담을 배분해야 한다는 원칙이다. 〈그림 7-1〉에서 $Y_t - Y$만큼의 조세가 부과되면 $\frac{\beta}{\alpha+\beta}$ 면적만큼의 비례희생량이 발생하는데, $\frac{\beta}{\alpha+\beta}$ 면적의 비례희생량만큼 발생시키는 조세부담으로 모든 납세자에게 조세를 동등하게 부과하여야 한다는 것을 의미한다. 소득수준이 올라가도 소득의 한계효용이 체감하지 않고 같은 수준에 머문다면 비례세가 동등한 희생원칙에 해당하다.

③ 한계동등희생의 개념은 모든 납세자에게 조세부담으로 잃어버리는 희생의 크기를 한계량만큼 조세부담을 동일하게 배분해야 한다는 원칙이다. 〈그림 7-1〉에서$Y_t - Y$만큼의 조세가 부과되면 $S - Y_t$ 높이만큼의 한계희생량이 발생하는데, $S - Y_t$ 높이만큼의 한계희생량을 발생시키는 조세부담으로 모든 납과세자에게 동등하게 부과되어야 한다는 것을 의미한다. 누진세를 정당화하려는 사람들의 논리적 배경은 대개 한계동등희생원칙에 근거한다. 한계동등희생의 원칙에 의해 누진세가 정당화되기 위해서는 소득이 증가함에 따라 한계효용이 급격히 체감해야 한다는 조건을 충족해야 한다. 〈그림 7-1〉에서 소득에 대한 한계효용곡선의 기울기가 커야 한다는 것을 의미한다.

따라서 동등한 희생의 원칙이라는 것을 어떻게 해석하느냐에 따라 이 원칙이 누진세를 정당화시켜 줄 수도 있고 그렇지 못할 수도 있다.

(4) 수평적 공평성과 수직적 공평성

수평적 공평성(horizontal equity)이란 동일한 경제적 능력을 소유자한 납세자들 사이에서는 동일한 세금이 부과되어야 한다는 원칙이다. 경제적 능력 측면에서 동등한 수준이라면 조세부담의 크기도 동등해야 한다는 것을 의미한다. 현실적으로는 똑같은 연봉자라 하더라도 서로 다른 개인적인 경제적 환경이 존재할 수 있으므로 유의한 수준을 객관적으로 평가하기 쉽지 않다는 점은 이 원칙의 단점이다.

수직적 공평성(vertical equity)이란 더 큰 경제적 능력을 보유하고 있는 납세자라면 더 많은 세금이 부과되어야 한다는 원칙이다. 경제적 능력이 서로 다르다면 그 크기에 따라 조세부담이 다르게 배분되어야 한다는 것을 의미한다. 현실적으로는 경제적 능력의 차이에 따라 얼마만큼의 크기로 조세부담의 차이를 배분해야하는가를 판단하기 어렵다는 것이 이 원칙의 단점이다. 이론적으로는 절대동등희생, 비례동등희생, 한계동등희생의 적용원리에 따라 배분의 크기를 결정할 수 있다.

3) 교정과세와 초과부담

(1) 교정과세와 중립세

어떤 과세가 개인의 선택에 영향을 미치는 경우, 그 효과가 긍정적인 방향으로 선택을 유인하는 조세를 교정과세(corrective taxation)라 한다. 예를 들면 오염물질의 배출을 줄여주는 환경세, 비만을 줄여주는 비만세, 담배나 술의 소비를 줄여주는 죄악세(sin tax) 같은 조세가 여기에 해당한다. 기본적으로 조세가 개인의 선택에 영향을 주는 것을 교란(distortion)이라 하는데, 정부의 개입(조세)이 좋은 의도(온정적 개입주의)라 할지라도 소비자주권과 충돌한다는 점도 살펴야 한다. 한편 납세자가 어떤 경제적 선택을 하더라도 조세부담에는 아무런 영향을 미치지 않는 조세가 있는데, 이를 중립세(Lump-sum tax)라 한다. 그런데 이런 중립세는 현실에서는 거의 찾아보기 어렵고, 있다고 해도 겨우 인두세(주민세) 정도이다. 중립세는 이론적으로 조세로 인해 상대가격에 변화가 일어나지 않는 조세, 즉 소득효과만 있고 대체효과가 없는 조세라고 정의하기도 한다. 일반적으로 조세가 부과되면 가처분소득이 줄기 때문에 그 상품을 구매할 수 있는 소득의 변화, 즉 소득효과가 발생하고, 그 상품의 가격이 상승하여 조세가 부과되지 않은 상품보다 비싸지는 상대가격의 변화, 즉 대체효과가 함께 발생한다. 그런데 중립세는 소득이 줄어드는 효과만 나타나고, 상대가격이 변하는 효과는 나타나지 않는 특별한 조세에 해당한다. 따라서 중립세는 소비자의 선호관계를 왜곡시키지 않는 효율적인 조세로 평가하는데, 예를 들어 소주세를 만약 중립세로 가정하고 소주애호가의 입장에서 소주세가 부과되면 어떤 효과가 발생하는지 살펴보자. 소득효과가 발생했다는 것은 세금으로 인해 소주를 살 수 있는 가처분 소득이 줄었음을 의미한다. 하지만 대체효과는 발생하지 않는다는 것은 소주세가 부과되었는데도 불구하고 소주가격과 맥주가격의 상대비율이 변하지 않는다는 것이다(현실적으로는 나타나기 어렵다). 이렇게 되면 소주를 좋아하는 사람은 소주세가 부과되기 이전처럼 여전히 맥주보다는 소주를 더 많이 소비하는 자신의 소비성향을 그대로 유지하게 된다. 만약 소주세로 소주가격은 오르고 맥주가격은 그대로 유지된다면 상대가격은 소주가격이 비싸질 것이고, 소주애호가는 세금 때문에 맥주를 마시게 되는 씁쓸함을 감내해야 한다. 세금으로 인해 소비자의 선호가 바뀌게 되고, 정부가 소비자에게 소주를 줄이고 맥주를 많이 마시라고 간섭하는 효과를 가져온다. 이런 상황을 세금으로 인한 자원배분의 왜곡, 또는 소비자주권의 침해라 한다. 소비자는 그만큼 소비행위로부터 얻는 효용이 줄어들기 때문에 그만큼 비효율이 발생한다는 개념이다. 세금 때문에 좋아하는 소주가 아니라 맥주를 마셔야 한다면 여러분은 술맛을 제대로 즐길 수 있겠는가?

(2) 창문세와 초과부담

1696년 영국에서 부과된 창문세(window tax)는 조세가 납세액만 가져가는 것이 아니라 자원배분을 왜곡시킨다는 사실을 잘 보여 주는 재미있는 사례이다. 국세는 납세자의 경제적 능력을 세원으로 과세하는 것이 일반적인 원칙이다. 그런데 중세에는 납세자의 경제적 능력을 파악할 수 있는 자료(소득, 재산, 금융자산 등)가 충분치 않았기 때문에 과세당국은 창문의 수나 창문의 크기를 경제적 능력의 대리변수로 설정하고 창문에다 과세하게 된다. 창문세는 납세자에게 세금을 납부하는 부담뿐만이 아니라 건물에서 창문을 없애거나 줄이는 선택을 유인하게 되는데, 이를 초과부담이란 한다. 창문세로 인해 벽을 만드는 비용보다 창문을 만드는 비용이 커졌으므로 사람들은 창문을 벽으로 대체하는 선택을 하게 된다(자원배분의 왜곡). 조세가 경제적 선택에 영향을 미쳐 건물이 망가지는 결과를 초래했으므로 조세로 인해 발생한 비효율이라는 의미에서 초과부담이라 한다. 따라서 바람직한 조세제도는 초과부담을 극소화하는 요건을 충족해야 한다. 이론적으로는 조세의 초과부담(excess burden)이란 조세가 민간부문의 의사결정을 교란해 발생하는 비효율성의 크기로 정의한다. 일반적인 조세의 경우, 초과부담이 발생하기 때문에 납세자들이 실제로 부담하는 비용은 그들이 세무당국에 납세하는 금액보다 높은 수준을 유지한다. 초과부담의 크기를 계산하는 수식은 다음과 같고, 이것을 자중손실(deadweight loss) 혹은 후생비용(welfare cost)이라고도 한다.

초과부담=조세가 가져오는 실제의 부담-조세 징수액

〈그림 7-2〉에서 물품세로 인한 초과부담은 삼각형 *ABC* 면적이다. 조세가 부과되면 기업의 입장에서는 한계비용이 증가하므로 공급곡선이 *S*에서 S_t로 상방이동하여 수·량은 Q_0에서 Q_t로 감소하게 되고, 시장균형가격은 *P*에서 P_t로 상승하게 된다. 〈그림 7-2〉에서 청바지시장의 경우라면 소비자는 세금으로 인해 과세 이전보다 가격은 높고 소비량은 줄어드는 경제적 결과에 직면하게 된다. 시장균형이 이렇게 변하게 되면 조세가 부과되기 이전에는 소비자잉여가 삼각형 *DPC*였는데, 조세가 부과된 이후에는 소비자잉여가 삼각형 DP_tA로 작아진다는 것을 알 수 있다. 또한, 본래의 소비자잉여, 삼각형 *DPC*에서 정부는 사각형 P_tPBA만큼을 조세수입으로 가져가게 되어, 조세부과 이후 소비자잉여는 남은 부분 삼각형 DP_tA

〈그림 7-2〉 물품세와 초과부담

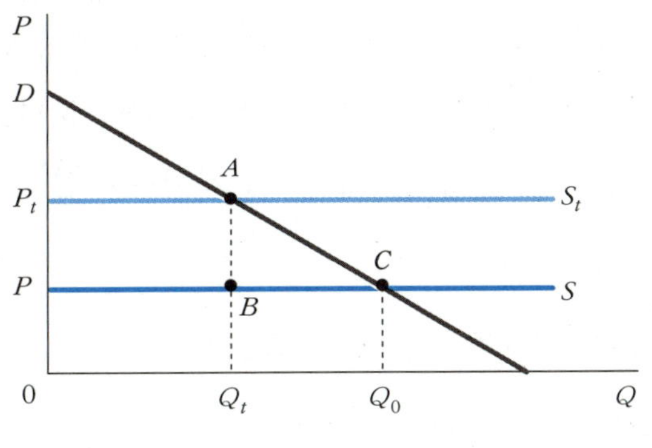

가 되는 것이다. 그런데 본래의 소비자잉여에서 정부가 가져간 부분은 사회적으로 없어지는 것은 아니므로 사회적 후생 손실은 아닌 것이며, 단지 민간부문에 있던 자원을 정부부문으로 이전한 것에 해당한다. 따라서 조세로 인해 잃게 되는 사회적 순손실은 삼각형 *ABC* 면적에 해당한다. 이것을 사회적 순손실(welfare cost), 또는 자중적 손실(deadweight loss)이라고도 한다.

실증연구를 보면 근로소득세에 의한 초과부담은 조세수입의 0.9%(로젠)~30%(펠드스타인)에 달한다는 다양한 주장이 있으며, 펠드스타인은 미국의 근로소득세율을 조정해서 세수 1달러를 증가시켰을 때 한계초과부담은 세수의 증가분보다 2배 이상 크다고 주장한다. 발라드는 미국에서 조세수입 1달러가 증가할 때마다 0.17~0.56달러에 이르는 한계초과부담이 발생하다고 주장한다.

우리는 여기서 정부가 일정한 조세수입을 징세하는 과정에서 발생하는 초과부담은 비효율이고, 이 같은 비효율을 작게 발생시키는 조세제도가 바람직한 조세제도라는 것을 알 수 있다. 조세의 비효율을 지수로 계산하여 나타내는데, 이것을 비효율성계수(coefficient of inefficiency)라 한다. 비효율성계수가 작을수록 효율적인 조세제도로 평가한다. 비효율성계수는 초과부담을 조세수입으로 나눈 비율이다. 비효율성계수의 산식은 다음과 같다.

$$\text{비효율성계수} = \frac{\text{초과부담}}{\text{조세수입}}$$

4) 누진세에 대한 찬·반 논리

정부의 기능은 자원배분의 효율화 기능, 소득분배의 공평성 제고, 국민경제에 대한 안정성 확보로 정리할 수 있고, 여기서 소득분배의 공평성을 제고하기 위해 대부분의 정부에서는 조세의 소득재분배정책을 시행하고 있다.

(1) 누진세제에 대한 찬성 논리

① 누진세제를 통해서 경제적 불평등을 해소할 수 있다고 주장한다. 하지만 현실에서 누진세제가 얼마나 큰 평준화 효과를 가져오는가에 대해서는 회의적 시각

이 존재한다. ② 경제적인 능력이 큰 사람일수록 정부의 서비스에서 많은 혜택을 얻고 있기 때문에 당연히 누진세를 부담해야 한다고 주장한다. 하지만 각 소득계층이 정부의 서비스에서 얻는 편익을 정확하게 계량화한다는 것은 현실적으로 어려운 과제이다. ③ 사람들이 자신의 미래가 어떻게 될지 모르는 상황에서 조세제도를 선택해야 한다면 자발적으로 누진세제를 선택할 것이라고 주장한다. 사회적인 안전망을 위해 누진세가 필요하다는 논리로서 사회계약설에 근거한다. ④ 동등한 희생의 원칙에 입각해서 누진세제의 정당성을 주장한다. 위에서 살펴본 한계동등희생원칙을 논리적 근거로 제시한다.

(2) 누진세제에 대한 반대 논리

① 누진세제는 복잡한 세율구조를 갖게 되고, 조세제도는 복잡할수록 탈세할 수 있는 구멍(loophole)이 커지므로 비효율적이라고 주장한다. 특히 정보를 많이 갖을 수 있는 전문가 집단이나 부유층이 조세회피에 유리하다는 주장이다. ② 누진세제는 누진세를 부담하지 않는 다수의 정치적 책임성을 기대하기 어렵다고 주장한다. 소수의 납부자와 다수의 수혜자 사이에서 이해가 충돌하고 갈등이 발생한다. ③ 누진세제는 경제의 활력을 떨어뜨리는 원인을 제공할 수 있다고 주장한다. 누진성이 약할 때는 효율성에 별 영향을 주지 않다가도 누진성이 어느 단계를 넘어서는 순간, 심각할 정도의 부작용을 가져온다는 것이 일반적인 견해이다.

5) 조세의 회피와 탈세

사람들이 세금을 적게 내기 위해 취하는 행동에는 조세의 회피(tax avoidance)와 탈세(tax evasion)가 있다. 조세의 회피(절세)는 조세부담을 적게 하려고 법의 구멍을 최대한 활용하는 행위여서 절세라 한다. 세법을 잘아는 전문가가 아니라면 조세의 구멍을 알 수 없기 때문에 조세회피는 세무전문가나 법률전문가들에게 유리하고, 대가를 지불하고 유능한 전문가를 대리인으로 고용할 수 있는 부유층이 가난한 계층보다 유리하다. 탈세는 불법적으로 조세의무를 기피하려고 하는 행위를 말하는데, 이중장부를 사용해 조세부담을 줄인다든지, 세무당국에 소득을 보고할 때 아예 일부를 탈루시켜 보고하다든지, 현금거래를 통해 조세당국의 눈을 피하려는 방법들이 이용된다.

탈세는 단지 조세수입이 줄어들게 하는 문제뿐만 아니라 조세부담의 공평성에 대한 의문을 제기하는 조세의 부정의의 문제를 유발시킨다. 또한 탈세가 만연해지면 지하경제(underground economy)가 확산되어 시장경제의 효율성을 떨어뜨린다. 미국과 우리나라를 비롯하여 대부분의 나라에서 지하경제의 규모는 이미 무시하지 못할 수준으로 평가된다. 특히 우리나라의 경우에는 임금소득에 비해 자영업의 소득탈루 비율이 높게 나타나 있고, 고소득층이나 고학력일수록 납세의식은 낮아지는 것으로 나타난다. 탈세행위에 대한 연구 결과를 보면 실제로 죄책감이나 수치심, 혹은 원칙을 지킨다는 자부심이 탈세행위를 억제하는 것으로 밝혀지고, 조세제도가 자신을 불공평하게 대접했다고 느끼는 사람일수록 탈세행위를 시도할 가능성이 높은 것으로 밝혀졌다. 탈세행위는 심리적 요인이 중요한 결정변수라는 것이다.

6) 바람직한 조세제도

경제학에서 좋은 선택의 기준은 효율성과 공평성이다. 바람직한 조세제도를 판단하는 기준 역시 기본적으로는 효율성과 공평이다. ① 바람직한 조세제도는 경제적 효율성을 충족해야 한다. 조세는 자원배분을 왜곡하여 초과부담을 유발한다. 초과부담을 최소화하는 조세제도가 효율적인 조세제도이다. ② 바람직한 조세제도는 조세부담의 공평성을 충족해야 한다. 조세부과의 수평적 공평과 수직적 공평을 충족해야 한다. 또한 조세회피나 탈세를 방지하여 조세정의를 실현해야 한다. ③ 바람직한 조세제도는 단순해야 한다. 조세제도가 복잡하면 거래비용이 증가한다. 조세제도가 단순할 때 납세자의 납세비용이나 세무당국의 징세비용을 최소화할 수 있다. ④ 바람직한 조세제도는 신축성이 있어야 한다. 급변하는 경제상황에 신축적으로 대응할 수 있는 조세제도여야 한다. 호경기일때는 유동성을 줄이는데 기여하고 불경기일때는 유동성을 확대하는데 기여해야 한다. ⑤ 바람직한 조세제도는 책임성을 담보해야 한다. 각 납세자의 조세부담이 명백해야 하고 납세자의 자유로운 선택을 허용해야 한다. 조세저항을 회피하기 위해 간접세 비중이 높은 조세제도는 정치적 책임성을 약화시킨다. ⑥ 바람직한 조세제도는 확실성을 담보해야 한다. 조세의 부과, 징수되는 모든 과정에 법률과 규정에 따라 확실하게 집행되어야 한다. 임의적인 불확실성을 제거해야 한다. 불확실성은 민간부분의 활력을 떨어뜨리고 부조리를 만연하게 한다.

6. 재분배 정책과 빈곤선

정부가 재분배를 위해 시장에 개입하는 것은 정부의 기본적인 역할 중 하나이다. 하지만 정부가 시장에 개입하여 재분배하는 것이 정당한 것이지, 정부가 시행한 재분배정책이 의도한 대로 바람직한 결과를 가져올 수 있는지에 대해서는 논의가 팽팽하다.

1) 재분배정책에 대한 찬·반 논리

(1) 재분배정책에 대한 찬성 논리

① 윤리적 관점에서 평등주의자는 현실의 분배상태가 평등하지 못하면 당연히 이를 시정하려는 노력이 있어야 한다고 주장하고, 공리주의자의 경우에도 재분배정책으로 전체의 후생을 증진시킬 수 있다면 필요하다고 주장한다. ② 재분배정책으로 공평한 분배가 실현된다면 공공재처럼 정부가 개입할 필요가 있다고 주장한다. 재분배가 범죄를 감소시키고 사회의 안정성을 증대시킨다면 공공재와 같은 사회적 편익을 증대시키는 것으로 인식한다. ③ 불확실한 세상사에서 재분배정책이 빈곤에 빠질 위험에 대한 안전망으로서 기능한다면 사회보험으로서의 재분배정책의 필요성을 인정한다.④ 부가 일부 계층에게 집중된다는 것은 권력이 집중된다는 것을 의미하므로 재분배정책을 통해 부를 분산시킨다면 권력을 분산시켜 민주주

의를 실현할 수 있다고 주장한다.

(2) 재분배정책에 대한 반대 논리

① 윤리적 관점에서 자유주의자(libertarian)들은 재분배를 위한 정부의 개입이 개인의 정당한 권리를 침해하는 결과를 가져올 것이라는 논리로 반대한다. 현실의 불균등한 소득분배는 불가피한 것이며, 사람들의 자유로운 선택으로 현재의 불균등이 만들어졌기 때문에 어떤 면에서는 오히려 바람직하다고 주장한다. 열심히 일하기 보다는 게으름과 여가를 선택했다면 불균등한 소득분배는 당연하다는 주장이다. 보수적 관점에서 소극적 자유는 국가의 간섭으로부터의 자유를 강조하여 사회복지에 대한 국가의 개입조차도 자유의 침해로 인식한다. 진보적 관점에서의 적극적 자유는 실질적 자유를 강조하여 자신이 원하는 것을 할 수 있게 하는 개입을 용인한다. ② 재분배를 위해 급격한 누진성을 가진 조세제도를 도입한다면 사람들의 근로의욕은 떨어지고, 저축은 감소하게 되어 경제의 효율성을 악화시킨다는 주장이다. 하지만 재분배정책의 부정적 영향이 어떤 것이고, 그 크기가 얼마인지 확실하게 알 수 없다는 것이 현실적 상황이다. ③ 현실의 정치기구가 과연 재분배작업을 성공적으로 해낼 수 있느냐에 대한 의문을 제기한다. 재분배정책의 속성상 계층 간의 갈등을 조장하여 정치과정에 심각한 긴장을 일으킬 가능성이 높아 정부실패의 요인이 된다는 주장이다. 하지만 이 같은 주장은 재분배 정책이 없는 경우, 오히려 계층간 긴장과 갈등이 더 심해질 수 있다는 지점에서 타당성이 약화된다.

2) 낙수효과(trickle-down effect)와 분수효과(fountain effect)

(1) 낙수효과의 개념과 공과

낙수효과(trickle-down effect)는 '성장이 곧 분배다'는 슬로건에 걸맞는 성장제일주의적 공급중시 경제이론이다. 기업이나 부유층에 대한 감세정책(래퍼커브)을 기반으로 기업의 투자와 일자리 창출을 유인하여 경제성장을 도모한다는 개념이다. 1980년대 미국에서 펼쳐진 감세정책은 낙수효과에 대한 믿음에서 비롯된 것이고, 말 그대로 부유층과 기업에 주어지는 경제적 혜택이 사회 전체로 흘러내린다는 개념이다. 그런데 미국의 감세정책은 낙수효과 대신 양극화를 낳았다는 비판을 받고 있으며, 2015년 IMF 보고서는 상위 20% 계층의 소득 비중이 증가할수록 GDP는 오히려 감소했다는 역사적 통계를 제시하면서 경제성장 중심의 경제정책을 뒷받침해 온 낙수효과의 허상을 비판하고 있다.

(2) 분수효과의 개념과 공과

분수효과(fountain effect)는 저소득층의 소득증대가 총수요 진작 및 경기 활성화로 이어져 궁극적으로 고소득층의 소득도 높아진다는 개념이다. 저소득층에 지원과 자원을 제공하면 유효수요가 증가하고 투자수요를 유인해서 경제가 성장하고 그 혜택이 사회 전체로 뿌려진다는 개념이다. 1930년대 세계 대공황기에 케인스는 불황 극복을 위해서 민간소비를 끌어올리는 것이 중요하다고 생각했고, 이를 위해서는 정부지출을 확대하고 특히 저소득층 및 중산층에 부과되는 세금을 인하해야 한다는 이론을 제시한다. 케인스가 저소득층 및 중산층에 대한 세금 인하에 주목한 이유는 이들의 한계소비성향(marginal propensity to consume)이 고소득층에 비해 높다고 보았기 때문이다. 세금 인하를 통해 가처분소득, 즉 세금을 제외한 실제소득을 동일 금액만큼 높여 줄 경우, 소비증가는 고소득층보다 저소득층 및 중산층이 상대적으로 높다는 관점이다. 따라서 저소득층 및 중산층에서 유발되는 '소득증대 → 소비증대 → 생산증대 → 소득증대'라는 경제의 선순환 효과가 마치 아래에서 위로 솟구쳐 오르는 분수처럼 나타난다는 개념이다. 분수효과는 낙수효과와는 반대로 수요중시 경제학에 기반하고 성장보다는 분배에 초점을 둔다.

3) 재분배정책을 위한 제도들

(1) 일반적 조세제도

조세는 누진성과 역진성을 근거로 재분배적 기능을 평가할 수 있다. 조세가 누진성(progressivity)을 갖는다는 것은 납세자의 소득수준이 높아질수록 높아진 소득보다 더 큰 비율을 세금으로 납부하게 된다는 것이고, 조세가 역진성(regressivity)을 갖는다는 것은 납세자의 소득수준이 높아질수록 높아진 소득보다 작은 비율로 세금을 납부하게 된다는 것을 의미한다. 따라서 조세가 누진적이면 재분배효과가 있는 것으로 평가하고 조세가 역진적이면 재분배를 악화시키는 것으로 평가한다. 일반적으로 직접세는 누진적이고 간접세는 역진적이므로, 조세구조가 직접세의 비중이 간접세보다 높은 경우에만 긍정적인 재분배효과로 평가할 수 있다. 간접세는 소득이 적은 사람이 상대적으로 높은 조세를 부담하는 성격을 갖고 있기 때문에 간접세 비중이 높은 경우에는 오히려 조세가 분배를 악화시키는 결과를 가져온다. 예를 들어 컵라면을 1,000원에 구매하는 경우, 누구나 부가가치세 10%를 부담한다. 부가가치세는 납세의무자와 담세자가 다르기 때문에 간접세인데, 주머니 사정이 좋지 않은 실업자나 백만장자인 기업가나 똑같이 100원을 세금으로 부담한다. 실업자와 기업가가 부담하는 세금의 절대액은 100원으로 동등하지만, 소득대비 세금부담액의 비중은 실업자가 월등히 높을 것이기 때문에 간접세는 역진적이라 할 수 있다. 부가가치세 같은 간접세는 소비자가 세금을 부담하지만 납세의무자가 아니어서, 담세자와 납세자가 일치하는 소득세 같은 직접세의 경우보다 조세저항이 적을 수 있다. 따라서 세금을 징수해야 하는 정부입장에서는 조세저항을 최소화하기 위해 직접세보다는 간접세를 선호하는 경향이 있다. 조세제도의 특성에 따라 누진성이 달라지며 누진성이 클수록 더 큰 재분배효과를, 또한 소득세같은 직접세의 비중이 높을수록 더 큰 재분배효과를 기대할 수 있다.

하지만 소득세의 비중이 높아진다고 해서 반드시 조세제도 전반의 누진성이 커지는 것은 아니라는 점에 유의해야 한다. 실제 소득세 부담은 각종 공제제도에 의해서도 영향을 받는데, 공제제도가 고소득자에게 유리하게 되어 있다면 소득세 부담의 누진성은 그리 크지 않을 수 있고, 직접세의 비중이 낮고 세원의 탈루가 많이 발생하는 경우에는 소득세 비중이 증가한다고 해도 누진성은 강화되지 않는다.

(2) 사회복지제도

사회복지제도는 사회보험제도와 공공부조 프로그램의 두 유형으로 구성된다. 사회보험제도는 일반보험처럼 기여한 사람에게만 혜택이 주어지는 기여원칙에 기반하고, 공공부조 프로그램은 기여와 관계없이 가난하면 누구나 혜택을 받을 수 있는 무상원칙에 기반한다.

① 사회보험제도

20세기에 들어서자 정부가 사회적인 보험을 제공해야 한다는 인식이 일반화되기 시작하였고, 독일과 영국에서 제일 먼저 사회보험제도가 도입되고 발전하기 시작하였다. 독일의 경우에는 특정한 직장이나 직능집단을 중심축으로 한 비스마르크(Bismarck)형 사회보험제도를 발전시켰으며, 이 제도는 전제국가를 강화하기 위한 수단, 또는 가부장적 접근법(paternalistic approach)에 기반한다. 독일은 급격한 산업화와 더불어 일어난 사회문제들을 사회보험으로 해결하려고 국가가 주도했기 때문이다. 영국에서는 민간부문의 자발적인 보험과 같은 성격을 가진 베버리지(Beveridge)형 사회보험제도를 발전시켰으며, 국민 모두에게 최저수준의 혜택을 보장해주려는 보편주의(universalism)적인 특징을 가진다.

현실에서 각국의 사회보험제도를 살펴보면 기본적으로는 민간부문의 보험과 비슷하게 운영되지만 제한적으로는 재분배효과를 추구하는 성격을 갖고 있다. 예를 들면 국민연금이나 건강보험제도에 극빈계층에 대해 특별히 많은 혜택이 돌아가도록 하는 장치를 고려하고 있다. 우리나라의 사회보험제도는 4대 사회보험체제인데, 즉 국민연금보험, 산재보험, 건강보험, 고용보험 등으로 구성되어 있다.

② 공공부조 프로그램

공공부조 프로그램(public assustance program)은 사회의 도움을 가장 절실히 필요로 하는 극빈계층에 초점을 맞춘 재분배제도이다. 사회보험제도는 기본적으로 가입자들이 납부한 재원으로 운영되지만, 공공부조프로그램은 정부의 일반적인 예산에서 재원이 충당된다. 처음부터 극빈계층의 특수한 상황을 염두에 두고 운영하는 제도여서 동일한 예산으로도 다른 제도에 비해 더 큰 재분배효과를 기대할 수 있다. 생활 유지 능력이 없거나 생활이 어려운 국민의 최저생활을 보장하고, 자립을 지원하는 제도이기 때문에 공공부조는 최저생활보장에 대한 마지막 안전망이라 할 수 있다. 정부가 시장에서 정상적으로 최저생활을 유지할 수 없는 사람을 대상으로 하여 능력과 상관없이 최저생활을 유지할 수 있게 물질적·비물질적 급여를 제공하는 제도이다. 공공부조는 일반적(general) 공공부조와 범주적(categorical) 공공부조로 나뉘는데, 일반적 공공부조는 일정한 소득수준 이하의 사람을 모두 수혜자로 삼는 것을 원칙으로 하고, 범주적 공공부조는 추가적인 기준(나이, 장애자 여부, 가족구성의 형태 등)에 의해 선정된 특정한 사람들을 수혜자로 삼는 원칙을 갖고 있다. 대부분의 나라에서 범주적 공공부조 프로그램을 시행하고 있고, 우리나라의 경우에는 일반적 공공부조인 기초생활보장제도가 있고, 장애 수당, 경로연금 등 범주적 공공부조의 성격을 갖는 보조적 공공부조제도가 함께 운영되고 있다. 기초생활보장제도는 근로능력의 유무에 관계없이 가구의 소득이 최소한의 생활을 유지하기 위해 필요한 수준에 미치지 못할 경우, 그 차액에 해당하는 부분을 정부가 보조하는 방식이다.

(3) 빈곤선이란 무엇인가?

빈곤은 절대적 빈곤과 상대적 빈곤, 정신적 빈곤 등으로 나눌 수 있다. 절대적 빈곤이란 인간이라면 생존을 위해 기본적으로 필요한 의식주 등을 개인적인 경제적 능력으로 해결할 수 없는 상태를 말하고, 상대적 빈곤이란 다른 사람과의 경제적 능력을 비교하여 어떤 개인의 경제적 능력이 두드러지게 낮은 상태를 의미한다. 구체적으로 어떤 경제적 수준에 놓인 사람들이 빈곤계층인지를 파악하기 위해서는 빈곤선(poverty line)이라는 가이드라인이 필요한데, 절대적 기준, 상대적 기준, 주관적 기준 등으로 설정한다. 또한 정부가 빈곤계층에 대해 공공부조 프로그램 등을 실행하기 위한 기준으로는 정책적 빈곤선이 사용된다.

① 절대적이며 객관적인 빈곤선

절대적이며 객관적인 빈곤선은 인간으로서 최저한의 생활을 유지하는데 필요한 소득수준, 즉 생계비를 기준으로 빈곤선을 설정한 라운트리(Rowntree) 방식이 있다. 라운트리 방식은 기본적 필요가 생물학적 생존을 말하는지, 사회적 생존을 말하는지 명확하지 못하고, 구체적으로 무엇을 말하는지 불분명하다는 비판도 있다.

② 상대적이며 객관적인 빈곤선

상대적이고 객관적인 빈곤선은 빈곤을 상대적인 것으로서 파악해서 평균소득이나 중위소득의 일정비율을 기준으로 빈곤선을 설정하거나, 소득분포상의 하위 몇 %까지 기준을 정한 다음 빈곤선을 설정한다. 이 방식은 빈곤선의 비율을 몇 %로 삼아야 하는지, 또 왜 그래야 하는지 등에 대해서는 아직도 다양한 이견이 존재한다.

③ 주관적인 기준에 의한 빈곤선

주관적 기준에 의한 빈곤선은 사람들의 빈곤에 대한 주관적인 평가를 토대로 빈곤선을 설정한다. 사람들에게 자신의 여건에 입각해 자신에게 필요한 최소한의 소득을 묻는 방법을 사용한다. 이처럼 설문조사를 통해 빈곤선을 설정하는 방식을 라이덴(Leyden) 방식이라고도 한다.

④ 정책적인 빈곤선

정책적인 빈곤선은 정부의 정책적 판단을 위해 정부가 빈곤의 기준을 설정하는 방식이다. 이 같은 방식은 공식빈곤선(official poverty line)이라고도 하는데, 정부의 정책적 판단이 과연 합리적인지에 대한 의문이 제기될 수 있다.

7. 합리적인 공공선택

정부의 경제행위는 집단적 의사결정(collective decision making)이며 정치적 과정(political process)에 속한다. 정부의 선택이 무엇이고 어떻게 이루어지며 그 결과에 대한 경제적 의미가 무엇인지를 밝히는 이론체계가 공공선택이론(public choice theory)이다. 정부의 선택은 공공선택(public choice)이며, 이를 정치적 과정이라 한다. 정치적 과정에는 직접민주제와 대의민주제가 있다. 직접민주제는 국민이 직접 참여하는 집단적 의사결정 방식이고, 대의민주제는 국민이 대리인을 통해 집단적 의사결정에 참여하는 간접적인 집단적 의사결정 방식이다.

1) 직접민주제하의 공공선택

직접민주제하에서는 과반수제, 전원합의제, 점수투표제와 같은 의사결정방식이 있다. 집단적 의사결정에서 중요한 요소는 표의 배분과 의사결정 기준이다. 1인당 몇 표를 행사할 것인지와 관련한 표의 배분방식이 중요하고, 의사결정에 필요한 정족수를 어떻게 하느냐가 중요하다. 따라서 직접민주제하에서의 의사결정 방식은 전원합의제, 다수결제(1/2, 2/3, 3/4), 점수투표제 등으로 구분된다.

① 전원합의제(unanimity rule)는 어떤 의결사항에 구성원 모두의 동의에 의해서 결정되는 의사결정방식이다. 구성원 모두가 만족하는 가장 이상적인 방식이라 할 수 있다. 하지만 구성원 모두가 동의하는 과정에서 많은 의사결정에 관한 비용이 발생할 수 있다. 또한 어느 한 구성원이 의사결정을 전략적으로 방해하여 의사결정을 마음대로 지연시킬 수 있다.

② 과반수제(majority rule)는 어떤 의결사항에 구성원의 과반수 이상의 동의에 의해 결정되는 의사결정방식이다. 신속한 의사결정으로 시간과 비용을 절감할 수 있다. 하지만 과반수제는 다수의 횡포(tyranny majority)와 소수의 비극(tragedy minority)이라는 단점도 갖고 있다. 찬성 51 대 반대 49로 의사결정이 되는 경우(구성원이 총 100인 경우), 단 1명의 표차이로 찬성쪽에 표를 던진 사람들은 모든 것을 얻게 되고, 반대쪽에 표를 던진 사람들은 모든 것을 잃게 되는 문제가 발생한다. 또한 다수결(과반수)제는 의안을 표결하는 순서에 따라 의사결정의 결과가 달라지는 투표의 역설(voting paradox) 현상도 발생한다. 이론적으로는 최적다수결제(optimal majority)와 같은 개선된 집단적 의사결정 방식이 존재하지만 이 같은 방식을 현실에 적용하기에는 너무 추상적이라는 한계가 있다. 현실적으로 의사결정비용(decision making costs)이나 의사결정에서 소외된 사람들의 불만비용인 외부효과(external costs)를 계산하기 어렵기 때문이다.

③ 점수투표제(point voting rule)는 1인 1표제가 갖고 있는 문제점을 개선할 수 있는 의사결정방식이다. 1인 1표제는 어떤 사람이나 안건에 투표하면 다른 사람이나 다른 안건에는 투표할 수 없는 흑백논리가 반영된 표결방식이다. 다시 말하면 여러 안건이나 여러 사람에 대해 다양한 투표자의 선호를 나타낼 수 없는 것이다. 어느 누군가에게는 100점을 주고 다른 모든 사람에게는 0점을 주어야 하는 단점을 가지고 있다. 점수투표제는 점수를 자신의 선호에 따라 다양하게 나누어 투표할 수 있다. 투표자에게 10점이든 100점이든 총점이 부여되면 그 점수를 자신의 선호대로 나누어 투표할 수 있다. 하지만 점수투표제의 경우에도 단점이 나타날 수 있는데, 어떤 투표자가 자신에게 부여된 모든 점수를 전략적으로 배분하는 경우, 투표결과를 왜곡시킬 수 있다. 본래의 선호대로 투표결과가 도출될 수 없다고 판단되는 경우, 자신이 가장 싫어하는 결과를 막기 위해서 전략적으로 투표하여 엉뚱한 결과를 만들 수 있다.

2) 대의민주제하의 공공선택

대의민주제하에서 정부의 의사결정은 대부분 대리인(agency)에 의해 이루어진다. 정부를 움직이는 대리인은 정치인, 관료, 특수이익집단으로 분류할 수 있다. 따라서 정부의 의사결정을 이해하는 과정에서 이들(대리인)에 대한 성격과 행동 그리고 집단적 의사결정 결과에 담긴 경제적 함의를 이해하는 것은 매우 중요하다.

① 정치가를 설명하는 모형으로는 득표극대화모형(vote maximization model)과 중위투표자이론(median voter theorem)이 있다. 득표극대화모형은 정치가(politicians)들도 시장이론에서 경제주체인 소비자와 생산자처럼 자신의 이익을 위해 최선을 다한다는 가정에서 출발한다. 따라서 정치가는 권력을 장악하는 것이 자신의 목표이고 이것을 달성하기 위해서는 자신에 대한 지지표를 극대화하려 행동한다는 모형이다. 한편 중위투표자이론은 정치가가 자신의 목표 달성(권력의 획득)을 위해 지지표를 극대화하기 위해서는 중산층을 위한 정치를 해야 한다는 논리로 연결된다. 본래의 중위자투표이론은 양극단의 정치적 성향이나 예산규모를 크기 순서로

나열하고 과반수를 적용하여 표결하면 표결순서를 어떻게 하든 상관없이 항상 중도적인 성향의 사람이나 중간정도의 예산규모가 채택된다는 원리이다. 이런 현상을 꽁도세 승자(Condorcet winner)라고도 한다.

② 관료제를 설명하는 모형으로는 니스카넨(W. Niskanen)모형과 미그-빌레인저 모형이 있다. 관료제모형에서는 관료조직의 비효율성이 관료들의 역량부족에서 비롯된 것이라기보다는 관료제가 안고 있는 유인구조의 부족에서 비롯된다는 것을 설명해 준다. 관료들도 정치인과 마찬가지로 주인인 국민의 이익을 위해 최선을 다하는 것이 아니라 자신들의 목표(그들이 행사하는 특권이나 권한)를 위한 예산규모확대에 관심을 가진다고 가정한다. 따라서 관료들은 사회적 순편익이 극대화되는 규모(한계편익=한계비용)에서 예산규모를 결정하는 것이 아니라, 총비용과 총편익이 같아지는 수준(사회적 순편익은=0)에서 예산규모를 결정하려 한다고 설명한다. 따라서 관료제모형은 정부의 과잉예산의 편성이나 예산집행으로 인한 비효율성 문제를 이해하는데 유용한 이론이다.

③ 정치가와 관료만큼이나 대의민주제의 의사결정에 영향력을 행사하는 집단이 특수이익집단이다. 동일한 이해관계를 가진 사람들이 자신들의 이익을 보호하기 위해 집단적으로 행동하는 조직을 특수이익집단(special interest group)이라 한다. 이들은 로비를 통해 자신들의 이익을 지키려 한다. 정부의 의사결정에 소위 로비력을 동원하여 자신들의 이익을 극대화하려고 노력한다. 이런 과정에서 정치인, 관료, 특수이익집단이 야합하거나 이익을 함께하는 경우, 정부는 국민을 위한 정부가 아닌 그들만의 리그가 될 가능성이 높다. 많은 법과 제도들이 그들에 의해 장악되고 자신들에게 불리한 법과 제도는 아예 제정되기 어렵게 된다. 이런 현상을 철의 삼각지(iron triangle)라 한다. 이 세 집단이 정부의 의사결정에 가장 막강한 영향력을 행사하기 때문이다. 또한 소규모집단(특수이익집단)이 대규모집단(국민대다수)에 정치적으로 승리하는 현상이 발생하는데, 이런 현상을 합리적 무시(rational ignorance)라 한다. 대규모 집단들은 소규모 집단에 비해 조직을 결성하고 행동하기 더 어렵다는 현상에서 비롯되는 원리이다. 대규모 집단일수록 동일한 총

편익에 대해 집단 내 구성원에게 나눠지는 개인별 편익은 작아지고 조직을 형성하고 하나로 움직이는데 필요한 총비용은 상대적으로 커지기 때문이다. 예를 들어 보자. 뇌염환자를 무료로 치료해 주는 프로그램이 있다 하자. 총비용은 1년에 5억원이 든다. 이 프로그램에 직접 혜택을 받는 사람은 1년에 겨우 5명인데, 납세자는 5,000만 명이라 하자. 이런 경우 납세자 5,000만 명이 부담하는 조세부담액은 1인당 10원인 셈이다. 겨우 5명의 복지를 위해 정부가 5억원을 지출해야 되나, 부당함을 주장하고 해당 프로그램을 없애기 위해 집단행동을 가정해 보자. 조직을 만들고 단체행동을 하는 과정에서 여러 가지 비용이 발생하게 될 것이다. 5,000만 명의 대규모 조직의 구성원 입장에서는 10원의 세금을 절약하기 위해 단체행동에서 발생하는 여러 가지 비용을 부담하는 문제가 발생하는 것이다. 이런 이유로 대규모 집단은 이 문제에 대해 침묵하게 되는 현상이 발생한다. 이와 같이 편익은 소수 5명에게 집중(concentrated benefits)되고 비용은 다수 5,000만 명에게 분산(diffuse costs)되기 때문에 소규모 집단이 대규모 집단에 정치적으로 승리하게 되는 것이다. 한편, 1982년 노벨상 수상자 조지 스티글러가 제시한 포획이론(capture theory)에 의하면 공공의 이익을 위해서 일하는 규제기관이 피규제기관에 의해 포획당할 수 있음을 보여준다. 피규제기관(기업이나 이익단체)은 자신의 이익을 위해 규제기관에 로비를 할 수밖에 없고, 규제기관은 그들의 조직과 인력을 유지하려면 규제가 필요하다는 논리가 성립하여 규제기관은 오히려 피규제기관을 보호하거나 협력하는 행동을 보이게 된다는 주장이다. 공공의 이익이 우선이 아닌 규제기관과 피규제기관 모두에게 이익이 되는 그들만의 리그가 유지되는 셈이다. 한국의 정경유착은 대표적인 사례라 할 수 있다. 정치인, 고위관료, 그리고 재벌은 이미 혈족이고 철의 삼각지(iron triangle)이며 서로 포획된 상태에 있게 된다.

3) 비용편익분석

정부가 어떤 공공사업을 추진하기 위해서는 그 사업에 대한 타당성을 확보하여야 한다. 민간사업과는 다르게 국민의 세금을 재원으로 지출하기 때문에 국회로부터 예산을 확보하여야 하며, 그러기 위해서는 공공사업에 대한 타당성을 평가하고 인증받아야 한다. 어떤 사업이 민간사업이든, 공공사업이든 타당성을 평가하는 방법으로는 비용편익분석(cost-benefit analysis)을 일반적으로 사용한다. 정부의 공공사업의 목적은 사회후생의 증대라 할 수 있는데, 사회후생은 주관적인 개념이어서 그 크기를 기수적으로 계산하기 어렵기 때문에 사회후생 대신 화폐가치로 계산할 있는 편익을 사용하는 방식을 비용편익분석이라 한다. 비용편익분석을 통해서 공공사업에 대한 타당성을 평가하고, 그것을 바탕으로 사업계획의 채택여부와 사업계획에 대한 우선순위를 결정할 수 있다. 비용편익분석으로는 현재가치법, 내부수익율법, 그리고 편익 – 비용비율법이 사용된다.

공공사업은 대체로 단기간에 비용이나 편익이 발생하기보다는 장기간에 걸쳐 비용이나 편익이 발생하는 특성을 가진다. 공공사업에 대한 타당성을 평가한다는 것은 장기간에 걸친 비용과 편익을 모두 합쳐 그 크기를 비교하는 작업이다. 따라서 현재가치법(present value)은 어떤 공공사업에 투입되는 비용이나 그 결과로 얻어지는 편익을 모두 현재가치로 할인한 다음 그 크기를 비교하여 편익이 비용보다 크다면(순편익의 현재가치가 0보다 큰 상태) 그 사업을 타당성이 있는 것으로 평가하는 개념이다. 현재가치법에 의해 순편익의 현재가치를 계산하는 산식은 다음과 같다.

$$PV = B_0 - C_0 + \frac{B_1 - C_1}{1+r} + \frac{B_2 - C_2}{(1+r)^2} + \cdots + \frac{B_n - C_n}{(1+r)^n}$$

미래의 편익이나 비용을 현재가치로 할인한다는 것은 예를 들면 1만원을 연리 10%인 적금에 든다면 1년 후에 1만원의 원금과 이자 1,000원을 합한 1만 1,000원을 받을 있다. 이것은 현재의 1만원은 1년 후에 1만 1,000원이 되고, 역으로 1년 후에 발생하는 1만 1,000원은 현재가치로 할인하면 1만원이 된다는 개념이다. 따라서 이자율을 할인율(discount rate)로 삼아 미래에 발생할 편익이나 비용을 모두 현재가치로 환산한 다음 편익(B)에서 비용(C)을 뺀 나머지, 즉 순편익을 계산한 값이 현재가치(PV)이다. 위의 산식에서 B_0-C_0는 현시점에서 순편익이고, $\cdots+$마지막 $\frac{B_n-C_n}{(1+r)^n}$은 n년에 발생한 순편익을 복리로 할인해 현재가치로 환산한 순편익의 크기이다. 위 산식에서 PV는 어떤 공공사업으로 발생할 순편익을 현재가치로 환산하여 모두 합한 값을 의미한다. 따라서 어떤 공공사업의 PV가 0보다 크다는 것은 그 공공사업의 순편익의 현재가치가 0보다 크다는 것을 의미하므로 그 사업은 타당하다고 평가한다. 또한 공공사업에 대한 여러 대안이 존재한다면 대안마다 각각의 현재가치를 산정해서 순편익의 현재가치의 크기를 비교한 다음 그 값이 큰 순서대로 우선순위를 부여할 수 있다.

연습문제

1. 정부의 개념과 기능과 역할에 대해 설명하라.

2. 시장경제와 정부경제의 차이점을 설명하라.

3. 정부의 본질적 의미로서 유기체적 이해와 기계론적 이해의 차이점을 설명하라.

4. 정부의 역할을 운동경기에 비유하여 설명하라.

5. 사용재(private goods)와 공공재(public goods)의 차이점을 비교·설명하라.

6. 가치재(merit goods)와 비가치재(demerit goods)의 차이점을 비교·설명하라.

7. 정보재(information goods)의 개념과 특징을 설명하라.

8. 공유자원의 비극(tragedy of commons)과 소유권 경제를 설명하라.

9. 공유자원의 희극과 공유사회(social commons)의 연결성을 설명하고 사회적 자본 (social capital)의 중요성을 설명하라.

10. 정부의 실패 요인을 설명하라.

11. 정부가 시행하는 독점규제에 대한 구조주의적 견해와 행동주의적 견해를 설명하라.

12. 정부가 시행하는 산업규제와 자연독점현상과의 관련성을 설명하라.

13. 산업규제로 인해 발생하는 비효율성과 문제점에 대해 설명하라.

14. 사회규제의 정의를 설명하고 사회규제에 대한 찬성논리와 반대논리를 설명하라.

15. 정부가 시행하는 규제의 목적을 설명하라.

16. 정부가 규제를 시행하는 과정에서 발생하는 규제비용에 대해 설명하라.

17. 영국의 붉은 깃발법(red flag act)이 만들어 낸 규제의 역설을 설명하라.

18. 미국의 금주법(hational prohibition act)이 만들어낸 규제의 역설을 설명하라.

19. 조세의 개념과 세원에 대해 설명하라.

20. 조세로 인한 교정효과(corrective effect)와 교란효과(distortion effect)를 설명하라.

21. 조세와 관련한 공표효과(announcement effect))를 설명하라.

22. 조세부담의 편익원칙과 응능원칙을 비교·설명하라.

23. 동등희생의 원칙(equal sacrifice rule)에서 절대동등희생, 비례동등희생, 한계동등희생을 그래프를 그려 비교·설명하라.

24. 수평적 공평(horizontal equity)과 수직적 공평(vertical equity)를 비교·설명하라.

25. 교정과세(corrective tax)와 중립세(Lump-sum tax)를 비교·설명하라.

26. 창문세와 초과부담(excess burden)을 설명하라.

27. 물품세 부과로 인해 발생하는 초과부담을 그래프를 그려 설명하라.

28. 비효율성계수의 개념과 산식을 설명하라.

29. 누진세 부과에 대한 찬성논리를 설명하라.

30. 누진세 부과에 대한 반대논리를 설명하라.

31. 조세회피(tax avoidance)와 탈세(tax evasion)에 대한 개념과 현상을 설명하라.

32. 바람직한 조세제도를 판단하는 기준을 설명하라.

33. 재분배정책에 대한 찬성논리를 설명하라.

34. 재분배정책에 대한 반대논리를 설명하라.

35. 낙수효과(trickle-down effect)에 대한 개념과 공과를 설명하라.

36. 분수효과(fountain effect)에 대한 개념과 공과를 설명하라.

37. 재분배정책으로서의 일반조세제도가 만들어 내는 효과에 대해 설명하라.

38. 재분배정책으로서의 사회보험제도와 공공부조 프로그램에 대해 설명하라.

39. 빈곤선의 개념과 정책적인 빈곤선에 대해 설명하라.

40. 공공선택이론의 개념과 필요성에 대해 설명하라.

41. 전원합의제와 과반수제의 장점과 단점을 비교·설명하라.

42. 점수투표제의 의의와 문제점을 설명하라.

43. 최적다수결제의 의의와 한계점을 설명하라.

44. 중위자 투표이론(median voter theorem)의 원리와 그 결과로 나타나는 경제적 의미를 설명하라.

45. 정치가 모형인 득표극대화원리를 설명하라.

46. 관료제모형에서 니스카넨모형과 미그－빌레인저모형을 비교·설명하라.

47. 특수이익집단(special interest group)과 철의 삼각지(iron triangle)가 공공선택에 미치는 영향을 설명하라.

48. 공공선택에서 나타나는 합리적 무시(rational ignorance)현상을 설명하라.

49. 비용편익분석(cost-benefit analysis)의 개념과 공공선택에서 활용하는 이유를 설명하라.

50. 현재가치법의 개념과 산식을 설명하라.

Chapter 08

국민소득의 결정원리

1. 미시경제학과 거시경제학
2. 국민소득의 개념과 순환
3. 국민소득의 측정
4. 국민소득의 지표

이 장에서는 국민소득의 결정원리를 학습하고자 하는데, 국민소득이란 개념은 경제학에서 거시경제학 영역에 속한다. 이론경제학은 경제현상을 현미경적 관점에서 설명하는 이론체계인 미시경제학(micro economics)과 망원경적 관점에서 설명하는 이론체계인 거시경제학(macro economics)으로 구성된다. 미시경제학은 경제주체의 행동(선택)을 중심으로 모형화되었다면, 거시경제학은 국민경제 전체의 수량을 중심으로 모형화된 이론체계이다. 거시경제학은 항상 미시경제학에 비해 더 많은 논쟁이 발생한다. 현대 거시경제학의 경우, 지난 70년간 경제학자들 간의 서로 다른 견해들이 많이 좁혀지고 있는 것도 사실이지만 학파간 이견은 여전하다.

1. 미시경제학과 거시경제학

경제학은 연구대상에 따라 미시경제학과 거시경제학으로 구분한다. ① 미시경제학(microeconomics)은 개별경제주체들(가계, 기업, 정부, 외국)의 경제행위와 그들 간의 상호작용을 연구대상으로 한다. ② 거시경제학(macroeconomics)은 국민경제 전체를 경제주체가 아닌 총량 중심의 경제현상으로 연구한다. 거시경제변수들(국민소득, 물가, 이자율, 통화량, 국제수지, 경제성장 등)이 어떻게 상호작용하여 균형을 이루고, 균형이 깨어지는 경우, 정부는 국민경제의 균형을 회복하기 위해 어떤 정책 수단들이 가능한지를 설명한다. 또한 정부의 경제정책들이 국민경제에 어떻게 영향을 미치는지를 설명한다. ③ 미시경제학과 거시경제학은 경제학을 떠받치는 두 개의 기둥과 같다. 미시경제학은 경제라는 숲이 있다면 그 숲속을 날아다니며 숲을 이루고 있는 나무 하나 하나를 관찰하는 새의 관점이라면, 거시경제학은 국민경제라는 숲 전체를 한눈에 관찰할 수 있는 숲 위를 나는 새의 관점에서 경제를 설명한다.

④ 경제를 설명하는 가장 기초적인 모형은 수요·공급분석인데, 미시경제학과 거시경제학에서의 수요·공급분석을 비교하면 〈그림 8-1〉과 같다. 미시경제학은

〈그림 8－1〉 수요·공급곡선과 총수요·총공급곡선

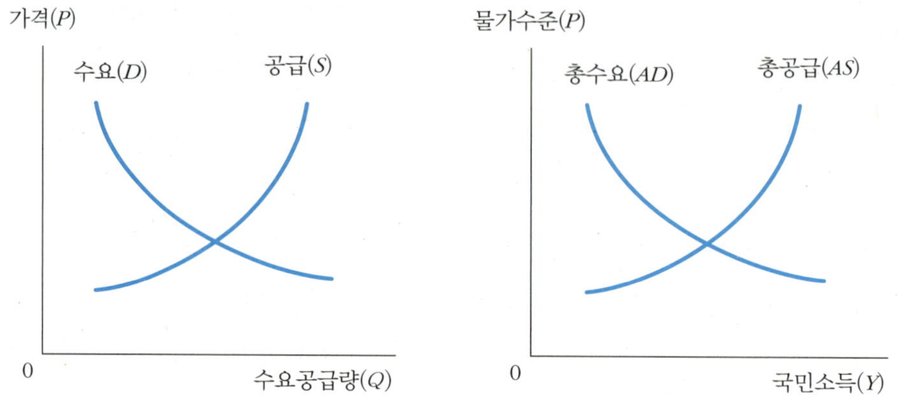

〈그림 8－1〉의 왼쪽 그림과 같이 개별 시장에서의 시장균형가격과 균형수요·공급량을 분석한다. 거시경제학은 〈그림 8－1〉의 오른쪽 그림과 같이 한 국가 전체의 균형물가수준과 균형총생산, 즉 균형국민소득을 분석한다. 그런데 미시경제학에서의 수요·공급분석에서나 거시경제학의 총수요·총공급 분석에서나 〈그림 8－1〉과 같이 수직축은 가격과 물가수준을 나타내고, 수평축은 수요·공급량과 총생산(국민소득)을 나타낸다. 수직축에 나타낸 가격은 하나의 상품을 얻기 위해 지불하는 화폐액을 나타내는 반면 물가수준은 한 나라 안에서 거래되는 모든 상품의 가격을 합해 놓은 개념이다. 수평축에 나타낸 수급량은 어떤 시장에서 거래된 어떤 상품의 수급량을 나타내는 반면 국민소득은 한 나라 안에서 생산된 모든 상품을 합한 개념, 즉 국민총생산인 것이다. 따라서 미시경제학은 어느 한 상품의 개별시장의 수요·공급을 숲 속을 나는 새의 관점에서 분석한다면, 거시경제학은 어느 한 국가 내의 모든 상품시장을 숲 위를 나는 새의 관점에서 국민경제전체의 총수요와 총공급을 분석한다. ⑤ 미시경제학은 애덤 스미스의 고전파 경제학을 모태로 발전하였고, 거시경제학은 케인스경제학이 나타나면서 더욱 체계화되고 발전하게 된다. 미시경제학은 자유주의 사상을 바탕으로 하는 시장원리주의를 지향하는 경제이론체계이고, 거시경제학은 개입주의를 바탕으로 하는 정부가 시장실패를 미세

조정(fine turning)하는 수정자본주의적 경제이론체계이다. 시장원리주의적 경제사상은 1920~30년대의 세계대공황의 위기 속에서 침몰하였고, 세계대공황에서 벗어나기 위해서는 웅장하고 역동적인 새로운 경제이론이 필요한 상황에서 케인스 경제학은 태동하게 된다. 그 당시 케인스 경제학은 풍부한 경제지식과 경제정책에 대한 노하우로 무장한 경제관료들이 시장에 적극적으로 개입하여 총수요를 조절함으로써 당면한 실업문제, 즉, 세계경제공황을 타개할 수 있는 유일한 방안임을 강조한다. 그런데 정부의 개입주의는 1970년대~1980년대에 걸친 스태그플레이션이라는 합병증으로 위기에 처하게 되고 이를 극복하기 위한 새로운 경제사상으로서 케인스혁명에 대한 반혁명인 신자유주의가 탄생한다. 신자유주의는 애덤 스미스의 시장원리주의의 재발견이라 할 수 있는데, 구체적으로는 통화주의학파, 합리적 기대가설학파로 학문적 세력을 형성한다.

⑥ 루카스의 합리적 기대가설 이후 거시경제학의 영역에서조차 개별 경제주체의 행동에 대한 이해가 중시되는데, 이런 기조를 반영한 거시경제학을 미시경제기반 거시경제학(micro-foundation of macroeconomics)이라고 부른다. 거시경제학은 본질적으로 거시변수(GDP, 물가수준, 이자율, 실업률 등)의 움직임을 연구하는 학문이다. 거시경제 모형은 이러한 거시변수 간의 관계를 우리가 이해할 수 있는 형태로 구조화해 설계 도면을 그린 것이다. 최근 거시경제학은 단순히 거시변수 간의 과거 관계를 실증적으로 요약하는 데서 벗어나 개별경제주체가 어떠한 결정을 하고 이것이 거시변수에 어떻게 반영되는지를 밝히는 방향으로 발달해 왔다. 거시경제 모형의 용도는 크게 두 가지로 나뉜다. 첫째, 모형을 이용해 향후 거시변수의 움직임을 예측하는 것이 가능하다. 둘째, 모형을 통해 정부의 경제정책이 어떠한 효과를 가져왔는지 평가하고 앞으로의 정책효과를 예측할 수 있다.

2. 국민소득의 개념과 순환

국민소득은 어떤 국민경제 내에서 생산된 모든 생산물의 가치를 화폐액으로 환산한 개념이다. 국민총생산이 증가하면 국민소득은 증가하고 국민총생산이 감소하면 국민소득도 감소한다. 국민경제 내에서 이루어지는 모든 생산과정에서 생산을 위해서는 생산요소가 투입되어야 하고, 생산요소를 투입하려면 요소비용을 지출해야 한다. 생산요소, 즉 노동, 자본, 토지, 경영을 투입하기 위해 지출되는 생산요소 비용은 임금, 이자, 지대(임대료), 이윤(배당금) 등이 그것이다. 생산요소를 제공한 경제주체는 생산에 자신이 제공한 생산요소가 생산에 기여한 만큼 요소비용(임금, 이자, 지대, 이윤)을 지급받게 되는데, 이것을 소득이라 하고, 국민경제를 구성하는 모든 개인의 소득을 합한 개념이 국민소득이다.

1) 2부문 거시경제 모델(model)에서의 국민소득 순환

미시경제학에서 이미 학습한 것처럼 경제를 활동을 주도하는 경제주체를 민간부문으로 한정하여 가계와 기업만으로 구성하면 시장경제, 공공부문인 정부를 포함하면 국민경제, 국민경제가 개방되어 해외부문까지 포함하면 국제경제가 된다. 여기서 2부문 거시경제 모델을 가정하는 것은 국민경제를 민간부문만으로 한정하

〈그림 8-2〉 가계와 기업만이 활동하는 2부문 거시경제 모델

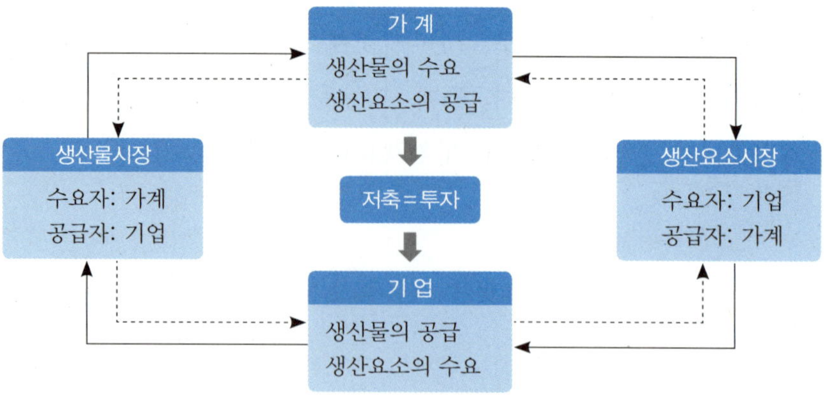

여 국민소득의 순환과정을 쉽게 설명할 수 있기 때문이다. 2부문 거시경제 모델(model)은 〈그림 8-2〉의 모형처럼 경제주체를 가계와 기업, 즉 정부와 해외부문을 생략한 시장경제만을 고려한 국민경제모형이다. 가계와 기업만이 존재하는 경제모델에서는 세금을 내야 할 의무나 수입품을 사는데 돈 쓸 필요가 없는 경제를 상정한다. 설명의 편의를 위해 기업은 소비재만 생산하고, 가계는 모든 소득을 소비로 지출하여 저축은 0인 상태를 가정해 보자.

(1) 국민경제의 순환 모형

〈그림 8-3〉에서는 보는 바와 같이 ① 가계가 상품을 구매하기 위해서 지불한 돈은 기업의 수입이 된다. ② 기업이 수입을 요소비용의 형태로 분배한 금액은 가계소득이 되고, 가계가 벌어들인 소득을 모두 합하면 국민소득이 된다.

③ 가계는 생산요소를 판매하여 얻은 소득으로 기업이 공급하는 생산물을 구매하고, ④ 기업은 생산물을 판매하여 얻은 수입으로 가계가 제공하는 생산요소를 구매한다. 〈그림 8-3〉에 나타난 국민소득의 순환과정을 정리하면, 가계와 기업은 서로 필요한 것을 제공하고 그것에 대한 대가를 주고받음으로써 국민소득에 대한 순환고리가 형성된다. 가계는 생산요소를 공급하여 소득을 벌어들이고, 기업은 생산물을 공급하여 수입을 거둬들인다. 그리고 생산물이나 생산요소뿐만 아니라 화폐도 순환고리를 따라 돌고 돌게 되는데, 이 같은 흐름체계를 국민소득의 순환이라 부른다.

〈그림 8-3〉 국민소득의 순환 모형

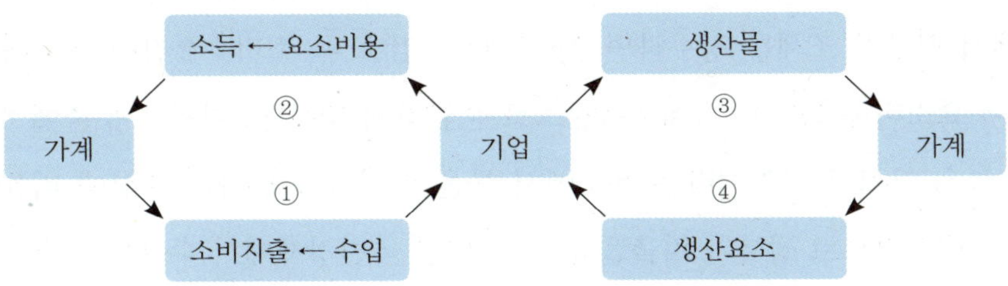

(2) 누출과 주입

지금껏 가계가 저축하지 않고, 기업이 소비재만 생산한다고 했다. 그런 경우 가계의 소득이 모두 수요로 작용하여 기업의 수입으로 들어가고, 기업수입이 모두 요소비용으로 가계에 되돌려져 소득흐름이 돌고 돈다. 그러나 가계수입의 일부가 저축으로 빠져나간다면 어찌 될까.

① 누출이란 저축 ⇒ 소비수요감소 ⇒ 기업수입축소 ⇒ 요소비용축소 ⇒ 가계소득감소의 과정을 유발하므로, 소득흐름의 일부가 저축으로 빠져 나가는 현상을 말한다. 이처럼 수요가 줄어 결국 소득을 감소시키는 흐름을 누출이라 한다. 마치 국민경제라는 욕조에서 물이 빠져나가 물의 수위가 낮아지는 현상과 유사하다. ② 주입이란 누출과는 대조되는 현상으로 투자가 이루어지면, 투자재에 대한 수요가 증가하여 기업의 수입을 증대시키고, 증대된 기업수입은 모두 요소비용으로 가계에 지출되어 소득을 증대시키는 흐름을 주입이라 한다. 마치 국민경제라는 욕조에 물이 채워져 물의 수위가 높아지는 현상과 유사하다. ③ 만약 저축한 만큼 투자된다면 소득흐름에서 누출과 주입은 같아지게 되고, 소득에는 변동이 없게 되는데, 국민경제라는 욕조에서 빠져나간 물의 양과 채워진 물의 양이 같아져서 물의 수위에는 변화가 없는 것과 유사하다. 따라서 2부문 거시경제모델에서는 저축=투자에서 균형이 성립한다.

2) 3부문 거시경제 모델(model)에서의 국민소득 순환

3부문 거시경제 모델(model)은 〈그림 8－4〉의 경제모형처럼 경제주체가 가계와 기업, 그리고 정부가 참여하는 국민경제모형을 가정한다. 정부가 참가하는 3부문 모델에서 정부가 조세를 징수하면 ① 가계소득감소 ⇒ 소비수요감소 ⇒ 기업수입축소 ⇒ 요소비용축소 ⇒ 가계소득감소로 순환하게 되는데, 이것은 누출에 해당한다. 누출은 마치 국민경제라는 욕조에서 물을 빠져나가게 하는 현상에 비유된다. ② 이와 대조적으로 정부가 지출을 늘리게 되면 국민경제에서 수요를 유발시켜 기업의 수입이나 가계의 소득을 증가시키게 되는데, 이것을 주입이라 한다. 주입은

〈그림 8-4〉 가계와 기업, 그리고 정부가 활동하는 3부문 거시경제 모델

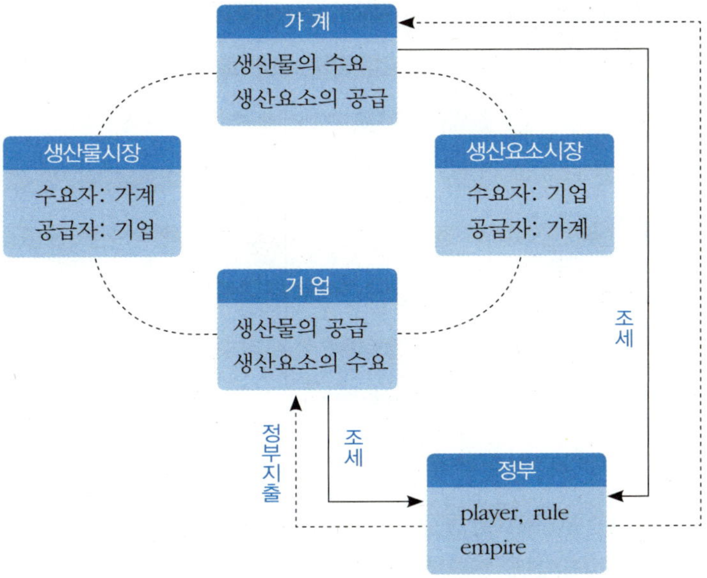

마치 국민경제라는 욕조에 물을 채워 넣는 현상에 비유된다. ③ 3부문 거시경제 모델에서는 조세=정부지출에서 국민경제의 균형이 성립한다. 조세가 누출로서 소득을 감소시키지만, 그로써 집행된 정부지출이 소득을 증가시킨다. 조세로 걷은 만큼 정부가 지출한다면 소득은 변하지 않는다. 조세가 국민경제 욕조에서 물을 빼간 만큼 정부지출로 물을 채워준다면 국민경제라는 욕조의 물은 수위가 변하지 않는다는 원리가 작용한다.

3) 4부문 거시경제 모델(model)에서의 국민소득 순환

4부문 거시경제 모델(model)은 〈그림 8-5〉의 경제모형처럼 경제주체가 가계와 기업, 정부, 그리고 해외가 참여하는 국민경제모형을 가정한다. 〈그림 8-5〉의 왼쪽 그림은 어느 한 나라의 국민경제를 나타내고, 오른쪽 그림은 교역 상대국의 국민경제를 나타낸다.

① 수출은 해외소득이 국내시장에 소득을 채워 넣는 것이므로 주입에 해당하고, 수입은 국내소득으로 해외시장에 소득을 채워주는 것이므로 누출에 해당한다. ②

〈그림 8-5〉 가계, 기업, 정부, 그리고 해외부문을 포함한 4부문 거시경제 모델

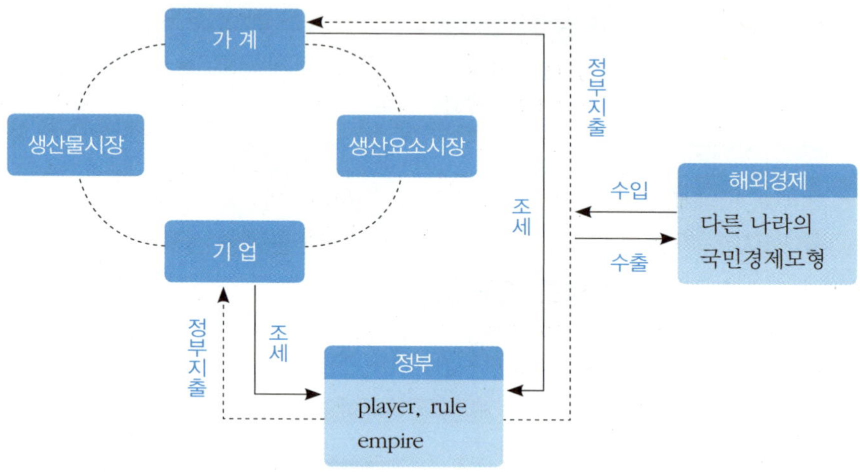

수입>수출이면 국내에서의 생산규모가 축소되고, 수입<수출이면 국내에서의 생산규모가 확대된다. 따라서 수출이 증가하면 주입현상이 발생하여 국민소득을 증가시키고, 수입이 증가하면 누출현상이 발생하여 국민소득을 감소시킨다. ③ 수출에 의한 국민소득의 증가가 그만큼 수입수요를 일으킨다면, 수입으로 인한 누출이 주입효과를 상쇄한다. 따라서 4부문 거시경제 모델에서는 수출=수입에서 국민경제가 균형을 이룬다.

4) 국민경제의 균형조건

지금까지 2부문에서 4부문까지의 거시경제 모델을 살펴보았다. 국민경제는 주입과 누출에 의해서 순환이 이루어지며 주입과 부출의 균형여부에 따라 균형국민소득 수준이 결정된다.

① 2부문 모델에서 소비, 저축, 투자를 각각 C, S, I라 하자. 〈표 8-1〉의 수식 $C+S=C+I$에서 양변의 C는 같으므로 $S=I$이면 두 수식은 등식이 성립한다. 곧 누출과 주입의 크기가 서로 같으므로, 초과수요나 초과공급이 없는 상태, 균형이 되는 것이다. 만약 $S>I$는 누출이 더 많다는 뜻이므로 초과공급을, $S<I$는 주입이 더 많다는 뜻이므로 초과수요를 의미한다. ② 정부가 개입하는 3부분 모델이나 해외

〈표 8 - 1〉 누출과 주입

모델	누출(재고증가)	주입(재고감소)	균형조건
2 부문	저축	투자	$C+S=C+1 \Rightarrow Y=C+I$
3 부문	저축, 조세	투자, 정부지출	$C+S+T=C+I+G \Rightarrow Y=C+I+G$
4 부문	저축, 조세, 수출	투자, 정부지출, 수입	$C+S+T+M=C+I+G+X \Rightarrow Y=C+I+G+(X-M)$

C=소비, I=투자, T=조세, G=정부지출, X=수출, M=수입, Y=국민소득

경제까지 고려한 4부문 모델에 경우에도 〈표 8 - 1〉과 같이 주입과 누출의 동일한 원리가 작동한다. 정부는 있되 해외가 없다는 3부문 모델에서는 조세(T)와 정부지출(G)이 개입하여, $S+T=I+G$가 균형조건이다. ③ 해외거래를 고려하는 4부문 모델에서는 〈표 8 - 1〉과 같이 수출입을 반영하여 $S+T+M=I+G+X$가 균형조건이다.

따라서 균형국민소득을 구하는 조건식은 $Y=C+I$, $Y=C+I=G$, $Y=C+I+G+(X-M)$이 된다.

5) 주입과 승수효과

4부문 거시경제 모델에서 주입은 C(소비)+I(투자)+G(정부지출)+X(수출)인데, 주입이 일어나면 그 결과로 국민소득이 얼마나 증가하는가를 계산하는 개념이 승수효과이다. 욕조에 물을 공급하면 수위가 올라가는데, 욕조의 수위가 얼마나 올라갔는지를 측정하는 개념이다. 승수(multiplier)는 경제학적으로 독립지출(주입)이 변화할 때 균형국민소득이 얼마나 변화하는지를 나타내는 척도로 정의한다. 독립지출이란 정부지출, 독립투자, 독립소비와 같은 국민소득과 무관하게 결정되는 외생변수를 말한다. 그런데 독립지출이 증가하게 되면 국민경제의 순환과정을 거쳐 국민소득을 증가시킨다. 독립지출(주입인 경우)은 수요를 형성하여 최초의 소득증가를 낳고, 증가된 소득은 소비함수에 의해 소비를 증가시키고, 소비증가는 유효수요의 원리에 의해 다시 다른 사람의 소득을 증가시킨다. 이런 과정을 반복하게 되면 균형국민소득은 최초의 독립지출(총수요증가)보다 더 커지게 된다. 독립변수에 따라 투자승수, 정부지출승수, 조세승수, 균형예산승수, 수출승수 등이 있다.

여기서는 가장 단순화된 승수효과의 산식으로 정부지출승수를 살펴보자. 적용되는 원리는 모두 동일하다.

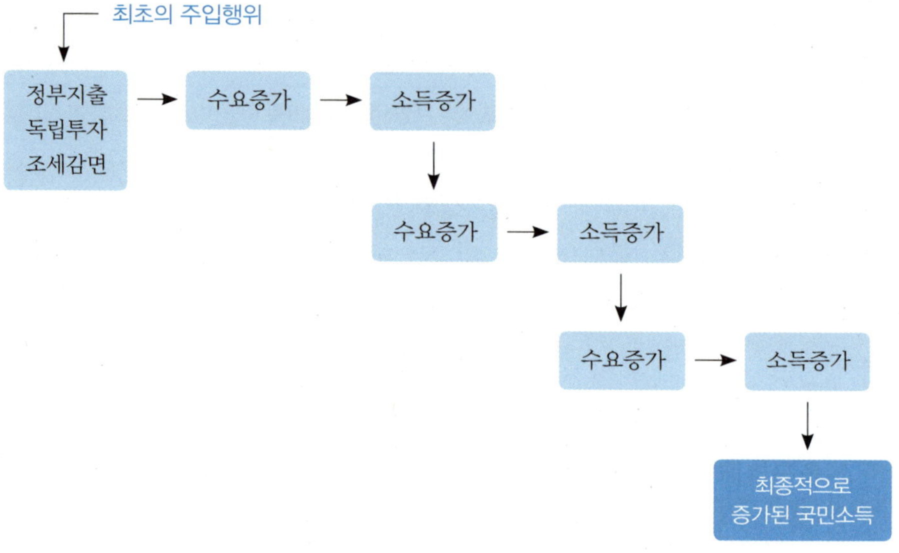

승수효과를 계산하는 산식은 다음과 같다.

$$승수 = \frac{\Delta 균형국민소득}{\Delta 독립지출(독립투자)}$$

이 수식을 설명하면 독립투자증가(ΔI_0)가 k배만큼 균형국민소득을 증가시킨다면,

$$k = \frac{\Delta Y}{\Delta I_0}$$

$\Delta Y = k \cdot \Delta I_0$로 정리할 수 있고, 이때 ΔI_0가 k배만큼 ΔY를 변화시킨다는 의미에서 승수라 한다.

예를 들어 설명하면 정부가 고속철도를 건설하기 위해 100억원을 지출하는 경우(정부지출 100억원은 최초의 주입) 100억원은 고속철도 건설에 참여한 사람들의 최초의 소득이 된다. 그런데 이 사람들의 한계소비성향이 0.5라 한다면 100억원의 50%인 50억원을 소비로 지출하게 된다. 그러면 50억원의 소비지출은 또 다른 사람들의 소득 50억원이 되고, 그 사람의 50억원의 소득에서 50%인 25억원이 소비

로 지출된다. 이런 과정은 소득이 소멸될 때까지 반복되면서 균형국민소득을 200억원으로(최종적으로 증가된 국민소득) 증가시킨다. 이런 과정을 승수효과라 하고 수식으로 정리하면

$$Y = 100억 + 50억 + 25억 + \cdots$$
$$100억 + (100억 \times 0.5) + (100억 \times 0.5^2) + \cdots$$
$$= \frac{1}{1-0.5} 100억 = 200억$$

최초의 독립지출 100억원이 소득증가 → 소비증가 → 수득증가 … 과정을 거쳐 균형국민소득을 최초의 독립지출보다 2배가 많은 200억원으로 증가시킨다. 여기서 0.5는 한계소비성향(MPC)이고 이 값이 커질수록 승수값이 커진다는 것을 알 수 있다. 한계소비성향은 소득이 변할 때 소비가 변하는 비율을 말하는데, 소비가 크게 증가한다는 것은 주입이 커지는 것을 의미한다. 한계소비성향은 한계저축성향과 역의 관계에 있다. 따라서 투자승수(정부지출승수)가 $\frac{1}{1-MPC(한계소비성향)}$은 $\frac{1}{한계저축성향(MPS)}$과 같다.

3. 국민소득의 측정

1) 국내총생산(GDP)의 개념

총생산이나 총소득을 측정하는 지표 중에서 가장 많이 사용되는 지표가 국내총생산이다. 국내총생산(gross domestic product)이란 일정기간(1년) 동안 한 나라의 국내에서 생산된 모든 최종생산물의 시장가치를 합계한 개념이다. 또한 최종생산물을 생산하는 각 단계에서 발생하는 부가가치를 모두 합한 다음 고정자본소모를 차감하여 계산할 수 있다. 부가가치, 중간생산물, 그리고 최종생산물의 개념을 정리하면 다음과 같다.

① 중간생산물이란 다른 생산물을 생산하는 과정에 투입되어 본래의 성질이나

형태가 없어지는 생산물을 말한다. 예를 들어 밀은 밀가루 생산을 위한 중간생산물이며, 밀가루는 빵을 생산하기 위한 중간생산물이다. 물론 자본재와 원재료는 중간생산물이다. 일반적으로 산업용은 모두 중간생산물이고, 민간의 소비용은 최종생산물이다. 밥상에 오른 콩은 최종생산물이지만 밭에 뿌려진 콩은 중간생산물이다. ② 최종생산물은 최종생산 단계를 마친 것으로, 쓸모효용를 다할 때까지 그대로 소비되는 것을 말한다. ③ 부가가치란 중간생산물이 생산과정에서 그 형태나 질의 변화를 거쳐 덧붙여진 가치를 말한다. 밀(1kg)을 1만원어치로 생산하는데 원재료 구입비(중간소비)가 3,000원, 농기구등의 감가상각비 2,000원이라면 밀의 부가가치는 5,000원이 된다. 또한 밀(1kg)로 밀빵이 2만원어치 만들어지고 감가상각비 2,000원이라면 빵의 부가가치는 18,000원이 되는 셈이다. 부가가치를 계산하는 산식은 다음과 같다.

$$\text{부가가치} = \text{총산출} - \text{중간소비} - \text{감가상각}$$

2) 국내총생산의 구분

국내총생산은 평가방법에 따라 명목GDP와 실질GDP, 그리고 실제GDP와 잠재GDP로 구분된다.

① 명목GDP와 실질GDP가 있다. 명목GDP는 당해연도 가격에 당해연도 최종생산물을 곱해서 구한 GDP이고, 실질GDP는 기준연도 가격에 당해연도 최종생산물을 곱해서 구한 GDP이다. 명목GDP는 물가변동에 따라 크기가 달라지고 실질GDP는 물가변동에 영향을 받지 않는다는 특징을 가진다. 따라서 명목GDP는 국가 간의 경제규모를 비교하거나 경제구조의 변동을 분석하는데 사용하고, 실질GDP는 경제성장이나 경기변동과 같은 실질적인 최종생산물의 변화를 분석하는데 유용하다. ② 실제GDP와 잠재GDP가 있다. 실제GDP는 말 그대로 실제로 생산된 최종생산물의 시장가치를 의미하는 것이고, 잠재GDP는 한 나라의 모든 생산요소가 정상 고용될 경우 생산가능한 최종생산물의 시장가치를 말한다. 잠재

GDP는 완전고용GDP 또는 완전고용국민소득이라고도 한다. 여기서 실제GDP와 잠재GDP의 차이를 GDP갭이라 한다. GDP갭을 계산하는 산식은 다음과 같다.

GDP갭＝잠재GDP－실제GDP

따라서 GDP갭이 양의 값을 가지면 생산요소가 정상적으로 고용되지 못한 상태이므로 경기침체와 실업문제를 야기시킨다. 반대로 GDP갭이 음의 값을 가지면 생산요소가 너무 과잉으로 고용된 상태이므로 경기과열이나 인플레이션이 나타난다. 잠재GDP와 실제GDP가 동일하여 GDP갭이 0인 상태를 완전고용국민소득이라 한다. 그런데 1970년대 이후 완전고용 못지않게 물가안정이 중요하다는 것을 경험한 이후로 잠재GDP를 인플레이션을 가속화하지 않고 실현 가능한 최대GDP로 정의하고 있다. 따라서 잠재GDP를 자연생산량(natural rate of output)이라 하고, 이런 상태에서 발생하는 실업률을 자연실업률(natural rate of unemployment)이라 한다. 정부의 정책에서는 일반적으로 잠재GDP를 목표치로 설정하고, 전통적으로 선진국에서는 5~6%수준의 자연실업률상태에서 달성되는 GDP를 잠재GDP로 사용한다.

3) 국민소득의 3가지 측면

우리나라의 GDP는 한국은행에 의해 국민소득계정을 이용하여 분기별 또는 연도별로 산정하여 발표된다. 국민소득계정은 GDP를 생산, 분배, 지출의 3가지 측면에서 측정하고 측정된 생산, 분배, 지출 GDP는 모두 동일하다는 원칙, 즉 국민소득 3면 등가의 원칙이 적용된다.

① 생산GDP(국내총생산)

생산GDP(국내총생산)은 이미 앞에서 살펴본 것처럼 일정기간 동안(1년) 한 나라의 국내에서 생산된 모든 최종생산물의 시장가치의 총합이거나, 최종생산물을 생산하는 각 단계에서 발생하는 부가가치를 모두 합한 값을 의미한다.

생산GDP＝최종생산물의 시장가치의 합＝부가가치의 합

② 분배GDP(국내총소득)

모든 생산은 생산요소의 투입의 결과물이다. 생산요소의 기여가 곧 생산의 크기를 결정한다. 생산과정에서 투입된 생산요소에 대가로 지불되는 생산요소의 시장가격, 즉 임금, 이자, 지대, 이윤을 모두 합한 값이다. 기업이 생산요소에 대한 대가를 지불하면 생산요소를 제공한 경제주체의 소득으로 전환되기 때문이다.

분배GDP(국내총소득) = 총요소소득(임금, 이자, 지대, 이윤)

③ 지출GDP(국내총지출)

국내에서 생산된 모든 생산물(재화와 용역)은 누군가에 의해 사용되므로 지출측면에서도 국내총지출을 계산할 수 있다. 국내총지출(지출GDP)은 소비지출, 투자지출, 정부지출를 모두 합한 값이다. 국내총지출은 앞에서 살펴본 주입에 해당하고 이것은 총수요를 결정한다. 따라서 지출GDP(국내총지출)는 그 나라의 총수요와 같게 된다.

지출GDP = 소비지출(C) + 투자지출(I) + 정부지출(G)

④ 국민총생산(GNP)

국민소득의 개념으로 과거에는 국민총생산(gross national products)이 주로 사용되었는데, 세계화로 인한 다국적기업들의 생산활동이 증가하면서 국민총생산보다는 국내총생산의 개념이 어떤 나라의 생산능력을 평가하는 잣대로 널리 사용된다. 국내총생산(GDP)은 영토를 기준으로 생산능력을 평가하는 개념이고, 국민총생산은 국민을 기준으로 생산능력을 평가하는 개념이다. 국내총생산과 국민총생산의 결과적인 차이점은 자기 나라 국민이 해외에 나가 얻는 소득과 외국인이 그 나라에 들어와 얻는 소득의 차이에서 발생한다. 국민총생산은 국내총생산에서 자기 나라 국민이 해외에 나가 얻는 소득을 더한 다음, 외국인이 자기 나라에 들어와 얻는 소득을 빼서 얻은 값이다. 그런데 자기 나라 국민이 해외에 나가 얻는 소득에서 외국인이 자기 나라에 들어와 얻는 소득을 뺀 값을 대외순수취 요소소득이라 한다.

국민총생산(GNP) = 총내총생산(GDP) + 대외순수취 요소소득

4. 국민소득의 지표

1) 국민총소득(GNI)의 개념

1990년대 초반까지 GNP(gross national product)가 한 나라의 총생산과 총소득을 나타내는 주요지표로 사용된 바 있다. 1993년 UN이 마련한 국민계정체계(SNA)의 권고에 따라 한 나라의 총생산을 나타내는 주요지표로 국내총생산(GDP)을 쓰고, 총소득을 나타내는 주요지표로 국민총소득(GNI)을 사용하게 되었다. 국민총소득(GNI)은 기존의 실질GNP가 국민들의 실질소득의 변화를 제대로 반영하지 못한다는 단점을 보완하는 총소득지표이다. 교역조건의 변화를 반영하여 실질무역손익을 계산한 국민총소득의 구매력을 계산한 개념이다.

교역조건이란 수출물가를 수입물가로 나눈 값을 말한다. 만약 교역조건이 나빠지면 동일한 양의 상품을 수출하고도 수입할 수 있는 수입 상품의 양은 줄어들므로 그 나라 국민들의 실질소득이 감소한 것과 같은 효과가 나타난다.

국민총소득(GNI)이란 일정기간 동안 한 나라의 국민이 소유하고 있는 생산요소를 국내외에 제공한 대가로 벌어들인 총소득을 의미한다. 국내총생산(GDP)이 한 나라의 생산활동을 나타내는 지표라면, 국민총소득(GNI)은 국민들의 구매력(후생수준)을 나타내는 지표라는 차이가 있다. 1인당 국민소득의 크기는 1인당 GNI로 나타내는 것이 일반적이다.

2) 국민총소득(GNI)과 국내총생산(GDP)과의 관계

국민총소득(GNI)은 국내총생산(GDP)에 교역조건의 변화로 인한 실질무역손익과 국외순수취요소소득을 합한 개념이다. 해외에서 벌어온 근로자나 기업의 소득은 국내총생산(GDP)에는 포함되지 않지만 국내총소득(GNI)에는 포함된다. 이를 대외순수취요소소득이라 하고, 대외수취요소소득에서 대외지급요소소득을 빼낸 값을 말한다. 예를 들면 외국인들이나 외국기업들이 우리나라에서 생산한 것은 국내총생산(GDP)에 포함되지만, 대외지급요소소득이므로 국내총소득(GNI)에서는 차감한다.

다음으로 교역조건의 변화에 따른 실질무역손익을 국민총소득(GNI)에 계상해야 한다. 교역조건은 $\frac{\text{수출상품가격}}{\text{수입상품가격}} \times 100$으로 나타낸다. 따라서 교역조건이란 수출품 1단위로 구매할 수 있는 수입품의 수량을 의미한다. 이 값이 커지면 수출품 1단위로 교환할 수 있는 수입품의 양이 증가하므로 이것은 마치 실질소득이 증가한 것과 같다.

3) 국부(national wealth)

국민소득은 일정기간에 걸친 양을 측정하는 유량(flow)의 개념을 말하는데, 국부(national wealth)는 일정시점에서 양을 측정하는 저량(stock)의 개념으로써 어떤 나라의 국민이 소유한 부의 총액을 의미한다.

국부(national wealth) = 국내의 물리적인 자산 + 국외순자산(국외자산 − 국외부채)

한 나라의 국민이 보유한 금융자산은 국부에 포함되지 않는다. 예금, 주식, 채권 같은 금융자산은 발행자의 입장에서는 부채에 해당하므로 순부(Net Wealth)로 볼 수 없기 때문이다. 국부를 결정하는 요소로는 국부를 구성하는 자산가격과 총저축이다. 자산가격이 증가하거나 총저축이 증가하는 경우 국부는 증가하게 된다.

4) GNI와 GDP의 유용성과 한계

(1) 국민소득 지표의 유용성

GDP를 비롯한 국민소득 지표들은 한 나라의 경제규모나 활동수준을 나타낸다. 한 나라의 경제활동의 수준은 생산, 고용, 물가 등에 의해 측정되면서 모두 GDP와 밀접한 관련이 있다. 국가 간의 경제 규모나 경제활동 수준을 비교하는 대표적인 지표로서 GDP 개념을 사용한다. 또한 GDP나 GNI의 측정과정에서 경제구조 파악이 가능하며 간접적으로 사회적 후생수준을 파악할 수도 있다. 또한 국민소득 지표는 정부의 경기상황에 대한 판단이나 정책의 필요성에 대한 기초자료를 제공하고, 정부정책의 목표를 설정하는 하나의 지표로써 유용하다.

(2) 국민소득 지표의 한계점

위에서 설명한 대로 국민소득 지표들은 유요한 측면이 있으면서도 한편으로는 측정과정에서 어떤 국민경제의 모든 경제활동수준(총생산, 총소득)을 정확히 반영하지 못한다는 한계점이 노출되었고, 경제적·사회복지적 측면에서도 국민들의 후생수준을 정확하게 반영하지 못하는 한계를 가지고 있다. ① GDP의 산정방식은 직접계산 방식이 아닌 추계방식을 취하고 있다. 시장에서 거래되지 않는 생산물, 즉 귀속임대료(imputed rent), 농부의 자가소비농산물, 국가의 생산물 등이 추계에 포함되는 반면, 주부의 가사노동이나 소비자의 여가에 대한 효용 등은 추계에 포함되지 않고 있다. ② 생산과정에서 발생하는 자연파괴나 공해 같은 외부성도 추계에서 제외된다. 생산규모만을 계산하고 삶의 질은 반영하지 않는 문제도 발생한다. ③ 생산규모 중심으로 산정하다보니 생산품의 질적 변화를 반영하지 못한다. 예를 들어 컴퓨터는 질적으론 향상되면서 가격은 하락하기 때문에 소비자의 만족도를 향상시킬 수 있다. ④ 사채, 부동산투기, 밀수, 마약과 같은 지하경제와 상속, 증여와 같은 이전거래, 그리고 주식가격변동이나 부동산가격변동 같은 자본이득을 반영하지 못하고 있다. ⑤ 확장하고 있는 디지털경제를 성과를 반영하지 못하고 있다. 유튜브의 음악이나 공유경제의 서비스 생산을 부가가치로 산정하지 못하고 있다.

(3) GDP를 대체할 수 있는 새로운 지표

① 경제후생지표(MEW; Measure of Economic Welfare)

미국의 경제학자인 폴 새뮤얼슨(Paul Anthony Samuelson)이 개발한 경제지표로 순경제복지의 수준을 나타내는 지표이다. GDP(국내총생산)나 GNI(총국민소득)와 같은 지표들은 한 국가의 삶의 질을 나타내는 후생(복지)수준을 산출하기에는 한계를 지니고 있기 때문에 이를 보완하기 위해 개발한 지표가 바로 순경제후생(NEW; Net Economic Welfare)지표이다. 순경제후생지표(MEW)는 GDP나 GNI에 산정되지 않는 가정주부의 가사노동과 여가를 즐기는 가치 등을 포함하고 환경파괴나 환경오염과 같은 공해비용을 제거하는 특성을 가진다. 이 지표의 단점으로는 객관적으로 수량화하기가 쉽지 않다는 점이다.

② 미국의 상무부가 사용하는 총생산지표(GO; Gross Output)

GDP를 대체할 수 있는 다양한 새로운 지표 가운데 미국 상무부가 2014년 2분기부터 GDP의 보완지표로 발표하여 사용하고 있는데, 이것은 Gross Output의 첫 글자를 따서 만든 'GO'라는 총생산지표이다. GDP는 최종생산재만 계산하고, 소비 비중에 치중하는 계산방식이라면 GO는 생산과정에서 투여되는 중간재를 모두 계산하고 소비보다 기업의 생산활동을 중시하는 계산방식을 취하고 있다. 또한 GO는 'B2C'뿐만 아니라 'B2B' 영역까지도 파악할 수 있는 장점을 가진다. 한국은행에서도 GO의 유용성을 확인하기 위해 종전의 중심지표인 GDP를 대신해 GO로 추계하는 방식을 실험하고 있다.

연 습 문 제

1. 미시경제학과 거시경제학의 이론적 틀과 분석적 차이점을 비교·설명하라.

2. 미시경제 기반 거시경제학(micro-foundation of macroeconomics)을 설명하라.

3. 국민소득의 개념과 국민경제의 순환을 설명하라.

4. 2부문 거시경제 모델에서 국민경제 순환을 그림을 그려 설명하고 국민경제의 균형조건식을 서술하라.

5. 3부문 거시경제 모델에서 국민경제 순환을 그림을 그려 설명하고 국민경제의 균형조건식을 서술하라.

6. 4부문 거시경제 모델에서 국민경제 순환을 그림을 그려 설명하고 국민경제의 균형조건식을 서술하라.

7. 누출과 주입의 개념을 설명하고 국민소득결정에 미치는 영향을 설명하라.

8. 국민소득균형을 가져오는 조건식을 정리하여 설명하라.

9. 주입이 이루어지는 경우, 국민소득을 증가시키는 효과를 측정하는 승수효과를 설명하라.

10. 정부지출승수효과와 산식을 설명하라.

11. GDP(국내총생산)의 개념과 측정원리를 설명하라.

12. 명목GDP와 실질GDP의 개념과 차이점을 비교·설명하라.

13. 실제GDP와 잠재GDP의 개념과 차이점을 비교·설명하라.

14. 국민총소득(GNI)의 개념과 측정원리를 설명하라.

15. GDP와 GNI와의 관계를 설명하라.

16. 국부(national wealth)의 개념과 측정원리를 설명하라.

17. GDP와 GNI의 유용성을 설명하라.

18. 국민소득지표의 한계점을 설명하라.

19. 경제후생지표(MEW; Measure of Economic Welfare)를 설명하라.

20. 미국의 상무부가 사용하는 총생산지표(GO; Gross Output)를 설명하라.

Chapter 09

화폐의 수요·공급

1. 화폐란 무엇인가?
2. 화폐의 공급과 통화량
3. 화폐의 수요와 유동성
4. 고전학파와 케인스학파의 이자율 결정
5. 통화정책과 정책목표

물물교환경제(barter economy)가 아니고서는 화폐 없는 경제는 존재할 수 없다. 화폐에 대한 일반적인 정의는 존재하지 않지만 화폐의 본질적 기능은 교환의 매개수단에 있다. 따라서 재화와 서비스의 거래, 채권이나 채무관계의 청산과정에서 통용되는 자산을 통칭하여 화폐라 한다. 화폐의 발달과정에서 시장이 발달하고 분업과 전문화가 완성되었다. 화폐는 시장거래를 활성화하고 시장거래를 바탕으로 사람들은 자신의 전문분야에 특화할 수 있게 되었고 경제전반의 생산성을 증대시킨다. 현대경제는 화폐경제이며 화폐는 인체로 치면 혈액과 같은 기능을 수행한다. 화폐가 원활하게 유통(통화)될 때 경제는 건강성을 유지한다. 화폐의 유통은 신용을 바탕으로 이루어진다. 또한 화폐를 빌려주고 빌려가는 금융거래도 중요하다. 국민경제의 순환은 실물경제와 화폐경제가 동전의 양면처럼 순환체계를 구축한다. 금융시장의 발달이 실물경제의 활성화를 추동하고 금융시장에서 결정되는 이자율은 실물경제에서 이루어지는 자원배분의 바로미터가 된다. 정부는 금융시장에서 금융·정책적 수단을 사용하여 실물경제를 조정하고 안정화시킨다.

1. 화폐란 무엇인가?

1) 화폐의 개념과 의의

화폐는 흔히 돈이라는 개념으로 사용하는데, 경제학적 개념으로는 돈은 화폐보다 넓은 의미, 즉 소득(income), 재산(property), 부(wealth) 등을 의미하고, 화폐는 교환의 매개물이나 거래의 지불수단으로서의 화폐라는 좁은 의미로 정의한다. 따라서 화폐는 지폐나 주화를 포함하여 수표나 어음, 신용카드나 전자화폐 등, 교환의 매개물이나 거래의 지불수단이 되는 모든 것들을 의미한다. 화폐는 금세공업자의 금고에서 출발한다. 일반인이 금을 안전하게 보관하기 위해 커다란 금고가 있는 금세공업자에게 금을 맡기고, 수수료를 지불하는 조건으로 보관증을 받아간다.

그런데 보관증을 갖고 있는 사람들은 보관증으로 금을 찾은 다음 거래하는 불편함을 줄이기 위해 그 보관증으로 서로 주고 받는 형태로 거래하게 된다(마치 상품권처럼). 이것은 마치 서로 금을 거래한 다음 다시 금세공업자에게 금을 맡기고 보관증을 받는 번거로움을 줄일 수 있기 때문이다. 이런 상황에서 금세공업자는 자신이 발행한 보관증이 유통되는 것을 보고 실제 보관된 금보다 더 많은 보관증을 발행한 다음 다시 그 보관증을 빌려주는 사업을 시작한다. 금을 맡긴 사람들이 일시에 금을 찾으러 오지 않는다는 점(현대에는 10% 수준이 평균 지급준비율)을 이용한 것이다. 금세공업자 입장에서는 금보관에 대한 수수료에다가 자신이 창출한 새로운 보관증을 빌려주고 받는 임대료(대출이자)수입을 챙길 수 있기 때문이다. 그런데 금을 보관하고 보관증을 받아 사용하던 사람들이 자신들이 맡긴 금보다 훨씬 많은 보관증이 유통된다는 사실을 깨닫고 일시에 모두 금을 돌려줄 것을 요구하자(뱅크런), 금세공업자는 해결책을 모색하는데, 자신이 임대료 수입으로 벌어들인 수익을 금을 맡긴 사람들에게 나누어 주기로 약속하게 된다(예금이자). 금을 맡긴 사람 입장에서도 수수료를 지불할 필요가 없고 오히려 금을 맡긴 대가로 수익을 낼 수 있게 되는 상황이 발생한 것이다. 이것이 오늘날 화폐, 은행의 신용창조, 통화가 출발하는 기원이라 할 수 있다. 화폐는 대출에서 출발하고 대출은 통화를 계속 증가시킨다. 중앙은행이 공급하는 본원통화는 대차대조표상 부채인데 이것은 중앙은행이 자산을 구입하고 그 대가로 현금이나 수표를 지급하기 때문이다. 중앙은행의 순정부대출이 커질수록 본원통화가 증가하는데, 순정부대출이 커진다는 것은 정부의 재정적자가 커진다는 것을 의미한다. 또한, 중앙은행(국가)은 화폐를 보증하고 화폐를 발행해서 수익을 얻게 되는데, 이것을 시뇨리지효과라 한다. 예를 들면 액면가 10,000원짜리 지폐를 발행하는 국가에서 지폐 1장당 1,000원의 발행비용이 들어간다면 10,000원짜리 지폐를 발행할 때마다 9,000원의 수익을 챙기게 되는 현상이다.

(1) 화폐, 통화, 금융의 개념

화폐(money), 통화(currency), 금융(finance)은 어떻게 구분될까? ① 화폐의 정의는 구체적인 형태를 의미하는 것이 아니고 한 사회에서 거래수단으로 사용되는 모든 것들을 통칭한다. 한국조폐공사에서 인쇄한 것은 아직 화폐가 아니고 금통위를 거쳐 한국은행 금고에 입고되는 순간, 화폐(법화)로써 생명력을 부여받는다. ② 화폐가 경제적으로 통용되는 것을 통화라 한다. 통화란 화폐가 한국은행 금고에서 나와 시중은행이나 민간부문으로 유통되는 것을 말한다. 예를 들어 박물관에 들어앉아 세상출입을 마다하는 고화폐라든지, 중앙은행에서 잠자는 화폐는 통화라 할 수 없다. ③ 금융(finance)이란 금융시장에서 화폐가 융통 내지는 거래되는 현상을 말한다. 화폐에 대한 수요와 공급에 의해 금융시장이 형성되고, 금융시장에서 결정된 이자를 매개로 하여 화폐가 거래되는 현상을 금융이라 한다. 금리는 상품시장에서 상품의 수요와 공급에 의해 가격이 결정되듯이, 화폐에 대한 가격 내지는 가치라 할 수 있다. 상품시장에서 상품은 가격이 높은 곳에 배분되듯이 금융시장에서 화폐는 화폐의 가치(금리)가 높은 곳에 배분되는 것이다. 2022년부터 미국이 금리를 급격하게 올리면서 달러가 미국 시장으로 이동하기 때문에 국내에서는 달러가 부족해지고 환율이 폭등하며 강달러가 되는 이유이기도 하다. 2024년에는 미국의 금리를 내릴 것으로 예상되면서 약달러(달러의 가치가 떨어짐)가 예상되기 때문에 금이나 비트코인 같은 현물자산이 폭등하는 이유도 설명할 수 있다. 금융위기란 현실경제에서 우리나라의 IMF사태나 2008년 글로벌 금융위기와 같은 금융시스템의 붕괴현상을 말하는데, 이 같은 금융위기는 금융기관의 자본부실에서 비롯된다. 따라서 2010년부터 세계 은행자본을 건전화함으로써 대형 은행의 위기시 손실흡수능력을 강화하기 위해 바젤3라는 세계 은행자본 규제협약이 발효된 바 있다. 이 조약은 금융기관의 위험자산기준을 변경하고 위험자산비율을 하향 조정하여 자산의 건전성을 강화한다는 내용이다.

(2) 화폐는 언어와 같다.

화폐는 언어와 같은 것이다. 내가 당신의 말을 이해한다는 것은 나에게뿐만 아니고 당신에게도 도움이 된다. 내 집의 푸른 잔디가 당신에게 좋은 기분을 가져다 주는 것과 같은 이치이다. 화폐도 이와 같다. 내가 당신의 화폐를 받아 주기 때문에 거래가 단순화되어 당신에게도 도움이 된다. 화폐는 의사통일의 수단이 되기도 한다. 화폐가 하나로 통일될 때, 경제통합은 이루어진다. 유럽의 통합은 유로화라는 화폐의 통일에서 완성되었듯이, 우리나라의 통일도 어쩌면 화폐의 통일로써 완성될 수 있을 것이다. 화폐는 경제적 언어에 해당하고 경제적 언어가 하나가 됨으로써 경제적 통일이나 통합을 이룰 수 있다.

(3) 화폐는 믿음이다.

모든 화폐나 금융은 믿음에서 출발한다. 미국의 달러는 근원적으로 연방은행의 지하실에 있는 금괴를 바탕으로 신뢰를 담보한다. 현재는 금태환을 폐지했고, 미국의 국채가 대신하고 있지만 그래도 미국의 달러는 전 세계 어떤 나라의 화폐보다도 신뢰도가 높다. 미국 달러에는 '우리는 신의 가호 아래 지불할 것을 약속한다.'(In God We trust, Will promise to pay)라는 문구가 새겨져 있다. 이것은 믿음이 있다면 무엇이든 화폐가 될 수 있음을 시사한다. 예를 들면 남태평양의 캐롤라인 군도에 있는 얍(Yap)섬에서는 돌화폐(stone money)를 사용하였고, 1600년대 뉴프랑스에서는 트럼프카드가 화폐로 사용된 적도 있다. 금은 전통적으로 가치보장을 뒷받침한다. 금융시장이 불안하면 금값이 치솟는다. 금은 가장 안전한 자산이며, 어느 정도 유동성도 갖고 있기 때문이다. 따라서 금과 관련된 경제 용어나 어구들도 많이 등장하는데, 즉, 금본위제(gold standard), 경제적 호황기(golden era), 65세를 이후를 의미하는(golden years) 등이 있다. 화폐의 가치나 화폐의 흐름은 그 화폐가 보증하고 있는 신용의 반영이다. 화폐의 가치에 대한 믿음이 깨어지게 되면 그 화폐의 가치는 추락하고, 화폐의 흐름은 돈맥경화에 걸려 화폐가 필요한 적재적소에 공급될 수 없다. 오늘날의 화폐는 화폐 자체가 액면가가 나타내는 그만한 가치를 지니고 있지 않다. 액면가를 보증하는 믿음이 그 화폐의 기능과 역할을 부여해 줄 뿐이다. 화폐의 생명은 유동성이다. 유동성이란 화폐를 지불하고 원하는 것이라면 무엇이든 획득할 수 있는 능력을 말하는데, 이것을 구매력이라고도 한다. 화폐의 유동성을 유지하려면 그 화폐를 발행하는 권력이 그 화폐에 대한 믿음을 보장하여야 한다. 화폐를 발행하는 권력이 화폐에 대한 믿음을 보장하지 못한다면, 그 화폐는 휴지조각에 불과하다. 외환의 경우에도 마찬가지이다. 한국의 원화가 그 가치를 유지하려면 한국의 정치력이나 경제력이 원화에 대한 믿음을 보장하여야 한다. 한국의 정치력이나 경제력이 불안정하다면, 한국의 원화에 대한 믿음이 흔들리고 원화에 대한 화폐의 가치는 평가절하되게 된다. 우리나라의 환율이 오르게 되는 것이다. 우리나라의 환율은 1달러당 원화로 표시되기 때문에 환율이 오르면 평가절하, 환율이 내리면 평가절상되는 것이다.

(4) 화폐는 욕구충족의 수단이다.

화폐는 교환의 수단인 동시에 욕구충족의 수단이다. 화폐를 지불하면 자신이 원하는 것들을 대부분 얻을 수 있다. 화폐가 갖는 유동성은 무엇이든지 빠르게 교환하는 마력을 가진다. 화폐를 지불하는 것은 곧 보상이므로 사람들은 그 보상을 위해 목숨을 걸기도 하고, 열심히 일하기도 하며, 다른 사람을 해치는 일도 서슴지 않는다. 따라서 화폐는 권력이자 지배의 수단이 된다. 이런 이유로 어느 시대에나 금권정치가 횡행하고, 부정부패가 기승을 부린다. 오늘날, 사회적 질서체계 중에 하나인 보상체계라는 것도 본질적으로는 화폐에 의해 작동한다. 직업에 대한 선택과 열정, 조직이나 사회에 대한 충성도까지 화폐의 보상기능에 의해 좌우된다. 화폐는 인간의 욕구를 해결하는 마법의 상자이며, 인간의 욕구를 분출시키는 욕망의 화신이다. 화폐는 잘 사용하면 천사의 미소이고 잘못 사용하면 악마의 발톱이 된다.

2) 화폐의 기능

화폐는 교환을 위한 매개체이며, 교환을 위한 가치의 척도이고, 물건의 가치를 보관하는 저장창고이기도 하다. 화폐는 다른 유가증권이나 다른 실물자산에 비해서 교환매개기능, 즉 유동성이 풍부하다. 화폐는 어떤 귀금속이나 가치 있는 자산보다도 다른 것들과 쉽고 빠르게 교환할 수 있다. 화폐는 어떤 상품이든 가치를 측정하고 세분하는 기능이 뛰어나며, 쉽게 부패되거나 변질되지 않는다.

(1) 교환매개의 기능

화폐는 교환매개기능(medium of exchange)을 가진다. 화폐는 거래과정에서 일반적인 지불수단으로 사용된다. 화폐없이 물물교환을 하는 상황에서는 서로 교환하고자 하는 물건과 거래대상자를 찾기가 쉽지 않다. 예를 들어 통닭을 많이 갖고 있는 사람이 담요를 필요로 한다면, 담요를 많이 갖고 있으면서 통닭을 필요로 하는 사람을 만나야 하고, 동시에 거래 당사자들이 모든 거래 조건에 동의해야 한다. 거래 당사자 간의 욕망의 상호일치(double coincidence of wants)가 이루어져야 하는데, 현실경제에서는 이것이 결코 쉽지 않은 일이다. 화폐의 교환매개기능은 이처럼 복잡한 거래의 조건을 쉽게 충족하도록 매개해 주는 중매인과 같다. 위의 사례에서 통닭을 가지고 담요와 바꾸려는 사람은 담요를 많이 가지고 있고 통닭을 필요로 하는 사람을 굳이 찾아다닐 필요가 없게 된다. 담요를 필요로 하는 사람은 통닭을 팔아 화폐로 바꾼 다음 그 화폐로 담요를 구매하면 그만이고, 통닭을 필요로 하는 사람은 담요를 팔아 화폐로 바꾼다음 그 화폐로 통닭을 사면 그만이다. 화폐는 시장에서 거래되는 모든 상품들의 가치를 화폐로 변환시켜, 거래에 참여하는 모든 사람들이 쉽고 빠르게 욕망을 상호 일치시킬 수 있도록 매개한다.

(2) 가치척도의 기능

화폐는 가치척도(unit of account)의 기능을 갖고 있다. 시장에서 거래되는 모든 상품의 가치를 화폐단위로 측정할 수 있다. 화폐의 가치척도 기능으로 모든 거래가 빠르고 원활하게 이루어진다. 예를 들어 통닭 한 마리와 담요 한 장을 거래하려 한다면 가격이 일치되어야 하는데, 통닭은 1마리당 10,000원이고 담요는 1장당 15,000원이라 하자. 이렇게 가치를 화폐액으로 평가할 수 있는 이점도 중요하지만 거래조건을 충족시키는 일이 더 중요하다. 담요 1장을 가지고 통닭 1마리를 교환하려는 사람이 통닭 1마리를 얻기 위해서는 담요를 잘라서 2/3장 주어야 한다면 거래가 성사되기 어렵다. 담요를 자른다면 담요가 망가지거나 제기능을 할 수 없게 될 것이기 때문이다. 화폐는 담요처럼 상품을 분할하지 않고도 담요를 분할한 것처럼 화폐단위로 거래를 성사시키는 가치척도 기능을 갖고 있다. 따라서 화폐는 가치척도의 기능으로 거래를 원활하게 하고, 장부상에 회계의 단위로서도 편리함을 제공한다. 상품은 가치가 높은 것을 우선적으로 사용하지만, 화폐는 가치가 낮은 것을 우선적으로 사용한다. 악화가 양화를 구축하는 현상이고, 그레샴의 법칙이라고 한다. 로마시대에 순도 높은 은화(100%)가 유통되지 않고 순도 낮은(3%) 은화만 유통되는 현상을 말한다.

(3) 가치저장의 기능

화폐는 가치저장기능(store of value)을 갖고 있다. 예를 들면, 한 학기 개강할 때 20,000원짜리 통닭 1마리를 팔아 화폐로 바꾼 다음, 한 학기 종강할 때 그 돈 20,000원으로 통닭을 사먹었다면 화폐의 저장기능이 작동한 것이다(물가상승이나 이자수입을 무시). 만약 통닭을 실물로 학기 초에 보관한 다음 학기 말에 먹으려 한다면 큰 낭패를 보게 될 것은 자명하다. 화폐는 20,000원짜리 통닭을 부패하지도 않고 맛도 변질되지 않도록 가치를 보관하는 금고와 같다. 화폐는 한 시점에서 다른 시점까지 구매력을 보관해 주는 역할을 하는데, 이를 가리켜 가치저장기능이라 한다. 또한 만약 통닭 1마리의 가격이 폭락하여 학기말에는 10,000원이 되었다면 화폐는 가치를 저장뿐만 아니라 증식시키는 역할까지 수행하게 된다. 20,000원으로 통닭을 2마리 살 수 있게 되었기 때문이다. 반대로 통닭 1마리의 가격이 폭등하여 학기말에는 20,000원이 되었다면 화폐는 가치를 저장하였지만 가치를 일부 상실하게 된다. 20,000원으로 통닭을 반마리밖에 살 수 없게 되었기 때문이다. 따라서 화폐의 가치저장기능은 어떤 물건의 가치를 그대로 유지할 수도, 또는 어떤 물건의 가치를 증식시키거나 훼손할 수도 있는 점에 주목해야 한다. 화폐의 가치저장기능으로 인해 우리는 어떤 시점에서 화폐를 보유하는 것이 유리한지, 아니면 다른 자산을 보유하는 것이 유리한지를 고민하게 된다. 우리가 가지고 있는 자산의 형태를 어떻게 배분하여 보유할 것인가(자산의 포트폴리오)의 선택의 문제가 부의 증식을 결정하기 때문이다. 화폐를 그냥 땅속에 묻어 두거나 항아리에 담아 둔다면 그 화폐는 자산을 전혀 증식시킬 수 없는 노릇이다. 위험을 피한다 할지라도 적어도 이자소득을 포기한 경우이기 때문이다. 화폐를 주식, 채권, 외환, 금, 부동산 등, 어떤 자산으로 전환하여 보유하는 것이 효율적인가의 포트폴리오의 문제를 낳게 한다. 재화와 서비스는 현재의 소비를 통해서 소유자에게 효용이나 가치를 제공하는 소유물이지만, 자산의 경우에는 재화나 서비스와는 달리 미래에 더 많은 재화와 서비스를 소비할 수 있는 능력, 즉 그 자산의 가치를 증식시킬 수 있는 소유물이란 점에서 자산에 대한 선택문제가 제기된다. 금융자산이 미래 소비를 증가시킬 수 있는 방법은 두 가지가 있다. 많은 금융자산들은 이자나 배당 지급 형태로 자산을 소유한 사람들에게 정기적으로 소득을 제공하여 소비를 증가시킨다. 또 하나는 어떤 금융자산(채권이나 주식)에 대한 현재가치가 그 자산의 미래가치 또는 가격에 대한 투자자들의 믿음에서 결정되고 그 자산가치의 상승이 미래소비를 증가시킨다. 자산을 크게 나누면 금융자산과 실물자산으로 구분된다. 금융자산에는 현금, 예금, 적금, 주식과 채권 등을 말하고 실물자산은 부동산이 대표적이다. 미국의 경우에는 주식이나 채권을 주요 자산증식 수단으로 활용하고 우리나라의 경우에는 부동산을 주요 자산증식 수단으로 활용하고 있다. 우리나라는 부동산 보유에 대한 기회비용이 상대적으로 낮기 때문인데, 미국은 부동산 보유세율이 평균 1%대이고, 우리나라는 평균 0.25수준에 있다.

3) 화폐의 역사

(1) 화폐와 시장경제

우리는 매일 시장에서 화폐로 투표를 행사한다. 원하는 물건과 원하는 만큼에 대하여 구매의사를 화폐의 액수로 나타내는 것이다. 상품의 가격을 지불하고 그만큼의 상품을 가져간다. 거래는 항상 화폐와 상품의 가치가 일치할 때 성립한다. 우리는 이것을 시장가격이라 한다. 화폐는 어떤 상품의 가치를 재는 척도이며, 가격은 그 상품에 대한 교환가치의 반영이다. 통닭 한 마리가 10,000원이라면 이 시장가격은 수요-공급에 의해서 결정된다. 수요-공급에 의해서 결정된 가격이란 통닭 한 마리를 먹으면서 느끼는 소비자의 효용(수요)이나 통닭 한 마리를 기른 공급자의 노고(공급)가 동일한 가치로 등가되었음을 의미한다. 통닭 한 마리를 먹으면서 느끼는 소비자의 한계효용과 통닭 한 마리를 기르면서 지불한 공급자의 한계비용이 화폐의 단위로 측정되었으며, 이것이 바로 화폐으로 표시된 통닭의 시장가격으로 나타난다. 화폐가 없는 물물교환경제를 상상해 보자. 통닭 한 마리를 먹는 일은 그리 쉬운 일이 아닐 것이다. 통닭 한 마리를 찾는 사람이 담요 한 장을 들고서 통닭 한 마리를 찾아 나섰다 하자. 화폐가 존재하지 않으므로 그는 먼저 통닭을 가지고 있으면서 담요가 필요한 사람들을 찾아야 하고, 그런 다음 그중에서 다시 담요 한 장과 통닭 한 마리를 등가로 교환하는 것에 만족해하는 사람을 찾아야 한다. 이같이 번잡스러운 과정으로 '통닭을 먹기 위해 담요 한 장 들고 '통닭 찾아 삼만리' 하는 고행을 감수해야 한다. 만약 화폐가 출현하고 발달하지 않았다면 우리가 살고 있는 경제사회는 아직도 자급자족경제이거나 물물교환경제의 틀을 벗어나지 못했을 것이다.

(2) 화폐의 발달

화폐는 물품화폐에서 출발하여 칭량화폐, 주조화폐, 지폐, 신용화폐, 디지털화폐, 그리고 암호화폐로 발달해 가고 있다. 화폐의 변천은 화폐으로서의 기능을 다할 수 있는 화폐의 조건을 충족하는 방향으로 발달해 간다. 화폐는 ① 내구성(durability), ② 동질성(homegeneity), ③ 인지성(recognisability), ④ 가분성(divisibility), ⑤ 휴대의 편리성(portability), ⑥ 수·급의 안정조건(stable demand and supply conditions) 등을 충족해야 한다. 동양에서는 주로 조개껍질을 화폐으로 사용했는데, 이런 이유에서 한자에는 재(財), 화(貨), 자(資), 귀(貴), 매매(賣買)라는 조개(貝)

를 의미하는 패자가 사용된다. 서양에서는 주로 소를 화폐으로 사용했는데, capital의 어원은 라틴어의 소의 머리, 인도의 동전이름 rupee는 소떼를 의미하는 어원으로부터 유래한 것이고 화폐에 관한(pecuniary)이라는 단어도(pecunia, pecus) 라틴어의 소를 의미하는 어원에서 비롯됐다. 소금은 아시아, 아프리카, 유럽 등 널리 사용되었고 로마시대에는 회계를 하거나, 노동자의 임금과 군인의 급료지급에 사용하는 등 화폐로서 기능을 충실히 수행하였다. 이런 연유에서 오늘날의 봉급(salary)이라는 단어는 라틴어 살라디움에서 비롯되었다. 이 외에도 스코틀랜드 북서쪽 헤브리디즈 열도에서는 멍석, 태평양의 캐롤라인 군도에서는 구멍 뚫린 돌바퀴, 알래스카에서는 생선, 멕시코에서는 코코아씨, 인도에서는 쌀, 이집트에서는 벽돌, 몽골에서는 차 등이 교환의 매개 역할을 수행한 것으로 밝혀졌다.

(3) 디지털화폐(CBDC)

4차산업 혁명으로 인한 IT기술의 발전과 함께 디지털화폐에 대한 논의가 세계적으로 확산하고 있다. 기존의 실물 화폐와 달리 가치가 전자적으로 저장되며, 이용자 간 자금이체 기능을 통해 지급결제가 이루어지는 화폐를 말한다. 중앙은행 디지털화폐(CBDC)는 민간에서 발행하는 가상화폐와 구별되는 법정통화(legal tender)이다. 따라서 실물화폐와 동일한 교환비율이 적용되어 가치변동의 위험이 없을 뿐만 아니라 중앙은행이 발행한다는 점에 있어서 높은 화폐의 공신력을 담보한다. 중앙은행 디지털화폐(CBDC; central bank of digital currency)는 2020년 1월부터 EU, 영국, 일본, 캐나다, 스웨덴, 스위스 등 6개국의 중앙은행이 공동으로 CBDC의 발행 가능성을 연구하고 있다. 또한 세계의 여러 중앙은행들이 CBDC를 포함한 다양한 디지털 화폐를 연구하고 있으며, 2020년 2월부터 미국 FED에서는 중앙은행 디지털 화폐를 자체적으로 연구하고 있는 것으로 알려졌다.

전 세계적으로 전자지갑이나 디지털화폐에 관해서는 중국이 가장 앞서가고 있다. 중국은 후진국에서 선진국으로 도약하기 위해 신용카드 단계를 생략하고 바로 도약하여 디지털화폐를 경제에 접목하고 있다. 중국은 DCEP(Digital Currency

Electronic Payment)라는 중앙은행 디지털 화폐를 통해 통화주권을 확립하고 위안화의 글로벌화를 확산시킨다는 전략적 목표를 갖고 있다. 중국의 중앙은행에서 발행하는 법정화폐, 즉 DCEP로 개인이든 기관이든 중국내 어느 경제주체든 결재할 수 있는 시스템을 구축하고 있다. DCEP는 은행계좌가 필요 없고 블록체인 기술을 통해 본인의 전자지갑과 연동돼 있기 때문에 기존의 모바일페이보다 개인 정보을 더 안전하게 보호할 수 있다. 또한 디지털화폐는 현금보다도 거래기록 추적이 용이해 불법자금이나 지하경제를 방지하는데 긍정적인 효과를 가진다.

(4) 암호화폐(cryptocurrency)

2009년 미국의 금융위기와 블록체인 기술의 발달 영향으로 암호화폐(cryptocurrency)가 전 세계적으로 확산하고 있다. 암호화폐는 디지털화폐, 가상화폐, 암호자산, 가상자산 등으로 불리고 있다. 비트코인으로 대표되는 가상화폐(중앙정부가 발행하는 디지털화폐와 다름)는 현실이 아닌 가상에서 존재하는 암호화된 자산, 일반적으로 '가상화폐'로 통칭된다. 우리나라에서는 비트코인을 비롯해 빗썸, 업비트, 코인원, 코빗 등 200여 개의 가상화폐가 거래 중이다. '가상화폐'(사이버머니)는 인터넷 사이트, 온라인 게임 등 가상·사이버 공간에서 통용되는 화폐를 의미하는데, 서비스하는 회사별로 다르게 취급하고 있기 때문에 현실의 상품권과 비슷한 개념이다. 2021년에는 특정금융거래정보법에서 가상화폐를 "경제적 가치를 지닌 것으로 전자적으로 거래 또는 이전될 수 있는 전자적 증표"라는 가상자산으로 규정하고 있다. 특히, 2024년 미국의 증권거래소에 비트코인 현물 ETF상장을 허용했음에도 불구하고 한국은행총재는 비트코인은 법적으로 투자재이지 현물자산이 아니라면서 우리나라의 증권사가 비트코인 현물 ETF거래를 중개하지 못하도록 규제하였고, 단지 비트코인에 대한 내재가치나 안정성에 대한 시험을 검증해야 할 단계로 인정하였다.

비트코인과 같은 가상화폐에 대한 명칭은 국가마다 다르지만, 최근에는 대부분이 '화폐' 대신 '자산'으로 사용하고 있으며, 가상화폐를 화폐로 인정하지 않는 방향으로 전환하고 있다. 미국의 연방정부에서도 '디지털 자산'이라는 명칭을 사용하고 있으며, 일본의 경우에는 '가상통화'에서 '암호자산'으로 이름을 변경하였고, G20 국가의 대부분이 '암호화폐'를 '가상자산'으로 용어를 변경하고 있다. 또한 테슬라의 CEO인 일런 머스크는 2021년 비트코인으로 테슬라 자동차 구매를 허용하였다가 비트코인 채굴로 인한 전기과다 사용으로 인한 지구온난화를 우려하여 비트코인 결제를 취소하는 사태를 일으켰지만, 그는 2024년 스페이스X에 대한 탑승비용을 도지코인으로 결제하는 것을 허용한 것으로 알려졌다.

G20회의에서 독일, 프랑스, 이탈리아는 비트코인에 대한 세계공동 규제에 나설 것을 제안하였고, 중국의 경우에는 가상화폐에 대해 가장 강력한 규제를 실행하고 있는데, 가상화폐거래소를 폐쇄시켰으며, 가상화폐를 통한 자금모집을 전면 금지하였고, 비트코인 채굴업체의 전기공급을 차단하는 등 강력한 규제수단을 동원하고 있다. 미국의 경우에는 조심스럽게 접근하고 있다. 가상화폐를 화폐나 지급수단이 아닌 금융상품으로 규정하면서 거래에는 양도소득세를 부과한다. 최근 미국은 유럽이나 캐나다에 이어 증권거래소에 비트코인 현물 ETF상장을 허용함으로써 비트코인을 제도권 금융 안으로 들여 놓는 정책을 시행하였다. 2020년 엘살바도르의 38세의 나이브 부켈레 대통령은 비트코인을 세계 최초로 국가 공인 법정화폐로 받아들였고, 2024년에는 80%에 달하는 높은 지지율로 재선에 성공했다.

암호화폐는 2009년 미국이 금융위기를 극복하기 위해 막대한 양의 달러를 찍어내면서 달러가치의 하락을 우려한 상황에서 새롭게 떠오른 대안화폐에 해당한다. 국가나 중앙집중적 권력은 화폐의 가치에 대한 믿음을 역사적으로 저버려 왔다는 점에서 중앙은행, 금융회사 또는 중앙집권적 어떤 권력으로부터도 자유로울 수 있는 화폐, 즉 암호화폐가 기존의 화폐를 대체할 수 있는 대안으로 떠오른 것이다. 은행을 거치지 않고 전 세계 누구에게나 화폐를 직접 전할 수 있고, 환금과 송금을 하면서도 수수료가 절약되며, 서버가 필요 없는 안전한 새로운 금융거래시스템이 될 수 있을 것이라는 기대를 모으고 있다.

금융거래에 대한 원장을 금융기관이 서버에 보관하고, 그 원장에 의해 금융거래가 이루어지는 것이 현재의 화폐와 금융거래 시스템이다. 그런데 암호화폐는 원장이나 금융기관이 필요 없게 되는 기술의 혁신에서 탄생한 전자화폐이다. 클라우드 컴퓨팅에 기반한 블록체인이라는 기술의 활용인데, 블록체인은 정보 분산을 통한 공공거래 장부를 만드는 기술에 해당한다. 모든 암호화폐 사용자는 P2P(peer to peer)라는, 쉽게 말하자면 서로 알지도, 믿지도 못하는 개인과 개인 휴대전화나 인터넷만으로 거래하고, 비즈니스를 수행할 수 있는 플랫폼을 활용한다는 것이 특징이다. 블랙체인기술을 바탕으로 하는 암호화폐의 특징은 중앙집중형이 아닌 분산형이라는 것이 요점이고, 기존 금융거래는 금융회사의 서버에 거래기록을 보관하지만 암호화폐는 거래기록이 그 화폐를 사용하는 모든 사람의 컴퓨터에 공동으로 저장된다는 특징을 가진다. 블록체인은 몇몇 사람이 장부를 조작하려 해도 과반수가 인정한 거래내역만이 장부에 기록되는 블록이 형성되기 때문에 해킹하기 어렵다는 특징도 가진다.

현재 암호화폐에 대한 '평가는 난해하고 우아한 사기에 불과하다'는 주장과 '기존의 화폐를 대체하는 효율적이고 안전한 '미래의 화폐'다라는 주장이 맞서고 있다. 암호화폐에 대한 규제를 찬성하는 논리로는 ① 가상화폐가 투기 수단으로 변질되고 있어 반드시 규제가 필요하다. ② 장기적 관점에서 투자자를 보호하고 시장질서를 바로잡기 위해 공정거래 시스템을 구축해야 한다. ③ 규제가 없거나 느슨하면 한탕주의가 횡행할 가능성이 높다고 주장한다. 암호화폐에 대한 규제를 반대하는 논리로는 ① 막무가내식 규제보다는 건전한 시장을 조성하도록 제도를 보완하는 것이 중요하다. ② 정부의 과도한 간섭은 새로운 시장을 위축시킨다. ③ 가상화폐에 대한 보호 장치 없이 세금만 부여하는 것은 공정성을 해칠 수 있다고 주장한다.

2. 화폐의 공급과 통화량

1) 통화량과 통화지표

화폐란 일반적인 지불수단을 지닌 현금과 예금화폐를 의미한다. 그런데 현실경제에서는 다양한 금융상품들이 예금화폐의 기능을 수행한다. 예금화폐들 중에서 어디까지를 일반적인 지불수단으로 볼 것인가에 대한 정설이 없기 때문에 여러개의 통화지표를 산정하여 활용하고 있다. 통화량이란 시중에 통용되고 있는 화폐를 어느 시점에서 측정한 유통량을 말하고, 통화량의 크기 내지는 변동을 측정하는 지표를 통화지표라 한다. 우리나라에서는 화폐를 보는 기준에 따라 협의통화(M_1), 광의통화(M_2), 금융기관유동성(Lf), 광의유동성(L) 등으로 구분하여 측정하고 있다.

① 협의통화는 화폐의 지불수단의로서의 기능에 초점을 맞춰 민간이 보유한 현금과 예금취급기관의 결제성예금을 합한 개념이다. 여기서 결제성예금이란 요구불예금(당좌예금, 보통예금)과 수시입출식예금을 말하는데, 수시입출식예금은 저축예금이나 시장금리부 수시입출식예금(MMDA)처럼 입금과 출금이 자유로운 금융상품을 말한다. ② 광의통화는 협의통화에 예금취급기관의 저축성예금과 각종 수익성 금융상품을 포함하는데, 화폐의 거래적 기능과 가치저장기능까지 포괄하는 통화지표로 정의할 수 있다. ③ 유동성지표 Lf는 전체 금융기관의 자금상황을 나타내는 지표로서 금융기관유동성이라 한다. 유동성지표 L은 한나라의 경제가 보유한 전체의 유동성을 나타내는 지표로서 광의유동성이라 한다. 통화지표와 유동성지표를 정리하면 다음과 같다.

① 협의통화(M_1) = 현금통화 + 요구불예금 + 수시입출식 저축성예금 = 현금통화 + 예금통화

② 광의통화(M_2) = M_1 + 저축성예금 + 예금기관의 각종 수익성 금융상품(만기 2년 이상 장기 금융상품은 제외) = M_1 + 준예금통화

③ 금융기관유동성(Lf) = M_2 + 금융기관 기타예수금 및 수익성 금융상품 등 =

M_2+만기 2년 이상 정기예적금 및 금융채+한국증권금융의 예수금+생명보험회사의 보험계약준비금 등

④ 광의유동성(L)=Lf+정부 및 기업이 발행한 유동성 시장금융상품 등=Lf+정부 및 기업 등이 발행한 유동성 시장금융상품(증권회사 RP, 여신전문기관의 채권, 예금보험공사채, 자산관리공사채, 자산유동화전문회사의 자산유동화증권, 국채, 비장채, 기업어음, 회사채 등)

2) 금융시장과 금융기관

(1) 금융시장

금융(finance)이란 재화나 서비스의 개입없이 화폐(자금)에 대한 수요자와 공급자 간의 화폐(자금)거래를 의미한다. 화폐의 융통, 즉 돈을 빌려주거나 빌려 쓰는 것을 금융이라 한다. 실물거래는 실물과 화폐를 교환하는 형식을 취하지만, 금융거래는 화폐와 증서(증권)를 교환하는 형식을 취한다. 금융에는 직접금융과 간접금융이 있다. 직접금융(direct finance)이란 자금을 수요자와 공급자가 직접 거래하는 방식을 말하고, 간접금융(indirect finance)이란 자금을 중개기관(금융기관)을 통해 거래하는 방식을 말한다. 예를 들어 기업이 주식이나 회사채를 발행하여 자금을 조달하는 방식을 직접금융이라 하고, 기업이 은행을 통해 자금을 조달하는 방식을 간접금융이라 한다.

직접금융은 증권시장에서 주식이나 채권 등이 거래되는 형태이고, 직접금융시장에서 거래되는 증권을 본원적 증권(primary securities)이라 한다. 간접금융은 은행이 가계로부터 예금을 받고, 그 자금을 기초로 하여 기업에 대출하는 형태를 취한다. 금융이 원활하게 이루어지려면 금융시장이 발달해야 한다. 금융시장이란 자금에 대한 수요자와 공급자가 거래함으로써 이자율과 자금거래액이 결정되는 시장을 말한다. 금융시장은 단기자금시장(1년 이내)과 장기자금시장(1년 이상)으로 나뉘는데, 장기금융시장에는 장기대부시장과 증권시장이 있다.

단기자금시장은 콜시장(call market)과 할인시장(discount market)으로 나뉜다. 콜

시장은 만기가 하루에서 2주 이내의 최단기자금시장으로서 공급자 측에서는 자금을 콜론(call loan)이라 하고 수요자 측에서는 자금을 콜머니(call money)라 한다. 할인시장이란 어음, 통화안정증권, 양도성예금증서(CD), 환매조건부채권(RP), 재정증권 등이 거래되는 시장을 말하는데, 만기일까지의 이자를 빼는 할인형식으로 거래가 이루어진다. 또한 외환시장이나 파생금융상품시장(선물, 옵션 등)도 금융시장에 포함된다.

(2) 금융기관

은행의 기능은 금융의 중개, 신용창조, 그리고 결제기능에 있다. 은행은 안전한 금고의 필요성에서 탄생했기 때문에 금세공업자가 최초의 은행 역할을 수행했다. 귀금속을 보관하고 보증서를 발행하는 과정에서 은행의 금융거래 형태가 발전하였고, 이를 토대로 은행은 통화를 창조하고 금융을 주도하는 새로운 기능과 역할을 수행하게 된다. 은행(bank)이라는 말은 이탈리아어 banca(벤치)에서 유래되었고 파산(bankrupt)이라는 용어는 이탈리아어 banca rotta(부러진 의자)에서 비롯되었다. 베네치아의 시장에서 벤치에 앉아 곡물을 담보로 대출을 시작한 것이 이탈리아 최초의 상업은행이라 할 수 있는데, 여기서에서 비롯된 어원이다. 은행이 발달하면서 시장의 효율성과 유동성은 증대되었고, 그 결과로 시장에서는 자유거래와 분업체계가 확장하게 된다. 베네치아 시장골목에서 벤치를 놓고 앉아 대출을 시작한 금융행위가 오늘날 슈로더, 워버그, 로스차일드, 베어링이라는 세계적인 금융기관들의 모태가 되었다니, 흥미로운 일이 아닐 수 없다. 금융기관은 자금의 수요와 공급을 매개하는 화폐에 대한 중개기관을 말한다. 금융기관의 기능과 역할은 다음과 같다.

① 금융기관은 금융거래를 매개함으로써 거래비용을 절감시킨다. ② 금융기관은 자금의 수요자나 공급자를 분산시켜 금융거래에 따르는 위험을 줄일 수 있다. ③ 금융기관은 유동성이 높은 단기자금을 유동성이 낮은 실물자본으로 변환시키면서, 유동성을 제고시킨다. ④ 금융기관은 화폐, 수표, 어음, 신용카드, 계좌이체

등 다양한 지급결제수단을 제공한다. ⑤ 금융기관은 신용창조를 통해 통화량을 증가시킨다.

우리나라의 금융기관을 분류하면 다음과 같다.

① 중앙은행은 한국은행이다. 중앙은행은 발권은행으로서의 기능, 은행의 은행으로서의 기능, 통화정책의 집행, 정부의 은행으로서의 기능, 외환관리업무 등을 수행한다. ② 예금취급기관은 예금은행, 수출입은행, 종합금융회사, 신탁회사, 상호저축은행, 신용협동기구(새마을금고, 신용협동조합) 등이 있다. ③ 보험회사는 생명보험회사, 손해보험회사, 공제조합이 있고, 연금기금은 공무원연금, 군인연금, 사립학교교원연금이 있다. ④ 기타금융중개기관은 증권기관, 투자회사, 여신전문금융기관, 유동화전문기관, 공적금융기관이 있다. ⑤ 금융보조기관은 신용보증기관, 자금중개회사, 선물회사, 투자자문회사, 금융감독원, 금융결제원, 증권거래소 등이 있다.

(3) 금융제도

금융제도는 금융거래가 구체적으로 이루어지는 방식이나, 금융과 관련된 제반 제도 및 거래규칙을 말한다. 일반적으로 금융제도라 함은 금융시장, 금융기관, 그리고 금융거래를 감시하고 지원하는 금융하부구조를 가리킨다. 금융제도는 나라마다 다르고 경제구조가 변함에 따라 그 특성도 변하고 있다. 전통적으로 미국과 영국은 자본시장이 금융의 중심적인 역할을 하는 시장중심금융제도(market-based financial system)를, 독일과 일본은 은행이 금융의 중심적인 역할을 하는 은행중심금융제도(bank-based finacial system)를 채택하고 있다. 경제가 발전함에 따라 실물자산에 대한 금융자산액의 비율이 높아지는 금융심화(financial deepening)가 가속화되고, 금융제도 또한 크게 변하고 있다. 금융제도가 종래의 규제중심에서 금융자유화(financial liberalization)로 전환하면서, 금융혁신과 금융겸업화가 빠르게 진전되는 상황이다. 금융자유화는 금융의 증권화(securitization)로 직접금융의 비중을 높이게 되고, 은행은 대출채권을 기초로 한 유동화채권을 발행하는 겸업주의로 나아가고 있다. 금융자유화와 정보화기술의 발달은 금융거래비용을 대폭 축소시키고, 이로 인해 세계 각국의 금융시장은 하나로 통합되어, 소위 금융의 세계화가 가속화되는 현실이다. 하지만 지나친 금융의 자유화나 증권화가 2008년 글로벌 금융위기를 초래했다는 반성과 함께 금융의 자유화를 완화하는 금융의 재규제(reregulation)문제가 금융전문가들의 새로운 과제로 주목받고 있다.

3) 신용창조와 통화승수

중앙은행은 현금을 발행하여 시중으로 내보내면 민간보유현금이 증가하고, 민간부문은 그중 일부를 은행에 예금한다. 은행은 예금된 자금에 대한 인출을 대비하여, 일부를 보유하고 일부는 대출하여 수익을 얻게 된다. 은행은 이런 과정을 거듭하면서 예금통화가 창조되고, 민간의 현금보유와 은행예금의 대출성향에 따라 예금통화량의 크기가 변하게 된다. 이런 과정에서 신용창조가 발생한다.

중앙은행은 발권은행으로서 독점적으로 현금을 발행한다. 중앙은행의 창구를 통하여 시중으로 풀려나간 현금를 본원통화(monetary base)라 한다. 시중은행은 본원통화를 새끼 쳐 더 많은 예금통화를 만들어 내는데, 이런 과정을 신용창조라 한다. 여기서 본원통화를 고성능화폐(high-powered money)라고도 부른다. 중앙은행이 공급한 현금을 본원통화라 하고, 민간이 보유한 현금을 현금통화, 은행이 보유한 현금은 지급준비금이라 한다. 은행은 지급준비금의 일부는 중앙은행에 예치하고, 일부는 은행이 보유하는데 중앙은행에 예치한 것을 지급준비예치금이라 하고, 은행이 보유한 현금을 시재금이라 한다. 화폐발행액이란 본원통화 중 중앙은행에 예치한 지급준비금을 제외한 민간이 보유한 현금통화와 은행이 보유한 시재금을 말한다.

화폐발행액 = 본원통화 − 지급준비금
= 민간이 보유한 현금통화 + 은행이 보유한 시재금

예를 들어 신용창조 과정을 살펴보기 위해 국고가 바닥난 정부가 한국은행으로

〈그림 9 - 1〉 신용창조와 예금통화창조액

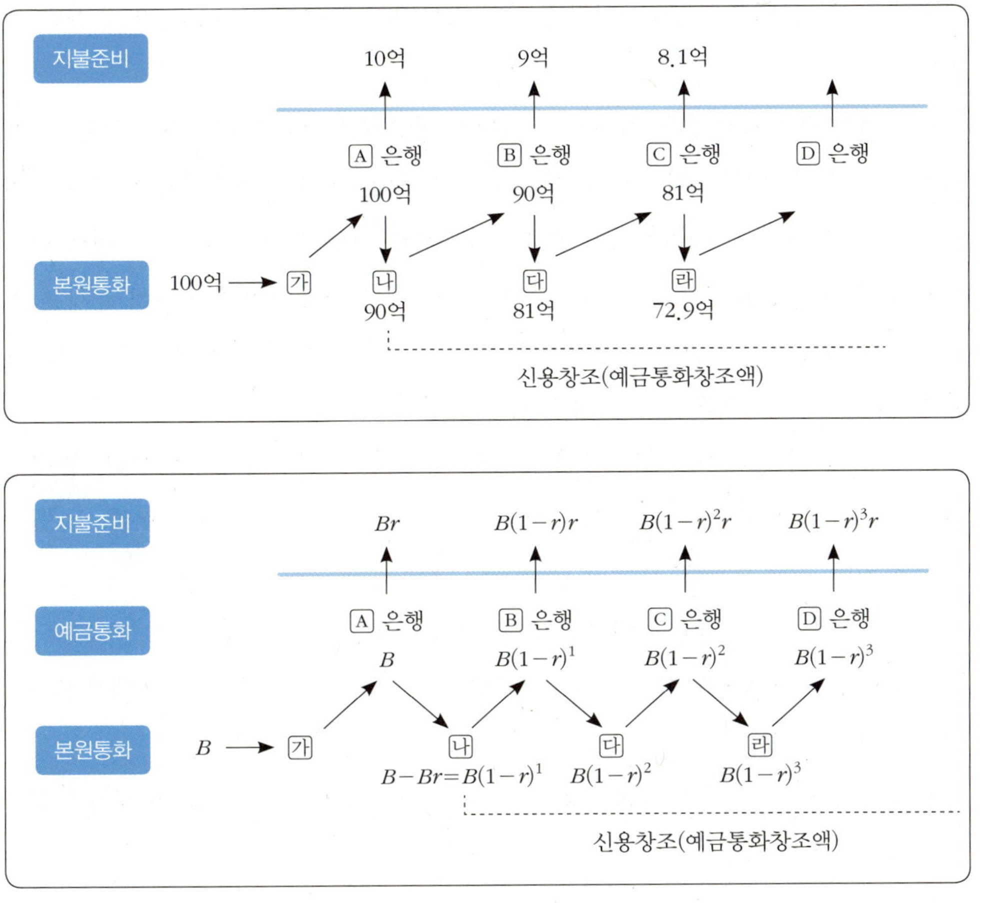

부터 100억원을 빌려 박씨에게 지불했다 하자. 국가재정을 통해서 100억원의 본원통화가 공급된 셈인데, 박씨는 100억원을 은행에 맡기게 될 텐데, 이처럼 예금은행으로 처음 유입된 박씨의 돈 100억원을 본원적 예금이라 한다. 〈그림 9 - 1〉은 신용창조에 의해 예금통화액이 증가해 가는 과정을 보여준다.

법정지불준비율이 10%라고 가정하면, '본원적' 예금 중에서 10억원을 남겨두고, 나머지 90억원을 김씨에게 대출한다. 통화의 공급측면에서 보면 박씨의 요구불예금 100억원은 물론 김씨에게 대출된 90억원 또한 통화에 해당하므로, 통화량은 190억원이 된다. 중앙은행 창구에서 100억원이 시중으로 공급된 애초의 본원적 예금 100억원이 90억원의 새로운 통화를 창조한 셈이다. 본원적 예금을 B(100억원)라 하고, 지불준비율을 r(0.1)이라면, (1−0.1)100=90억원 예금통화가 증가한 것이다.

또한 90억원을 대출받은 김씨가 90억원을 장롱 속에 잠재우지 않고 '모두' 은행에 맡긴다 하자. 지불준비율(0.1)×90억원=9억원을 제외한 대출액은 81억원이 되고, 또다시 81억원의 예금통화를 창조하게 된다. 이것을 수식으로 나타내면 $(1-r)(1-r)$B, (1−0.1)(1−0.1)100억원=81억원이 된다. 예금통화창조액의 크기는 점차 감소하겠지만, 대출액이 0가 될 때까지 이 같은 과정이 계속되어 신용창조가 종결되면, 최종예금통화 창조액의 크기가 결정된다.

최총예금통화 창조액을 계산하면 공비가 $(1-r)$인 등비수열에 해당한다. 등비수열의 공식을 적용하면 $\frac{1}{1-\text{공비}}=\frac{1}{1-(1-r)}=\frac{1}{r}$이 신용창조액을 구할 수 있는 산식이 된다.

〈그림 9-1〉을 수식에 대입하면 100억(본원통화)×$\frac{1}{r}$이 되고 r=0.1이므로 총예금창조액은 1,000억원이 된다. 순신용승수는 $\frac{1-r}{r}$이고 순예금창조액은 900억원이 된다.

따라서 신용승수(credit multiplier)는 $\frac{1}{\text{법정지불준비율}}=\frac{1}{r}$이고 순신용승수는 $\frac{1-r}{r}$임을 알 수 있다.

4) 화폐의 공급함수와 통화승수

지금까지 우리는 중앙은행이 현금통화(본원통화)를 공급하면 예금은행은 본원적 예금을 바탕으로 예금통화를 창조하는 과정, 즉 신용창조에 대해 살펴보았다. 화폐의 공급은 중앙은행이 공급하는 본원통화와 예금은행이 공급하는 협의통화(현금통화+예금통화)가 결정한다. 따라서 본원통화와 협의통화의 관계를 화폐공급함수(monet supply function)이라 한다. 따라서 통화당국으로서 중앙은행은 통화승수를 고려하면서 본원통화를 공급하고, 시중은행은 신용창조에 의해 예금통화를 창출하지만, 중앙은행은 법정지불준비율을 조정하여 신용창조의 크기를 조절한다.

통화승수(money multiplier)란 통화량이 본원통화의 몇 배인가를 나타내는 배수를 말한다. 이를 수식으로 나타내면 $M=mB$ 또는 $m=\frac{M}{B}$이다(M: 통화량, B: 본원통화, m: 통화승수).

통화량(M) = 현금통화(C) + 예금통화(D)로 나타내고 본원통화(B) = 현금통화(C) + 지급준비금(R)으로 나타낼 수 있다. 그런데 통화승수는 $m=\frac{M}{B}$이므로 $\frac{M}{B}=\frac{C+D}{C+R}$, 분자와 분모를 모두 D로 나누면 $\frac{M}{B}=\frac{C/D+1}{C/D+R/D}$이 된다. 여기서 $\frac{C}{D}=c$라 하고, $\frac{R}{D}=r$이라 하자. c: 예금통화에 대한 현금통화의 비율, r: 예금에 대한 지급준비금의 비율(법정지급준비율+초과지급준비율)이다. $\frac{M}{B}=\frac{C/D+1}{C/D+R/D}$ 식을 $\frac{C}{D}=c$, $\frac{R}{D}=r$로 정리하면 $m=\frac{M}{B}=\frac{c+1}{c+r}$이 된다. 따라서 통화공급방정식은 $M^S=mB=\frac{c+1}{c+r}B$가 도출된다. 여기서 우리는 본원통화에 통화승수(m)를 곱하면 통화공급량이 결정됨을 알 수 있다. c: 현금-예금비율로 민간부문에서 결정, r: 지급준비율(중앙은행이 결정하는 법정지급준비율+예금은행이 결정하는 초과지급준비율)

결론적으로 통화공급함수 $M^S=\frac{c+1}{c+r}B=mB$이므로, 이자율과는 상관관계가 성립하지 않는다.

〈그림 9-2〉의 M^S처럼 통화의 공급곡선은 수직선이 된다. 현금통화비율과 초과지급준비율이 일정하다면 통화공급량은 중앙은행에 의해 결정된다는 것을 의미한다. 즉, 통화공급은 본원통화(B)와 통화승수(m)의 함수인 셈이다. 만약 본원통

〈그림 9-2〉 통화의 공급곡선

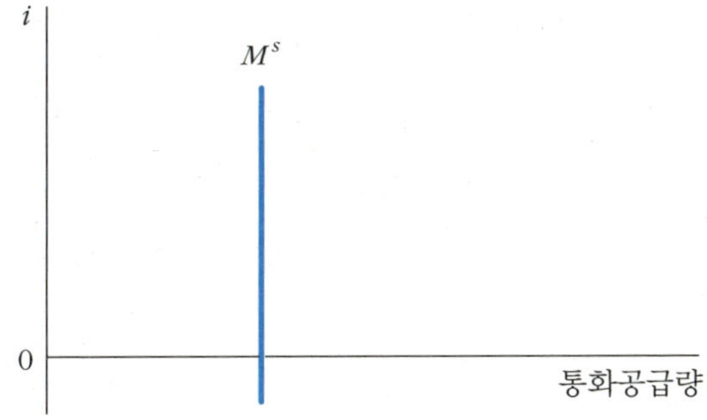

화(B)와 통화승수(m)가 커진다면 통화공급곡선은 오른쪽으로 수평이동하게 된다. 그런데 현실적으로 이자율이 상승하면 현금보유에 대한 기회비용이 상승하므로 민간의 현금보유비율이나 은행의 초과지급준비율이 낮아질 수 있다. 이런 경우 통화공급곡선은 우상향하는 형태를 갖게 되고 이자율이 변함에 따라 통화량이 영향을 받아 중앙은행의 정확한 통화량 통제가 어려워질 수 있다.

3. 화폐의 수요와 유동성

화폐수요(money demand)는 일정시점에서 사람들이 보유하고자 하는 화폐의 총량을 말한다. 화폐는 일정시점에서 측정하는 저량(stock) 개념이다. 화폐는 그 자체에는 수익성이 없는 금융자산에 속한다. 일정시점에서 사람들은 화폐를 가질 수도 있고, 부동산이나 광물과 같은 실물자산을 가질 수도 있으며, 아니면 주식, 회사채, 국채와 같은 금융자산을 선택적으로 소유할 수 있다. 화폐는 무수익성 자산임에도 불구하고 일정시점에서 사람들은 왜 화폐를 소유하려 하는 것일까? 그리고 화폐수요를 결정하는 요인은 무엇일까? 등의 물음에 답하기 위해 화폐수요이론을 학습해 보자.

화폐수요이론은 ① 고전학파의 화폐수요이론, ② 프리드만의 신화폐수량설, ③ 케인스의 유동성선호설 등이 가장 유력한 설명력을 가진다. 고전학파의 화폐수요이론과 프리드만의 신화폐수량설은 화폐의 교환기능을 강조한 화폐수량설로써 화폐수요가 이자율과 아무런 함수관계가 없다고 주장하는 반면에, 케인스의 화폐수요이론은 화폐의 기능에 대해 교환기능뿐만 아니라 가치저장수단으로서의 기능을 강조하면서 화폐수요가 이자율과 민감한 함수관계에 있다고 주장한다. 오늘날 여러 가지 화폐수요이론들이 쟁점을 다투고 있지만, 그 논의의 핵심에는 이자율과 화폐수요 간의 함수관계이다.

1) 고전학파의 화폐수요이론

고전학파의 화폐수량설은 일반물가수준은 통화량의 크기에 의해 결정된다는 화폐수요에 대한 전형적인 기본이론이다. 고전학파의 화폐수량설에는 피셔의 교환방정식과 케임브리지학파의 현금잔고방정식이 있다.

(1) 피셔의 교환방정식

화폐수량설(quantity theory of money)은 물가와 통화량과의 관계를 설명하는 고전학파의 기본적인 화폐수요이론이다. 피셔의 교환방정식(equation of exchange)은 일정기간 동안의 생산물 총거래액은 그 기간 중 사용된 화폐지불액과 같다는 개념이다. 피셔의 교환방식을 수식으로 나타내면 다음과 같다.

$$\text{피셔의 교환방정식} \rightarrow MV = PT$$

M(통화량) × P(물가) → 화폐지불액 = V(화폐의 거래유통속도) × T(생산물 총거래량) → 생산물 총거래액

위 수식에서 왼쪽 항은 일정기간 동안의 화폐지불액(MV)이고 오른쪽 항은 생산물 총거래액(PT)이다. 화폐의 거래유통속도(V)는 일정기간 동안에 일어난 모든 생산물 거래에서 화폐의 각 단위가 평균적으로 몇 번씩 사용되었는가를 나타내는 횟수이다.

교환방정식을 거래대신 소득개념으로 바꾸면 T에서 중간생산물을 제외한 최종생산물만을 고려하여 계산하면 Y(실질국내총생산)으로 변환할 수 있고, 이를 사용하여 교환방정식을 전환하면 소득개념의 교환방정식이 된다.

$$\text{소득개념의 교환방정식} \rightarrow MV = PY$$

M(통화량) × P(물가) → 화폐지불액 = V(화폐의 거래유통속도) × Y(실질국내총생산) → 명목국내총생산

위 식에서 화폐의 유통속도는 그 사회의 거래제도나 관습을 배경으로 형성되므로 단기적으로 변하지 않는 상수이고, 균형국민소득은 항상 완전고용 산출량수준에서 고정된 상수이다(고전학파의 견해). 정리하면 위 소득개념의 교환방정식에서 V

와 Y는 일정하게 주어진 상수이므로, 통화량(M)과 가격(P)은 정비례 관계에 있다. 따라서 화폐공급은 물가를 움직일 뿐 생산수준, 소비량, 저축량 등 실물경제, 즉 국민소득에 전혀 영향을 미치지 못한다는 고전학파의 화폐베일관(veil of money), 또는 화폐중립성(neutrality of money)을 설명한다. 총거래량이나 명목국민소득이 늘어남에 따라 사람들은 거래를 위한 수단으로 화폐를 더 찾게 되어 화폐수요가 증가한다는 논리이다.

2) 프리드만의 신화폐수량설

프리드만의 신화폐수량설은 고전학파와 달리 화폐를 단순히 거래·매개의 수단으로만 보는 것이 아니라 개인의 부를 구성하는 하나의 자산으로 파악한다. 따라서 프리드만은 사람들이 화폐를 왜 보유하려는지에 대한 관점보다는 사람들이 화폐를 얼마만큼 보유하려 하는지에 대한 관점에서 화폐수요를 분석한다. 프리드만은 사람들이 화폐를 수요할 때 명목화폐가 아니라 실질화폐를 수요한다고 보고, 현실경제에서 화폐의 유통속도가 일정하지 않다는 점에서 고전파학파의 화폐수량설과 다르다. 하지만 실질소득의 영향을 강조하는 프리드만의 화폐수요이론도 실질화폐수요를 실질소득만의 함수로 본다는 점에서는 고전학파의 화폐수량설과 유사하다.

프리드만은 화폐를 사람들이 소유하고 있는 자산 중에서 하나의 상품으로 간주하기 때문에 실질화폐수요는 이자율과 실질소득의 함수로 본다. 채권이나 주식의 예상수익율이 상승하면 대체자산들이 더 투자가치가 있게 되어 화폐에 대한 수요가 감소한다. 예상물가상승률이 상승하는 경우에도 화폐의 구매력이 떨어질 것으로 예상되므로 화폐에 대한 수요는 감소한다. 프리드만의 화폐수요함수는 이자율과 실질소득의 함수로 보는 점에서는 케인스의 화폐수요함수와 유사하다. 하지만 케인스는 투기적 화폐수요에서 채권의 명목수익률만을 고려한 반면 프리드만은 모든 형태의 자산에 대한 예상수익률을 모두 고려한다. 프리드만은 고전학파와 달리 화폐수요를 소비자가 효용극대화를 달성하기 위한 선택처럼 하나의 자산선택의 대상으로 취급한다. 또한 프리드만은 채권이나 주식의 예상수익률, 예상물가상승률 등이 화폐의 유통속도에 미치는 영향이 아주 미미한 것으로 파악하기 때문에 실질화폐수요는 거의 실질소득에 의해 결정된다고 보는 점에서, 고전학파의 화폐수량설과 매우 유사하다. 따라서 프리드만의 화폐수요이론을 신화폐수량설이라고 한다.

3) 케인스의 유동성선호이론

케인스의 화폐수요이론은 사람들이 화폐를 수요하는 동기에 관점을 두고 화폐수요를 설명한다. 또한 이자율이 화폐의 수요와 공급을 균형되게 하는 매개변수로 상정하고 이자율의 변동을 통한 화폐시장과 실물시장의 관련성을 주장한다.

케인스는 사람들은 유동성(liquidity)을 확보하기 위해 유동성이 가장 큰 화폐를 가지려 한다는 동기에 방점을 두고, 유동성선호설(theory of liquity preference)을 설명한다. 유동성(liquidity)이란 어떤 자산이 가치의 손실 없이 얼마나 빨리 교환의 매개수단으로 활용될 수 있는가를 나타내는 개념이다. 금이나 은은 현금으로 교환하여 사용하는데 편리한 반면 부동산은 현금으로 교환하는데 시간과 비용이 든다. 부동산은 그 가치가 아무리 높다 하더라도 현금처럼 사용하는데 금과 은에 비해서 용이하지 못하다. 일반적으로 실물자산보다 금융자산이 유동성이 큰 성향을 가진다. 금융자산 중에서도 현금은 가장 유동성이 높다. 현금은 그 자체가 교환의 매개수단이기 때문이다. 이런 까닭에 케인스는 화폐에 대한 수요의 동기를 유동성 선호에서 찾은 셈이다. 그리고 케인스는 유동성선호의 동기를 ① 거래적 동기, ② 예비적 동기, ③ 투기적 동기로 설명한다.

(1) 거래적 수요와 예비적 수요

① 가계는 매일 여러 가지 가계지출을 위해 화폐를 보유하려 한다. 기업의 경우에도 수입과 지출사이에 시차가 존재하므로 정상적인 영업활동을 위해 어느 정도의 화폐가 필요하다. 이처럼 소득동기와 영업동기에 의해 발생하는 화폐수요를 거래적 화폐수요(transactions motive)라 하고 소득과 정비례 관계에 있다고 본다.

② 가계나 기업은 돌발사태에 대비하기 위해 화폐를 예비적으로 보유하려 하는데

이런 화폐수요를 예비적 동기의 화폐수요(precautionary motive)라 한다. 예비적동기의 화폐수요는 거래적동기의 화폐수요처럼 소득과 정비례 관계에 있다고 본다.

(2) 투기적(speculative) 수요

① 투기적 동기의 화폐수요 함수

투기적 동기의 화폐수요는 사람들이 자산증식을 위해 채권을 살 목적으로 보유하고 있는 유휴잔고를 말한다. 투기적 화폐수요는 이자율과 역함수관계에 있다.

$$M_d = f(r)$$

M_d: 투기적 화폐수요, r: 이자율

〈그림 9-3〉은 종축에는 이자율(r)을 표시하고 횡축에는 투기적 화폐수요(L)를 표시하였다. r_H는 사람들이 더 이상 오르지 않을 것으로 예상하는 이자율 수준이고 r_L는 사람들이 더 이상 떨어지지 않을 것으로 예상하는 이자율수준이다. 이자율이 r_e수준에서는 L_e만큼의 화폐를 투기적 동기에 의해 수요한다는 것을 나타낸다. 이자율이 r_H인 수준이면 사람들은 유휴잔고를 모두 사용하여 채권을 매입하며, 이자율이 r_L수준이면 사람들은 유휴잔고를 화폐수요로 유지한다는 것이다.

투기적 화폐수요란 유휴잔고를 이용하여 자본이득을 얻을 목적으로 채권가격이 낮아지기를 기다리며 가지고 있는 화폐를 말한다. 이것은 이자율과 역함수 관계에 있는데 채권가격과 이자율이 역함수 관계에 있기 때문이다. 화폐를 이용하여 자본이득을 얻기 위해서는 채권가격이 낮을 때(이자율이 r_H) 채권을 매입하여 채권가격

〈그림 9-3〉 케인즈의 투기적 화폐수요곡선

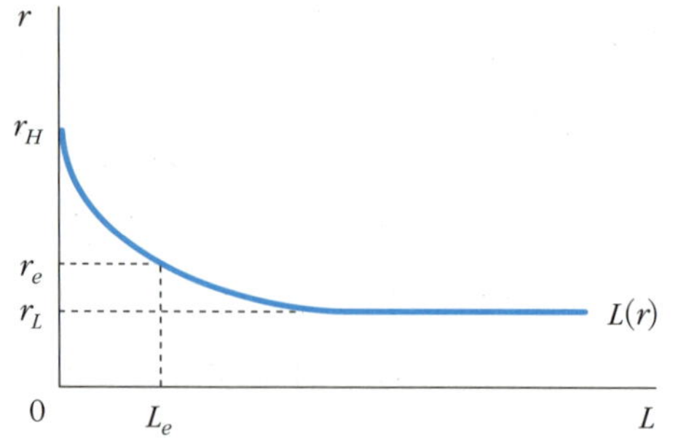

이 높을 때(이자율이 r_L) 채권을 매각해야 한다. 이자율이 낮은 수준에서는 투기적 동기의 화폐수요는 증가한다.

② 이자율과 채권가격

국채나 회사채와 같은 채권의 경우에는 확정된 이자를 미래에 지급하는 증권이다. 이런 확정이자부증권의 경우에는 이자율이 올라가면 가격이 떨어지고, 이자율이 내려가면 가격이 상승하는 특징을 가진다. 이자율이 올라가면 미래이자수익에 대한 현재가치가 작아지고 이자율이 내려가면 미래이자수익에 대한 현재가치가 증가하기 때문이다. 예를 들어 채권을 구매하여 1년 후에 받게 될 이자수익이 100원이라 하자. 연이자율이 10%라 한다면 1년 후에 100원에 대한 현재가치는 $PV=\frac{100}{1+0.1}$=약 90.9원이고, 만약 이자율이 20%로 오르는 경우 1년 후의 이자수익 100원의 현재가치는 $PV=\frac{100}{1+0.2}$==약 83.3원이 된다. 채권시장에서 거래되는 채권의 가격은 이자율을 반영하여 결정되기 때문에 채권의 현재가치는 이자율과 역함수 관계에 있다. 채권의 현재가치가 채권의 시장가격보다 높다면 채권에 대한 수요가 증가하고 채권가격은 상승한다. 반면에 채권의 현재가치가 채권의 시장가치보다 낮으면 채권에 대한 수요가 감소하고 채권가격은 하락한다. 정리하면 이자율이 상승하면 채권의 현재가치가 하락하여 채권수요가 감소함으로써 채권가격은 하락한다. 이자율이 하락하면 채권의 현재가치가 상승하여 채권수요가 증가함으로써 채권가격은 상승한다.

③ 유동성 함정

케인스는 투기적 동기에 의한 화폐수요로 인해 화폐의 유통속도가 안정되지 않는다고 주장한다. 화폐의 유통속도가 불안정하기 때문에 자산의 가치가 불안정하고 사람들은 자산의 가치변동에 따른 자신의 이익을 추구하기 위해 화폐수요를 증가시킨다고 설명한다. 고전학파는 화폐의 유통속도가 일정하고 자산가치가 안정적이어서 기준금리를 낮춰 통화량을 증가시키면 물가가 상승하면서 경기가 활성화된다고 주장하지만, 케인스는 기준금리가 지나치게 낮을 경우(유동성함정) 통화량을 증가시켜도 사람들은 머지않아 기준금리가 오르고 통화량이 줄어들 것을 예상하여 화폐에 대한 투기적 수요를 늘리기 때문에 물가와 경기를 활성화시키지 못한다고 주장한다. 따라서 경기가 침체되어 이자율이 아주 낮은 상황(유동성함정)에서는 통화량을 증가시키는 정책은 그 효과가 거의 무효하고, 확장적 재정정책을 통한 경기활성화가 유효하다고 주장한다.

(3) 유동성함정과 양적 완화

케인스는 투기적 화폐수요를 이자율의 역함수로 보았다. 이자율이 낮아지면 사람들은 장래의 이자율상승(채권가격은 하락)을 예상하게 된다. 케인스는 경기가 침체되어 이자율이 아주 낮은 수준을 유지하면, 경제가 유동성함정(liquidity trap)에 빠진다고 주장한다. 이 구간에서는 통화량을 증가시켜 이자율을 떨어뜨리려 해도 화폐수요가 증가하여 이를 상쇄시키기 때문에 화폐의 수요곡선이 수평으로 나타난다. 사람들은 이 구간에서는 자산증식을 위해 화폐수요를 무한히 증가시키는 원리가 작동하여 통화당국이 화폐공급을 증가시키더라도 이자율이 전혀 변하지 않는다. 따라서 이 구간에서는 통화정책으로는 소비와 투자에 영향을 미칠 수 없는 상황이어서 이자율이 0에 가까워지면 이자율을 낮추어 민간소비와 투자지출을 원하는 방향으로 조절할 수 없게 되는 것이다.

정책금리가 0%에 근접하거나, 혹은 다른 이유로 시장경제의 흐름을 정책금리로 제어할 수 없는 상황에서 새롭게 모색된 비전통적 통화정책을 양적 완화(quantitative easing)라 한다. 양적완화란 중앙은행의 정책으로 금리 인하를 통한 경기부양 효과가 한계에 봉착했을 때 중앙은행이 국채 매입 등을 통해 유동성을 시중에 직접 푸는 정책에 해당한다. 중앙은행은 채권이나 다른 자산을 사들임으로써, 이자율을 더 낮추지 않고도 유동성을 확대하는 정책이다. 양적완화 정책에는 ① 중앙은행이 상당기간 동안 단기이자율을 낮게 유지할 것을 공표하여 장기이자율을 낮추고 민간소비와 투자지출을 증가시키는 방법, ② 중앙은행이 공개시장에서 단기채권 대신 장기채권을 매입하는 방식으로 장기채권을 매입하면 장기채권가격은 상승하고 장기이자율은 하락하게 되어 민간소비와 투자지출을 촉진시키는 방법, ③ 중앙은행이 화폐를 발행하여 공개시장에서 채권을 매입하여 유동성을 확대하는 방법 등이 있다.

4. 고전학파와 케인스학파의 이자율 결정

지금까지 우리는 고전학파를 중심으로 한 화폐수량설과 케인스의 유동성선호설에 의한 화폐수요이론을 살펴보았다. 고전학파의 화폐수량설은 화폐의 수요가 국민소득(실물변수)에 의해 결정되고, 이자율은 생산물시장에서 결정된다고 본다. 반면에 케인스는 화폐수요가 국민소득과 이자율(화폐변수)에 의해 결정되고, 이자율은 화폐시장에서 화폐의 수요와 공급에 의해 결정되는 화폐적 현상(monetary phenomenon)으로 파악한다.

1) 고전학파의 이자율 결정

고전학파는 이자율 결정이 화폐시장이 아닌 생산물시장에서 생산물의 수·급에 의해 결정되는 것으로 파악한다. 생산물시장이론은 수요와 공급이 일치하려면, 저

〈그림 9－4〉 고전학파의 이자율 결정

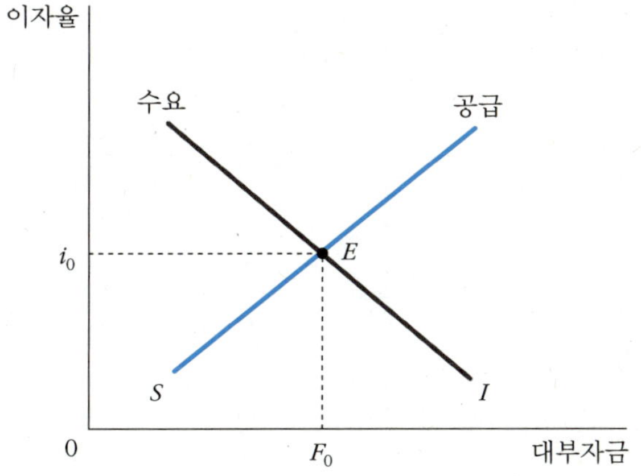

축이 아예 없거나, 투자가 저축과 같아져야 한다. 따라서 〈그림 9-4〉의 E점(i_0)에서 수요(투자)와 공급(저축)이 균형을 이루고 이자율이 결정된다.

〈그림 9-4〉에서처럼 고전학파는 투자수요(우하향곡선)는 이자율의 역함수로 보고, 저축(우상향)은 이자율의 증가함수로 본다. 이자율은 투자자의 입장에서는 비용이고, 저축하는 사람의 입장에서는 수익이기 때문이다. 물가변동을 제거한 실질투자수요(수요)와 실질저축(공급)이 교차하는 E점에서 이자율이 결정된다.

2) 케인스의 이자율 결정

〈그림 9-5〉는 〈그림 9-4〉와는 다르게 실물시장이 아닌 화폐시장에서의 화폐의 수요곡선과 공급곡선에 의한 이자율 결정을 보여준다. 케인스의 화폐수요함수는 $M^D = L_1(Y)P + L_2(r)$에 의한 우하향하는 화폐수요곡선과 통화공급함수 $M^S = mB$에 의한 화폐공급곡선이 교차하는 점, 즉 r_e점에서 이자율이 결정되는 화폐시장의 균형을 이룬다. 〈그림 9-5〉는 수평축은 화폐의 양을 나타내고, 수직축은 이자율을 나타낸다.

〈그림 9-5〉의 r_e점의 윗부분인 이자율 r_H수준에서는 화폐에 대한 초과공급이 발생하므로 이자율은 하락한다. 〈그림 9-5〉의 r_e점의 아랫부분인 이자율 r_L수준에서는 화폐에 대한 초과수요가 발생하여 이자율은 상승한다. 이자율이 하락하면

〈그림 9-5〉 케인즈의 화폐시장균형

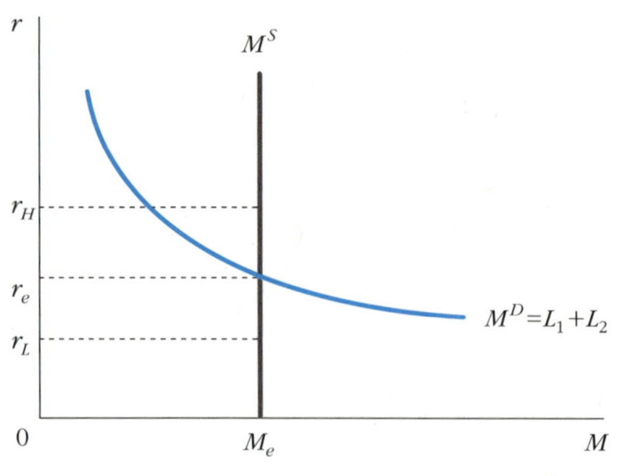

투기적 화폐수요는 증가하고 이자율이 상승하면 투기적 화폐수요는 감소하여 화폐시장은 균형을 이루게 된다.

케인스의 화폐수요는 L_2(이자율의 역함수)뿐만 아니라 L_1(국민소득의 증가함수)의 함수이기 때문에 물가나 실질국민소득이 상승하면 화폐의 수요곡선이 우측으로 수평이동한다. 이것은 이자율이 변하지 않아도 물가나 실질국민소득이 증가함에 따라 화폐수요가 증가하기 때문이다. 물가가 상승하거나 실질국민소득이 증가하면 화폐에 대한 초과수요가 발생하기 때문에 이자율은 상승한다. 통화당국이 화폐공급을 증가시키면 수직인 화폐공급곡선은 우측으로 수평 이동하게 되고, 이자율은 화폐의 수요곡선을 따라 하락한다.

5. 통화정책과 정책목표

중앙은행은 통화량이나 이자율에 영향을 미쳐 물가안정, 완전고용, 경제성장, 국제수지의 균형 등의 경제적 목표를 달성하기 위해 통화정책적 수단을 활용한다. 통화정책(monetary policy)이란 중앙은행이 운용목표(단기금리, 지급준비금 등)나 명목기준지표(통화량, 환율, 물가상승률) 등을 통제하여 최종목표인 국민경제의 안정적 성장을 달성하려는 정책적 수단에 해당한다. 통화정책에는 정책목표를 어떻게 설정하느냐에 따라 ① 최종목표와 정책수단 사이에 중간목표를 설정하는 중간목표관리제와 ② 직접 최종목표를 달성하려는 물가안정목표제로 나뉜다. 정책당국은 단기적으로는 국민경제에서 총공급능력은 주어진 것으로 인식하고, 재정정책이나 통화정책을 통해 총수요를 조절하는 총수요관리정책(aggregate demand management policy)으로서의 정책적 수단을 활용한다.

1) 통화정책의 수단

통화정책 수단에는 일반적 정책수단과 선별적 정책수단이 있고, 일반적 정책수단이란 통화정책의 효과가 국민경제 전반에 미칠 수 있는 정책수단을 의미하고, 선별적 정책수단이란 통화정책의 효과가 국민경제의 특정한 부문에 영향을 미치는 정책수단을 의미한다. 발달된 금융시장에서는 일반적 정책수단이 주로 사용되고, 선별적 정책수단은 보조수단으로 사용되는 상황에 있다.

(1) 일반적 정책수단

① 재할인율정책(rediscount rate policy)은 중앙은행이 예금은행에 대한 대출금리(재할인율)를 조절하여 통화량을 조절하는 정책수단이다. 재할인율을 인상하면 통화량은 감소하고, 인하하면 통화량은 증가하게 된다. 재할인율(rediscount rate)이란 예금은행이 자금을 대출하면서 고객으로부터 받은 상업어음을 중앙에 제시하여 자금을 차입하는 것을 말하고 중앙은행이 예금은행에 적용하는 이자율을 재할인율이라 한다. 예를 들어 예금은행이 고객으로부터 할인한 약속어음 1억원을 중앙은행에 제시하고 재할인을 받아 자금을 차입한다고 하자. 만약 재할인율이 10%라면 예금은행은 중앙은행으로부터 9천만원을 차입할 수 있고, 재할인율이 인상되어 20%라면 예금은행은 중앙은행으로부터 8천만원밖에 차입할 수 없다. 재할인율을 인상하면 예금은행의 초과지급준비금이 감소하여 통화량은 감소하고, 반면에 재할인율을 인하하면 예금은행의 초과지급준비금이 증가하여 통화량은 증가한다. 재할인율정책의 경우에는 예금은행의 중앙은행에 대한 자금의존도가 높을 때에 효과적인 통화정책 수단이 된다.

② 공개시장조작(open market operation)은 중앙은행이 단기금융시장이나 채권시장에서 금융기관을 대상으로 국공채나 유가증권을 매매함으로써 본원통화와 이자율을 조절하는 정책수단을 의미한다. 중앙은행이 국공채를 매입하면 통화량은 증가하고 이자율은 하락한다. 반면 중앙은행이 국공채를 매각하면 통화량은 감소하고 이자율은 상승한다. 금융의 자유화, 금융의 증권화, 금융의 국제화가 실현된 선진국 경제에서는 통화정책의 수단으로서 공개시장조작을 가장 많이 활용하고 있다. 우리나라의 경우에는 공개시장에서 매매되는 운영대상이 국공채가 아니라

통화안정증권이나 환매조건부 정부채를 활용하고 있는데, 최근에는 통화안정증권에 대한 이자부담이 막대하여 환매조건부 정부채를 주로 매매하고 있다.

③ 지급준비율정책은 중앙은행이 법정지급준비율을 조절하여 통화승수를 변화시킴으로써 통화량이나 이자율의 변화를 꾀하는 정책수단이다. 중앙은행이 법정지급준비율을 인상하면 예금은행의 초과지급준비금이 감소하고 통화승수$\left(m=\frac{M}{B}\right)$가 작아져 통화량은 감소한다. 반면에 중앙은행이 법정지급준비율을 인하하면 예금은행의 초과지급준비금이 증가하고 통화승수$\left(m=\frac{M}{B}\right)$가 커져 통화량은 증가한다.

(2) 선별적 정책수단

선별적 정책수단이란 직접적인 규제수단으로 은행이 민간에게 제공하는 대출에 대해 통화당국이 선택적으로 통화량이나 이자율을 규제하는 방식을 말한다. 일반적인 정책수단만으로는 충분한 통화량 조절효과를 기대할 수 없는 경우, 선별적 규제수단을 활용한다. 선별적 정책수단에는 대출한도제, 이자율규제정책, 창구규제 등이 있다.

① 대출한도제란 통화당국이 중앙은행과 예금은행의 대출한도를 규제하거나 자산을 규제하여 국내총여신을 규제하는 직접규제이다. 국내총여신은 정부와 민간에 대한 예금취급기관의 여신총액을 말한다. ② 이자율규제정책은 통화당국이 금융시장의 각종 이자율을 직접 규제함으로써 신용의 규모와 배분을 조정하고 통화량을 조절하는 정책이다. ③ 창구규제란 정책당국이 금융기관의 대출 및 투자정책과 예금유인정책 등을 중앙은행 등의 정책 의도에 맞도록 직접 지도하는 것을 말한다. 중앙은행이 일반적 정책수단을 실행했음에도 불구하고 사익을 추구하는 개별 금융기관들의 과도한 쏠림현상으로 인해 경기가 과열되거나 아니면 경기가 침체되는 것을 막기 위해 간접적인 정책수단을 활용하게 되는데, 그 대표적인 수단을 창구규제라 한다.

2) 통화정책의 목표

(1) 중간목표관리제

중간목표관리제는 정책당국이 국민경제의 최종목표인 물가안정, 완전고용, 경제성장, 국제수지의 균형 등의 최종목표를 달성하기 위해 중간목표를 설정하고, 이 중간목표를 우선적으로 달성하려는 방식을 말한다. 중간목표는 주로 이자율과 통화량을 지표로 설정한다.

① 이자율목표제는 이자율을 중간목표로 설정하여 물가 및 이자율을 조정하는 방식에 해당한다. 이 정책은 통화당국이 적정이자율 수준을 유지하기 위해 통화량을 탄력적으로 공급하는 방식이다. 따라서 통화공급곡선은 목표이자율에서 수평선으로 나타난다.

② 통화량목표제는 구체적인 통화지표에 의한 통화공급증가율을 설정하여 통화량을 관리하는 방식이다. 어떤 통화지표를 중간목표로 삼을 것인가는 나라와 시대에 따라 다양하다. 케인스학파가 주장하는 이자율목표제는 1960년대 많은 나라에서 통용되었지만, 1970년대부터는 대부분의 나라에서 통화량목표제를 활용하고 있다. 이자율을 중간목표로 설정하기 어려운 이유로는 적정수준의 이자율을 찾기가 현실적으로 쉽지 않기 때문인데, 중간목표 설정한 이자율이 적정이자율보다 높으면 경제활동을 위축시키게 되고, 적정수준보다 낮으면 통화량이 지나치게 증가하여 물가를 상승시키는 부작용이 발생한다. 또한 시장이자율이 변하는 경우, 시장이자율 변화에 따른 경제적 의미를 해석하거나 대처하는 것도 쉽지 않다는 것이다. 예를 들어 시장이자율이 오르고 있다 하자. 시장이자율의 상승을 대부시장에서 초과수요가 발생한 것으로 해석하는 경우에는 통화공급을 증가시키는 정책으로 대응해야 하는데, 만약 시장이자율의 상승원인이 지나친 통화공급으로 물가가 상승하고 그 결과로 시장이자율이 상승한 것으로 해석된다면, 오히려 통화공급을 줄이는 정책으로 대응해야 한다는 점이다. 따라서 많은 나라들이 이자율목표제보다는 통화량목표제를 선호하고 있으며, 구체적인 통화량의 목표치는 각국의 경제

여건을 고려하고, 각국의 중앙은행이 오랜 기간 축적해온 지식과 경험을 바탕으로 설정한 후 통화를 공급하고 있다.

(2) 물가안정목표제

세계의 많은 나라들이 통화목표관리제에서 얻은 경험을 바탕으로 통화당국이 물가안정을 최우선목표로 삼고, 중간목표인 통화량을 안정적으로 공급하는 경우, 물가안정, 경제성장, 국제수지균형 등의 최종목표들을 달성하는데 유효하다는 경험치에 동의하고 있다. 물가안정목표제란 중앙은행이 일정기간 달성해야 할 물가목표치를 미리 공표하고, 중간목표 없이 공개시장운영이나 재할인율정책 등을 활용하여 직접 물가안정을 달성하는 방식이다. 통화목표관리제는 통화량, 이자율, 환율, 기대인플레이션, 자산가격 등 다양한 거시변수들을 활용하여 최적한 물가목표치를 설정하는 일이 가장 중요하다. 물가안정목표제하에서는 통화량과 금리가 물가에 영향을 미치는 중요변수이기 때문에 정책당국은 통화량과 금리를 정보변수(information variable)로 항상 주시해야 한다. 이 제도의 장점은 경제주체의 입장에서 정책당국이 안정적인 경제환경을 조성할 것이라는 믿음을 줄 수 있다는 데 있다. 만약 물가가 억제 목표를 상회하는 경우에는 중앙은행은 긴축정책을, 반대로 물가가 억제목표를 하회하는 경우에는 중앙은행은 경기부양을 위해 확장정책을 폄으로써 경제를 안정화시킬 것이라는 믿음이다.

우리나라의 경우에는 1998년부터 물가안정목표제를 도입하여 운용하고 있는데, 2004년에서 2006년간 근원인플레이션율을 목표치로 삼았으나, 근원인플레이션이 현실의 물가상승을 제대로 반영하지 못한다는 평가에 따라 2007년에서 2009년간부터는 물가안정목표 기준을 소비자물가상승률로 전환하여 사용하고 있다. 근원인플레이션이란 소비자 물가에서 비곡물 농산물과 석유류의 가격을 제외하고 계산한 소비자물가의 상승률을 의미한다. 또한 우리나라는 물가안정목표를 달성하기 위해 기준금리를 활용하는 금리중시 통화정책을 취하고 있는데, 한국은행의 금융통화위원회는 미국의 연준처럼 연간 물가목표와 실물경제 및 금융시장 전망 등을 고려하여 매월 기준금리를 결정한다. 한국은행은 콜금리가 기준금리 수준에서 유지되도록 지급준비금을 운영하는 통화정책을 수행한다. 여기서 콜금리는 금융기관 간에 초단기로 자금을 융통할 때 적용되는 금리를 의미한다.

연습문제

1. 화폐의 개념과 의의에 대해 설명하라.

2. 화폐, 통화, 금융의 차이점을 설명하라.

3. 화폐의 기능과 역할에 대해 설명하라.

4. 화폐의 조건과 화폐의 발달에 대해 설명하라.

5. 디지털화폐(CBDC)와 암호화폐(cryptocurrency)에 대해 설명하라.

6. 협의의 통화지표(M_1)과 광의의 통화지표(M_2)의 차이점을 설명하라.

7. 직접금융과 간접금융을 설명하라.

8. 금융기관의 개념과 기능에 대해 설명하라.

9. 단기자금 시장인 콜시장(call market)과 할인시장(discount market)을 설명하라.

10. 금융자유화와 금융의 재규제에 대해 설명하라.

11. 본원통화와 신용승수에 대해 설명하라.

12. 본원통화와 법정지급준비율을 설명하라.

13. 통화승수와 통화공급함수에 대해 설명하라.

14. 피셔의 교환방정식의 개념과 의미를 설명하라.

15. 프리드만의 신화폐수량설과 의미를 설명하라.

16. 케인스의 유동성 선호설을 설명하라.

17. 이자율과 채권가격과의 관계를 설명하라.

18. 케인스의 투기적 동기에 의한 화폐수요과 유동성함정을 설명하라.

19. 유동성 함정과 양적완화정책을 설명하라.

20. 고전학파의 이자율결정 원리를 설명하라.

21. 케인스학파의 이자율결정 원리를 설명하라.

22. 일반적 통화정책 수단과 선별적 통화정책 수단을 설명하라.

23. 재할인율정책의 개념과 효과를 설명하라.

24. 공개시장조작정책의 개념과 효과를 설명하라.

25. 지급준비율정책의 개념과 효과를 설명하라.

26. 이자율목표제와 통화량목표제의 차이점을 설명하라.

27. 물가안정목표제의 특징과 효과를 설명하라.

Chapter 10

총수요와 총공급이론

1. $IS-LM$모형의 이해
2. 총수요곡선
3. 총공급곡선
4. 총수요와 총공급에 의한 균형
5. 총수요·총공급곡선과 안정화정책

총수요·총공급(*AD*－*AS*모형)분석은 실질국민소득과 물가수준의 결정이 생산물시장, 화폐시장, 노동시장 등 국민경제의 모든 시장과 생산기술의 상호작용한 결과로 보는 일반균형이론에 해당한다. 미시경제학에서 수요와 공급에 따른 시장균형이론과 흡사하다. 미시경제학의 수요·공급이론에서는 균형가격과 균형수·급량이 중요변수였다면, 거시경제학의 총수요와 총공급이론에서는 물가와 실질국민소득의 중요변수이고, 이자율결정도 중요하다. 총수요·총공급이론은 경제안정화정책의 효과를 분석하는 데 유용한 기본모형을 제공한다.

총수요곡선은 실물시장과 화폐시장의 동시적 균형을 다루는 *IS*－*LM*모형에서 도출된다. 총공급곡선은 노동시장과 총생산함수로부터 도출된다. 총공급곡선은 우상향하는 형태를 가지나, 총공급곡선의 형태에 대해서는 논란의 여지가 많다. 고전학파는 총공급곡선을 수직선으로 파악하는 데 반해 케인스학파는 수평선으로 파악한다. 현재의 주류경제학에서는 수직선의 형태인 고전학파의 총공급곡선을 장기총공급곡선으로 인식하고 단기총공급곡선은 우상향하는 형태로 본다.

IS－*LM*모형에서는 물가를 고정된 변수로 가정한 반면, *AD*－*AS*모형에서는 물가를 가변적인 변수로 취급한다. *IS*－*LM*모형에서는 총수요만을 분석한 반면 *AD*－*AS*모형에서는 총수요뿐만 아니라 총공급까지 분석한다. *IS*－*LM*모형은 총수요측면을 중시하면서 생산물시장과 화폐시장의 상호작용을 분석함으로써 케인스의 완전이론이라고도 한다. *IS*는 실물시장에서 투자와 저축이 균형을 이루는 조건(주입＝누출)을 의미하고, *LM*는 화폐의 수요(*L*)와 화폐의 공급(*M*)이 균형을 이루는 조건을 의미한다. *IS*－*LM*모형에서는 투자가 독립투자와 이자율에 영향을 받는 유발투자를 투자수요로 본다. 화폐의 수요이론에서 화폐수요는 국민소득의 증가함수(L_1)이자 이자율의 감소함수(L_2)이다. 따라서 화폐시장의 변화는 이자율을 변동시키고 이 이자율의 변동이 투자수요를 변화시켜 생산물시장에 영향을 미치게 된다. *IS*－*LM*이론은 고전학파의 화폐베일관을 배제시키고 화폐시장이 실물시장에 어떻게 영향을 미치는지를 설명한다.

IS－*LM*모형에서 우하향하는 총수요(*AD*)곡선이 도출되고, 노동시장에서 단기적

으로 우상향하는 총공급(*AS*)곡선이 도출됨으로써 거시경제의 일반균형분석이 가능해 진다. *AD*－*AS*모형에서는 물가가 가변적인 상황에서 투자, 저축, 정부지출, 조세, 이자율, 통화량 등의 변수가 변할 때 총수요(*AD*)곡선과 총공급(*AS*)곡선이 변화하고 이동함으로써 새로운 균형점(*AD*=*AS*)을 달성하고 그에 따라 물가수준과 실질국민소득 수준을 결정하게 됨을 보여준다. 총수요·총공급이론은 투자, 저축, 정부지출, 조세, 이자율, 통화량 등의 외생변수가 변할 때, 물가수준과 생산량수준의 변동을 분석함으로써 경기변동(인플레이션이나 실업)이나 경제발전의 원인을 설명하고 재정정책이나 통화정책의 효과를 분석하는데 유용하게 활용된다.

1. *IS*－*LM*모형의 이해

1) 생산물시장과 *IS*곡선

(1) *IS*곡선의 도출

*IS*곡선은 투자(Investment)와 저축(Saving)이 균형을 이루는 생산물시장에서 이자율과 국민소득의 조합을 연결한 곡선이다. 따라서 *IS*분석이 균형을 이루는 조건은 총생산=총수요 또는 저축=투자로 나타낼 수 있다.

$$Y^S = C + S$$
$$Y^D = C + I^D$$

위식에서 실물시장의 총공급과 총수요를 균형($Y^S = Y^D$)시키는 균형조건은 $S = I^D$이다. 〈그림 10－1〉의 a점은 〈그림 10－1〉의 아래 그래프에서 이자율이 I_0일 때, 투자수요 $I(i_0)$와 같고 Y_0에서 균형국민소득이 결정된다. 이제 〈그림 10－1〉의 아래 그래프에서 이자율이 i_1으로 하락한다면, 〈그림 10－1〉의 위 그래프에서 투자수요곡선이 $I(i_1)$으로 뛰어오르고 실물시장의 균형점은 b로 옮겨진다.

〈그림 10-1〉 저축=투자에 의한 *IS*곡선 도출

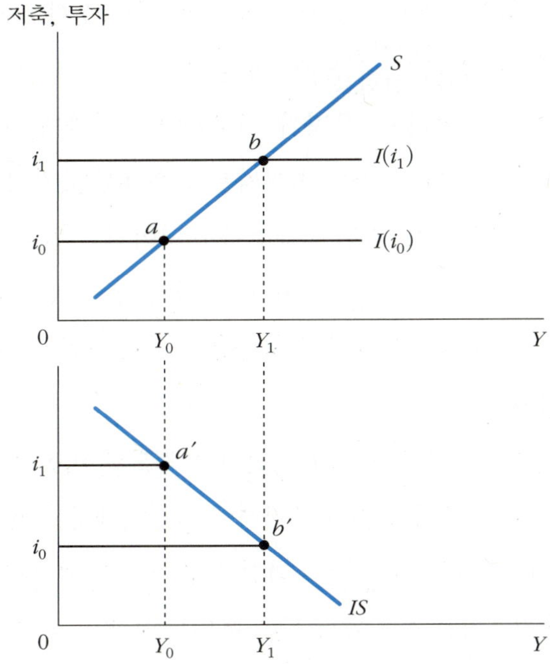

이들 이자율과 균형국민소득의 관계를 〈그림 10-1〉의 아래 그림에 나타내면 *a′*와 *b′*점을 연결하는 우하향하는 *IS*곡선을 얻게 된다. *IS*곡선은 실물시장을 균형 시키는 이자율과 국민소득의 조합을 연결한 곡선이고 이자율이 상승하면 투자가 감소하여 국민소득이 감소하고 이자율이 하락하면 투자가 증가하여 국민소득이 증가한다는 것을 보여준다.

(2) *IS*곡선의 기울기와 이동

① 〈그림 10-1〉의 아래 그림처럼 *IS*곡선이 우하향하는 기울기를 갖는다는 것은 이자율과 국민소득은 반비례한다는 것을 보여준다. 화폐시장에서 이자율이 하락하면 투자가 증가하고 유효수요가 증가한다. 유효수요가 증가하면 생산이 증가하고 따라서 균형국민소득은 증가하게 된다. 이자율이 상승하면 투자가 감소하고 유효수요가 감소하여 국민소득은 감소하게 된다. 〈그림 10-1〉에서 *IS*곡선의 기울기가 커진다는 것은 이자율이 변할 때 국민소득의 변화율이 작다는 것을 의미하

고 *IS*곡선의 기울기가 작다는 것은 이자율의 변화에 국민소득의 변화율이 커진다는 것을 의미한다. 따라서 *IS*곡선의 기울기는 한계저축성향$\left(\frac{\text{저축변화율}}{\text{국민소득변화율}}\right)$과 투자의 이자율 탄력성$\left(\frac{\text{투자변화율}}{\text{이자율변화율}}\right)$이 커질수록 커지는데, 이것은 한계소비성향$\left(\frac{\text{소비변화율}}{\text{국민소득변화율}}\right)$이 작아지고, 투자가 이자율에 예민하게 반응하면 국민소득의 증가율이 작아지기 때문이다. 소비나 투자는 총수요를 증가시키는 주입에 해당하기 때문에 소비나 투자가 작아지면 국민소득도 낮아지는 원리가 적용된다.

위 식에서 *IS*곡선의 기울기는 $\frac{1-b}{c}$이다. 따라서 *IS*곡선은 음의 기울기(이자율과 국민소득 간의 관계)를 가지며 한계저축성향이 클수록 그리고 투자의 이자율탄력성이 작을수록 그 값이 커진다.

② 〈그림 10-1〉의 아래 그림에서 *IS*곡선이 우측으로 이동하려면 주입이 증가해야 한다. 투자수요나 정부의 지출이 증가하여 국민경제라는 욕조에 물을 채우는 원리와 같다. *IS*곡선이 좌측으로 이동하려면 누출이 증가해야 한다. 저축이나 조세가 증가하여 국민경제라는 욕조에서 물을 빼내는 원리와 같다. 따라서 *IS*곡선이 우측으로 이동하면 국민소득이 증가하고 좌측으로 이동하면 국민소득이 감소하게 된다.

2) 화폐시장과 *LM*곡선

(1) *LM*곡선의 도출

*LM*의 곡선은 화폐의 수요(Liquidity)와 화폐의 공급(Money)이 균형을 이루는 화폐시장에서 이자율과 국민소득의 조합을 연결한 곡선이다. 화폐공급은 통화당국이 외생적·정책적으로 결정하는 외생변수이다. 따라서 화폐공급곡선은 이자율과 무관한 〈그림 10-2〉의 왼쪽 그림에서 수직선 M_0가 된다. 〈그림 10-2〉의 왼쪽 그림 *A*점에서 화폐수요곡선 $L(Y_0, i_0)$와 화폐공급곡선 M_0가 만남으로써 오른쪽 그림 국민소득 Y_0와 이자율 i_0 조합인 *A'*점이 만들어지고, 〈그림 10-2〉의 왼쪽 그림 *B*점에서 화폐수요곡선 $L(Y_1, i_1)$과 화폐공급곡선 M_0가 만남으로써 오른쪽 그림 국민소득 Y_1과 이자율 i_1 조합인 *B'*점이 만들어진다. 〈그림 10-2〉의 오

〈그림 10－2〉 화폐시장의 균형과 *LM*곡선

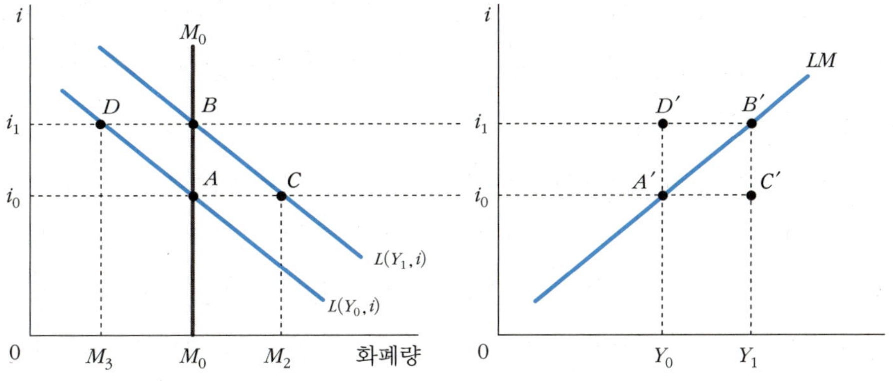

른쪽 그림에서 A'점과 B'점을 연결하여 화폐시장에서의 균형조건을 충족하는 *LM* 곡선을 도출하였다.

예를 들어 설명하면 실물시장에서 국민소득이 Y_1까지 증가했다 하자. 소득증가는 거래적·예비적 화폐수요 $L_l=Lf(Y)$을 증대시키므로 화폐수요곡선은 $L(Y_1,\ i_1)$으로 우측 이동시킨다. 화폐공급(M_0)은 일정하므로 이자율은 i_1 수준까지 상승하고 새로운 화폐시장의 균형점 B가 성립한다. 이런 과정을 거쳐 이자율 i_0와 i_1은 화폐시장을 균형시키는 이자율로서 각각 국민소득 Y_0와 Y_1에 대응한다.

(2) *LM*곡선의 기울기와 이동

① *LM*곡선은 〈그림 10－2〉의 오른쪽 그림처럼 우상향하는 형태를 가진다. 실물시장에서 국민소득이 증가하면 화폐시장에서 거래적·예비적 화폐수요 $L_l=L_f(Y)$을 증대시키므로 화폐수요곡선 $L(Y_1,\ i_1)$을 우측으로 이동시킨다. 화폐공급은 일정한데 화폐수요가 증가했으므로 이자율은 상승하게 된다. *LM*곡선은 국민소득의 증가로 거래적(예비적)동기의 화폐수요가 증가하고 이자율을 상승시키는 함수관계이므로 우상향하는 기울기, 즉 양(+)의 기울기를 가진다. *LM*곡선의 기울기의 크기는 화폐수요가 국민소득에 반응하는 민감도가 클수록, 화폐수요의 이자율탄력성(화폐수요곡선의 기울기가 클수록)이 작을수록 커진다. *LM*의 곡선의 기울기가 크다는 것은 화폐시장에서 이자율을 떨어뜨릴 때 국민소득이 적게 증가한다는 것을

의미하고, *LM*곡선의 기울기가 작다는 것은 국민소득이 크게 증가한다는 것을 의미한다. 고전학파모형에서는 화폐수요가 이자율에 완전비탄력적이어서 *LM*곡선은 수직선이고, 케인스의 유동성 함정에서는 화폐수요가 이자율에 완전탄력적이어서 *LM*곡선은 수평선이 된다.

② *LM*곡선은 화폐공급이 증가하거나 물가가 하락하면 오른측으로 이동하고, 화폐공급이 감소하거나 물가가 상승하면 왼쪽으로 이동한다. 화폐공급이 증가하면 이자율이 하락하여 투자(주입)가 증가하고 국민소득도 증가하기 때문에 *LM*곡선은 오른측으로 이동하고 물가가 상승하면 국민소득이 일정하더라도 물가가 상승하여 명목화폐수요가 증가하고 이자율이 상승하게 된다. 따라서 *LM*곡선은 왼쪽으로 이동하게 된다.

(3) 고전학파와 케인스학파의 *LM*곡선

① 고전학파에게 화폐수요는 이자율과 무관하다. 즉 화폐수요의 이자율탄력성은 0이다. 따라서 *LM*의 곡선의 기울기는 무한대이고 수직선의 형태를 갖는다. 고전학파를 계승한 통화주의학파의 경우에도 화폐수요의 이자율탄력성은 거의 0에 가까운 것으로 인식한다.

② 케인스는 이자율이 낮은 수준(거의 0에 가까운)에서는 화폐수요의 이자율 탄력성이 무한대로 인식했다. 따라서 *LM*곡선의 기울기는 0이며 거의 수평선의 형태를 갖는다. 케인스는 이런 상황을 유동성함정(liquidity trap)으로 개념화했다.

3) *IS*－*LM*곡선의 동시적 균형

(1) *IS*－*LM*곡선의 동시적 균형

*IS*곡선은 실물시장의 균형조건에서, *LM*곡선은 화폐시장의 균형조건에서 도출되었다.

〈그림 10－3〉의 *IS*곡선의 아래쪽은 상품의 초과수요의 영역이며, 위쪽은 초과공급의 영역이다. 그리고 *LM*곡선의 아래는 화폐의 초과수요를, 위쪽은 초과공급을 의미한다. 생산물시장은 불균형이 발생하면 생산량(Y)이 변하므로 *IS*곡선은 좌

〈그림 10－3〉 실물시장과 화폐시장의 동시균형

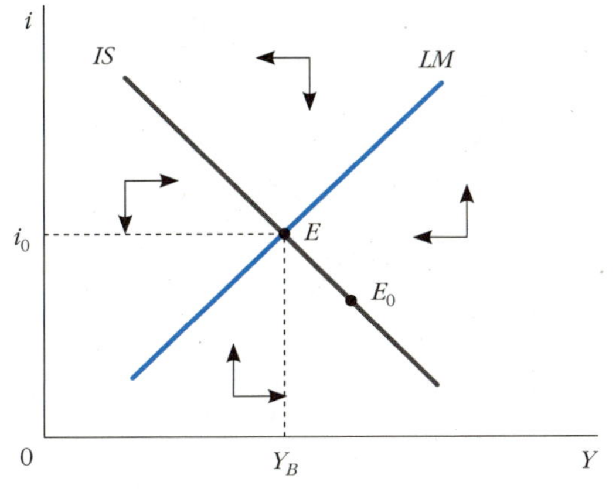

우로 이동하여 조정이 이루어진다. 화폐시장은 불균형이 발생하면 이자율(i)이 변하므로 위아래로 조정이 이루어진다.

〈그림 10－3〉의 화살표는 균형을 회복하려는 힘이 작용하는 방향을 나타낸다. 수평선으로 나타낸 화살표는 국민소득을 변화시키는 힘들이고 수직선으로 나타낸 화살표는 이자율을 변화시키는 힘들이다. 따라서 *IS*와 *LM*이 교차하는 *E*점에서 실물시장과 화폐시장이 동시적으로 균형을 달성한다. *IS*곡선상의 E_0점은 실물시장에서는 균형점이지만 화폐시장에서는 화폐의 초과수요가 발생한 상태이다. 따라서 ① 화폐의 초과수요는 이자율을 상승시키고, ② 높아진 이자율은 투자를 억제하여 *IS*곡선상의 E_0점은 *E*점으로 균형을 회복하는 힘으로 작동한다. ③ 균형점 *E*점에서 실물시장과 화폐시장이 동시적으로 균형에 도달하며 균형이자율과 균형국민소득을 결정한다.

(2) *IS*－*LM*모형과 재정정책의 효과

재정정책(fiscal policy)은 정책당국이 재정지출이나 재정수입(조세)을 변화시켜 경제성장이나 경제안정에 관한 목표를 달성하려는 경제정책 수단의 하나이다. 총공급곡선이 주어진 것이라면 정부는 총수요를 관리하여 정책목표를 달성할 수 있는데, 그 수단으로는 재정정책과 통화정책이 있다.

〈그림 10-4〉 재정정책의 효과

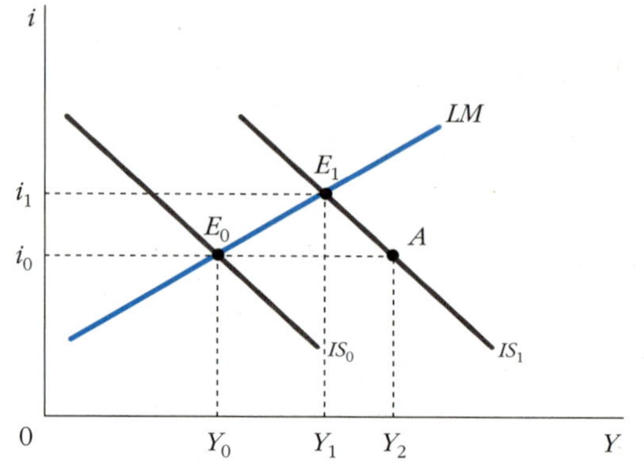

〈그림 10-4〉에서 조세증가는 누출증가이므로 *IS*곡선을 좌측으로 이동시키고, 정부지출의 증가는 주입증가이므로 *IS*곡선을 우측으로 이동시킨다. E_0는 최초의 균형점이고, 이자율 i_0와 국민소득 Y_0에 대응한다. 정부가 정부지출을 증가시키거나 조세를 줄이게 되면 *IS*곡선은 우측으로 이동하여 IS_1가 되고 새로운 균형점 E_1이 성립된다. E_1은 이자율 i_1와 국민소득 Y_1에 대응하게 되므로 국민소득은 $Y_0 - Y_1$으로 증가하고 이자율은 $i_0 - i_1$까지 상승하게 된다. 만약 이자율이 i_0수준에서 오르지 않았다면, 국민소득은 Y_2까지 증가할 수 있었을 것이다.

그런데 이자율은 왜 오르게 되는 걸까. 실물시장에서 국민소득이 증가하게 되면 화폐시장에서 거래적 화폐수요가 증가하기 때문이다. 화폐수요의 증가로 이자율이 오르면 투자는 감소하고 정부지출로 국민소득이 증가(정부지출승수의 효과)한 일부분을 상쇄하게 된다. 정부지출은 공적부문의 확대를 의미하는데, 이것이 민간부문을 일부 축소시킨다 하여 구축효과(crowding out effect)라 부른다. 투자가 감소하는 것은 민간부문이 위축되는 것이기 때문이다. 구축효과의 크기는 *LM*곡선의 기울기가 결정하는데, ① *LM*곡선이 수평이면 구축효과는 0이 되고, ② *LM*곡선이 수직이면 구축효과가 정부지출승수 효과를 모두 상쇄시켜버린다.

① *LM*이 수직인 경우(화폐의 이자율탄력성=0), 재정정책의 효과

고전학파의 경우 화폐에 대한 수요를 오직 거래를 위한 수요, 실물시장에서 투

〈그림 10－5〉 화폐수요의 이자율 탄력성＝0

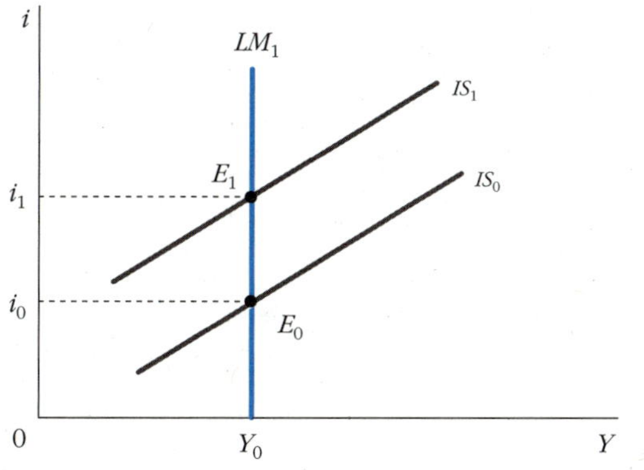

자수요에서 화폐수요가 비롯된 것으로 인식한다. 따라서 화폐수요는 국민소득을 반영할 뿐, 이자율에 반응하지 않는다. 이것은 이자율의 변동이 화폐수요에 전혀 영향을 미치지 않는다는 것을 의미하며, 화폐수요의 이자율탄력성은 0이 된다. 〈그림 10－5〉의 수직형태의 *LM*곡선은 화폐수요의 이자율탄력성이 0인 경우이다. 따라서 정부지출증가나 조세감축으로 인해 *IS*곡선이 S_0에서 IS_1으로 상방 이동하여도 이자율만 오를 뿐 국민소득은 전혀 변하지 않는다. 이런 상황에서는 정책당국이 정부지출을 늘리거나 감세정책을 통해 주입을 증가시켜도 국민소득은 전혀 증가하지 못하는데, 그 이유는 앞에서 설명한 구축효과 때문이다. 정부지출이 국민소득을 증가시킨다 해도 국민소득 증가로 인한 화폐수요가 증가하여 이자율을 상승시키고 이자율 상승으로 민간투자가 감소하여 국민소득을 감소시키기 때문이다. 구축효과는 화폐수요의 이자율탄력성이 작을수록(*LM*곡선의 기울기가 클수록) 투자의 이자율탄력성이 클수록(*IS*곡선의 기울기가 작을수록) 커지게 된다. 따라서 *LM*곡선의 모양이 수직인 구간을 고전학파 구간이라고 한다.

② *LM*이 수평인 경우(화폐수요의 이자율탄력성＝∞), 재정정책의 효과

케인스는 투기적 동기의 화폐수요로 인해 이자율이 낮은 수준에서는 이자율이 조금만 변해도 화폐수요가 무한대로 증가한다고 인식한다. 따라서 *LM*곡선은 〈그림 10－6〉에서처럼 수평인 형태, 즉 화폐수요의 이자율 탄력성이 무한대가 된다.

〈그림 10 – 6〉 재정정책의 효과

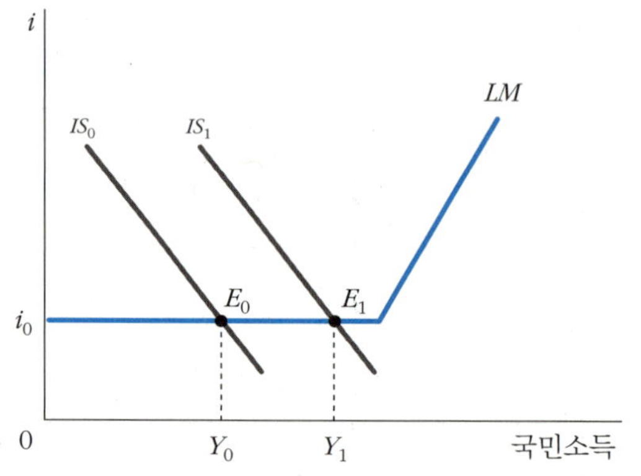

이런 상황에서 정책당국이 정부지출을 증가시키거나 조세를 줄이게 되면 그림에서 보는 바와 같이 *IS*곡선은 주입이 증가하므로 *IS*곡선은 $IS_0 - IS_1$로 우측 이동하게 되어 국민소득은 $Y_0 - Y_1$수준으로 증가하고 균형점은 $E_0 - E_1$로 이동하게 된다. *LM*곡선이 수평인 경우에는 국민소득이 증가해도 이자율이 상승하지 않으므로 구축효과는 0이 되는 것이다. 정부지출로 인한 국민소득 증가가 전혀 상쇄되지 않고 승수효과만큼 그대로 나타나다는 것을 알 수 있다. 따라서 *LM*곡선의 모양이 수평인 구간을 케인스구간 또는 유동성 함정 구간이라고 한다.

(3) *IS* – *LM*모형과 통화정책의 효과

통화정책(monetary policy)이란 중앙은행이 각종 통화정책수단을 동원하여 물가안정, 완전고용, 경제성장, 국제수지의 균형 등의 국민경제목표를 달성하려는 경제정책적 수단이다. 〈그림 10 – 7〉의 E_0는 최초의 균형점이다. 중앙은행이 통화량을 증가시키면 *LM*곡선은 $LM_0 - LM_1$까지 우측으로 하방 이동한다. 따라서 국민소득은 $Y_0 - Y_1$까지 증가하고, 이자율은 $i_0 - i_1$수준으로 하락한다. 균형점은 E_0에서 E_1으로 이동하게 된다. 통화량이 증가하면 화폐시장에서 이자율이 하락하고 실물시장에서 투자가 증가하여 국민소득이 증가하기 때문이다. 실물시장에서 국민소득이 증가하면 다시 화폐시장에서 거래적 동기의 화폐수요가 증가하고 이자율이 상승하여 실물시장에서 투자가 감소한다. 이런 까닭으로 통화정책은 재정정책에

〈그림 10－7〉 통화정책의 효과

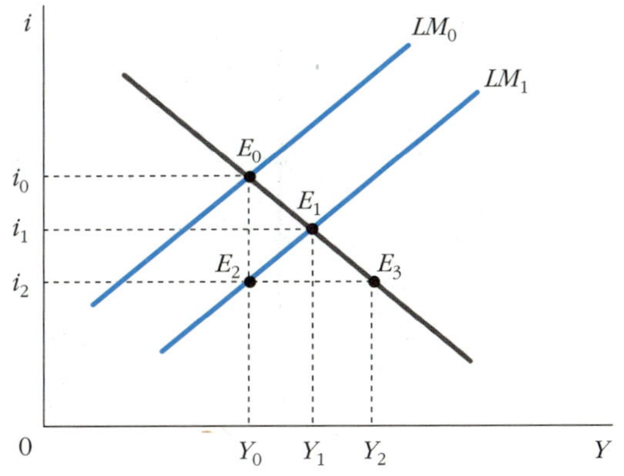

비해 전달경로가 길고 복잡한 특성을 가진다.

만약 E_0점에서 국민소득 Y_0수준을 유지한다면 이자율은 i_2수준까지 하락하게 될 것이다. 낮아진 이자율은 투자를 증가시켜 새로운 균형점 E_3에서 국민소득을 Y_2수준까지 증대시킬 것이다. 국민소득의 증가는 거래적 화폐수요을 증가시켜 이자율을 i_1수준으로 상승시키고 민간투자가 감소하여 국민소득의 상승분을 상쇄시켜 Y_1수준에서 균형국민소득이 결정된다. 따라서 통화량증가는 $E_0 \rightarrow E_2 \rightarrow E_3 \rightarrow E_1$의 전달경로를 거쳐 최종 균형점인 E_1에 이르게 된다.

① *IS*가 수직인 경우(투자의 이자율탄력성＝0)

*IS*곡선의 기울기는 투자의 이자율 탄력성이 작을수록 커지고 투자의 이자율탄력성이 클수록 작아진다. 또한 투자의 이자율탄력성과 통화정책의 효과는 정(+)의 관계를 가진다. 이것은 통화정책은 *IS*곡선의 기울기가 작을수록 효과적이라는 의미이다. 투자의 이자율 탄력성이 0일 때 *IS*곡선은 〈그림 10－8〉처럼 수직선이다(투자의 이자율탄력성＝0) 정책당국이 통화량을 증가시키면 *LM*곡선은 오른쪽으로 하방 이동한다. 따라서 최초의 균형점 E_0는 E_1으로 이동하게 된다. 통화량의 증가가 이자율을 $i_0 - i_1$수준으로 하락시켰음에도 불구하고 국민소득은 Y_0수준에서 변하지 않는다. *IS*곡선이 수직인 경우(투자의 이자율 탄력성＝0) 통화정책은 무효하다.

〈그림 10-8〉 수직적 *IS*와 통화정책효과

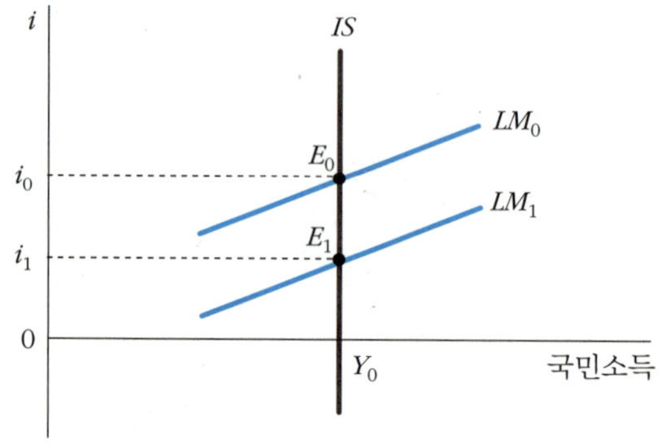

② *IS*가 수평인 경우(투자의 이자율탄력성 = ∞)

〈그림 10-9〉에서처럼 *IS*곡선의 형태가 수평선이면 투자의 이자율탄력성은 무한대이다. 이런 경우 정책당국이 통화량을 증가시키면 *LM*곡선은 오른쪽으로 하방이동한다. 따라서 최초의 균형점 E_0는 E_1으로 이동하게 된다. 통화량의 증가가 이자율을 i_0수준에서 전혀 하락시키지 않았는데도 불구하고 국민소득은 $Y_0 - Y_1$수준으로 대폭 증가하게 된다. *IS*곡선이 수평인 경우(투자의 이자율 탄력성 = ∞) 통화정책은 완전하게 유효하다.

투자의 이자율탄력성이 무한대라는 것은 이자율이 조금만 떨어져도 투자를 무한대로 증가시킬 만큼 투자가 이자율에 대해 민감하게 반응한다는 것을 의미한다.

〈그림 10-9〉 수평적 *IS*와 통화정책효과

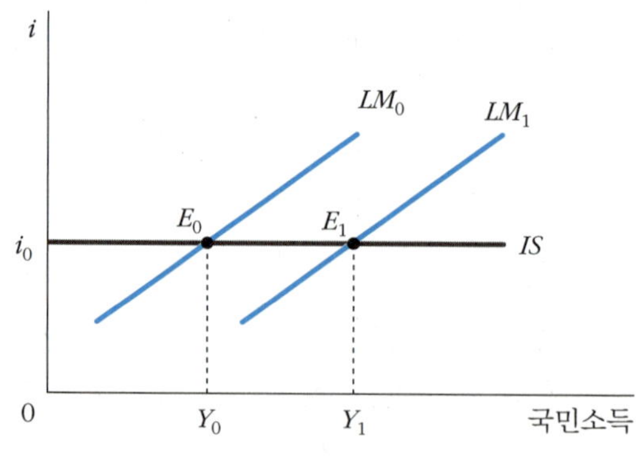

따라서 이자율이 조금만 떨어져도 투자가 크게 증가하고 그에 따라 투자승수만큼 국민소득이 증가하게 된다.

③ **피구효과(Pigou Effect)**

앞에서 살펴본 데로 케인스학파는 유동성함정이 존재하는 경우, 통화정책의 효과는 무효하다고 주장한다. 하지만 고전학파인 피구는 유동성함정이 존재하더라도 통화정책은 유효하다고 주장하는데, 그 이유를 피구효과(Pigou effect)로 설명한다.

케인스학파는 대공황의 상황에서 이자율이 매우 낮은 상태인데도 화폐수요의 이자율탄력성이 무한대로 커져 유동성함정이 발생했다고 주장한다. LM곡선이 수평인 상황에서는 통화정책이 무효하다는 논리이다. 〈그림 10-10〉에서처럼 LM곡선이 수평인 구간에서는 통화정책을 통해 LM곡선을 아무리 우측으로 이동시킨다 할지라도 국민소득은 전혀 증가하지 않는다. LM곡선을 이동시켜서 A점을 우측으로 이동시킬 수 없고 IS곡선을 우측으로 이동시켜서 A점을 B점으로 이동시킬 수 있다는 설명이다. 하지만 피구는 통화정책은 유동성함정에서도 유효하다고 주장한다. 만약 A점에서 균형국민소득이 결정된다면 국민소득수준이 완전고용수준을 밑돌기 때문에 $Y_f - Y_0$만큼의 실업이 존재한다. 피구는 이런 경우에도 경기침체는 물가를 하락시켜 A점에서 B점으로 국민소득을 증가시킬 수 있다고 설명한다. ① 경기가 침체하면 실업이 증가하고 실질임금과 물가가 하락한다. 물가가 하락하면

〈그림 10-10〉 피구효과

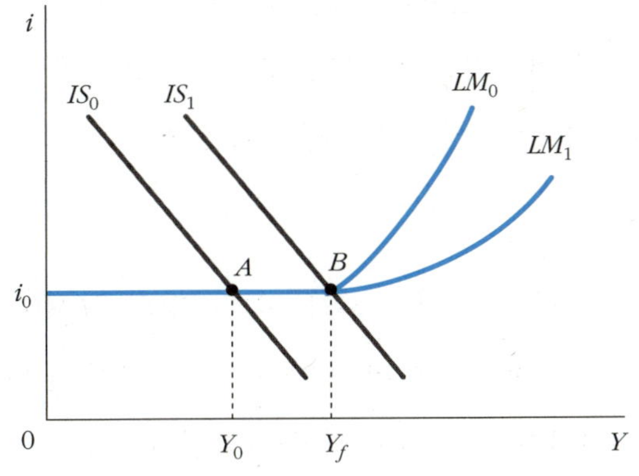

실질화폐공급(Ms/P)을 증가시킨다. ② 사람들이 보유한 화폐의 구매력이 높아진다. 따라서 실질화폐의 공급증가는 LM곡선을 우측으로 이동시킨다. ③ 물가하락으로 인한 실질구매력의 증가는 IS곡선도 $IS_0 - IS_1$로 우측이동시킨다. 따라서 균형국민소득은 B점(i_e, Y_f)수준으로 증가하게 되고 $Y_f - Y_0$만큼의 실업을 해소하고 완전고용을 달성하게 된다. 이 같은 논리를 피구효과 또는 실질자산효과(real balance effect)라고도 한다.

(4) $IS-LM$ 모형의 한계

① $IS-LM$모형은 거시경제에서 수요측면의 균형만을 분석하는 모형으로 부분균형분석이라 할 수 있고 공급측면의 분석에 한계가 있다.

② $IS-LM$모형은 물가가 변하지 않는 것으로 가정하고 있어 인플레이션 같은 동태적 현상을 분석하는데 한계가 있다.

③ $IS-LM$모형은 불확실성하에서 경제주체들의 기대심리를 분석하는데 한계가 있다.

2. 총수요곡선

수요를 관찰함에 있어서 미시경제학과 거시경제학의 차이는 가격과 물가의 차이에서 비롯된다. 가격은 한 단위의 재화와 교환되는 화폐액을 의미하지만, 물가는 한 나라의 국민경제 전체의 모든 재화들의 가격을 한데 묶어 나타내는 개념이므로 모든 재화의 가격을 가중평균한 개념으로 정의된다.

1) 총수요곡선의 도출

총수요곡선은 실물시장의 균형($I=S$)과 화폐시장의 균형($L=M$)에 의해 도출된다. 총수요는 물가수준이 변함에 따라 변화하는 국민소득(실질GDP)과의 관계를 나타낸다. 물가수준이 변화하면 $IS-LM$의 균형이 변하게 되고 균형점의 이동경로를

〈그림 10－11〉 총수요곡선의 도출

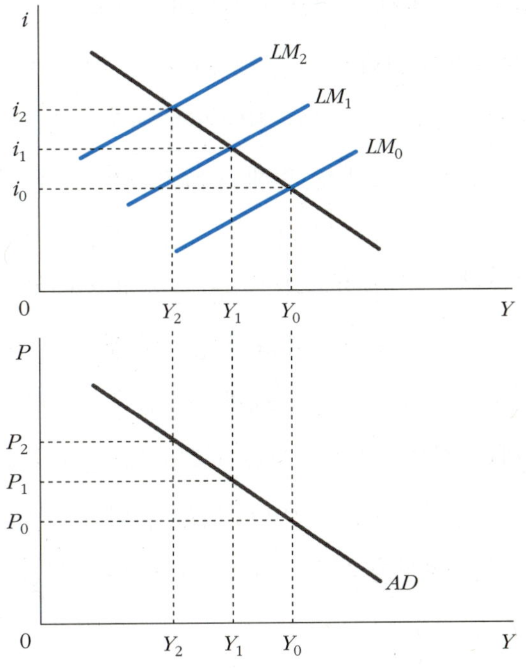

따라 총수요곡선을 도출할 수 있다.

물가가 하락하면 실질화폐공급$\left(\frac{M^s}{P}\right)$이 증가하게 되고 〈그림 10－11〉에서처럼 LM곡선은 $LM_2 \rightarrow LM_1 \rightarrow LM_0$로 이동하고 이자율은 $i_2 \rightarrow i_1 \rightarrow i_0$로 떨어지게 된다. 이때 실물시장에서는 이자율이 하락하여 민간소비와 민간투자가 증가하게 되고 균형국민소득은 $Y_2 \rightarrow Y_1 \rightarrow Y_0$로 증가하게 된다. 따라서 총수요곡선은 물가가 하락하면 총수요가 증가하는 우하향의 형태가 된다. 물가하락 → 실질화폐공급의 증가$\left(\frac{M^s}{P}\right)$ → 이자율하락 → 소비와 투자의 증가 → 총수요의 증가 → 균형국민소득(실질GDP)의 증가로 정리할 수 있다.

2) 총수요곡선의 기울기

총수요곡선은 미시경제학에서의 개별수요곡선처럼 우하향하는 형태를 갖는다. 총수요곡선은 재화에 대한 수요의 총합을 나타내는 까닭에 미시경제학의 개별적 수요와는 다른 의미를 갖는다. 미시경제학에서는 재화의 상대가격변화에 따른 각각의 생산량의 변화를 다루지만 거시경제학에서는 모든 재화의 절대가격수준의 변화에 따른 총생산량의 변화를 화폐가치로 파악하여 다룬다. 미시경제학에서의 수요의 증가는 상대가격의 변화에 따른 대체효과로 우하향하는데 거시경제학에서의 총수요의 증가는 대체효과가 아닌 절대가격 변동으로 인한 이자율효과, 부의 효과(실질잔고효과), 경상수지효과로 인해 우하향하게 된다. 총수요곡선의 기울기가 음(-)의 값을 가지는 이유를 설명하면 다음과 같다.

① 물가가 하락하는 경우, 실질통화공급은 증가하고 이자율은 하락하여 민간소비와 민간투자가 증가시킴으로써 총수요는 증가하게 된다. 이런 현상을 이자율효과라 하고 *AD*곡선 도출과정에서 가장 크게 나타난다.

② 물가가 하락하는 경우, 민간이 보유한 화폐의 실질가치는 상승한다. 즉, 보유금융자산의 구매력이 증가하는 것이다. 따라서 민간소비수요가 증대하고 총수요를 증가시킨다. 이런 현상을 부의 효과(wealth effect) 또는 실질잔고효과$\left(\frac{M^s}{P}\right)$라 한다.

③ 물가가 하락하는 경우, 수출가격은 하락하고 수입가격은 상승하게 되어 순수출이 증가한다. 순수출이 증가하면 주입이 증가하여 국내의 총수요를 증대시킨다. 이런 현상을 환율효과라 한다.

①, ②, ③의 효과로 인해 물가가 하락하면 총수요가 증가하고 물가가 상승하면 총수요는 감소하게 된다.

따라서 화폐시장에서는 화폐수요의 이자율탄력성이 작을수록 투자가 크게 증가하여 총수요가 크게 증가한다. 실물시장에서는 투자의 이자율탄력성이 클수록 투자가 크게 증가하여 총수요가 크게 증가한다. 이런 경우에는 모두 *AD*곡선의 기울기가 작아진다. 반대의 경우에는 *AD*곡선의 기울기가 모두 커진다.

3) 총수요곡선의 이동

총수요곡선상의 점의 이동은 물가수준이 변할 때 국민소득수준이 변하는 것을 나타낸다. 다른 변수는 일정하고 물가수준만이 변한다고 가정한 상태를 말한다.

〈그림 10 – 12〉 총수요곡선의 이동

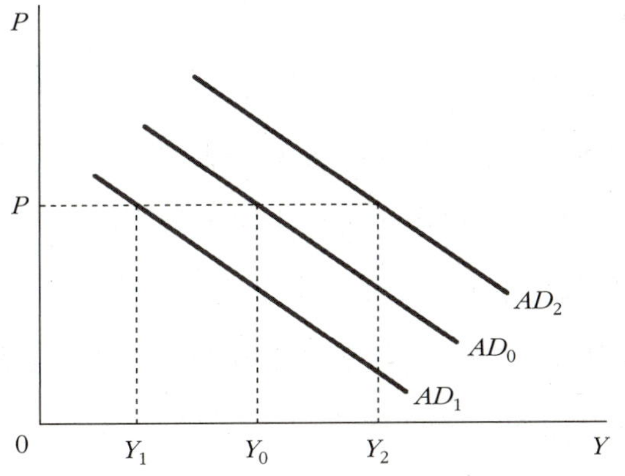

정부지출, 통화량, 조세, 독립투자, 독립소비, 순수출 등은 그림의 좌표에 소속되지 않는다. 〈그림 10 – 12〉에서 보는 바와 같이 현재의 좌표(P, Y)는 이들을 외생변수로 취급하며, 이들의 변화는 총수요곡선상의 이동이 아니라, 총수요곡선 자체의 이동을 뜻한다.

실물시장의 경우, 정부지출 증가나 조세감면 같은 국민소득 흐름에 대한 주입은 모두 총수요를 증가시킨다. 물가가 변동하지 않는다면 $AD_1 \rightarrow AD_0$의 변화는 누출(욕조에서 물이 빠지는 현상)이 발생했을 때 총수요가 감소하여 총수요곡선이 좌측으로 이동한다. $AD_2 \rightarrow AD_0$의 변화는 주입(욕조에 물이 재워지는 현상)이 발생했을 때 총수요가 증가하여 총수요곡선이 우측으로 이동한다.

화폐시장의 경우, 〈그림 10 – 11〉의 윗그림에서처럼 화폐공급이 증가하면 LM곡선이 우측으로 이동하고 AD곡선도 우측으로 이동한다. 화폐수요가 증가하면 LM곡선은 좌측으로 이동하고 AD곡선도 좌측으로 이동한다.

3. 총공급곡선

총공급(AS)곡선은 물가수준이 변할 때 한 나라 국민경제의 기업 전체가 생산한 총생산량(실질GDP)의 변화를 나타낸다. 총공급의 크기는 한 나라가 보유한 노동, 자본 등 모든 생산요소의 부존량과 총생산함수(생산기술)에 의해 결정된다. 총공급곡선의 모양은 생산요소가격의 신축성, 기간의 장·단에 따라 달라진다.

총공급(AS)곡선은 상대가격이 변할 때 개별재화나 서비스의 공급의 변화를 나타내는 것이 아니라 물가수준이 변할 때 모든 재화나 서비스의 총공급의 변화를 나타낸다. 요소가격은 일정하고 물가수준이 상승하면 기업의 이윤은 증가하고 생산도 증가하게 된다. 따라서 총공급곡선이 우상향하는 이유를 설명할 수 있다. 총수요곡선은 실물시장과 화폐시장의 동시적 균형에 의해 도출되고 총공급곡선은 노동시장과 자본시장의 동시적 균형에 의해 도출된다. 그런데 일차성 공준에 의해 노동시장이 균형에 이르면 자본시장도 균형에 이르게 된다. 따라서 총공급곡선은 노동시장에서 결정된 고용량을 총생산함수(생산기술)에 투입하여 도출할 수 있다.

1) 총공급곡선의 도출

〈그림 10－13〉은 ⓐ 노동시장의 수요와 공급에 의한 균형, ⓑ 고용량과 총생산과의 함수관계를 나타내는 총생산함수, ⓒ 물가와 국민소득(총생산)의 함수관계를 나타내는 총공급곡선을 도출한 그림이다. ⓐ에서 물가상승($P_0 \rightarrow P_1 \rightarrow P_2$)이 노동수요곡선을 우측으로 이동시켜, 고용을 N_1에서 N_F까지 확대한다. ⓑ에서 고용량을 총생산함수 $Y = f(N, \overline{K})$에 투입하여 얻은 생산량이 곧 총공급이 된다. 노동량의 증가에 따라 총생산은 Y_1에서 Y_F까지 증가한다. 따라서 ⓑ 그림처럼 $a \rightarrow b \rightarrow f$의 과정을 거쳐 물가상승이 고용량을 증가시키고 늘어난 노동투입이 총생산, 즉 총공급을 확대시킨다. 여기서 물가와 국민소득과의 대응관계를 연결하면 ⓒ 그림에서 $a' \rightarrow b' \rightarrow f'$점을 연결한 우상향하는 총공급곡선(AS)이 도출된다.

〈그림 10 – 13〉 총공급곡선의 도출

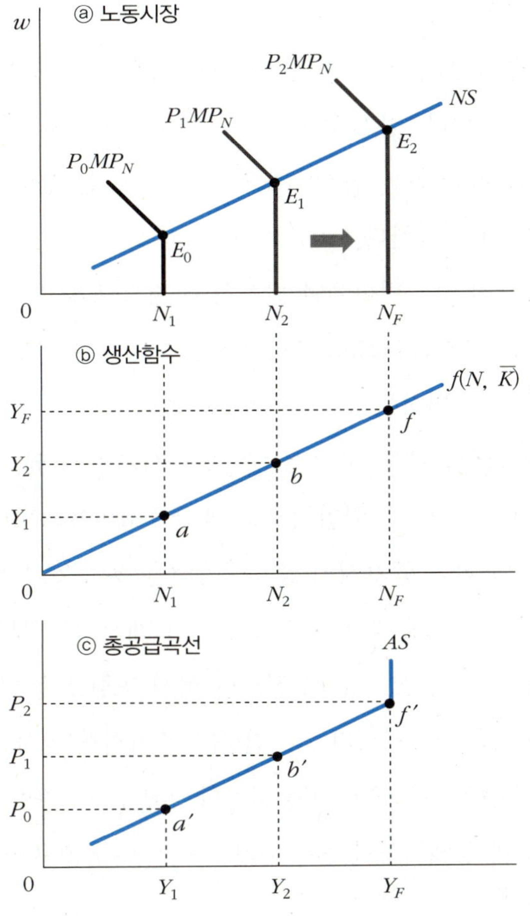

2) 총공급곡선의 기울기와 이동

총공급곡선(*AS*)은 〈그림 10 – 13〉에서 보는 바와 같이 물가와 고용량, 그리고 국민소득(총생산량)과의 함수관계에 의해 도출되었다. 총공급곡선의 기울기는 유휴노동력이 충분하면 작아지고 유휴노동력이 부족하면 커지는 성질을 가진다. 경기침체기에는 유휴노동력이 충분함으로 물가의 변동에 고용량과 총생산량이 크게 반응한다. 따라서 총공급곡선의 기울기는 작아진다. 반대로 경기호황기에는 노동력이 부족하므로 생산증대를 위해 임금을 많이 올려야 하고 물가도 많이 오르게 된다. 따라서 완전고용산출량 수준에 근접해 가면 총공급곡선(*AS*)의 기울기는 거의 수직선에 가까워진다.

이런 이유로 인해 장기총공급곡선은 잠재GDP 수준에서 수직이 되고, 잠재GDP가 변해야만이 이동하게 된다. 잠재GDP가 증가하면 우측으로 이동하고 잠재GDP가 감소하면 좌측으로 이동한다. 잠재GDP의 변화는 자본량의 크기, 노동자수의 크기, 기술수준의 변화가 결정한다.

총공급곡선은 총공급이 물가변화에만 반응하는 것으로 본다. 물가를 제외한 다른 변수는 고려하지 않는다. 그러므로 총공급곡선의 이동은 물가가 변하지 않았음에도 불구하고 총공급량이 변하는 경우에 발생한다.

물가수준이 변하지 않았는데도 국민소득을 변화시키는 요인, 즉 총공급곡선을 이동시키는 요인을 살펴보면, ① 일반적으로 생산요소비용의 가격하락은 생산비용을 감소시키므로, 총공급을 증가시켜 총공급곡선을 우측으로 이동시킨다. ② 장기적으로 자본량의 증가는 노동생산성 제고에 의한 채산성을 제공하므로, 총공급곡선을 우측으로 이동시킨다. ③ 기술의 진보나 혁신 또한 노동생산성을 높이므로 총공급곡선을 오른쪽으로 이동시킨다. ④ 인구가 증가하면 경제활동 참가자를 늘리고, 그로써 총공급곡선을 우측으로 이동시킨다. 다만 인구증가가 총공급을 증가시키기 위해서는 새롭게 경제활동에 참가하려는 구직자가 고용되어야 한다.

4. 총수요와 총공급에 의한 균형

〈그림 10 - 11〉과 〈그림 10 - 13〉에서 도출된 총수요곡선과 총공급곡선이 교차하는 점에서 균형물가와 균형국민소득이 결정된다.

그림 10 - 14〉 균형물가와 균형국민소득의 결정

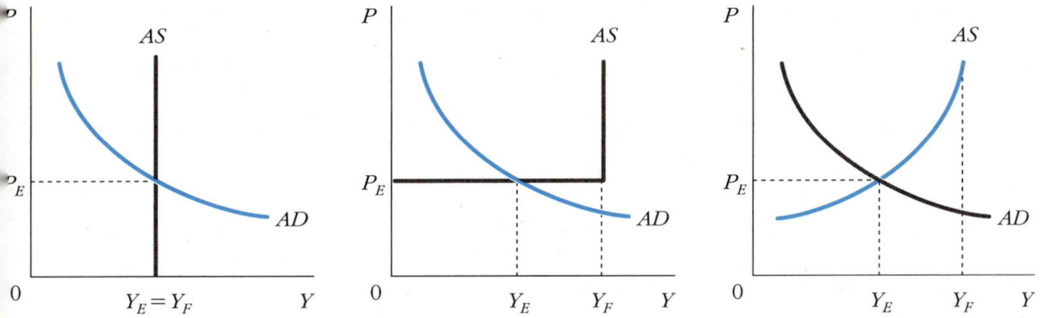

1) 고전학파의 총공급곡선과 거시균형

고전학파의 경우에는 공급이 수요를 창출하는 세이의 법칙(Say's Law)를 신봉하므로 국민소득은 총수요와 관계없이 총공급만으로 결정된다. 총수요곡선은 총공급곡선과 만나 물가수준만을 결정할 뿐이다. 따라서 고전학파의 거시모형을 공급측 국민소득결정론이라 한다. 〈그림 10 - 14〉의 ⓐ 고전학파모형에서는 총공급곡선이 수직선임을 알 수 있다. 총공급곡선에 의해 국민소득이 결정되는 모형이다. 따라서 완전고용수준($Y_E = Y_F$)에서 균형국민소득이 결정되고 총공급곡선이 총수요곡선과 만나는 점에서 균형물가수준(P_E)이 결정된다. 고전학파의 거시모형은 총공급곡선이 완전고용수준에서 총수요곡선을 교차하므로 시장은 항상 완전고용균형을 달성할 수 있다고 설명한다. 총공급곡선이 완전고용수준에서 수직이라는 의미는 명목임금이 물가에 맞추어 신축적으로 작동하여 항상 완전고용을 달성하고 그에 따른 완전고용하에서 균형국민소득이 결정됨을 보여준다. 총공급곡선이 우측으로 이동하여 국민소득이 증가하는 현상은 기술혁신에 의한 생산성의 증가, 자본축적, 노동력의 증가 등이 발생한 때이다.

2) 케인스의 총공급곡선과 거시균형

케인스모형에서는 총공급곡선이 주어진 물가수준에서 완전고용국민소득(Y_F)에 이를 때까지 수평선으로 인식한다. 따라서 국민소득은 주어진 물가수준에서 총수요곡선에 의해 결정된다. 따라서 케인스학파의 거시모형을 수요측 국민소득결정론이라 한다. 〈그림 10-14〉의 ⓑ 케인스모형에서는 총공급곡선이 수평이다가 완전고용수주에서 수직이 됨을 알 수 있다. 물가수준은 주어져 있고 총수요곡선에 의해 국민소득이 결정되는 모형이다. 따라서 균형물가수준 P_E와 균형국민소득 Y_E가 결정되는데, 고전학파모형과 다른 점은 불완전고용수준($Y_E \neq Y_F$)에서 국민소득이 결정된다는 점이다. 케인스학파의 거시모형은 총수요곡선이 불완전고용수준($Y_E \neq Y_F$)에서 총공급곡선과 교차하므로 불완전고용상태에서 균형국민소득이 결정될 수 있다. 케인스는 1930년대 세계대공황 상황에서 물가수준이 변하지 않더라도 얼마든지 총공급은 변할 수 있다고 인식했다. 이런 이유로 케인스의 총공급곡선은 완전고용상태까지는 수평으로 인식하고 완전고용상태에서는 수직으로 인식하게 된다. 케인스는 노동공급이 명목임금의 증가함수로 실질임금이 변하지 않은 상황일지라도 명목임금만 인상되면 노동공급이 증가하고 총생산을 증가시킬 수 있다고 설명한다. 이 같은 현상을 화폐환상(money illusion)이라고 한다.

3) 현대의 총공급곡선과 거시균형

고전학파의 총공급곡선(*AS*)은 〈그림 10-14〉의 ⓐ처럼 명목임금이 물가에 완전신축적으로 변동한다고 가정하여 수직의 총공급곡선이 도출되었고, 케인스학파의 총공급곡선은 ⓑ처럼 물가가 전혀 변하지 않아도 생산을 증가시킬 수 있다는 가정하에서 수평의 총공급곡선을 도출하였다. 그런데 현대의 총공급곡선은 물가가 변하지 않는 기간을 단기로 상정하여 단기총공급곡선이라 하고, 물가와 시장상황에 부응하여 완전신축적으로 변하는 기간을 장기로 상정하여 장기총공급곡선으로 구분한다. 단기총공급곡선은 케인스의 총공급곡선처럼 수평선의 형태로 규정하고 장기총공급곡선은 고전학파의 총공급곡선처럼 수직선의 형태로 규정한다. ⓒ의 경우에는 물가가 어느 정도 변하는 것을 상정하여 도출한 우상향하는 총공급곡선이다. 이를 일반적인 총공급곡선 또는 루카스(Lacas) 총공급곡선이라고 한다. 루카스의 총공급곡선은 물가가 상승하면 노동수요곡선이 우측으로 이동하여 고용량을 증가시키고, 고용량이 증가하면 총생산을 증가시킨다. 예상물가수준이 주어져 있을 때 물가상승을 따라 총공급곡선은 우상향한다. 따라서 균형물가와 균형국민소득이 수요측이나 공급측 어느 하나만으로 결정되지 못하고 두 측면이 상호작용하여 결정된다. 루카스의 총공급곡선도 장기에는 예상물가수준과 실제물가수준이 같게 되어 총공급곡선은 수직이 된다.

5. 총수요·총공급곡선과 안정화정책

현실경제는 경제활동이 확장국면에서는 경기활황기를, 수축국면에서는 경기침체기를 맞으며 경기는 순환을 반복한다. 경기활황기에는 인플레이션이 발생하고 경기침체기에는 실업이 발생하여 우리의 경제생활을 위협하는데, 이런 현상은 거시경제의 불균형에서 비롯된다. 여기서는 인플레이션이나 실업문제를 해결하고 경제를 안정화시킬 수 있는 경제정책과 그 효과에 대해 살펴보도록 하자.

위에서 살펴본 것처럼 총수요곡선과 총공급곡선이 교차하는 점에서 균형물가수준과 균형국민소득이 결정되고 이를 거시적 균형이라 한다. 고전학파모형에서는 총공급이 균형을 결정하고 케인스모형에서는 총수요가 균형을 결정한다. 총공급곡선의 경우, 고전학파는 명목임금이 완전신축적으로 변동하여 생산을 조정한다고 가정하여 총공급곡선은 수직이 되고, 케인스는 물가가 전혀 변하지 않고서도 생산을 조정한다고 가정하여 총공급곡선은 수평이다. 오늘날 거시경제학에서는 물가가 변하지 않는 단기에는 수평인 총공급곡선을, 물가와 명목임금이 완전신축적인 장기에는 수직인 총공급곡선으로 규정한다. 또한 물가가 어느 정도 변하는 것을 가정하고 단기에는 우상향하는 형태의 총공급곡선을 루카스의 총공급곡선으로 규정한다. 경제안정화정책에서는 총공급곡선의 형태에 따라 그 정책의 효과가 다르게 나타난다는 점에 주목해야 한다.

1) 총공급곡선과 재정정책

① 고전학파와 재정정책

고전학파는 노동시장은 '언제나' 완전고용을 달성하며, 총공급은 물가와 관계없이 언제나 일정하다고 가정한다. 〈그림 10－15〉의 ⓐ처럼 총공급곡선(AS)이 수직이므로 재정지출을 확대시켜 총수요곡선(AD)을 아무리 우측으로 이동시켜도 균형국민소득(Y_F)은 변함이 없다. 정부가 재정지출을 확대하기 위해 증세(누출)했다면 그만큼 민간부문의 유효수요가 축소되는 구축효과(crowding-out effect)가 발생하기 때문이다. 구축효과가 완벽하게 발생한다면 확장적 재정정책은 물가나 국민소득을 변화시킬 수 없다. 이런 논리로 고전학파는 확대재정정책은 무효하다고 주장한다.

② 케인스와 재정정책

케인스는 〈그림 10－15〉의 ⓑ처럼 물가는 일정하고 총공급곡선은 수평이라고 가정한다. 현실적으로 b점에서 균형을 이룰 수 있는데, 이 균형점은 총공급이 Y_0로서 완전고용수준 Y_F에 미치지 못하는 불완전고용 균형국민소득 수준이다. 케인스모형은 총수요가 총생산을 결정하므로 이런 상황은 총수요의 부족으로 국내의 자원을 완전하게 활용하지 못하고 있다는 것을 의미한다. 케인스는 정부가 적자를 무릅쓰고라도 '손수' 지출을 늘리거나, 세금을 줄여 민간으로 '하여금' 수요를 확대하는 확장적 재정정책은 유효하다는 주장이다. 정부가 확장적 재정정책으로 ⓑ

〈그림 10－15〉 재정정책의 효과

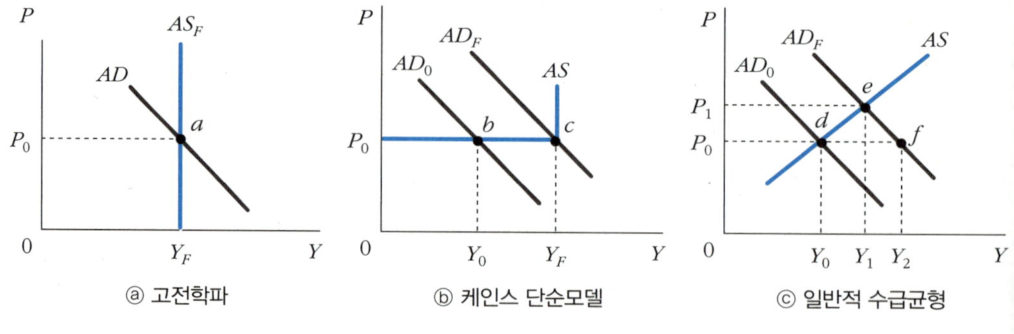

에서 총수요곡선을 우측으로 $AD_0 - AD_F$까지 이동시키면, 완전고용에서의 총공급 Y_F수준을 달성할 수 있다. 확장적 재정정책은 물가수준을 변화시키지 않으면서 실업문제를 완전하게 해결할 수 있음을 보여준다.

③ 루카스와 재정정책

미국의 경제학자 루카스(R. Lucas)는 〈그림 10-15〉의 ⓒ처럼 단기총공급곡선은 우상향하다고 가정한다. 우상향하는 총공급곡선은 단기적으로는 물가상승이 기업의 수입을 끌어올려 총공급을 증대시킨다는 것을 의미한다. 확대재정정책으로 ⓒ처럼 총수요곡선을 $AD_0 - AD_F$로 이동시킬 수 있다. 총수요가 Y_2까지 늘어났는데, 총공급은 어떻게 부응할까? 총공급측으로서는 물가 P_0가 유지되는 한, 총공급은 변하지 않을 것이다. 이런 상황에서 총수요증가분 $\overline{df} = Y_2 - Y_1$가 모두 초과수요이므로 물가수준을 P_1까지 끌어올리게 되고 새로운 균형점 e가 성립하게 된다. 초과수요의 일부인 $Y_1 - Y_0$만큼은 채워졌는데, $Y_2 - Y_1$만큼은 부족한 이유는 무엇일까? 물론 물가인상 때문이다. 그것은 두 갈래의 경로를 거쳐 $Y_2 - Y_1$만큼의 예상효과를 구축해 버린다. 실물시장에서는 물가인상이 실질소득을 감소시켜 총수요를 얼마간 깎아 내는 한편, 화폐시장에서는 물가인상(구매력 감소) → 거래적 화폐수요의 증가 → 이자율상승 → 민간투자 감소로 $Y_2 - Y_1$만큼의 생산을 구축하게 된다.

④ 장기총공급곡선과 재정정책

대부분의 현대 경제학자들은 장기총공급곡선을 수직으로 파악한다. 〈그림 10-16〉에서 수직선은 장기총공급곡선(LAS)이고 우상향하는 AS곡선은 단기총공급곡선이다.

정부가 확장적 재정정책을 통해 총수요곡선을 AD_1에서 AD_2로 이동시키는 경우, 단기적으로는 단기총공급곡선 AS_1의 2점에서 AD_2가 교차하여 $Y_n \rightarrow Y_2$수준으로 새로운 균형국민소득을 형성한다. 여기서 단기적으로는 균형점이 1에서 2로 이동함으로써 균형국민소득은 Y_n에서 Y_2로 증가한 것이다. 그런데 장기적으로

〈그림 10 - 16〉 장기총공급곡선과 재정정책

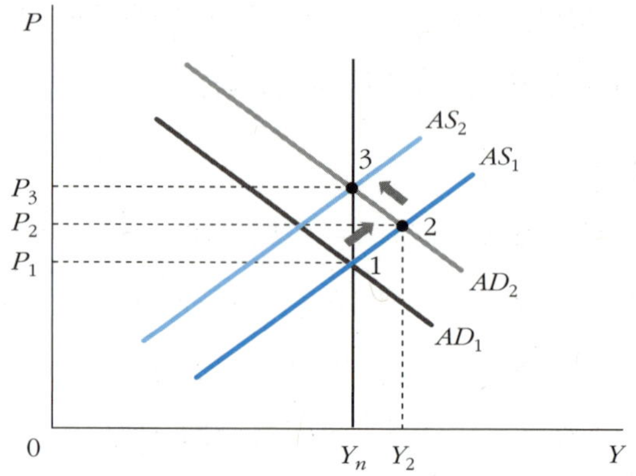

살펴보면 〈그림 10 - 16〉에서 확장적 재정정책을 통해 단기총수요곡선을 AD_1에서 AD_2로 이동시켰지만, 장기적으로는 물가수준을 $P_1 \rightarrow P_2 \rightarrow P_3$수준으로 오르게 하여 비용이 증가함으로써 총공급곡선은 $AS_1 \rightarrow AS_2$로 좌측으로 상방이동하게 된다. 따라서 장기적으로는 확장적 재정정책으로 인한 총수요의 증대가 균형점을 $1 \rightarrow 2 \rightarrow 3$으로 물가수준을 변하게 하고 균형국민소득을 다시 원점인 Y_n수준으로 되돌려버리게 된다. 결과적으로는 확장적 재정정책이 단기에는 국민소득을 증가시킬 수 있으나, 장기적으로는 국민소득을 자연산출량수준으로 되돌려 놓는다는 것을 알 수 있다. 오히려 화장적 재정정책이 물가수준만 $P_1 \rightarrow P_2 \rightarrow P_3$수준으로 올려버리는 부정적 결과, 실업은 그대로인데 물가만 오르는 스태그플레이션 현상을 만들게 된다.

⑤ 현대의 경제학자들은 예외적인 경우를 제외하고는 재량적인 재정정책은 사용하지 않는 것이 바람직하다는 논의에 광범위하게 동의하고 있다.

2) 총공급곡선과 통화정책

① 단기의 통화정책효과

케인스는 *LM*곡선을 수평으로 파악하여 통화정책의 효과를 무시한다. 하지만 화폐시장이 유동성함정을 벗어나 우상향하는 *LM*곡선인 경우에는 확대통화정책은

〈그림 10 – 17〉 통화정책의 효과

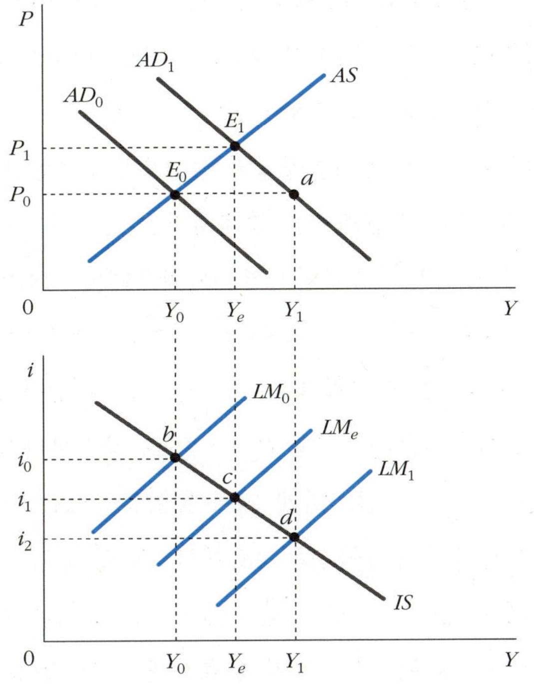

국민소득을 증대시키게 된다.

〈그림 10 – 17〉의 총수요곡선 AD_0와 총공급곡선 AS가 교차하는 E_0점에서 최초의 균형이 이루어졌다고 하자. 이자율이 i_0이며 국민소득이 Y_0임은 당연하다. 이제 확대통화정책을 펼치면 어떤 변동이 있을까. 넉넉해진 화폐시장이 LM곡선을 $LM_0 \rightarrow LM_1$으로 우측 이동시키고 이자율은 i_2까지 하락하게 된다. 따라서 총수요곡선 AD_0는 우측으로 이동하여 AD_1이 되고 균형국민소득은 Y_0에서 Y_1수준으로 증가하게 된다. 그런데 $IS-LM$좌표에서 보건대, 화폐시장은 d에서 균형하고 국민소득은 Y_1에서 결정되지 못하고 통화량증가에 힘입은 총수요곡선이 AD_1으로 이동함으로써 빚어낸 $\overline{Y_1-Y_0}$만큼의 초과수요가 물가를 $P_0 \rightarrow P_1$까지 끌어올리게 된다. 따라서 새로운 균형점은 E_1에서 성립하고 균형국민소득은 $Y_0 \rightarrow Y_e$까지 증가한다. $P_0 \rightarrow P_1$까지의 물가상승이 실질화폐공급$\left(\frac{M^S}{P}\right)$을 감소시켜 LM곡선을 $LM_1 \rightarrow LM_e$까지 되돌려 놓은 결과이다.

② **장기의 통화정책효과**

재정정책에서와 마찬가지로 장기총공급곡선은 수직선이다. 장기에는 통화량이 증가하더라도 실질변수가 전혀 변하지 않는 결과가 나타나는데, 이와 같은 현상을 화폐의 중립성(neutrality of money)이라고 한다.

〈그림 10-18〉의 수직선은 장기총공급곡선(*LAS*)이고 우상향하는 *AS*곡선은 단기총공급곡선이다. 정책당국이 통화량을 증대시키면 단기적으로 총수요곡선을 AD_1에서 AD_2로 이동시키고, 단기총공급곡선 AS_1과 만나는 2점에서 균형국민소득이 결정된다. 단기적으로는 균형국민소득이 Y_n수준에서 Y_2수준으로 증가하므로 통화정책은 유효하다. 하지만 장기적으로는 완전고용수준인 Y_n보다 Y_2수준으로 초과수요가 발생하여 물가수준을 $P_1 \rightarrow P_2 \rightarrow P_3$로 상승시키게 된다. 물가가 상승하면 화폐의 실질공급$\left(\frac{M^s}{P}\right)$은 감소하게 되어 통화공급으로 떨어졌던 이자율을 다시 오르게 한다. 따라서 총공급곡선은 AS_1에서 AS_2로 좌측으로 상방이동하게 된다. 확장적 통화정책은 장기적으로는 균형점 1 → 2 → 3을 거쳐 균형국민소득을 Y_n수준(자연산출량)으로 회귀시킴으로써 무효하게 된다. 확장적 통화정책은 단기적으로는 유효하지만 장기적으로는 무효하다.

③ 현대 경제학자들은 통화정책이 효과적이기는 하지만 실업률을 자연실업률보다 낮추지는 못하는 정책이며, 다만 경제를 안정시키는 데 유효한 정책이라는 점

〈그림 10-18〉 장기총공급곡선과 통화정책

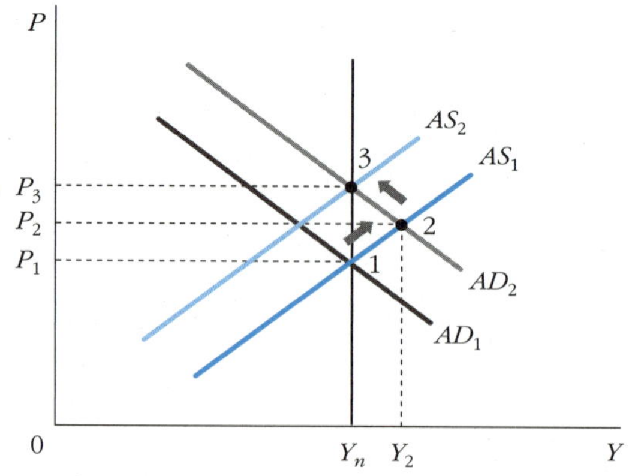

에서 광범위한 의견일치가 있다.

3) 안정화정책의 무력성정리와 기타문제들

① 안정화정책의 무력성정리

루카스를 비롯한 합리적 기대학파(rational expectation)인 경제학자들은 경제주체들이 미래의 경제변수들을 예측 가능하므로 정책당국이 확장적 재정정책이나 통화정책을 사용하여 〈그림 10-18〉의 총수요곡선을 AD_1에서 AD_2로 이동시켰을 때, 경제주체들이 물가상승을 예측하고 총공급곡선을 AS_1에서 AS_2로 이동시키게 되어 균형점은 1에서 3으로 곧바로 이동하게 된다고 주장한다. 정책당국이 확장적 재정정책이나 통화정책을 펼치는 경우, 경제주체들은 물가가 오를 것으로 예상하고, 예상물가가 상승하면 총공급곡선은 위쪽으로 이동한다. 따라서 총수요를 관리하기 위한 확대재정·통화정책은 장기뿐만 아니라(장기총공급곡선은 수직), 단기에도(단기 총공급곡선이 우상향하지만 우측으로 이동) 국민소득에 영향을 미치지 못하고 물가만을 상승시킨다. 이런 현상을 새 고전학파의 정책무력성정리(policy ineffectiveness proposition)라고 한다. 하지만 새 케인즈학파 경제학자들은 경제주체들이 합리적 기대를 갖고 있다 하더라도 물가나 임금 등의 가격변수들이 단기에 완전하게 신축적으로 변하지 않으므로 안정화정책(확대재정·금융정책)이 유효하다고 주장한다.

② 안정화정책과 시차문제

케인스학파는 시장경제를 기본적으로 불안정하다고 인식하는데, 실물부문 중에서는 투자수요가 불안정하고, 금융부문은 실물부문보다 더 불안정한 특성을 가진다고 보기 때문이다. 따라서 단기적으로나 장기적으로나 시장은 자연생산량과 총수요가 일치하기 어렵기 때문에 GDP갭을 메우기 위해 재량적 정책이 필요하다고 주장한다. 반면에 미국의 경제학자 프리드만을 비롯한 통화주의자(monetarist)는 경제불안정의 주요 원천은 시장경제의 가변성에 있는 것이 아니라 정부부문의 지나친 경제개입에 있다고 인식한다. 따라서 시장의 불안정을 보정한다는 이유로 정부가 재량적으로 개입하면 오히려 시장경제의 불안정성이 확대되므로 정부는 일정한 준칙(rules)을 일관성이 있게 적용하는 것이 효과적이라고 주장한다. 통화주의자들은 재량적 안정화정책이 실시되면 그 효과가 나타나기까지의 시차가 길고 정책에 따라 그 시차의 길이도 다양해서 오히려 시장경제를 더 불안정하게 만든다고 주장한다. 예를 들면 경기침체가 심화되어 경기활성화를 위한 확장정책을 시행하는 경우, 그 정책효과가 경기회복국면에서 나타나게 된다면 그 정책으로 인해 오히려 경기가 과열되는 역작용을 맞게 된다는 설명이다. 그런데 안정정책의 시차에는 정책의 시점을 인식하는 과정에서 나타나는 인식시차(recognition lag), 정책을 구체화하는 기간에서 발생하는 실행시차(implementation lag)와 같은 내부시차(inside lag)와 정책이 실시된 후 그 효과가 나타나기까지의 외부시차(outside lag)가 있다. 또한 통화주의학파 경제학자들은 화폐공급이 일정하게 증가할 경우 국내총생산도 일정하게 증가할 것이라고 주장하는데, 이를 통화정책 준칙(monetary policy rule)이라고 한다. 통화주의자들이 제안하는 준칙의 예로는 경기에 관계없이 통화공급을 매년 일정하게 증가시키는 K% 준칙, 재정적자나 재정흑자의 비중을 매년 일정한 GDP대비로 유지하는 방식들이 있다. 통화주의학자들은 재량적 안정화정책(확대재정·금융정책)의 경우에는 장기적으로 물가상승만 가져올 뿐 정책목표를 달성할 수 없다는 점에서 재량보다는 준칙에 의해 일관성있게 정책을 유지하는 것이 신뢰를 담보하는 최적화된 정책수단이라고 주장한다. 준칙주의는 현실세계에서 이해관계나 정치적 이유로 인한 비합리적인 정책결정과정의 문제를 방지할 수 있다. 예를 들어 선거 이전에는 의도적인 확장정책을 펼치고 그 결과로 발생한 인플레이션을 잡기 위해 선거가 끝난 다음에는 긴축정책을 펴는 합리성이나 일관성을 무시한 재량정책이 나타날 수 있다. 이런 현상을 정치적 경기변동(political business cycle)이라 하는데, 준칙주의는 이런 문제를 예방하게 된다.

③ 총수요·공급이론과 경기변동

앞에서 이미 학습한 것처럼 새고전학파 경제학자들은 경기변동을 총공급측면의 요인에 의해 발생하는 것으로 인식하고, 새 케인스학파 경제학자들은 경기변동을 총수요측면의 요인에 의해 발생하는 것으로 인식하고 있다.

새 고전학파 경제학자들은 기술혁신, 경영혁신, 석유파동, 노사분규, 기후 등과 같은 요인들이 총공급곡선에 영향을 미쳐 경기변동이 발생한다고 주장한다. 그들은 기술혁신이 일어나는 경우, 주어진 고용수준에서 노동의 한계생산물이 증가하기 때문에 노동수요가 증가하고 실질임금과 고용량이 증가한다. 이에 따라 총생산이 증가하고 총소비와 총저축, 그리고 투자도 함께 증가한다. 실질임금, 고용, 소비, 투자, 저축과 같은 실물부문에서 경기순응적인 변화가 경기변동을 주도한다고 주장한다.

새 케인즈학파 경제학자들은 기본적으로 경기변동의 원인을 총수요의 변화에서 비롯되는 것으로 인식한다. 민간소비, 투자, 순수출, 화폐수요 등의 총수요를 결정하는 요인들이 변하게 되면 여러 가지 형태의 충격이나 교란으로 경기변동을 일으킨다고 주장한다. 단기적으로 우상향하는 루카스의 총공급곡선이 주어져 있을 때 총수요를 결정하는 요인들이 변하여 총수요곡선을 우측으로 이동시킴으로써 물가가 상승하고 총생산이 증가하게 된다. 총생산이 증가하면 고용증가, 소비증가, 저축증가, 투자증가로 이어져 경기가 변동하게 된다.

④ 리카도의 대등정리

리카도의 대등정리(Ricardian equivalence theorem)란 정부가 확대재정정책을 폈을 때 단기적으로나 장기적으로나 모두 국민소득이나 물가수준에 아무런 영향을 미치지 않는다는 논리이다. 정책당국이 총수요를 증가시키기 위해 감세 또는 국채발행으로 재정지출(주입)을 늘린다 하더라도 민간소비를 증가시킬 수 없어 총수요가 증가하지 않는다는 주장이다. 예를 들어 정부가 감세정책으로 민간의 세금부담을 100만원 줄였다 하자, 세금을 줄이는 것은 가처분소득이 증가하여 민간소비지출을 증대시켜야 국민소득을 증가시킬 수 있을 것인데, 장기적인 안목에서 소비자가 국채발행은 미래의 조세부담을 증가시킬 것이므로 100만원을 소비하지 않고 저축하게 될 것이라는 설명이다. 이렇게 되는 경우, 정부지출의 재원조달이 조세감면이든, 국채발행이든 경제에 미치는 영향은 동일하다는 의미에서 대등원리(equivalence)란 용어를 사용한 것이다.

연습문제

1. 거시경제학에서의 총수요와 총공급에 대한 의미를 설명하라.

2. 총수요곡선의 도출과 실물시장과 화폐시장의 동시적 균형에 대해 설명하라.

3. 생산물시장과 *IS*곡선의 도출에 대해 설명하라.

4. *IS*곡선의 기울기의 변화와 그 의미에 대해 설명하라.

5. *IS*곡선의 이동과 그 의미에 대해 설명하라.

6. 화폐시장과 *LM*곡선의 도출에 대해 설명하라.

7. *LM*곡선의 이울기의 변화와 그 의미에 대해 설명하라.

8. *LM*곡선의 기울기의 변화와 그 의미에 대해 설명하라.

9. 고전학파와 케인스학파의 *LM*곡선의 차이점을 설명하라.

10. *IS*－*LM*곡선의 동시적 균형에 대해 설명하라.

11. *LM*곡선이 수직인 경우의 재정정책의 효과에 대해 설명하라.

12. *LM*곡선이 수평인 경우의 재정정책의 효과에 대해 설명하라.

13. *IS*곡선이 수직인 경우의 통화정책의 효과에 대해 설명하라.

14. *IS*곡선이 수평인 경우의 통화정책의 효과에 대해 설명하라.

15. 피구효과(Pigou effect), 실질잔고효과(real balance effect)에 대해 설명하라.

16. 유동성 함정(liquidity trap)에 대해 설명하라.

17. 구축효과(crowding out effect)에 대해 설명하라.

18. 총수요곡선의 기울기를 결정하는 요인에 대해 설명하라.

19. 총수요곡선을 이동시키는 요인에 대해 설명하라.

20. 총공급곡선의 기울기를 결정하는 요인에 대해 설명하라.

21. 총공급곡선을 이동시키는 요인에 대해 설명하라.

22. 고전학파의 총수요·공급에 의한 균형을 설명하라.

23. 케인스와 고전학파의 총수요·공급에 의한 균형을 비교하라.

24. 일반적인 총수요·공급에 의한 균형을 설명하라.

25. 총공급곡선과 고전학파의 재정정책에 대해 설명하라.

26. 총공급곡선과 케인스학파의 재정정책에 대해 설명하라.

27. 총공급곡선과 루카스의 재정정책에 대해 설명하라.

28. 장기총공급곡선과 재정정책에 대해 설명하라.

29. 단기의 총공급곡선과 통화정책에 대해 설명하라.

30. 장기의 총공급곡선과 통화정책에 대해 설명하라.

31. 안정화정책의 무력성정리에 대해 설명하라.

32. 안정화정책과 시차문제(time lag)에 대해 설명하라.

33. 총수요·총공급이론과 경기변동에 대해 설명하라.

34. 확대재정정책과 리카도의 대등정리(Ricardian equivalence theorem)에 대해 설명하라.

Chapter 11

인플레이션과 실업

1. 인플레이션의 원인과 대책
2. 실업의 원인과 대책
3. 필립스곡선과 스태그플레이션

물가상승률(인플레이션)과 실업률은 고통지수(misery index)라 한다. 정부의 거시경제적 정책목표는 고통지수를 최소화하는 데 있다. 재정정책이나 금융정책은 정책목표를 달성하기 위한 수단에 해당한다. 고통지수를 어떻게 하면 최적으로 통제할 수 있느냐가 정책결정의 핵심이 된다. 이번 장에서는 인플레이션이나 실업은 왜 발생하고, 그에 대한 정책은 무엇이며, 그 정책의 효과는 어떠한가에 대해 살펴보려 한다. 전통적으로는 인플레이션과 실업은 역의 관계에 있는 것으로 알려져 있으나, 1970년대 이후에는 현실경제에서 높은 인플레이션과 실업이 함께 나타나는 스태그플레이션으로 인해 기존의 통념은 깨져버렸다. 최초의 필립스곡선은 인플레이션과 실업률 간의 관계를 역(-)의 관계로 나타낸 우하향하는 곡선이었으나, 자연실업률 가설은 장기적으로 필립스곡선이 자연실업률 수준에서 수직임을 규정하였다. 이것은 인플레이션과 실업률 간에 아무런 상관관계가 없다는 것을 설명한다.

2022년부터 시작된 미국의 고금리정책은 우리나라 경제에 고금리, 고환율, 고물가의 악순환을 가져다 주었다. 미국의 고금리는 우리나라에서 달러가 유출되어 환율을 끌어올리게 되고, 환율상승(원화에 대한 평가절하)은 원자재를 비롯한 수입물가를 끌어올림으로써 국내물가상승을 부추키게 된다. 특히 에너지나 원자재의 대부분을 수입에 의존하는 우리나라의 경제구조는 수입물가 상승으로 인한 물가상승압력이 국내물가에 그대로 흡수되는 악순환을 겪게 되는 것이다. 고금리, 고환율, 고물가의 악순환이 국민경제를 어렵게 한다.

1. 인플레이션의 원인과 대책

1) 인플레이션의 개념과 분류

(1) 인플레이션의 개념

일반물가 수준이 지속적으로 상승하는 현상을 인플레이션(inflation)이라 한다.

〈그림 11 - 1〉 총수요(AD)·총공급(AS)과 인플레이션

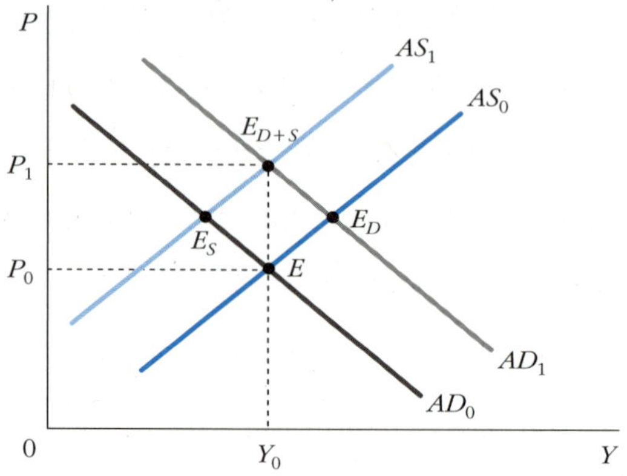

총수요가 증가($AD_0 \rightarrow AD_1$)하거나 총공급이 감소($AS_0 \rightarrow AS_1$)하여 〈그림 11 - 1〉의 균형점이 E점에서 E_{D+S}점으로 이동하면 물가수준이 P_0에서 P_1으로 상승한다. 이런 현상이 지속되는 것을 인플레이션이라고 한다.

인플레이션이 발생하면 화폐를 비롯한 모든 금융자산의 가치는 하락하고 그 결과 로써 구매력도 함께 하락하게 된다. 또한 물가가 상승하면 임금을 비롯한 모든 요소비용도 상승하여 기업은 생산을 줄이게 된다. 따라서 인플레이션은 구매력의 감소로 인한 소비자들의 수요를 줄어들게 하고, 생산자들은 생산비용 증가로 인해 공급물량을 줄이게 된다.

인플레이션율은 물가수준의 변화율로 측정하는 개념이고 수식은 다음과 같다.

$$\pi_t = \frac{P_t - P_{t-1}}{P_{t-1}} \times 100$$

π_t: t기의 인플레이션율, P_t: t기의 물가지수, P_{t-1}: $t-1$기의 물가지수

인플레이션율은 소비자물가지수(CPI), 생산자물가지수(PPI), GDP 디플레이터 등 이용목적에 따라 각각 다르게 계산한다.

① 소비자물가지수

소비자가 구입하는 상품이나 서비스의 가격변동을 나타내는 지수를 말하며 우

리나라는 라스파이레스 방식으로 산출한다. 한국은행이 통화정책을 설정하는 기초 데이터로써 GDP 디플레이터와 양대 축을 형성한다. 우리나라의 경우, 한국은행은 매월 소비 지출이 큰 489개 상품과 서비스 품목을 전국 37개 도시에서 조사하여 산출하며, 선정된 품목 중 비중이 큰 품목(거래량이 많은)들은 더 큰 가중치를 부과하여 계산한다. 라스파이레스 방식으로 계산되는 소비자물가지수는 일반적으로 물가 상승을 과대평가하는 경향이 있는데, 소비자가 가격이 비싸지면 그 물건에 대한 소비량을 줄이는 변화량을 지수에 반영하지 못하기 때문이다. 여기서 라스파이레스지수는 기준시점의 가중치(상품거래량)를 사용하여 가격의 평균적 동향을 파악하는 방식이다.

② 생산자물가지수

국내 생산자가 국내(내수)시장에 공급하는 상품의 가격 및 서비스의 요금을 경제에서 차지하는 중요도를 고려하여 평균한 종합적인 가격수준을 나타내는 지수를 말한다. 소비자물가지수는 소비자의 구매력을 가늠하는 지수라면 생산자물가지수는 기업의 비용증가, 즉 생산원가를 반영한 지수이다. 한국은행은 매월 기업사이에서 거래되는 원자재와 자본재 949개 품목의 가격을 고려하여 생산자물가지수를 산정한다. 생산자물가지수는 상품 및 서비스의 수급동향을 파악하고, 경기변동을 판단하며, GDP 디플레이터 등으로 이용한다. 지수작성에 이용되는 가격은 기초가격(basic prices)을 원칙으로 하고 있는데, 기초가격은 생산자가 실질적으로 수취하는 가격을 의미한다.

③ GDP 디플레이터

GDP 디플에이터는 국민소득에 영향을 주는 모든 경제활동을 반영한 종합적 물가지수이다. 명목GDP를 실질GDP로 나누고 여기에 100을 곱한 값이다.

$$\text{GDP 디플레이터} = \frac{\text{명목국내총생산}}{\text{실질국내총생산}} \times 100$$

GDP 디플레이터는 국내총생산(GDP)을 이용해 물가의 흐름을 파악하는 물가지

수다. 대표적인 물가지수인 소비자물가지수의 경우 소비자가 구입하는 재화와 서비스를 기준으로 산출하고, GDP 디플레이터의 경우 일정기간 동안 국내에서 일어난 모든 경제활동(가계소비, 수출, 투자, 정부지출 등)을 포괄하여 산출한다. 그러므로 소비자가 직접적으로 영향을 받는 물가변동을 측정할 때에는 소비자물가지수, 국가의 총체적인 물가변동을 측정할 때에는 GDP 디플레이터를 활용하게 된다.

(2) 인플레이션의 분류

인플레이션은 발생원인에 따라 수요견인인플레이션(demand pull inflation), 비용인상인플레이션(cost push inflation), 그리고 혼합형 인플레이션(mixed inflation)으로 구분한다.

① 수요측 요인에 의해 발생하는 수요견인인플레이션은 〈그림 11－1〉의 $AD=AS$인 새로운 균형점 E점에서 AD_0가 AD_1으로 이동하면 최초균형점 E_D점이 되고 물가수준은 $E \rightarrow E_D$만큼 상승하게 되는 현상을 말한다.

② 공급측 요인에 의해 발생하는 비용인상인플레이션은 〈그림 11－1〉의 $AD=AS$인 최초균형점 E점에서 AS_0가 AS_1으로 이동하면 새로운 균형점 E_S점이 되고 물가수준은 $E \rightarrow E_S$만큼 상승하게 되는 현상을 말한다.

③ 수요측 요인과 공급측 요인이 동시에 작용하여 발생하는 혼합형인플레이션은 〈그림 11－1〉의 $AD=AS$인 최초균형점 E점에서 AD_0가 AD_1로, AS_0가 AS_1로 이동하여 새로운 균형점 E_{D+S}점이 되고 물가수준은 $E \rightarrow E_{D+S}$만큼 상승하게 되는 현상을 말한다.

수요 측에서 예상치 못한 정부지출 증가, 통화량의 증가 등으로 총수요를 증가시켜 경기변동을 만들어 낸다. 이런 현상을 수요충격(demand shock)이라 하고 〈그림 11－1〉에서 AD_0에서 AD_1으로 총수요곡선이 이동하는 것을 말한다. 공급 측에서 예상치 못한 노사분쟁, 원자재가격의 상승 등으로 총공급을 감소시켜 경기변동을 만들어 낸다. 이런 현상을 공급충격(supply shock)이라 하고 〈그림 11－1〉에서 AS_0에서 AS_1으로 총공급곡선이 이동하는 것을 말한다.

수요견인인플레이션은 대체로 통화공급의 증가로 나타나는 인플레이션이다. 고전학파나 통화주의학파는 인플레이션은 근본적으로 화폐적인 현상으로 본다. 그들은 비용인상인플레이션은 단기적인 현상에 불과하고, 통화량의 증가로 인한 수요견인인플레이션만을 문제 삼는다. 따라서 그들은 경제성장률에 따라 비례적으로 통화공급을 유지하는 방식, 즉 통화준칙을 강력한 해결책으로 권고한다.

반면에 케인스학파의 경우에는 총수요를 증가시켜 생산과 고용을 증가시키기 위해 재량적인 재정정책의 유효성을 주장하며, 수요견인인플레이션을 문제 삼지 않는다. 다만 임금인상으로 인한 비용인상인플레이션을 문제로 인식하며 이를 해결하기 위해 임금과 물가를 통제하는 소득정책(incomes policy)을 제시한다.

2) 인플레이션이 경제에 미치는 영향

인플레이션이 발생하면 소비자 입장에서 모든 상품의 가격이 상승한다. 하지만 임금이나 자본서비스 등 생산요소 가격도 그만큼 상승한다면 소득이 증가하게 된다. 소득이 물가보다 더 많이 오른다면 생활수준은 향상되지만 물가가 소득보다 더 많이 오른다면 생활수준은 떨어진다. 인플레이션은 여러 가지 측면에서 사회문제를 일으키는데, ① 인플레이션은 생산과정을 거치지 않고 소득과 부를 재분배한다. 채권자에서 채무자에게 부를 재분배하며, 금융자산에서 실물자산으로 부를 재분배하기 때문이다. ② 인플레이션은 생산수준과 고용수준을 변화시킨다. 인플레이션은 임금을 상승시켜 고용을 줄이게 하고 생산수준을 감소시킨다. ③ 인플레이션은 자원배분을 비효율화시킨다. 인플레이션이 발생하면 생산적인 요소에 투자하기보다는 가격차익을 노릴 수 있는 실물자산에 투자하게 된다. 특히 경제주체들이 예상하지 못한 인플레이션은 예상된 인플레이션보다 더 많은 문제를 일으킬 수 있다.

(1) 예상치 못한 인플레이션

① 인플레이션은 생산과정을 거치지 않고 소득과 부를 재분배한다. 생산에 기여하지 않은 누군가에게 소득과 부를 배분할 수 있다. 인플레이션은 불로소득을 발

생시키는 원인이 된다. 현금, 예금, 증권 등 금융자산을 소유한 사람들과 채권자를 가난하게 만든다. 물가상승이 금융자산의 가치를 떨어뜨리기 때문이다. 채무자는 명목화폐가치나 명목이자율로 부채를 상환할 수 있고 채권자는 실질화폐가치나 실질이자율보다 낮은 금융자산으로 변제받게 된다.

② 정부의 화폐발행으로 예상하지 못한 인플레이션이 발생하는 경우 인플레이션조세효과(inflation tax effect)가 나타난다. 세금을 부과하지 않았지만 소비자들은 물가상승으로 인해 세금을 징세당한 것과 같은 구매력을 상실하게 된다. 정부는 세금을 부과하지 않고서 화폐를 발행한 만큼 재정정책의 재원으로 사용할 수 있게 된다. 이런 현상을 세뇨리지효과(seigniorage effect)라고도 한다. 또한 기업의 경우에는 자금에 대한 수요자(채무자)이기 때문에 소비자(채권자)로부터 부가 이전되는 효과를 누리게 된다

③ 예상하지 못한 인플레이션이 발생하고 단기적으로 임금이나 요소비용에 반영되지 않는다면 생산과 고용은 증가하게 된다. 하지만 장기적으로는 물가상승은 상품의 가격만 오르게 하는 것이 아니라 임금을 비롯한 모든 생산요소비용을 증가시키게 된다. 따라서 장기적으로 인플레이션은 물가수준을 올려놓을 뿐 생산과 고용에는 아무런 영향을 미치지 못한다. 또한 경제주체들의 안정된 장기적인 소비계획이나 투자계획이 어려워지고 불확실성으로 인한 경제적 효율성이 낮아지게 된다.

(2) 예상된 인플레이션

① 예상된 인플레이션이 발생하면 사람들은 그 몫만큼 명목이자율에 반영하여 실질이자율은 일정하게 유지하려 한다. 따라서 채권자로부터 채무자에게 소득이 재분배되는 현상은 발생하지 않는다(명목이자율 = 실질이자율 + 인플레이션율).

② 인플레이션이 예상되면 명목이자율도 그만큼 상승하므로 실질이자율은 일정하게 되는 현상을 피셔가설(Fisher hypothesis) 또는 피셔효과(Fisher Effect)라 한다. 경제전반에 피셔효과가 발생하면 화폐에 대한 기회비용은 증가하게 되는데, 이런

이유로 사람들은 화폐보유를 줄이게 되고(인플레이션조세를 피하기 위해) 금융기관을 자주 방문하는 결과를 가져오게 될 것이다. 이때 거래비용이 증가하고, 이를 구두창비용(shoe-leather cost)이라고 한다. 기업들의 경우에는 물가상승에 맞춰 상품가격을 조정해야 하는데 이때 발생하는 비용을 메뉴비용(menu cost)이라고 한다.

③ 예상된 인플레이션이 지속된다면 경제의 효율성은 왜곡될 수 있다. 경제주체들은 인플레이션으로 인한 조세효과를 피하기 위해 금융자산을 효율적인 생산부문에 투자하기보다는 부동산이나 귀금속과 같은 실물자산에 투기하게 된다. 따라서 예상된 인플레이션이더라도 사회제도, 법률, 규정 등이 예상된 인플레이션을 충분히 반영하지 못한다면 자원을 생산적이지 못한 곳에 배분하는 비효율의 문제를 발생시킨다. 금융자산보다는 실물자산을 선호함으로써 금융저축은 감소하고 투자재원조달은 제약되고 장기적으로 경제성장은 위축된다.

④ 인플레이션이 예상되면 국내에서 생산된 재화의 상대가격이 상승하므로 수출이 감소하고 수입은 증가하여 국제수지를 악화시킨다.

3) 인플레이션의 해결방안

(1) 수요측 요인에 대한 대책

통화공급이 증가하면 〈그림 11-1〉의 $AD=AS$인 새로운 균형점 E점에서 AD_0가 AD_1으로 이동하면 최초균형점 E_D점이 되고 물가수준은 $E \rightarrow E_D$만큼 상승하게 된다. 고전학파의 경우, 노동은 항상 완전고용상태에 있고 화폐의 유통속도가 일정하다고 보기 때문에 통화량의 증가는 물가를 비례적으로 상승시킨다. 통화량을 줄여서 물가를 안정시킬 수 있다는 주장이다.

① 피셔(I. Fisher)의 교환방정식

교환방정식은 $MV=PQ$(M: 통화량, V: 화폐의 유통속도, P: 물가수준, Q: 생산물의 거래량)이다. 이 수식을 근거로 화폐수량설이라고도 한다.

위의 수식을 쉽게 이해하기 위해 예를 들어보자. PQ는 1년 동안 국민경제에서 이루어진 거래총액이다. 100조원이라 하자. 그런데 통화량(M)은 10조원이라면 화폐의 유통속도(V)는 10이라는 것을 알 수 있다. $V=\frac{PQ}{M}$ 그런데 V는 문화적 제도적 요소에 의해 결정되므로 단기적으로 변하지 않는다고 가정한다. 그리고 현실적으로 PQ(총거래액)를 측정하기 난해하므로 PY(명목국민소득)를 사용하기로 하자. 명목국민소득은 총거래액에서 자산이나 중간재 거래가 포함되지 않는다는 차이점만 있을 뿐 서로 비례적인 관계를 가진다. 위의 교환방정식은 $MV=PY$로 나타낼 수 있다. 여기서 V는 일정하고 Y가 완전고용수준으로 일정하다면 M의 변화가 바로 P의 변화를 나타낸다.

② 통화주의학파의 신화폐수량설

통화주의학자들은 V가 안정적이지 않더라도 변화를 비교적 안정적으로 예측할 수 있으므로 M의 변화에 의한 PY의 변화를 계측할 수 있다고 주장한다. 따라서 정부는 통화량(M)과 유통속도(V)를 조절하면 명목국민소득을 조정할 수 있다고 인식한다.

③ 통화준칙

통화주의학파는 k%준칙을 통화정책으로 제시한다. 매년 일정한 비율로 통화량을 증가시켜야 한다는 것이다. 예를 든다면 V, P, Y가 예측된다면 변수들의 비율에 비례하여 통화량(M)을 조율해야 된다는 논리이다. 총수요관리정책은 장기적으로는 국민소득 증가효과는 사라지고 오직 인플레이션만 발생시킨다고 인식한다. 따라서 통화주의학파인 프리드만은 비용인상인플레이션은 단기적인 현상이기 때문에 인플레이션의 원인은 오로지 과도한 통화공급에 있고 안정적인 통화공급만이 인플레이션을 막는 유효한 대책이라고 주장한다.

(2) 공급 측 요인에 대한 대책

노사분규, 원재료가격 상승 등으로 공급측 요인에 의해 〈그림 11-1〉의 $AD=AS$인 최초균형점 E점에서 AS_0가 AS_1으로 이동하면 새로운 균형점 E_S점이 되고 물가수준은 $E \rightarrow E_S$만큼 상승하게 된다. 공급측 인플레이션은 고전학파나 통화주의자들은 단기적인 현상으로 주목하지 않는다. 케인스학파는 지나친 임금인상을 공급측 인플레이션의 주요요인으로 인식한다.

① 케인스학파는 노동생산성을 초과하는 임금인상은 상품가격을 인상시키고 다른 산업으로 전파되어 높은 인플레이션을 일으킨다고 인식한다. 따라서 정부가 임금과 물가상승을 규제하여 임금 및 기타소득을 조절하는 소득정책(incomes policy)이 필요하다고 주장한다. 정부는 매년 임금과 물가의 악순환(wage-price spiral)의 고리를 끊을 수 있는 임금상승률의 가이드라인이나 임금과 물가상승을 직접 억제해야 한다고 주장한다.

② 고전학파나 통화주의자들은 정부가 단기적으로 실업을 해소하기 위해 확장적 재정정책을 사용하면 그것이 화폐발행이든 차입이든 관계없이 모두 물가상승으로 이어지고 물가상승은 임금을 상승시키고 임금상승은 다시 물가를 상승시키는 악순환을 거듭한다고 주장한다. 어떤 확장적 재정정책도 생산과 고용을 증가시킬 수 없고 물가상승만을 부채질한다는 것이다. 따라서 국민소득의 증가에 따라 통화량을 증가시키는 통화준칙만이 인플레이션을 예방할 수 있다고 주장한다.

③ 공급측면 경제학자들은 비용인상인플레이션에 대한 해결책으로 공급측면의 생산성을 향상시키는 대안들을 제시한다. 투자와 저축 그리고 노동공급을 유인할 수 있는 조세의 감면, 기술개발과 경영혁신을 유인하거나 지원하는 정책들이 인플레이션을 해결하는 유효한 정책수단이라고 주장한다.

(3) 혼합요인에 대한 대책

수요측 요인과 공급측 요인이 동시에 작용하여 발생하는 혼합형 인플레이션은 〈그림 11-1〉의 $AD=AS$인 최초균형점 E점에서 AD_0가 AD_1로, AS_0가 AS_1로 이동하여 새로운 균형점 E_{D+S}점이 되고 물가수준은 $E \rightarrow E_{D+S}$만큼 상승하는 현상을 말한다. 현실적으로는 혼합형 인플레이션의 경우가 많다.

혼합형 인플레이션은 비용증가가 생산과 고용을 감소시키고 실업의 증대라는 문제를 발생시키면 정부는 확장적 정책으로 대응하게 되고 그 결과 임금과 물가는 더욱 상승한다. 이런 상황이 반복되면 경제주체들의 기대인플레이션도 높아져 간다. 기대인플레이션이 높아져 예상물가가 상승하면 총공급곡선은 왼쪽으로 이동하고 소득은 줄고 실업은 증가한다.

새 고전파(new classical) 경제학자들은 정책무력성정리(policy ineffectiveness proposition)를 주장한다. 루카스를 중심으로 한 합리적 기대가설(rational expectation hypothesis) 신봉자들은 물가는 신축적 조정을 통해 항상 시장을 균형 상태에 머물게 한다는 가정을 내세운다. 경제주체들이 합리적 기대와 정책의 변화를 예상하게 되는 경우 확장적 안정화정책(확대재정·통화정책)은 단기에서조차도 무효하다고 주장한다. 합리적 기대란 가능한 모든 정보를 활용하여 미래를 예측하고 대응한다는 것을 의미한다. 노동자는 총수요확대정책은 물가상승을 초래할 것으로 예측하여 미래의 임금을 결정하는데 물가상승을 반영하게 된다는 뜻이다. 따라서 총수요확대로 인한 총공급의 상승은 일어나지 않는다.[1] 따라서 합리적 기대가설은 케인스적인 재량정책보다는 통화주의적인 준칙주의를 옹호한다.

2. 실업의 원인과 대책

인플레이션과 실업은 생산과 소비를 위축시켜 궁핍한 경제를 만들기 때문에 경제주체들에게 고통지수에 해당한다. 역사적으로 경험한 1920~30년대의 세계경제공황(great depression)과 1910~20년대의 독일의 초인플레이션(hyper-inflation)은 우리에게 엄청난 고통과 공포심을 심어 준 대가로 실업과 인플레이션에 대한 경계심이나 면역력을 강화시켰는지 모를 일이다. 특히 실업의 경우에는 인간의 생존권을 위협하는 절망적 경제문제이기 때문에 중요한 경제문제이고 사회문제로 주목받고 있다.

---

1) 케인스학파의 재량적 경제정책에 대한 비판인 셈인데 이를 루카스비판(Lucas critique)이라 한다.

1) 실업의 개념과 분류

(1) 실업의 개념과 측정

실업은 일할 의사나 능력을 보유한 사람들이 일자리를 찾지 못한 상태를 의미한다. 한 나라의 인구 중 일할 의사나 능력을 가진 사람들을 경제활동인구라 하고, 그 경제활동인구 중에서 취업자 수를 제외하면 실업자 수가 된다. 실업률은 $\frac{\text{실업자 수}}{\text{경제활동인구 수}}$로 나타낸다.

경제활동인구에 대한 기준은 각 나라마다 다른데, 우리나라의 경우, 15세 이상의 인구 중에서 일할 의사가 없는 인구와 일할 능력이 없는 인구를 제외한 민간인을 말한다. 학생이나 주부 또는 병원에 입원한 환자 등과 같은 경제활동에 참여할 수 없는 인구를 제외시킨다. 만 15세 이상의 인구를 생산가능인구 또는 노동가능인구라고도 한다. 경제활동참가율은 $\frac{\text{경제활동인구}}{\text{생산가능인구}}$로 나타낸다. 실업자 중에서 구직활동을 포기한 실망노동자는 비경제활동인구로 분류한다. 경제활동인구는 취업자와 실업자로 구성된다. 취업자의 기준으로는 ① 조사대상기간 중 1주일에 수입을 목적으로 1시간 이상 일을 한 사람, ② 수입이 직접 발생하지 않더라도 동일 가구에서 경영하는 농장이나 사업체에서 주당 18시간 이상 일한 가족 종사자도 포함된다. 주부나 학생은 비경제활동인구로 분류되지만 부수입을 올리는 주부이거나 아르바이트에 종사하는 학생은 경제활동인구이고 취업자에 포함된다. ③ 일정한 직업이나 사업장을 갖고 있지만 일시적인 질병, 휴가, 노사분규 등으로 조사기간 중에 일하지 못한 사람도 취업자에 포함한다.

실업자의 기준으로는 ① 조사대상 주간을 포함한 지난 4주간 수입이 발생하는 일을 하지 않았으나, 적극적으로 구직활동을 하였으며, 언제든 일자리가 주어지면 즉각 일을 할 수 있는 사람, ② 과거에 구직활동을 지속적으로 유지하였으나 일시적인 질병, 기상악화, 구직결과 대기, 창업준비 등의 사유로 조사기간 중에 구직활동을 하지 못한 사람의 경우에도 실업자에 포함된다.

① $\text{경제활동참가율} = \frac{\text{경제활동인구}}{\text{15세 이상 인구}} \times 100 = \frac{\text{경제활동인구}}{\text{경제활동인구} + \text{비경제활동인구}} \times 100$

② 실업률 $= \frac{\text{실업자수}}{\text{경제활동인구}} \times 100 = \frac{\text{실업자수}}{\text{취업자수} + \text{실업자수}} \times 100$

③ 고용률 $= \frac{\text{취업자수}}{\text{15세 이상 인구}} \times 100$

(2) 실업의 분류

케인스는 실업을 자발적 실업과 비자발적 실업으로 구분하고, 비자발적 실업문제에 관심을 둔다. ① 자발적 실업은 일할 능력을 가지고서 현재의 임금수준에서 일할 의사가 없는 경우의 실업을 말한다. ② 마찰적 실업은 자발적 실업이며 탐색적 실업이라고도 한다. 마찰적 실업은 직업을 구하거나 보다 나은 새로운 직업을 탐색하는 과정에서 나타나는 실업이다. 따라서 마찰적 실업은 어떤 경제상황에서나 나타나는 현상이며 정책적 차원에서 문제가 되지 않는 실업이다. ③ 구조적 실업은 기술혁신으로 인해 기존의 기술에 훈련된 노동자들이 경쟁력을 상실하거나 어떤 산업이 사양산업으로 전략하여 그 산업분야의 일자리가 줄어들어 발생하는 실업을 말한다. 마찰적 실업과 구조적 실업은 경기변동에 의한 것이 아니라 노동시장이나 특정산업의 산업적 요인 등으로 발생하는 일자리 조정이나 노동수요구조의 변화를 반영한다. 따라서 마찰적 실업이나 구조적 실업은 오히려 경제활력을 반영하는 의미로 해석될 여지가 있다.

정책적인 차원에서 일자리를 늘려 실업을 해결하여 완전고용을 달성하는 것이 목표인데, 완전고용(full employment)상태란 마찰적 실업과 구조적 실업은 문제가 되지 않기 때문에 완전고용하에서도 실업률이 발생하고, 이를 자연실업률(natural rate of unemployment)이라고 한다.

사회적·경제적으로 문제가 되는 경기변동의 영향을 많이 받는 실업은 비자발적 실업이다. 비자발적 실업에는 경기적 실업과 구조적 실업의 일부가 포함된다. 경기적 실업이란 총수요의 부족, 과잉생산, 즉 불황으로 인해 발생하는 실업이다. 케인스는 비자발적 실업, 즉 경기적 실업에 관심을 두었다면 프리드만은 자연실업에 관심을 두고 자연실업률가설을 설명한다. 자연실업률은 현재 진행되는 인플레이션을 가속시키거나 감속시키지 않는 실업률 수준을 의미한다.

2) 실업에 대한 이론과 대책

케인스는 비자별적 실업문제에 프리드만은 자연실업률에 관심을 가진다. 인플레이션의 경우처럼 실업의 문제도 총수요와 총공급의 문제이다. 총공급이 완전고용수준에서 일정하다면 인플레이션을 줄이기 위해 총수요를 억제해야 한다. 반대로 실업을 줄이기 위해서는 오히려 총수요를 확대해야 한다. 인플레이션과 실업은 정책적으로 서로 상충관계(trade-off)가 성립한다.

(1) 케인스학파의 이론과 대책

케인스학파 경제학자들은 경기가 침체하면 물가수준(P)이 하락하고 실질임금 $\left(\frac{w}{p}\right)$은 상승한다. 상승한 실질임금은 노동자들의 노동공급은 증대시키고 기업들의 노동수요는 감소시킨다. 여기서 비자발적 실업이 발생한다. 즉, 임금이 하방경직성을 갖는다는 것을 전제로 실업을 설명한다. 따라서 확장적인 재정정책과 통화정책으로 총수요곡선을 우측으로 이동시키면 물가수준이 상승하여 실질임금$\left(\frac{w}{p}\right)$은 하락한다. 노동수요는 증가하고 노동공급은 감소한다. 〈그림 11-2〉에서 물가수준 P_0에서 P_1수준으로 상승하면 $a-b$만큼의 비자발적 실업이 발생한다. 정부가 확장적 안정화정책으로 AD_0를 AD_1으로 이동시켜 $a-b$만큼의 실업을 해소할 수

〈그림 11-2〉 케인스학파의 실업이론과 대책

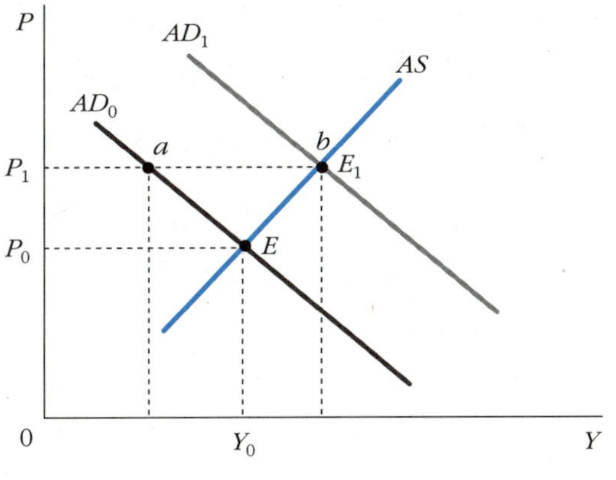

있다. 새 케인스학파는 높은 실업률이 자연실업률을 높이게 되고 한 번 높아진 자연실업률은 그 이후에도 이력현상으로 인해 실업률과 자연실업률을 또 높일 수 있다고 본다. 따라서 재량적 안정화정책이 실업률을 줄이는데 효과적이라고 주장한다. 여기서 이력현상이란 어떤 경제충격이 사라진 후에도 장기적이고 지속적으로 영향을 미치는 현상을 말한다. 고전학파는 자연실업률은 일정불변이라고 묵시적으로 가정하였는데, 케인즈학파는 실업률이 오랫동안 높아지면 자연실업률도 높아지기 때문에 확대정책을 써서 실업률을 낮추면 자연실업률도 낮아진다고 주장한다.

3) 통화주의학파의 이론과 대책

통화주의 경제학자들은 구조적 실업도 탐색적 실업으로 인식하며 실업은 정도의 차이가 있을 뿐 대체로 자발적 실업으로 취급한다. 정부가 실업을 줄이기 위해 재량적 확대정책, 즉 안정화정책을 펴는 것에 반대한다. 왜냐하면 확대재정정책은 총수요를 증가시키므로 물가수준을 끌어올려 인플레이션을 일으킬 수 있고, 자연실업률수준은 안정화정책에 관계없이 그대로 유지되기 때문이다. 통화주의학파는 실업보다는 인플레이션을 사회·경제적 폐해가 큰 것으로 인식한다. 인플레이션은 생산과정을 거치지 않고 소득을 재분배하는 특징과 개인의 선택과 무관하게 인플레이션 조세를 부담시켜 공평성이나 효율성을 해치는 것으로 인식한다. 통화주의학파는 고전학파의 완전고용개념을 현대화하여 자연실업률가설을 정립하였다. 현실경제에서 노동자가 자신이 원하는 일자리를 찾는 과정에서 발생하는 실업은 문제되지 않기 때문에 이를 자연실업률이라는 개념을 설정한 다음, 자연실업률 수준에서 이루어지는 총생산수준을 완전고용상태라 규정하고 자연실업률가설을 전개하였다.

〈그림 11-3〉에서 Y_n은 자연실업률이다. 실업을 줄이기 위한 재량적 안정화정책으로 총수요곡선을 AD_0에서 AD_1으로 이동시켰다 하자. 자연실업률은 Y_n수준에서 변하지 않고 물가만 $a-b$수준으로 상승하게 된다. 따라서 통화주의학파에서

〈그림 11－3〉 통화주의학파의 실업이론과 대책

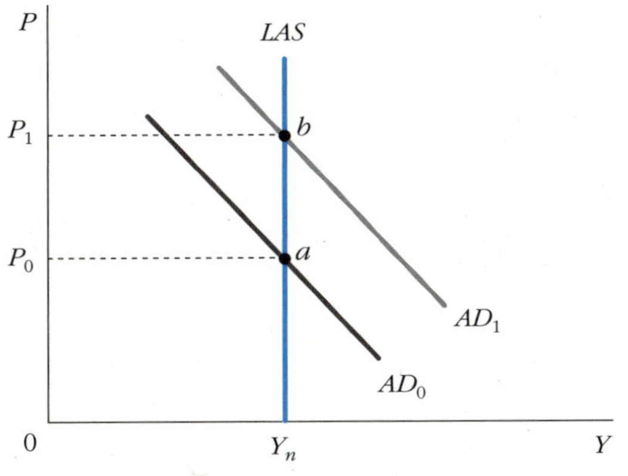

는 실업을 줄이기 위해 재량적 안정화정책(확대재정·통화정책)을 시행하는 것은 장기총공급곡선이 자연실업률 수준에서 수직이기 때문에 실업을 줄일 수 없고 물가만 상승시킨다고 주장한다.

3. 필립스곡선과 스태그플레이션

필립스곡선(Phillips curve)은 1958년 경제학자 필립스(A. W. Phillips)가 영국의 자료를 분석하였는데 명목임금 상승률과 실업률 간에는 상충관계가 존재한다는 것을 발견하였다. 물가가 상승하면 실질임금$\left(\frac{w}{p}\right)$은 하락하고 고용량이 증가하여 실업률은 줄어들게 된다. 반대로 물가가 하락하면 실질임금이 상승하고 고용량이 감소하여 실업률은 증가한다. 필립스곡선은 〈그림 11－4〉의 왼쪽 그림과 같이 물가상승률과 실업률 사이에는 안정적인 상충관계(trade-off)가 존재한다.

1) 최초의 필립스곡선

우하향하는 필립스곡선 〈그림 11－4〉의 왼쪽 그림의 횡축에 나타낸 실업률을 국민소득(실질GDP)으로 바꿔 그리면 오른쪽의 총공급곡선(AS)으로 나타낼 수 있

〈그림 11-4〉 필립스곡선과 실업정책

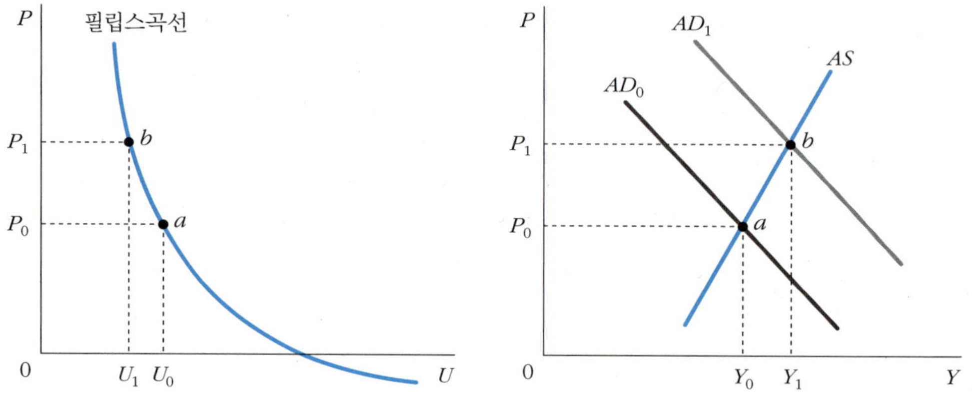

다. 다만 국민소득이 증가하면 실업률은 감소하고 국민소득이 줄어들면 실업률은 증가하기 때문에 우하향하는 필립스곡선상의 점의 이동은 우상향하는 총공급곡선상의 점의 이동과 표리의 관계를 가진다. 왼쪽 그림에서 필립스곡선상의 a점이 b점으로 이동한다는 것은 실업률이 U_0에서 U_1으로 감소하는 것을 의미하기 때문에 오른쪽 그림 총공급곡선(*AS*)상의 a점이 b점으로 이동하여 국민소득은 Y_0에서 Y_1으로 이동하는 것을 의미한다.

왼쪽의 필립스곡선이 우하향하는 경우, 우측의 총수요곡선을 $AD_0 \rightarrow AD_1$으로 이동시키면 국민소득은 $Y_0 \rightarrow Y_1$로 증가하게 된다. 따라서 왼쪽 그림에서 실업률은 $U_0 \rightarrow U_1$수준으로 감소하게 된다. 물가상승(인플레이션)과 실업률 사이에는 상충관계(trade-off)가 성립한다. 이것은 우하향하는 필립스곡선이 안정적이라면 물가안정과 완전고용은 동시에 달성될 수 없음을 의미한다. 따라서 케인스학파의 입장에서는 재량적 안정화정책으로 실업률을 조절하는 것이 가능하다고 주장한다.

필립스곡선의 특징을 수식으로 나타내면 다음과 같다.

$$\pi = -a(u-u_n), \qquad a>0$$

π: 인플레이션율, u: 실제실업률, u_n: 자연실업률
a: 반응계수(인플레이션율이 실제실업률과 자연실업률과의 격차에 얼마나 반응하는가를 나타내는 반응계수)

위 수식에서 실제실업률이 자연실업률보다 작게 나타나면 인플레이션율은 양(+)의 값을 갖게 되고 실제실업률이 자연실업률보다 크게 나타나면 인플레이션율은 음(-)의 값을 갖게 된다. 예를 들어 현재의 실업률이 자연실업률보다 낮은 경우에는 노동에 대한 수요가 노동에 대한 공급보다 높은 상태를 의미하므로 임금률을 높이는 방향으로 작용하고, 반대로 현재의 실업률이 자연실업률보다 높은 경우에는 노동에 대한 공급이 노동에 대한 수요보다 높은 상태를 의미하므로 임금률을 낮추는 방향으로 작용한다. 현재의 실업률과 자연실업률이 같다는 것은 노동에 대한 수요와 공급이 일치한 상태이므로 임금률의 변화에 영향을 미치지 않게 된다.

2) 스태그플레이션과 기대부가 필립스곡선

① 비용인상인플레이션과 스태그플레이션

스태그플레이션(stagflation)은 경기침체기에 실업률이 높은 상황에서 높은 물가상승(인플레이션)까지 나타나는 현상을 말한다. 즉, 필립스곡선에서 나타난 실업률과 인플레이션율 간의 안정적인 음(-)의 관계가 무너진 상황에 해당한다. 만약 필립스곡선이 우하향하는 안정성을 유지한다면(최초의 필립스곡선) 스태그플레이션 현상을 설명할 수 없다.

따라서 케인스학파 경제학자들은 필립스곡선이 〈그림 11-5〉의 왼쪽 그림처럼 이동할 수 있어 실업률과 인플레이션율이 동시에 상승할 수 있다고 설명한다. 이런 현상은 비용인상 인플레이션이 발생하여 나타난 것으로 파악한다. 1970년대 석유파동으로 인한 공급충격으로 오른쪽 그림처럼 총공급곡선이 $AS_0 \rightarrow AS_1$으로 좌측 이동함으로써 물가수준은 $P_0 \rightarrow P_1$수준으로 높아지고 국민소득은 $Y_0 \rightarrow Y_1$ 수준으로 감소하게 된다. 이런 과정을 왼쪽 필립스곡선으로 대입하면 a점에서 b점으로 이동한 결과와 같다. 케인스학파는 필립스곡선은 안정적(이동하지 않는다)이다는 인식을 수정하여 필립스곡선을 우측으로 이동시킴으로써 스태그플레이션 현상을 설명하는 논거를 제시한다.

필립스곡선이 우측으로 이동하게 된 요인에 대해서는 케인스학파는 석유나 원

〈그림 11－5〉 필립스곡선의 이동과 스태그플레이션

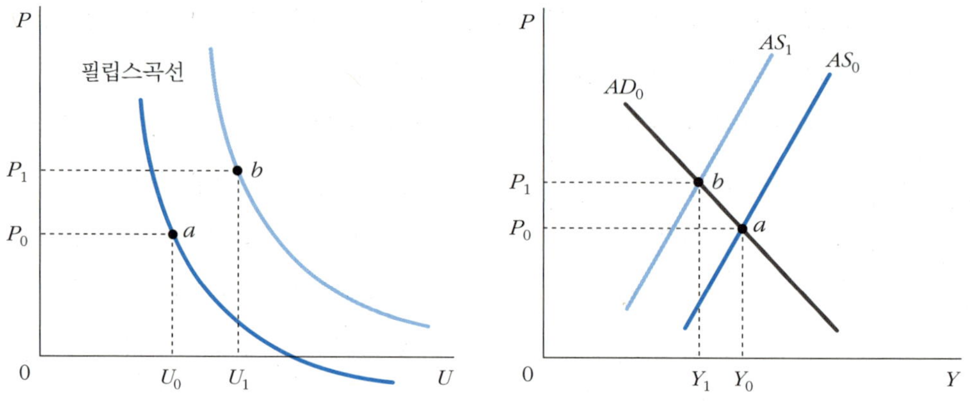

자재파동으로 인한 공급충격(supply shock)으로 파악한다. 즉 비용인상인플레이션을 스태그플레이션의 원인으로 보는 것이다. 따라서 생산성을 향상시켜 총공급곡선(AS)을 우측으로 이동시키는($AS_1 \rightarrow AS_0$) 동시에 확장적인 확장적 안정화정책(확대재정·통화정책)을 통해 스태그플레이션 문제를 해결할 수 있다고 주장한다. 하지만 1978~79년 이후 석유가격이 하락하고 원자재 가격이 안정된 상황에서도 필립스곡선이 최초의 필립스곡선으로 회귀하지 않았기 때문에 비용인상인플레이션으로 스태그플레이션을 충분히 설명할 수 없게 되었다. 따라서 오늘날 거시경제학에서는 스태그플레이션을 확장적 재량정책으로 인한 수요견인인플레이션과 비용인상인플레이션이 혼재된 혼합형 인플레이션으로 인식한다.

② 자연실업률가설과 스태그플레이션

스태그플레이션을 설명하는데 케인스학파의 이론이 한계에 부딪치면서 프리드만－펠프스(Friedman-phelps)의 새로운 모형이 등장하는데, 이를 기대부가필립스곡선(expectation augmented Phillips curve) 또는 자연실업률가설(natural rate of unemployment hypothesis)이라고 한다. 자연실업률가설은 케인스학파 경제학자들이 확장적인 재정정책을 통해 완전고용을 항구적으로 달성할 수 있다고 믿었기 때문에 자연실업률 수준보다 낮은 실업률을 유지하기 위해 높은 인플레이션을 선택할 수 있다고 주장한다. 자연실업률은 인플레이션을 가속화시키지 않는 실업률이기 때문에 자연실업률 수준에서 거시경제가 완전고용균형을 달성하는 것으로 인식한다.

자연실업률가설은 단기에 경제주체들의 기대인플레이션이 불변이라면 필립스곡선은 안정적으로 우하향하는 형태를 유지한다. 하지만 기대인플레이션이 상승하면 그만큼 필립스곡선도 위로 이동한다는 것이다. 자연실업률가설에 의한 기대필립스곡선의 수식은 다음과 같다.

$$\pi - \pi^e = -a(u - u_n), \qquad a > 0$$

π: 인플레이션율, π^e: 기대인플레이션율, u: 실제실업률, u_n: 자연실업률
a: 반응계수(인플레이션율이 실제실업률과 자연실업률과의 격차에 얼마나 반응하는가를 나타내는 반응계수)

기대필립스곡선은 예상하지 못한 인플레이션율($\pi - \pi^e$)과 실업률($u - u_n$) 간에 음($-a$)의 상관관계로 정의된다. 그런데 장기에는 총공급곡선(LAS)과 기대필립스곡선(LPC)이 수직이 된다. 장기에는 실제인플레이션율과 기대인플레이션율이 같아지기 때문이다.

결론적으로 자연실업률가설은 장기적으로 총수요확대정책은 〈그림 11-6〉의 왼쪽 그림처럼 기대물가의 상승을 유발해 실질물가를 상승시킬 뿐($P_0 \rightarrow P_2$) 자연

〈그림 11-6〉 장·단기총공급곡선과 장·단기필립스 곡선

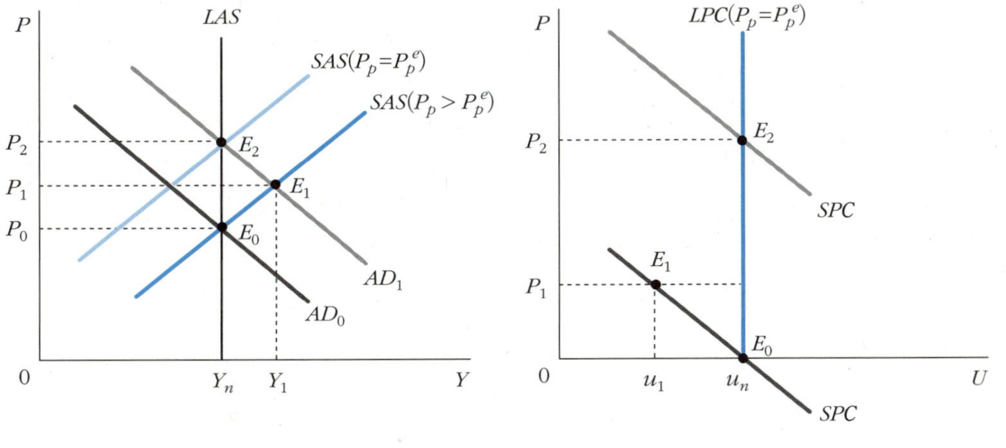

생산량(Y_n)이나 자연실업률 수준의 고용을 증대시키지 못하기 때문에 실업은 오른쪽 그림처럼 자연실업률 수준(u_n)에서 벗어나지 못한다고 주장한다. 고전학파의 경우에는 자연실업률가설로부터 단기의 안정화정책에 대한 무용론을 주장한다. 하지만 케인스학파의 경우에는 자연실업률로 시장기능에 의해 회복되는 데에는 장기간 고통이 수반되므로 단기적인 안정화정책이 필요하다고 주장한다.

연 습 문 제

1. 고통지수(misery index)에 대해 설명하라.

2. 고금리, 고환율, 고물가의 악순환에 대해 설명하라.

3. 인플레이션의 개념과 의미에 대해 설명하라.

4. 소비자물가지수, 생산자물가지수, GDP 디플레이터에 대해 설명하라.

5. 수요견인인프레이션(demand pull inflation)의 개념과 원인에 대해 설명하라.

6. 비용인상인플레이션(cost push inflation)의 개념과 원인에 대해 설명하라.

7. 혼합형 인플레이션(mixed inflation)의 개념과 원인에 대해 설명하라.

8. 예상치 못한 인플레이션이 경제에 미치는 영향에 대해 설명하라.

9. 예상된 인플레이션이 경제에 미치는 영향에 대해 설명하라.

10. 인플레이션 조세효과(inflation tax effect)와 세뇨리지효과(seigniorage effect)에 대해 설명하라.

11. 피셔효과(Fisher effect)에 대해 설명하라.

12. 구두창효과(shoe-leather cost)와 메뉴효과(menu cost)에 대해 설명하라.

13. 피셔의 교환방정식에 대해 설명하라.

14. 통화주의 학파의 통화준칙에 대해 설명하라.

15. 케인스학파의 소득정책(income policy)에 대해 설명하라.

16. 새고전학파의 정책무력성정리(policy ineffectiveness proposition)에 대해 설명하라.

17. 실업의 개념과 의미에 대해 설명하라.

18. 실업률과 고용률의 산식과 차이점을 설명하라.

19. 자발적 실업과 비자발적 실업에 대해 설명하라.

20. 자연실업률의 개념과 의미에 대해 설명하라

21. 케인스학파의 실업에 대한 원인과 대책에 대해 설명하라.

22. 통화주의학파의 실업에 대한 원인과 대책에 대해 설명하라.

23. 필립스곡선의 개념과 물가상승률과 실업률 간의 상충관계(trade-off)에 대해 설명하라.

24. 스태그플레이션과 기대필립스곡선에 대해 설명하라.

25. 자연실업률가설과 스태그플레이션에 대해 설명하라.

Chapter 12

국제무역과 국제금융

1. 국제무역이론
2. 국제금융과 환율
3. 국제수지의 이해

오늘날 우리의 경제는 세계 곳곳에 있는 수많은 사람들의 경제활동이 상호작용하여 만들어 내는 오케스트라와 같다. 더욱이 한국경제는 세계 전체 GDP의 75~85%와 자유무역을 통해 성장해 가는 국제교역 중심의 경제구조가 특징이다. 따라서 우리는 경제현상을 이해하기 위해 세계 곳곳에 있는 서로 다른 사람들과 서로 다른 기업, 그리고 서로 다른 나라들의 경제환경의 변화와 각각의 경제적 이해관계에 주목해야 한다. 더구나 4차 산업혁명으로 운송과 정보통신의 발달이 가속화되면서 세계경제는 이제 국경없는 지구촌경제로 발전하고 있다. 적어도 1980년대 이후부터 2019년 코로나19 이전까지의 세계경제는 국가와 국가 간의 권역별 교역에서 범세계적인 차원의 지구촌(globalization)경제로 성장해 왔다. 신자유주의(neo-liberalism)라는 이름으로 IMF나 WTO가 주관하는 자유무역질서가 세계화를 확장해 왔다. 오늘날 우리의 경제생활은 세계화된 경제영역에서 생산과 소비가 융합되며 재창조되고 있다. 미국의 기업이 생산하는 휴대폰은 키보드는 중국, PCM(디지털 변조)은 싱가포르, 마더보드는 말레이시아, 플랫 스크린은 한국, 반도체는 대만에서 제조되고 있다. 여기다가 소프트웨어 컴파일은 미국, 인도, 스웨덴, 러시아에서 진행되기도 한다. 우리가 일상생활에서 사용하는 하나의 소비제품이 세계화과정을 통해 창출되고 있는 것이다. 세계 모든 국민경제는 일원화된 세계공급망(global supply chain) 아래에서 연관성과 의존성으로 경계가 무너지고 국경없는 경제(borderless economy)에 참여해 왔다. 하지만 코로나19, 러시아의 우크라이나침공, 미국과 중국 간의 경제갈등 등으로 세계의 자유무역주의가 자국우선주의라는 이름으로 탈세계화 현상, 즉 새로운 보호무역주의로 탈바꿈하고 있다. 이제 기업들은 가장 싸고 쉬운 공급망보다는 가장 안전하고 확실한 공급망으로 무게중심을 옮기는 추세이다. 다국적기업들이 새로운 지정학적 도전에 대응하기 위해 재세계화를 모색하고 있는 것이다. 이런 탈세계화 현상 속에서도 국가간 협력의 종결이 아닌 다른 형태의 세계화, 동맹진영간의 블록화로 재편된 세계화는 계속되고 있다.

12장에서는 ① 국가 간의 교역은 왜 이루어지고 교역조건은 어떤 요인들에 의해

결정되는가? ② 자유무역주의와 보호무역주의는 어떤 경제적 의미를 가지고 있는가? ③ 관세나 비관세장벽들은 어떤 경제적 효과를 기대하는가?, ④ 자유무역을 위한 국제기구는 어떤 역할과 기능을 수행하는가?, ⑤ 환율은 무엇이고 어떻게 결정되는가?, ⑥ 국제수지는 무엇이고 국제수지표는 어떻게 작성되는가? 등에 대해 살펴보고자 한다.

1. 국제무역이론

국가 간의 교역은 교역에 참여하는 모든 국가의 경제주체들에게 이익을 발생시킬 수 있다. 자유무역은 교역상대국 모두에게 소비와 생산을 증대시키고 고용과 국민소득을 증가시키는 Plus Sum Game에 해당한다. 자유무역은 국내에서 국제적인 특화와 분업으로 인해 생산성이 증가하고, 규모의 경제와 학습효과까지 더해져 효율성을 증가시킨다. 경험적으로도 수입대체산업 중심의 경제모형(공산주의+종속이론)을 추구한 폐쇄적인 경제보다는 수출중심의 경제모형(자유무역)으로 개방적인 경제를 추구한 국가들이 경제개발과 경제성장에 성공한 것으로 대비되고 있다. 상대적으로 자원이 부족함에도 불구하고 고도의 경제성장을 이룬 나라들, 즉 일본, 대만, 홍콩, 싱가포르, 한국 등은 자유무역주의를 바탕으로 개방된 경제체제를 구축하였다. 반면에 인도를 비롯한 제3세계국가들, 즉 공산주의 국가들, 중남미, 아프리카 대부분의 가난한 나라들은 자급자족경제(수입대체형)체제를 바탕으로 폐쇄적인 경제체제를 구축한 바 있다. 1980년대 이후에는 이 같은 폐쇄적인 국가들조차도 신자유주의 물결을 타고 자유무역주의로 전환하였으며 빠르게 세계경제에 편입되는 세계화를 실현한 바 있다.

하지만 코로나19, 러시아의 우크라이나침공, 미국과 중국 간의 경제갈등 등으로 세계의 자유무역주의가 자국우선주의라는 이름으로 위협받고 있고, 글로벌화한 세계공급망이 흔들리면서 권역화하는 재편성의 길을 재촉하고 있다. 당분간은

자료: 한국통상산업지원부, 통상월간, 2024년 1월호

세계의 강대국들이 효율성은 제쳐두고 공급망 안정화와 회복력 제고를 위해 나아가고 있다. 이 같은 글로벌 통상환경의 변화는 인국 궁핍화 정책(Beggar-Thy-Neighbor Policy), 즉 교역 상대국의 경제적 희생을 통해 자국의 경제적 이익을 추구하는 정책을 강화시켜서 통상마찰을 더욱 가중시킬 위험을 높여 준다. 여기서 세계공급망 재편과 관련하여 우리는 세계공급망을 리쇼어링(reshoring; 생산기지를 본국으로 회귀시키는 정책)이나 프렌드쇼어링(friendshoring;우방국끼리 공급망을 새롭게 구축하는 정책)현상에 주목해야 한다.

경제영토란 전 세계 총GDP에서 우리나라와 FTA를 체결한 상대국들의 GDP가 차지하는 비율을 의미하는데, 우리나라의 경제영토는 매년 그 비중이 변화하지만 대체로 75~85% 수준을 나타내고 있다. 한국경제는 전 세계 경제의 70~80%와 교역해서 성장하는 구조이기 때문에 WTO체제를 근간으로 하는 다자간 교역질서가 안정되어야만 성장할 수 있다. 무역의존도는 수출액과 수입액을 합한 값을 명목 GDP로 나눈 값으로 나타내는데, 우리나라의 무역의존도는 2021년 기준 약 70% 수준이다. 따라서 우리나라의 경제는 국제경제환경의 변화에 민감하게 반응한다. 특히 명목환율은 우리나라의 화폐인 원화에 대한 가격인데, 이것이 수입재와 수출재의 가격을 결정하기 때문에 매우 중요하다. 환율은 우리나라의 수출과 수입에 많은 영향을 미치며, 결과적으로 국내총생산이나 물가수준을 결정하는 중요한 요소가 된다.

1) 절대우위론

애덤 스미스는 무역이 일어나는 이유, 그리고 무역이익을 절대우위의 개념으로 설명한다. 절대우위(absolute advantage)란 두 나라가 교역하는 경제에서 어떤 나라가 다른 나라보다 적은 양의 자원으로 그 재화를 생산할 수 있을 때 그 재화 생산에 있어 절대우위에 있다는 개념이다.

예를 들어 설명하기 위해 중국과 한국에서 쌀과 고기에 투입되는 노동시간이 〈표 12-1〉과 같다 하자. 표를 살펴보면 중국은 한국에 비해 쌀 생산에 절대우위

〈표 12－1〉 두 나라의 투입노동시간(생산비)

	쌀(1단위)	고기(1단위)
중국	1시간	10시간
한국	10시간	1시간

가 있고, 한국은 고기생산에 절대우위가 있다는 알 수 있다. 두 나라가 모두 무역 이전에 쌀과 고기를 2단위씩 생산하고 소비한다 하자. 이런 경우 두 나라 모두 총생산에 투여되는 총노동시간은 각각 22시간이 될 것이다. 이런 상황에서 두 나라가 교역을 위해 각각 절대우위 상품에 특화생산한 후 교역한다면 중국은 쌀에 한국은 고기에 특화할 것이다. 특화 이전 두 재화를 생산하는데 투입했던 총노동 22시간을 쌀과 고기에 각각 투입하는 경우 중국은 쌀을 22단위 생산하고 한국은 고기 22단위를 생산하게 된다. 그리고 두 나라가 쌀과 고기를 각각 11단위씩 1:1로 교역하다면 두 나라 모두 쌀과 고기를 모두 11단위씩 소비할 수 있게 된다. 중국과 한국은 교역 이전에는 쌀 2단위와 고기 2단위를 생산하고 소비하였는데, 절대우위 상품에 특화·생산하여 교역한 결과는 두 나라 모두 쌀 11단위와 고기 11단위를 소비할 수 있게 된다. 절대우위이론은 자유무역이 교역상대국 모두에게 쌀과 고기를 각각 9단위씩 더 소비할 수 있는 교역이익을 발생시키는 Plus Sum Game의 원리를 설명한다.

2) 비교우위론

애덤 스미스가 절대우위론에 의해 자유무역의 원리를 설명하였다면, 리카르도(D. Ricardo)는 비교우위론에 의해 자유무역의 원리를 설명하고 있다. 리카르도는 어떤 교역국의 입장에서 교역 상품이 모두 절대열위에 있다 하더라도 비교우위에 특화하여 생산하고 교역하면 그 교역국에도 교역이익이 발생한다고 주장한다. 리카르도의 비교우위론은 한 나라가 두 재화생산에 모두 절대우위나 절대열위에 있더라도 각국이 기회비용이 낮은 재화에 특화하여 생산하고 교역하면 두 나라 모두 교역이익을 얻을 수 있다고 있다고 설명한다. 따라서 리카르도의 비교우위론은 애

〈표 12 - 2〉 두 나라의 투입노동시간(생산비)

	쌀(1kg)	고기(1kg)
중국	10시간	20시간
한국	8시간	1시간

덤 스미스의 절대우위론보다 폭넓게 국가 간의 자유무역을 설명할 수 있다.

예를 들어 설명하기 위해 중국과 한국의 쌀과 고기생산에 투입되는 노동시간이 〈표 12 - 2〉와 같다 하자.

표를 살펴보면 중국과 한국의 쌀과 고기 생산에 투입되는 노동시간을 비교하면 중국은 한국에 비해 쌀과 고기생산에서 모두 더 많은 노동시간을 투입하고 있다. 따라서 한국은 쌀과 고기생산에 있어 모두 중국보다 절대우위에 있고 중국은 쌀과 고기생산에 있어 모두 한국보다 절대열위에 있다. 이런 경우에 애덤 스미스의 절대우위론에 따르면 중국은 쌀이나 고기 어떤 상품에도 특화생산이 불가능하고 교역이익이 발생하지 않는다. 하지만 비교우위론에 의하면 〈표 12 - 3〉에서처럼 중국은 쌀에 비교우위가 있고, 한국은 고기에 비교우위가 있다는 것을 알 수 있다.

〈표 12 - 3〉은 중국과 한국의 쌀과 고기생산에 대한 기회비용이다. 이것은 중국과 한국의 쌀과 고기 생산에 대한 기회비용을 노동투입시간을 기준으로 환산한 것이다. 중국의 경우, 쌀 생산에 드는 기회비용은 $\frac{10(\text{쌀생산에 투입되는 노동시간})}{20(\text{고기생산에 투입되는 노동시간})} = \frac{1}{2}$ 이고, 고기생산에 드는 기회비용은 $\frac{20(\text{고기생산에 투입되는 노동시간})}{10(\text{쌀생산에 투입되는 노동시간})} = 2$라는 것을 알 수 있다. 따라서 중국은 기회비용이 상대적으로 작은 쌀 생산에 특화할 수 있다. 한편 한국의 경우, 쌀 생산에 드는 기회비용은 $\frac{8(\text{쌀생산에 투입되는 노동시간})}{1(\text{고기생산에 투입되는 노동시간})} = 8$

〈표 12 - 3〉 쌀과 고기 생산의 기회비용

	쌀	고기
중국	1/2	2
한국	8	1/8

이고, 고기생산에 드는 기회비용은 $\frac{1(\text{고기생산에 투입되는 노동시간})}{8(\text{쌀생산에 투입되는 노동시간})} = \frac{1}{8}$이라는 것을 알 수 있다. 따라서 한국은 기회비용이 상대적으로 작은 고기생산에 특화할 수 있다. 결론적으로 중국은 기회비용이 낮은 쌀에 특화생산하고, 한국은 기회비용이 낮은 고기에 특화하여 교역할 수 있고 서로 교역이익을 얻을 수 있다.

(1) 생산가능곡선의 도출

중국과 한국은 1년에 농사일과 가축을 돌보는데 동일하게 400시간의 노동을 투입하고 있다고 하자. 위에서 살펴본 바와 같이 중국은 고기 1kg을 생산하는데 20시간 쌀 1kg을 생산하는데 10시간을 투입하고, 한국은 고기 1kg을 생산하는데 1시간을 쌀 1kg을 생산하는데 8시간을 투입한다 하자. 이런 조건에서 중국과 한국의 생산가능곡선을 도출하면 〈그림 12－1〉과 같다. 왼쪽 그림은 중국의 생산가능곡선인데, 1년 동안 400시간을 투입하여 고기 $\frac{400(\text{1년 동안 총노동시간})}{20(\text{고기 1단위당 노동시간})}$ $= 20$kg과 쌀 $\frac{400(\text{1년 동안 총노동시간})}{10(\text{쌀 1단위당 노동시간})} = 40$kg을 생산할 수 있는 생산가능곡선이다. 오른쪽 그림은 한국의 생산가능곡선인데, 1년 동안 400시간을 투입하여 고기 $\frac{400(\text{1년 동안 총노동시간})}{1(\text{고기 1단위당 노동시간})} = 400$kg과 쌀 $\frac{400(\text{1년 동안 총노동시간})}{8(\text{쌀 1단위당 노동시간})} = 50$kg을 생산할 수 있는 생산가능곡선이다. 〈그림 12－1〉의 왼쪽 그림의 A점은 교역이전 중국의

〈그림 12－1〉 생산가능곡선과 교역이익

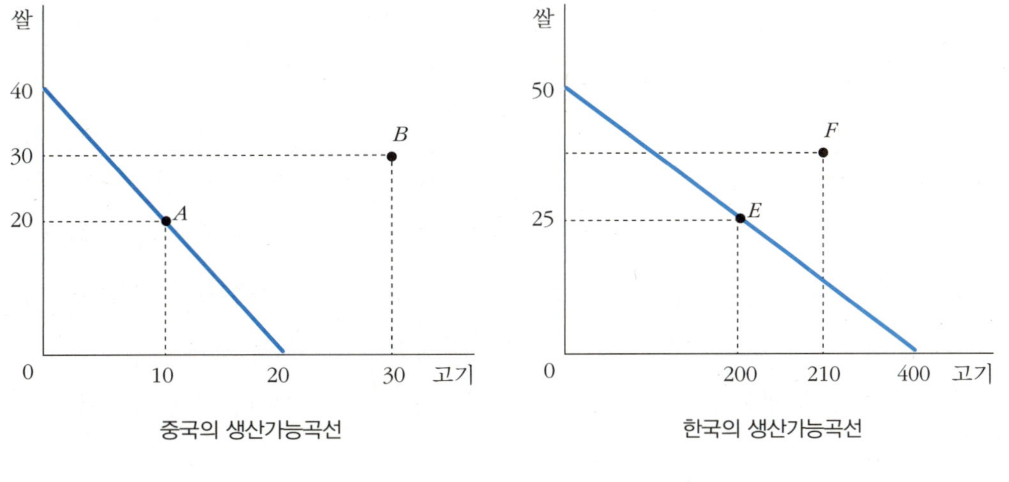

소비자균형점인데 고기 10kg(10×20시간=200시간), 쌀 20kg(20×10시간=200시간)이고, 오른쪽 그림의 *E*점은 고기 200kg(200×1시간), 쌀 25kg(25×8=200시간)을 나타낸다.

(2) 특화와 무역이익

중국은 쌀 생산에만 특화하여 1년에 40kg(40×10=400)를 생산하고, 한국은 주로 고기에 특화하여 쌀 20kg(20×8=160시간)과 고기 240kg(240×1=240)를 생산하였다 하자. 중국은 자국의 기회비용$\left(\frac{1}{2}\right)$보다 비싼 상대가격으로 쌀 1kg당 고기 $\frac{1}{2}$kg보다 많이 받는다면, 한국은 자국의 기회비용$\left(\frac{1}{8}\right)$보다 비싼 상대가격으로 고기 1kg당 쌀 $\frac{1}{8}$kg보다 많이 받는다면 교역이 가능하다. 그런데 한국의 고기 30kg과 중국의 쌀 10kg이 교역된 후 각국에서 소비된다면 중국은 〈그림 12-1〉의 왼쪽 그림에서 *B*점 쌀 30kg과 고기 30kg을 소비할 수 있고 한국은 오른쪽 그림에서 *F*점 쌀 30kg과 210kg을 소비할 수 있게 된다. 한국과 중국이 고기 30kg과 쌀 10kg을 교역한 이후 중국의 경우에는 소비가능점이 *A*점에서 *B*점으로 우측 이동하였고, 한국의 경우에도 소비가능점이 *E*점에서 *F*점으로 우측 이동한다는 것을 알 수 있다. 이것은 중국과 한국이 비교우위 상품에 특화생산한 후 교역하면 양국이 모두 교역이익을 얻게 된다는 것을 보여준다. 교역으로 인해 한국과 중국이 모두 쌀과 고기를 더 많이 소비할 수 있기 때문이다. 중국은 특화 후 교역 이전보다 쌀 10kg과 고기 20kg을, 한국은 쌀 5kg과 고기 10kg을 무역이익으로 더 소비할 수 있게 된다.

3) 무역이익의 분배

자유무역은 비교우위에 의해 교역국가에게 무역이익을 발생시킨다. 하지만 비교우위이론으로는 국가에 발생한 이익이 어떤 경제주체들에게 어떻게 배분되는지? 설명할 수 없다. 〈그림 12-2〉는 소비자잉여와 생산자잉여를 이용하여 소비자와 생산자에게 교역이익이나 손실이 어떻게 배분되는지를 보여준다.

그림은 자유무역에 의한 수입국의 이익과 손실을 나타낸다. 수입국에서는 국내

〈그림 12-2〉 수입국의 이익과 손실

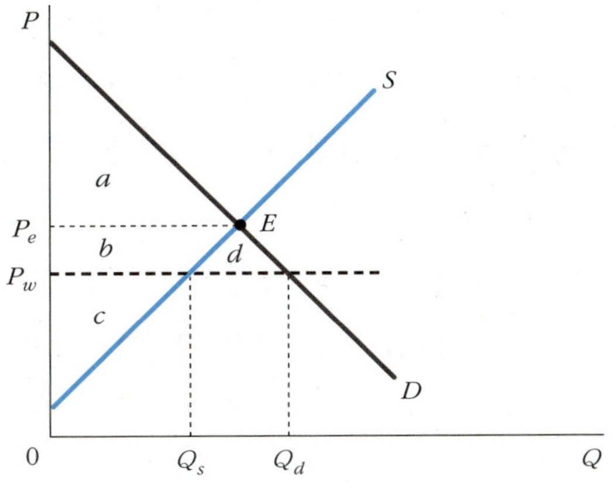

가격수준이 P_e에서 국제가격수준 P_w로 하락하게 된다. 따라서 가격하락으로 인해 국내공급은 Q_s로 감소하고 국내수요는 Q_d로 증가한다. 수입으로 인해 Q_s-Q_d만큼의 초과수요가 발생하고 수입물량으로 국내의 초과수요를 메우게 된다. 이런 과정을 거쳐 교역 후 소비자는 $b+d$만큼의 무역이익(소비자잉여의 증대분)을 얻게 되고, 생산자는 b만큼 무역손실(생산자잉여의 감소분)을 입게 된다. 따라서 수입국의 소비자의 무역이익과 생산자의 무역손실을 차감하면 수입으로 인한 수입국의 후생은 d만큼 증가하게 된다.

〈그림 12-3〉 수출국의 이익과 손실

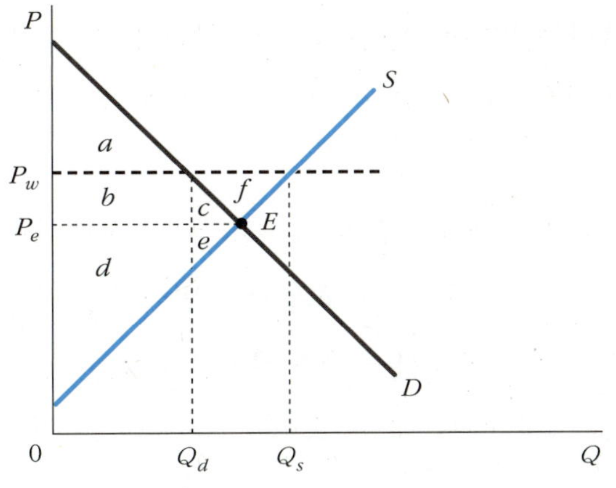

〈그림 12-3〉은 자유무역에 의한 수출국의 이익과 손실을 나타낸다. 수출국에서는 국내가격수준이 P_e에서 국제가격수준인 P_w로 상승한다. 따라서 가격상승으로 인해 국내공급은 Q_s로 증가하고 국내수요는 Q_d로 감소한다. 수출로 인해 국내에서는 $Q_s - Q_d$만큼의 초과공급이 발생하는데, 수출물량으로 초과공급을 해소하게 된다.

자유무역에 의해 어떤 상품이 수출되는 경우, 소비자는 가격상승으로 인해 $b+c$만큼의 손실(소비자잉여의 감소분)을 보고, 생산자는 가격상승으로 인해 $b+c+f$만큼 이익을 얻게 된다. 소비자의 손실과 생산자의 이익을 차감하면 수출국의 후생은 f만큼 증가하게 된다.

따라서 수입의 경우에는 생산자에게 손실이 발생하고, 소비자는 이익을 얻게 되는 반면, 수출의 경우에는 소비자에게 손실이 발생하고 생산자에게는 이익이 발생한다. 자유무역은 수입국이나 수출국 모두가 이익과 손실을 차감한 순이익을 얻게 되는데, 수입국은 d영역만큼, 수출국은 f영역만큼의 교역이익을 얻게 된다.

4) 비교우위의 원인

리카르도의 비교우위론은 국가 간의 교역이 왜 일어나는지, 또는 국가 간의 교역은 서로에게 어떤 이익을 가져다주는지를 잘 설명해 주고 있다. 하지만 리카르도의 비교우위론은 무역을 가능하게 하는 비교우위는 어떤 요인들에 의해 발생하는지에 대해서는 설명하지 못하고 있다.

비교우위가 발생하는 원인을 설명하는 이론에는 ① 기후의 차이, ② 기술의 차이, ③ 요소자원의 차이, ④ 레온티에프의 역설 등이 있는데, 이를 정리하면 다음과 같다.

① 국가 간에 과일이나 와인과 같이 기후조건이나 생태환경의 차이에서 생산요소비용의 차이가 발생하고 이것이 비교우위를 만들어 낸다. ② 일반적으로 국가 간에 인적자본의 차이에서 기술의 수준의 차이가 발생하고, 생산기술 수준의 차이는 생산성의 차이를 발생시키는데, 이것이 비교우위를 결정한다. ③ 역사적인 요

인이나 생태적 요인으로 각 국가 간의 생산요소 부존의 차이가 발생하는데, 이것이 국가 간의 상대적 요소풍요도와 상대적 요소집중도를 결정하고 비교우위를 발생시킨다. 예를 들면 상대적으로 노동이 풍부한 나라는 노동집약적인 산업에 특화하고, 상대적으로 자본이 풍부한 나라는 자본집약적인 산업에 특화하여 교역하게 된다는 논리이다. 헥셔 – 올린의 모형(Heckscher-Ohlin theorem)은 기술수준이 동일한 국가 간에도 상대적 요소풍요도와 상대적 요소집중도가 다른 경우 비교우위가 발생한다고 주장한다. 또한 자유무역이 이루어지면 국가간 생산요소가 직접 이동하지 않더라도 국가 간에 생산요소가격이 같수렴하게 된다고 설명하는데, 이를 요소가격균등화정리라고 한다. ④ 레온티에프는 미국의 1947년 무역통계를 분석하여 자본이 상대적으로 풍부한 미국이 자본집약재를 수입하고 노동집약재를 수출하고 있는 현상을 발견하였는데, 이를 레온티에프의 역설(Leontief paradox)이라고 한다. 레온티에프 역설은 헥셔 – 올린의 모형과는 정반대되는 비교우위론에 해당한다.

(1) 자유무역과 보호무역

자유무역주의는 각국이 비교우위가 있는 재화생산에 특화하여 자유무역을 하는 경우, 국제적으로 자원배분의 효율성이 높아진다는 논리이다. 비교우위론에서 살펴본 바와 같이 교역을 통한 각국의 소비가능영역이 확대됨으로써 무역당사국들의 사회후생이 증가한다는 설명이다. 반면에 보호무역주의는 국내산업을 보호하고 육성하기 위해서는 국가가 적극적으로 수입을 규제해야 한다는 논리이다. 독일의 경제학자 리스트(F. List)에 의해 유치산업보호론이 처음 대두되었고, 그 이후로 일부 경제학자들에 의해 후진국의 입장에서 보호무역주의의 당위성이 제기되었으며, 최근에는 선진국에서조차도 사양산업을 보호할 목적으로 신보호무역주의를 주창하고 있다. 보호무역주의에 대한 논리는 국내 고용의 안정, 국가안보, 외국의 불공정 무역에 대한 대응 등을 내세우며 그 정당성을 주장한다.

현실경제에서는 자유무역의 이점에도 불구하고 여러 가지 국제정세나 경제적 논리에 의해서 자유무역주의는 도전받고 있는 상황인데, 자유무역에 대한 규제방법으로는 ① 관세에 의한 규제와 ② 비관세에 의한 규제로 크게 나눌 수 있다.

① 관세

현실적으로 대부분의 나라들은 국가 간의 교역에 여러 가지 수단을 동원하여 개입하고 있는데, 이를 크게 나누면 관세와 비관세로 구분한다. 관세(tariff)란 관세선을 통과하는 상품에 대해 부과하는 조세인데, 수량할당(quota)제와 함께 오랫동안 널리 사용돼 온 무역정책이라 할 수 있다. 관세의 종류에는 관세를 부과하는 목적에 따라 반덤핑관세(원가 이하의 수출품에 부과), 상계관세(수출상품에 수출장려금이나 보조금에 대해 부과), 보복관세(상대국이 자국의 수출상품에 대해 차별하는 경우), 긴급관세(특정 수입품이 국내산업에 심각한 손해를 입히는 경우) 등으로 구분한다.

관세는 국내산업을 보호하기 위한 수단으로써 관세장벽(tariff barriers)이라고도 하며, 수입가격에서 관세가 차지하는 비율을 관세율(tariff rate)이라 한다. 〈그림 12－4〉는 관세가 부과되는 경우, 국내의 경제적 효과를 부분균형모형으로 분석한 그래프이다. 그림에서 국제시장가격이 P_w수준일 때 관세를 부과하면 수입상품의 가격은 P_{w+t} 수준이 된다. 따라서 관세를 부과하면 다음과 같은 효과가 발생한다. ① 관세로 인해 가격이 상승하고 수입량이 감소하는 만큼 국내의 생산은 증가하는

〈그림 12－4〉 관세의 경제적 효과

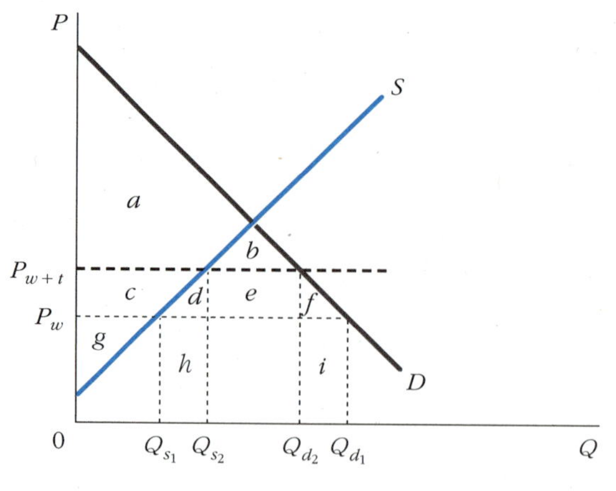

데, 이를 생산증대효과($Q_{s_1}-Q_{s_2}$만큼), 또는 국내산업보호효과라고 한다. ② 관세로 인한 가격상승으로 소비억제효과가 $Q_{d_1}-Q_{d_2}$만큼 발생한다. ③ 재정수입효과는 수입량($Q_{s_2}-Q_{d_2}$)에다가 관세(P_1-P_2)를 곱한 사각형 e만큼 발생한다. ④ 국제수지개선효과는 관세로 인해 $Q_{s_1}-Q_{s_2}+Q_{d_2}-Q_{d_1}$만큼 수입량이 감소하기 때문에 사각형 $h+i$은 관세로 인한 수입액의 감소분으로써 국제수지를 개선시킨다. ⑤ 소비자잉여는 $c+d+e+f$만큼 감소한다. ⑥ 생산자잉여는 c만큼 증가한다. ⑦ 사회순손실은 $d+f$만큼 나타난다. 관세로 인한 가격상승으로 비효율이 발생한 자중적 손실에 해당한다.

② 비관세장벽

관세 이외의 모든 무역장벽을 비관세장벽(nontariff barrier)이라 한다. 비관세장벽에는 ① 수입허가제, ② 수입할당제, ③ 수입과징금, ④ 수입담보금, ⑤ 수출입링크제, ⑥ 수출자율규제(VER)와 수출질서유지협정(OMA) 등이 있다.

① 수입허가제는 정부가 수입품을 허가하는 제도를 말하는데, 우리나라의 경우에는 수출입공고를 통하여 수입금지품목, 제한승인품목, 자동승인품목을 분류하고 있다. 수입금지품목과 제한승인품목을 열거해서 제한하고 나머지 품목의 경우에는 모두 수입자유화하는 제한품목열거방식을 사용한다. ② 수입할당제는 수입품목의 최대 수입량을 정해놓고 그 범위 안에서 수입을 허가하는 방식이다. 이 제도는 관세처럼 수입을 억제하고 국내산업을 육성하며 무역수지를 개선하려는 목적을 가진다. 수량할당제의 효과는 〈그림 12-4〉의 관세효과와 동일하나 정부의 관세수입으로 귀속되던 부분이 수입허가권자의 초과이윤으로 귀속된다는 차이가 있다. ③ 수입과징금은 수입상품에 대해 관세 이외에 추가적으로 일정액을 부과하는 방식을 말한다. ④ 수입담보금은 정부가 수입을 승인과정에서 수입업자로 하여금 수입신청액의 일정비율에 해당하는 금액을 은행에 적립하도록 하는 방식을 말한다. 수입담보금의 적립비율은 국제수지의 상태에 따라 결정하고 비율이 높을수록 수입억제효과가 크게 나타난다. ⑤ 수출입링크제는 정부가 수출을 전제로 하여 그 제품에 대한 원료수입을 허가하는 것을 말한다. 이 제도는 수출을 촉진하고 수

입을 억제하는 효과를 기대하고, 균형무역을 위한 수출산업육성정책으로 활용된다. ⑥ 수출자율규제(VER)는 수출국이 자율적으로 수출물량을 일정수준 이하로 억제하도록 협정하는 방식이고, 수출질서유지협정(OMA)은 수출국이 자율적으로 수입국 국내시장 점유율을 일정수준 이하로 유지할 것을 약속하는 방식이다. 수출자율규제와 수출질서유지협정과 같이 자율규제나 질서유지라는 명분으로 무역에 있어 국가간 차별을 금하는 가트(GATT)의 기본원칙을 교묘하게 회피하는 제도를 회색지대조치(grey area measure)라 한다.

(2) 자유무역과 국제기구

국제교역에 참여하는 대부분의 나라들은 자국의 이익을 위해 보호무역주의나 자유무역주의를 상황에 따라 적절하게 혼용하는 것이 현실이다. 역사적으로 보면 국제무역에 참가하는 대부분의 나라들은 자유무역을 통해 세계경제발전을 도모하자는 국제적인 노력에 동참해 왔다. 이런 노력의 결과물로 GATT를 비롯한 자유무역을 위한 국제기구들이 탄생하게 되었는데, 그 특징들을 정리하면 다음과 같다.

① GATT란 1947년 미국의 주도하에 자유무역의 안정적인 질서를 구축하기 위한 관세 및 무역에 관한 일반협정을 말한다. 그동안 국제무역은 GATT의 일반협정을 기반으로 국제무역환경의 변화에 따른 다자간 무역협상을 통해 국제무역규범을 설정해 왔다. 가트는 첫째, 자유무역의 촉진을 위해 회원국들이 관세인하협정을 맺을 때 협정당사국들만의 특혜조치를 금지하는 최혜국대우원칙(most-favored-nation treatment)을 규정하고, 둘째, 회원국이 관세 이외의 내국세, 정부규제 등에서 수입품을 국산품과 동등하게 취급해야 한다는 내국민대우원칙(national tretment)을 규정하며, 셋째, 가트가 인정하는 유일한 수입규제수단인 관세 이외에는 원칙적으로 수량할당이나 수입허가 등에 의한 어떠한 수량규제도 금지하고 있다.

② WTO란 GATT가 국제무역에 관한 일반협정으로서 국제기구의 성격이 미흡하고 협정위반국에 대한 제재조치가 거의 불가능하다는 한계를 보완하기 위해 1995년 WTO체제가 출범하게 된다. WTO는 우루과이 라운드에서 각국이 GATT

〈표 12-4〉 GATT와 WTO의 차이점

	GATT	WTO
성격	국제협정(Agreement)	법적인 국제기구(Organization)
권한	위반국에 대한 제재기능 미약	위반국에 대한 강제적 제재기능
분쟁의 해결	분쟁해결을 위한 전담기구미비	분쟁해결을 위한 상설기구설치
관세 및 비관세장벽	비관세는 선언적 규범, 관세인하에 주력	비관세장벽철폐강화, 특정분야에 대한 일률적인 관세철폐 및 인하
국제무역규율의 범위	공산품에 주력, 서비스, 지적재산권, 투자조치에 대한 규범 미비	공산품과 농산품에 대한 규율강화, 서비스, 지적재산권, 투자조치에 대한 규율마련
무역규범의 강화	보조금, 반덤핑협정 등이 있으나 보조금 불명확, 반덤핑조치에 대한 규범미비	보조금의 정의 및 규율강화, 반덤핑조치의 발동기준 및 부과절차 규정화

에 대체하여 UR협정을 관할하고 국제무역분쟁을 해결할 강제적 집행능력을 보유한 국제기구로 기능하게 된다. WTO의 기본원칙으로는 무차별원칙(최혜국대우원칙+내국민대우원칙), 안정적인 시장접근의 보장, 공정경쟁촉진, 경제개발과 개혁의 장려 등을 내세운다. GATT체제와 WTO체제의 특징을 비교하면 〈표 12-4〉와 같다.

WTO는 몇 차례의 각료회의에서 합의에 실패하였으나, 2001년 카타르의 도하에서 뉴라운드 협상의제에 합의 함으로써 도하개발아젠다(Doha Development Agenda)를 출범시키게 된다. 도하개발아젠다에서는 농업, 서비스, 반덤핑 및 보조금, 경쟁정책, 환경문제 등에 대한 협상이 광범위하게 이루어진다.

(3) 지역경제통합

최근에는 코로나19, 러시아의 우크라이나침공, 미국과 중국 간의 경제갈등의 여파로 양자중심이나 우방권역 중심의 자국우선주의가 세계의 다자주의 중심의 자유무역주의질서를 위협하고 있다. WTO체제의 글로벌화한 세계공급망이 흔들리면서 권역화 내지는 국가이기주의가 부상하고 있는 것이다. 대부분의 경제대국들은 자유무역에서 비롯되는 효율성을 제쳐두고 공급망 안정화나 회복력 제고라는 명분 아래 보호무역주의를 모색하고 있다. 이 같은 글로벌 통상환경의 변화는 중상주의 시대에 적용되던 인국 궁핍화 정책(Beggar-Thy-Neighbor Policy), 즉 교역 상대국의 경제적 희생을 통해 자국의 경제적 이익을 활성화하는 정책으로서 국가 간이나 권역별로 통상마찰을 부추기는 기제로 작용한다. 특히 미·중 교역갈등 속에서 세계공급망 재편을 위한 리쇼어링(reshoring; 생산기지를 본국으로 회귀시키는 정책)이나 프렌드쇼어링(friendshoring; 우방국끼리 공급망을 새롭게 구축하는 정책) 같은 정책들은 세계경제를 우방 권역 간 경제공동체로 재편하고 있다.

미국의 경우에는 가치동맹을 중심으로 중국을 견제할 수 있는 아시아·태평양 무역질서를 재편하기 위해 인도·태평양경제프레임워크(IPEF; Indo-pacific Economic Framework)를 주도하고 있다. 인도·태평양 지역 내에서 중국이 수용하기 어려운 국제규범을 확립하고 인도· 태평양지역에서 중국을 고립·포위하는 새로운 경제공동체를 형성하려는 의도이다. 최근 미국은 중국경제를 우방국경제와 디커플링(decoupling)하겠다는 극단적 전략에서 디리스킹(derisking)하는 전략으로 미국의 이익을 추구하고 있다. 디커플링이란 어떤 나라와 세계의 경기 상태가 같이 움직이지 않는 탈동조화 현상을 의미하는데, 현실적으로는 미국이 G7과 협력하여 세계공급망에서 중국을 완전히 분리시키려는 전략을 가리킨다. 디리스킹은 중국과 디커플링하는 것이 현실적으로 불가능하고 G7국가들에게도 도움이 되지 않는다는 상황논리에서 미국의 전략 수정을 의미하는 용어인데, 세계공급망에서 중국으로부터의 지나친 의존으로 빚어지는 위험을 줄일 수 있는 세계공급망 재편을 의미한다.

포괄적·점진적 환태평양경제동반자협정(CPTPP)이나 역내포괄적 경제동반자협정(RCEP)과 같은 기존의 메가FTA는 상품·서비스, 교역, 투자 등에 대한 비관세장벽을 철폐하는데 집중했다면 IPEF(인도·태평양경제프레임워크)는 더 넓은 범위의 새로운 통상의제들을 규범한다는 것이 특징이다. IPEF는 독립적인 네 개의 분야(pillars)로 이루어져 있으며 참여국은 일부에 대한 선별적 참여를 허용하고 있다. ① 공정하고 탄력적인 무역질서를 규정한다. ② 안정적인 공급망을 재편하고 새롭게 구축한다. ③ 탈탄소 및 인프라를 구축하여 청정경제를 달성한다. ④ 조세협력 및 반부패 경제를 구축한다.

중국은 2013년부터 일대일로(one belt & one road)라는 21세기 실크로드 거대 경제권구축 계획을 추진하고 있다. 중국 시안~중앙아시아~유럽을 하나로 잇는 일대(one belt) 육상 실크로드 경제권과 '중국 푸젠성~동남아~아프리카~유럽을 잇는 일로(one road) 해상 실크로드 경제권을 구축해 가고 있다. 152개 국가가 협정을 체결하였고, 3,000개의 프로젝트가 추진되고 약 1조 달러(1,330조원)를 투자하고 있다. 일대일로는 2013년 시진핑이 제안하였는데, 이는 중국의 '과학기술 굴기'를 바탕으로 에너지, 환경, 정보기술(IT) 등을 공동 연구하고 기술표준을 선점하는 것을 목표로 하고 있다. 최근에는 세계교역의 29%를 차지하는 중국 주도의 BRICS+도 경제협력을 강화하고 있다. 중국을 견제하려는 미국의 중국에 대한 디커플링 전략에 대한 중국의 맞대응으로 인해 세계경제질서는 G7 대 BRICS+의 대결양상을 보여준다.

1990년대 양극체제가 무너진 이후 세계경제는 지역이나 권역을 중심으로 경제통합을 가속화하는 추세이다. 대부분의 국가들이 경제통합 또는 협력체를 구성하여 국가경쟁력을 강화하는 전략으로 활용하고 있기 때문이다. 1993년 단일시장을 이룩한 유럽공동체는 통화를 단일화하고 경제정책, 외교정책, 국가안보에 이르는 영역까지 통합하는데 성공하여 유럽연합(EU)을 창설하였다. 1994년에는 미국, 캐나다, 멕시코가 북미자유무역협정(NAFTA)을 출범시켰고, 1995년에는 남미의 브라질, 아르헨티나, 파라과이, 우루과이 등 4개국이 남미공동시장(MERCOSUR)을 결성하였다. 아시아에서는 동남아국가연합(ASEAN), 남아시아자유무역협정, 아시아·태평양경제협력체(APEC) 등의 지역경제통합이 이루어지고 있다.

지역경제통합의 유형으로는 ① 자유무역지역, ② 관세동맹, ③ 공동시장, ④ 경제동맹, ⑤ 완전경제통합 등으로 구분된다.

① 자유무역지역(FTA)은 회원국 간에는 관세 및 비관세장벽을 제거하여 자유무역을 강화하지만 비회원국에 대해서는 각국이 독자적으로 관세 및 비관세장벽을 유지하는 통합의 형태이다.

② 관세동맹은 회원국 간에 관세 및 비관세장벽을 제거하여 자유무역을 강화하는 한편으로 는 비회원국에 대해 공동의 관세를 부과하는 경제통합이다.

③ 공동시장은 관세동맹에서 더 나아가 회원국들 간에 생산요소의 자유로운 이동을 허용하는 경제통합형태이다. 1990년대 중반 유럽국들이 결성한 EC가 공동시장에 해당한다.

④ 경제동맹은 공동시장에서 더 나아가 재정정책 및 금융정책 등 경제정책면에서 까지 협조체제가 구축되는 경제통합형태이다. 현재 유럽국가들이 결성한 EU가 경제동맹에 가까운 형태이다.

⑤ 완전경제통합은 회원국 모두가 경제면에서 완전한 통합을 이룬 경제통합형태이다. 아직까지 완전경제통합에 가까운 지역경제통합은 나타나지 않고 있다.

2. 국제금융과 환율

1) 환율제도

환율은 외환시장에서 서로 다른 화폐들이 교환되는 비율을 말한다. 우리나라의 환율은 외화 1단위를 얻기 위해 지불해야 하는 원화의 수량을 의미한다. 미국의 1달러를 얻기 위해 1,000원을 지불했다면 우리나라의 환율은 1,000원이라고 표기한다.

환율을 결정하는 제도에는 고정환율제, 변동환율제, 관리변동환율제가 있다. ① 정부가 특정한 화폐에 대한 환율을 특정한 목표 또는 그에 가깝게 유지하는 제도를 고정환율제라고 한다. ② 정부가 시장에서 결정되는 대로 환율이 움직이도록 허용하는 제도를 변동환율제라 한다. ③ 고정환율제와 변동환율제의 절충제도를 관리변동환율제라 하는데, 환율이 고정되어 있지만 종종 조정되는 환율제도, 환율이 고정되어 있지는 않지만 큰폭의 변동을 정부가 관리하는 환율제도, 환율이 목표대(tarket zone) 내에서는 변동을 허용하지만 목표대를 벗어날 수 없는 환율제도 등이 있다.

정부가 외환시장에서 화폐를 매입하거나 매각하는 것을 외환시장개입(foreign exchange market intervention)이라고 하는데, 이를 위해서 외화를 보유하는데 이를 외환보유고(foreign exchange reserve)라고 한다. 정부는 자국의 화폐가치를 안정시키기 위해 이자율을 활용한다. 이자율을 인상하면 자본이 유입되고 자국의 화폐에 대한 수요가 증가하여 자국의 화폐가치를 높일 수 있다. 또한 정부는 자국의 화폐가치를 안정화시키기 위해 외환통제(foreign exchange control)를 활용할 수 있다. 각 개인이 외화를 살 수 있는 권리를 제한함으로써 자국의 화폐가치를 높일 수 있다. 고정환율제와 변동환율제 중에서 어떤 제도가 좋은가에 대한 이론적 논쟁이나 현실적 실증은 딜레마에 놓여 있다. 하지만 장·단점이 있음에도 불구하고 안정적인 환율에 대한 유인은 제2차 세계대전 이후에 국제적인 고정환율제나 유럽에서 유로화를 출현시켰다.

(1) 고정환율제

고정환율제도란 정부가 특정통화에 대한 환율을 일정수준에 고정시키는 제도이다. 고정환율제하에서는 중앙은행이나 정부가 일정수준의 환율을 유지하기 위해 지속적으로 외한시장에 개입하는 특징을 가진다. 대표적인 고정환율제로서 금본위제와 브레튼우즈 체제가 있다. 예를 들어 1870~1914년간에 유지되었던 금본위제도의 경우, 각국의 화폐를 일정량의 금과 묶어 가치를 정하는 방법의 고정환율제에 해당한다. 1913년의 미국의 1달러는 금 0.053온스의 가치를 갖고, 영국의 1파운드는 금 0.257온스의 가치가 있는 것으로 평가되어 1파운드당 4.86달러라는 환율이 결정되는 방식을 금본위제라 한다. 금본위제는 어떤 나라의 국제수지가 적자가 되는 경우, 외환에 대한 수요가 증가하여 환율이 상승하고 환율이 금수출점을 초과하게 된다. 이런 경우에는 수입품에 대한 대금을 화폐를 금으로 태환하여 지급하는 것이 유리하다. 따라서 금이 해외로 유출되고 통화량이 감소하여 국내물가가 하락하고 국내상품의 가격경쟁력이 높아져서 수출이 증가하게 된다. 결론적으로 국제수지가 적자가 되면 금이 해외로 유출되어 국제수지를 다시 균형상태로 돌려놓는다. 반대로 국제수지가 흑자가 되는 경우에는 국내로 금이 유입되어 통화량이 증가하고 물가가 상승하여 순수출이 감소하는 과정을 거쳐 국제수지는 다시 균형으로 회복된다.

고정환율제의 장점으로는 ① 고정환율제하에서는 환율변동으로 인한 불확실성이 제거되므로 무역과 금융거래가 활발해진다. ② 일시적인 환차익을 위한 투기성 단기자본(hot money)의 유출입이 발생하지 않는다. ③ 통화가치가 안정된 국가의 통화에 환율을 고정시킴으로써 물가안정을 도모할 수 있다.

고정환율제의 단점으로는 ① 국제수지의 불균형이 시장에 의해 자동적으로 조정되지 않는다. ② 중앙은행의 통화정책에 대한 자율성이 침해되어 통화정책의 경기조절기능이 무력화된다. ③ 중안은행은 외환시장 개입을 위해 충분한 외화준비금을 보유하고 있어야 한다.

(2) 변동환율제

변동환율제란 환율이 외환시장에서 외환에 대한 수요와 공급에 의해 결정되도록 방임하는 제도이다. 또한 기본적으로는 환율이 외환시장에서 외환에 대한 수요와 공급에 의해 결정되지만 환율이 일정범위를 벗어나면 외환당국이 개입하여 환율을 조정하는 제도를 관리변동환율제라 한다. 변동환율제의 장점으로는 ① 국제수지 불균형이 발생하는 경우, 시장원리에 따른 환율변동에 의해 국제수지가 자동으로 조절된다. ② 외국의 경제위기가 국내로 쉽게 전파되지 않는다. ③ 중앙은행이 외환시장에 개입할 필요가 없으므로 통화정책의 경기조절기능이 발휘된다. 변동환율제의 단점으로는 ① 환율변동으로 인한 불확실성이 발생하여 무역이나 금융거래가 위축된다.② 일시적인 환차익을 위한 투기성 단기자본(hot money)의 유출입이 발생한다. ③ 중앙은행의 자유재량적인 통화정책으로 인플레이션이 발생할 수 있다.

(3) 우리나라의 환율제도

대부분의 선진국에서는 자유변동환율제도를 취하고 있으며, 대부분의 개도국들에서는 고정환율제나 관리변동환율제를 취하고 있다.

① 고정환율제는 해외원조에 기대던 이승만 정부에서는 정부가 사용할 외환에는 낮은 환율을 적용하고 민간이 사용할 외환에는 높은 환율을 적용하였는데 이 같은 환율을 '이중환율제', '복수환율제'라 할 수 있다.

② 단일고정환율제는 박정희 정부에서 1964년부터 그동안 이중적인 환율을 하나로 묶고, 값어치를 달러화에 고정시킨 환율제도를 말한다. 두 차례의 석유파동으로 인해 국내물가가 치솟는 상황에서도 환율이 조정되어 있어 국제수지조정에 대한 어려움에 직면하게 된다.

③ 복수통화바스켓환율제는 1980년에 시행된 환율제도로 한국은행이 SDR바스켓과 '독자바스켓'으로 나누어 환율을 운용한 제도이다. SDR바스켓은 IMF의 화폐, SDR에 가치를 고정시켰고, 독자바스켓은 우리나라의 경제와 거래가 많은 몇 나라 통화의 대미환율을 거래비중으로 가중평균하여 원화가치를 정하는 방식이다. 한국은행은 SDR바스켓에서 계산된 것과 독자바스켓에서 계산된 것을 합하고, 여기에 국제수지, 국내외금리, 국내외물가, 외환시장전망 등의 정책변수를 감안하여 '집중기준율'을 정하여 고시하는 방식이다.

④ 시장평균환율제도는 1990년대 자본자유화와 함께 추진되었다. 시장평균은 하루 동안의 은행 간 환율을 거래량으로 가중평균하여 다음 날의 기준환율을 삼는다. 급격한 환율변동을 조정하기 위하여 매일 은행 간 거래환율의 변동 폭을 기준율의 1% 범위 내로 제한하는 방식이다.

⑤ 자유변동환율제는 1997년 외환위기를 거치면서 급속히 진전되었다. 환율의 일일 변동제한폭을 폐지하고 상장채권에 대한 외국인투자를 허용하였다. 2014년에는 외환의 지급·수령 절차를 개선하고 외환거래의 자율성을 제고시켰으며 증권사 등 비은행금융기관의 업무 범위를 확대하였고 전자금융업을 외국환업종에 포함시켰다. 해외증권투자 활성화, 기업의 해외 M&A 촉진, 해외투자활성화를 도모하였다. 그러나 다른 한편으로는 과도한 외채증가를 억제하기 위해 외화대출의 용도제한을 강화하였고, 원화 사용용도로 국내에서 발행된 외화표시채권에 대한 외국환업무취급기관의 투자를 제한하였다.

2) 환율의 결정

환율은 외환의 가격이고 외환시장에서 외환에 대한 수요와 공급에 의해 결정된다. 〈그림 12 - 5〉에서 보는 바와 같이 외환에 대한 수요곡선과 공급곡선이 만나는 교차점인 E_0 수준에서 균형환율은 결정된다. 환율이 균형수준인 E_0보다 높은 E_2이면 외화에 대한 초과공급이 발생하여 환율이 하락하고 균형수준 E_0보다 낮은 E_1이면 초과수요가 발생하여 환율은 상승한다.

〈그림 12 - 5〉 균형환율의 결정

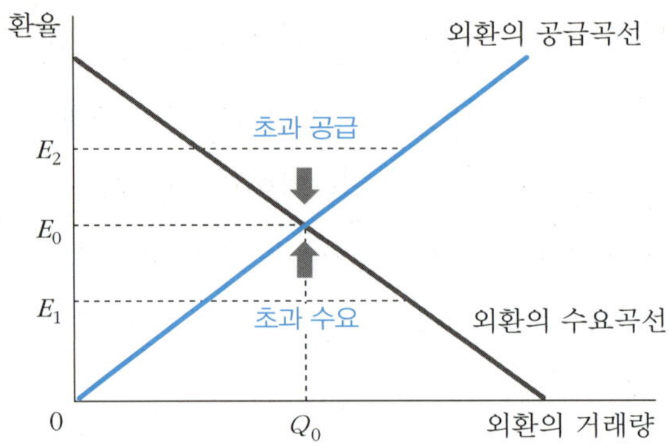

(1) 환율의 변동

환율은 외환의 수요가 증가하면 상승하고 공급이 증가하면 하락한다. 외환의 수·급에 영향을 미치는 요인은 다음과 같다.

① 외환에 대한 수요는 국민소득, 해외이자율, 국내외 물가 등에 영향을 받는다. 국민소득이 증가하면 수입이 증가하여 외환수요가 증가한다. 해외이자율이 오르면 자본이 해외로 유출되어 외환의 수요가 증가한다. 국내기업의 해외투자나 해외여행증가도 외환수요를 증가시킨다. 국내물가가 상승하면 수입이 증가하고 외환수요가 증가한다. 따라서 공급이 일정하고 수요가 증가하면 외환에 대한 초과수요가 발생하여 환율은 오르게 된다.

② 외환에 대한 공급은 해외의 국민소득, 국내외의 이자율, 국내외 물가 등에

영향을 받는다. 해외의 국민소득이 증가하면 수출이 증가하고 외환공급이 증가한다. 국내이자율이 오르면 해외자본이 국내로 유입되어 외환공급이 증가한다. 외국인의 국내투자나 외국인 관광객이 증가하면 외환공급이 증가한다. 해외물가가 상승하면 수출이 증가하여 외환공급이 증가한다. 따라서 수요가 일정하고 공급이 증가하면 외환에 대한 초과공급이 발생하여 환율은 하락한다.

(2) 환율변동의 효과

환율이 변하면 국내경제전반에 걸쳐 영향을 미치게 되는데, 이를 정리하면 다음과 같다.

① 환율이 오르면 원화가치가 하락하므로 평가절하라고 한다. 원화가 평가절하되면 수출이 증가하고 수입은 감소하여 경상수지가 개선된다.

② 원화가 평가절하되어 순수출이 증가하면 총수요가 증가하여 총수요곡선은 〈그림 12-6〉에서 $AD_0 \rightarrow AD_1$으로 우측으로 이동한다. 하지만 수입원자재 가격의 상승으로 총공급곡선은 $AS_0 \rightarrow AS_1$으로 좌측으로 이동한다. 그런데 일반적으로 총수요곡선의 이동 크기가 총공급곡선의 이동 크기보다 크게 나타난다. 따라서 물가는 $P_0 \rightarrow P_1$으로 상승하고 국민소득은 $Y_0 \rightarrow Y_1$으로 증가한다.

③ 환율이 하락하면 원화가치가 상승하므로 평가절상이라고 한다. 원화가 평가

〈그림 12-6〉 환율상승의 효과

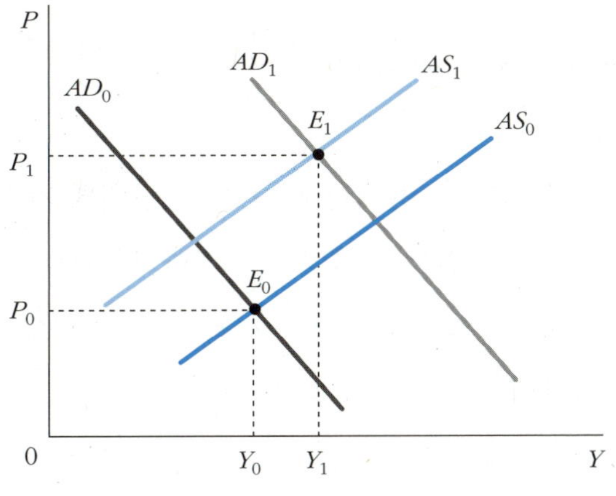

절상되면 평가절하와는 반대의 효과가 나타난다.

(3) 구매력평가설과 이자율평가설

① 구매력평가설(purchasing power parity)은 환율상승률은 국내물가상률과 해외물가상승률의 차이와 같다고 설명한다. 국내인플레이션이 해외인플레이션보다 높으면 그 인플레이션 차이만큼 환율이 상승한다는 가설이다. 해외물가가 하락하면 〈그림 12-5〉의 외환수요곡선이 우측으로 이동하고 외환공급곡선은 좌측으로 이동하여 환율은 상승한다. 반대로 해외물가가 상승하면 외환수요곡선이 좌측으로 이동하고 외환공급곡선은 우측으로 이동하여 환율은 하락하게 된다. 이를 수식으로 정리하면 다음과 같다.

국내가격(P)=해외가격(P_f)×환율(e)에서 환율(e)에 관해 정리하면

$$e(\text{환율}) = \frac{P(\text{국내물가})}{P_f(\text{해외물가})}$$

이 수식을 변화율로 표시하면 $\frac{\Delta P}{P} = \frac{\Delta P_f}{P_f} + \frac{\Delta e}{e}$ 된다. 이를 정리하면 $\frac{\Delta e}{e}$(환율의 변화율)$= \frac{\Delta P}{P}$(국내물가변화율)$- \frac{\Delta P_f}{P_f}$(해외물가변화율)

환율상승률은 국내물가상승률에서 해외물가상승률을 차감한 것과 같다. 이것은 국내인플레이션이 해외인플레이션보다 높으면 그 인플레이션율의 차이만큼 환율이 상승한다는 것을 보여준다. 이 같은 환율결정원리를 구매력평가설이라 한다.

$$\text{실질환율(real exchange rate)} = \frac{eP_f(\text{환율} \times \text{해외물가지수})}{P(\text{국내물가지수})} = 1$$

실질환율은 국내 상품수량으로 표시한 해외상품 1단위의 가치를 나타낸다.

구매력평가설은 환율결정요인으로 물가만 고려하고 외환의 수·급에 영향을 미치는 다른 요인들을 무시하는 문제점이 있다. 하지만 구매력평가설은 장기적인 환율의 변화추세를 잘 나타내주는 것으로 평가되고 있다.

② 빅맥지수란 맥도날드에서 판매하는 가장 대표적인 햄버거인 빅맥을 이용하

여 각국의 화폐가치를 평가하는 지수이다. 이런 평가방식은 구매력평가의 일종이라 할 수 있다. 다만 단 한가지 품목으로 평가한다는 점에서 한계점을 지적할 수 있다. 영국에서 발간되는 이코노미스트지에서 1986년부터 매년 빅맥지수를 발표하고 있다. 미국의 트럼프 대통령의 경우에는 빅맥지수를 근거로 교역상대국들을 환율조작국으로 지칭하고 그 나라의 화폐에 대한 평가절상을 압박한 바 있다. 빅맥지수는 각국의 통화가치를 각국의 맥도날드 빅맥 햄버거 현지 통화가격에 대한 달러로 환산한 다음, 각국의 화폐에 대한 구매력을 비교·평가하는 방식으로 계산된다. 이런 방식을 햄버거의 버거와 이코노믹의 노믹을 따서 버거노믹이라고도 부른다. 예를 들어 2016년 1월 미국 매장 빅맥 가격은 4.93달러, 한국 매장 가격은 4,300원이었다. 그런데 달러대 원화환율은 1달러당 1,198원이었다. 이것을 환율로 환산하면 한국에서의 빅맥가격 4,300원은 3.59달러가 된다. 따라서 원화대 달러의 구매력을 비교하면 $\frac{3.59}{4.93} \times 100 = 72.8\%$로 원화환율은 적정 환율보다 27.2% 저평가된 것으로 평가할 수 있다. 따라서 미국에서의 빅맥가격과 한국에서의 빅맥가격이 같아지려면 환율은 1달러당 872.21원으로 평가절상되어야 한다는 계산이 가능해진다.

③ 이자율평가설은 이자율평가설은 환율이 양국의 명목이자율의 차이와 환율에 대한 기대변동율이 반영되어 결정된다는 이론이다. 국가 간 자본시장이 완전히 개방된 경우에는 국내투자수익률과 해외투자수익률은 자동으로 균형을 이룬다. 환율의 기대상승률만큼 국내의 금리차가 발생한다는 가설이다.

$$국내이자율 = 해외이자율 + 환율의\ 기대상승률$$

예를 들어 한국의 이자율은 연 6%이고 미국의 연이자율은 연 3%라 하자. 미국의 투자가가 1달러를 원화로 바꿔 한국에 예금하면 1년 후에 6%의 수익을 얻는다. 그런데 1년 후에 환율이 3% 오르기 때문에 3%의 환차이익이 발생하고 미국에 달러로 예금한 경우의 이자수익률 3%를 합하면 한국에서의 이자수익률 6%와 같게 된다. 따라서 합리적인 투자가는 타국의 금융자산에 투자할 때 국가 간의 이자율 차이뿐만 아니라 예상되는 환율의 변화도 고려한다고 설명한다. 따라서 구매력평가설이 경상수지의 관점에서 환율을 설명한다면 이자율평가설은 자본수지의 관점에서 환율을 설명한다고 평가할 수 있다.

(4) 환율의 결정모형

앞에서 변동환율제하에서 환율은 외환시장에서의 수요와 공급에 의해 결정된다는 단순모형을 살펴보았다. 그런데 현실경제에서는 외환시장에서 수용량과 공급량을 결정하는 변수들을 어떻게 보느냐에 따라 여러 가지 환율결정모형이 존재한다. 거시경제학에서 다루어지는 5대 가격변수에는 물가, 이자율, 임금, 지대, 그리고 환율 등을 들 수 있는데, 환율에 대한 결정이론이 가장 다양하고 논란의 여지가 많다.

① 유량접근방법은 외환시장에서 외환에 대한 수요와 공급은 수출, 수입, 자본이동 등의 유량변수들에 의해서만 이루어어진다는 접근법이다. 유량접근방법에는 경상수지균형모형과 먼델-플레밍모형이 있는데, 경상수지균형모형은 국가 간의 자본이동이 없다고 가정하고 외환에 대한 수요와 공급이 오로지 수출과 수입에 의해서만 결정된다는 논리이고, 먼델-플레밍모형은 경상수지모형에다가 국가간 자본의 완전이동을 가정하여 설명하는 환율결정모형이다.

② 자산시장접근법은 외환을 하나의 금융자산으로 인식하여 이 자산측면이 외환의 수요와 공급에 중요한 영향을 미친다는 접근법이다. 자산시장접근법에는 통화모형, 과대변동모형, 자산구성균형모형, 자산시장 최적화모형 등이 있다.

③ 기타 접근방법으로는 기초경제변수들의 변동에 관해 정달되는 경제뉴스가 환율에 영향을 미칠 수 있다는 경제뉴스모형, 단기환율은 시장참가자들의 환율예측과 같은 시장심리가 환율에 영향을 미칠 수 있다는 시장심리모형, 내일의 환율의 평균값은 오늘의 환율로 본다는 효율적 시장가설 등이 있다.

3) 국제통화제도

물물교환경제라면 나라마다 상품경쟁력이 교역조건을 결정할 뿐 화폐에 대한 교환비율로 경쟁할 필요가 없다. 하지만 화폐가 무역에 개입되는 한 결제수단과 환율은 늘상 다툼거리의 단초가 된다. 19세기 중엽까지는 사고파는 당사자가 '직접' 또는 당사국이 '대신' 나서서 짜증스런 흥정과 힘겨운 협상을 벌여야 했다. 협상이 두 나라 간에 진행된 까닭에 어렵사리 맺어진 협정조차 제3국에 대해서는 통하지 못했다. 각국이 거래 상대국과 따로 따로 협상하는 절차는 피곤하고 혼란스럽다. 모든 거래상대국에 일률적으로 적용할 '국제'통화제도가 필요하게 되었다. 국제통화제도란 재화 및 서비스 그리고 자본거래에 있어 세계의 주요 국가들이 채택하는 국제결제수단과 환율에 관한 제도를 말한다. 국제통화제도는 금본위제도(1870~1914), 브레튼우즈체제(1944~1971), 신브레튼우즈체제(1976~현재)를 구축하며 시대적 변화를 반영하고 있다.

(1) 브레튼우즈체제

1차 세계대전이 끝나고 주요 서방국가들이 금본위제로 복귀하였으나, 세계경제의 상황이나 여건은 많은 변화를 내포하고 있었다. 특히 1929년의 세계대공황은 국내에서 팔리지 않는 재고를 해외에 처분하려는 목적으로 자국통화를 경쟁적으로 평가절하하려는 환율전쟁을 유발시켰다. 국제금융질서의 한 축으로서 환율에 대한 안정성이 무너지게 되자, 국제경제는 큰 혼란에 빠져들었다. 2차 세계대전이 마무리돼 갈 무렵인 1944년 미국의 브레튼우즈(Bretton Woods)에서 연합국의 대표들이 모여 새로운 국제통화제도를 모색하게 된다. 당시 세계 금보유의 2/3쯤을 장악한 미국이 달러를 금과 일정비율로 교환해 줄 것을 보장하는 대신, 여타국가의 통화는 달러와 일정한 교환비율을 유지하기로 합의한 것이다. 그로써 미국의 달러화는 어떤 나라의 화폐든 달러를 '통하여' 금과 바꿀 수 있는 금태환을 약속하게 된다. 달러를 직접 금에 묶고 각국 화폐를 달러에 묶는 소위 '달러화를 기축통화'(key currency)로 삼는 금환본위제도가 출발하게 되고, 이것을 계기로 서방세계는 소위 브레튼우즈체제라 불리는 고정환율제도를 국제통화제도로 받아들인 것이다. 금태환은 금 1온스당 35 미국달러를 약속한다. 또한 1947년에는 브레튼우즈체제를 감시하고 공정하게 운영하기 위한 국제통화기구, 즉 국제통화기금(IMF)을 설립하게 된다.

제2차 세계대전 이후 미국보다는 서유럽국가들과 일본경제가 빠르게 발전하게 되자 세계경제에서의 미국의 절대적 우위는 사라지고 미국의 국제수지는 약화하게 된다. 1960년대 월남전으로 인한 미국의 막대한 군비지출과 재정적자는 미국의 경상수지를 급격하게 악화시킨다. 결과적으로 미국의 달러화에 대한 국제신뢰도는 추락하게 되고 급기야 달러화를 보유한 나라들이 앞서서 미국에 대하여 달러화를 금으로 바꿔줄 것을 요구하는 상황에 이르게 된다. 이런 상황에서 대폭 감소한 미국의 금보유잔고가 달러화 가치를 더욱 하락시키자, 국제금융시장에서 달러화에 대한 투매현상까지 발생하게 된다. 1971년 미국의 닉슨 대통령은 사태수습을 위해 달러화에 대한 금태환정지를 선언하게 되는데, 이것은 달러를 기축통화로 하는 국제통화질서에 큰 혼란을 야기한다. 현실적으로 기축통화인 달러의 가치유지와 달러의 충분한 공급필요성 간에 딜레마가 문제를 발생시킨 것이다.[1] 닉슨쇼크는 미국의 달러화가 두 손을 든 패배의 선언이요, 금태환 보장을 미국이 일방적으로 파기하는 횡포에 해당하는 것이다. 결과적으로는 1973년 유럽 각국이 변동환율제의 채택을 공식화함에 따라 고정환율제인 브레튼우즈체제는 막을 내리게 된다.

(2) 신브레튼우즈(킹스턴)체제

브레튼우즈체제가 흔들지자 국제금융시장은 커다란 혼란에 빠지게 되고 이를 진정시키기 위해 선진 10개국 재무장관들이 미국 워싱턴의 스미소니언 박물관에서 과도기적 조치, 스미소니언협정에 합의하게 된다. 고정환율제를 유지하되 달러를 금에 대해 평가절하하고 각국의 환율 변동폭을 확대하여 충격을 완화시키려는 조치이다.

1976년에는 자마이카의 킹스턴에서 개최된 IMF회의에서 변동환율제에 대한 당위성을 인정하게 되는데, 그 핵심 내용은 각국에 나름의 환율제도를 선택할 재량

1) 이것을 트리핀의 딜레마(Triffin's dilemma)라 한다.

권을 부여한다는 것이다. 그 이후로 각국은 외환의 수요와 공급이 환율을 조정하도록 놔두되, 지나친 경우에 외환시장에 개입하여 환율을 '관리'하는 '관리변동환율제도'로 전환하게 된다. 이것을 킹스턴체제(Kingston system)라 한다.

브레튼우즈체제 붕괴 이후에도 국제통화질서는 여전히 일종의 달러본위제의 형태를 유지하고 있다. 하지만 달러본위제는 국제유동성(달러)의 공급은 미국의 경상수지 적자와 대외투자에 의해 이루어진다는 기본적인 문제를 안고 있다. 이런 현상을 글로벌불균형(global imbalance)이라고 한다. 독일, 일본, 중국, 동아시아 신흥국들이 대미경상흑자를 증가시키고 산유국들의 누적된 오일달러가 미국의 국공채를 사들임으로써 미국의 소비는 실제소득보다 더 높은 수준을 유지하는 현상을 만들게 된다. 이와 같은 글로벌불균형의 문제는 미국의 달러화가 기축통화라는 특권에서 발생한다. 이런 문제를 해결하기 위해 G20과 IMF 등 국제기구를 중심으로 IMF의 특별인출권(SDR)의 역할을 강화하는 방안이 논의되고 있고, 일본, 유럽, 중국을 비롯한 국가들이 달러의 기축통화 지위에 도전하고 있다.

3. 국제수지의 이해

1) 국제수지의 균형

(1) 국제수지표

국제수지표(balance of payments statement)는 "일정기간 동안 한 나라의 거주자와 비거주자 간에 이루어진 모든 경제적 거래를 체계적으로 기록한 표"를 말한다. 거래란 주고받음, 곧 수지이므로 수입과 지출의 양측 면에서 측정되어 화폐단위로 기록한다. 국제수지에서, 수입이 지출을 초과한 만큼을 흑자라 하고, 지출의 수입초과분을 적자라 부른다. 국제수지의 흐름은 〈그림 12-7〉에서 점선은 경상수지의 흐름을 나타내고 실선은 금융수지(자본수지)의 흐름을 나타낸다. 경상수지와 금

〈그림 12-7〉 국제수지의 흐름

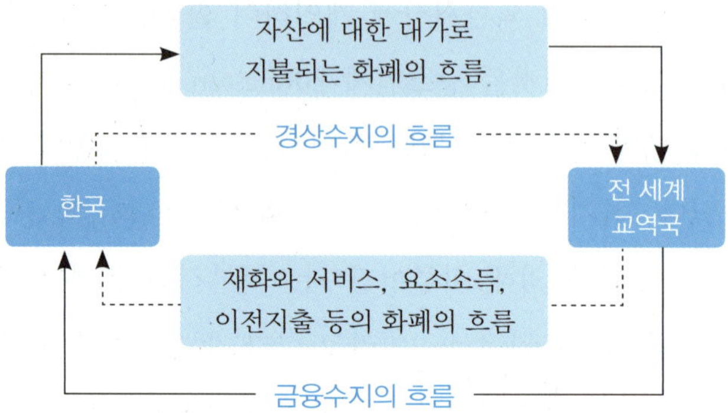

융수지의 합은 0이 된다. 순자본유입이 발생하는 국가는 이에 상응하는 경상수지 적자를 내야 하며, 순자본유출이 발생하는 국가는 이에 상응하는 경상수지 흑자를 내야 한다. 국내 저축이 부족하면 대부자금의 공급이 부족하고 국내 투자가 많아지면 대부자금의 수요가 증가한다. 따라서 해외자금이 국내에 유입되고 금융수지가 흑자를 기록한다.

- 경상수지란 무역수지(재화와 서비스수지)와 순국제이전지출(이민자가 본국에 보낸 순지출), 순국제요소소득(해외보유자산으로부터 발생하는 소득과 근로소득)을 합한 개념이다. 한국으로 수출로 인한 무역수지(+), 생산요소로 벌어들인 소득(+), 이민자로부터의 송금(+) 등은 경상수지를 흑자(+)로 만든다. 반면에 다른 나라로부터의 수입으로 인한 무역수지(-), 외국인이 소유한 생산요소에 대한 지출(-), 외국 이민자의 본국 송금(-) 등은 경상수지를 적자(-)로 만든다.
- 금융수지란 자본의 흐름, 즉 한 국가로부터 다른 국가로의 저축의 흐름을 측정한 개념이다. 일정 기간 동안 한 국가가 인국인들에게 판매한 자산과 외국인들로부터 매입한 자산 간의 차이를 나타낸다. 해외 직접투자, 즉 외국에 공장을 짓거나 생산적인 자산을 취득하는 행위, 외국회사의 주식이나 외국의 부동산을 매입하는 행위 등이 금융수지를 적자(-)로 만든다. 반대는 금융수지를 흑자(+)로 만든다.

① 국제수지는 일정기간 동안에 걸쳐 측정되므로 유량이며 국제적으로 통일된 기준에 의해 작성한다.

② 거주자는 굳이 국적을 문제 삼지 않겠다는 뜻이다. 거주지를 기준으로 삼는 것은 국내화폐와 외화의 어느 쪽을 주로 사용하는가를 구별하고자 함이다. 그래서 내국화를 사용하는 본사는 거주자로 보되, 외화를 사용하는 해외의 지점이나 자회사는 비거주자로 취급한다. 마찬가지로 외국인과 해외법인일지라도 국내에서 국내화폐를 주로 사용하므로 모두 거주자에 포함한다. 또한 정부기관의 경우에는 거처에 구애받지 않고 본국의 거주자로 취급한다. 예를 들면, 해외주재 외교관이나 해외파병군인은 모두 본국의 거주자에 포함된다.

③ 모든 경제거래라 했으므로 재화뿐 아니라 '눈에 보이지 않는' 서비스의 거래와 자본거래까지 포함한다. 또한 대가를 지불하지 않는 증여와 원조 등의 이전거래도 '주고받음'이므로 포함된다.

2) 국제수지표의 구성 및 내용

국제수지표는 〈그림 12－8〉에서 보듯 경상수지, 자본수지, 금융계정 그리고 오차 및 누락의 네 가지 항목으로 구성되어 있다. 그 중에서 경상수지는 생산활동, 고용, 국민소득 등 국내경제에 영향을 가장 크게 미친다.

① 경상수지는 외국과의 상품 및 서비스 거래, 투자대가로 벌어들이는 배당금 이자, 대가없이 주거나 받은 이전거래가 포함된다. 경상수지는 상품수지, 서비스수지, 본원소득수지, 이전소득수지로 구성되고 내용은 〈표 12－5〉와 같다.

경상수지 흑자는 그만큼의 외화가 오화가 국내에 유입되었다는 뜻이다. 경상수지가 흑자를 지속적으로 유지한다면 흑자로 대규모의 외화가 조성되고 대외투자와 차관을 위한 재원을 형성하게 됨으로써, 이로부터 들어오는 해외투자소득이 경상수지의 흑자규모를 키울 수 있다. 반대로 경상수지 적자가 지속된다면 외채를 누적시켜 경제의 대외적 예속을 가중시킬 가능성이 높아진다.

특히 무역수지 흑자는 활발한 수출을 반영하므로, 고용과 국민소득을 늘리는데

〈그림 12-8〉 국제수지표의 구성

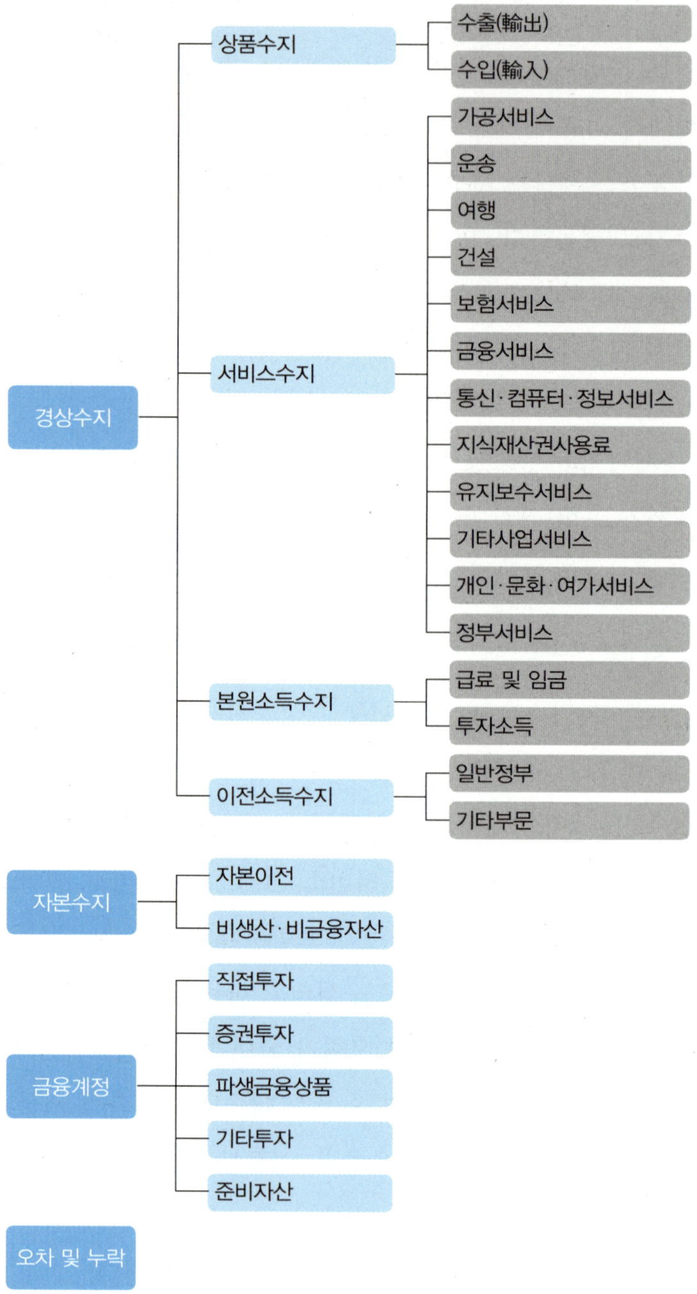

〈표 12-5〉 경상수지의 구성내용

상품수지	재화 및 원자재의 수출과 수입에 따른 외화 수취와 지급의 차이
서비스수지	가공서비스, 운송, 여행, 건설, 보험서비스, 금융서비스, 지적재산권사용료 등에 따른 외화 수취와 지급의 차이
본원소득수지	1년 미만 단기체류 근로자의 급료 및 임금, 해외투자에 따른 배당금 및 이자지급에 따른 외화의 수취와 지급의 차이
이전소득수지	무상원조, 기부금과 구호물자, 친척에 대한 송금 및 국제기구 출연금 등으로 인한 외화 수취와 지급의 차이

기여한다. 또한 외환사정이 넉넉하므로 경기를 부양시킬 때, 해외수입을 크게 염려할 필요가 없다. 외화를 벌어들인 거주자는 이를 시중은행을 거쳐 결국 중앙은행에 넘기고 국내화폐를 요구하므로 국내의 통화량을 팽창시킨다. 경상수지 흑자는 대외적으로는 그만큼 상대국의 적자를 의미하므로, 시장을 개방하라거나 환율을 평가절상하라는 압력을 받을 수 있다. 지나친 경상수지 흑자는 외국의 수입규제를 초래하고 무역분쟁의 불씨를 제공하는 원인이 되기도 한다.

② 자본수지에는 자본이전 및 비생산·비금융자산 거래가 포함되는데, 전체 국제수지에서 차지하는 비중이 미미하다. 자본수지는 자산소유권의 무상이전, 채권자에 의한 채무면제, 브랜드네임, 상표 등 마케팅자산과 기타 양도가능한 무형자산의 취득과 처분에 따른 외화의 수취와 지급으로 계상된다.

③ 금융계정은 투자목적에 따른 자금의 이동이나 중앙은행의 준비자산변화를 계상한다. 금융계정은 〈표 12-6〉과 같이 직접투자, 증권투자, 파생금융상품, 기타투자, 준비자산으로 구성된다.

〈표 12-6〉 금융계정의 구성내역

금융계정	직접투자	직접투자 관계에 있는 투자자와 투자대상기업 간에 일어나는 대외거래
	증권투자	거주자와 비거주자 간에 이루어진 주식, 채권 등에 대한 투자로 인해 발생하는 거래
	파생금융상품	파생금융상품거래로 실현된 손익 및 옵션 프리미엄의 지급과 수취
	기타투자	직접투자, 증권투자, 파생금융상품 및 준비자산에 포함되지 않는 거주자와 비거주자 간의 모든 금융거래
	준비자산	중앙은행의 외환매입이나 매각 등 거래적 요인에 따른 외환보유액 변동분

④ 오차 및 누락은 각 기관의 통계작성 시점이나 평가방법의 차이, 통계작성과정에서의 누락 등에 따른 불일치를 조정하기 위한 항목이다.

3) 국제수지의 흑자와 적자

① 국제수지의 균형은 경상수지와 자본수지를 합한 전체 국제수지는 항상 균형을 이룬다. 일부 계정을 놓고 볼 때 대변과 차변이 일치하지 않는 경우를 국제수지불균형이라 한다.

② 경상거래가 이루어지는 과정에서 만약 경상수지에서 10억 달러 적자가 발생하면 외화를 충당하기 위해 외국에서 10억 달러를 차입하기 때문에 금융계정에서는 10억 달러 흑자가 발생한다.

③ 반대로 경상수지가 10억 달러 흑자가 발생하면 외국의 금융자산의 매입이나 외채상환으로 자본이 유출되므로 금융계정은 10억 달러 적자가 발생한다.

④ 국제수지가 균형이면 경상수지와 금융계정 모두 균형을 이루고 경상수지가 적자이면 금융계정은 흑자가 되고 경상수지가 흑자이면 금융계정은 적자가 된다.

⑤ 자국의 통화가 평가절하되는 경우, 경상수지가 개선되기 위해서는 양국의 수입수요의 가격탄력성의 합이 1보다 커야 한다. 예를 들어 자국 통화가치가 5% 평가절하되는 경우, 수출증가율과 수입감소율의 합이 5%보다 커야 한다는 조건이다. 이것을 마샬-러너조건이라 한다. 마샬-러너조건은 환율의 변화가 경상수지에 미치는 영향을 보여주는 외환시장의 안정조건이다.

⑥ 자국의 통화가 평가절하되는 경우, 일시적으로 경상수지가 악화되었다가 시간이 지남에 따라 개선되는 현상이 나타나는데 이를 J-curve효과라 한다. 평가절하가 일어나면 초기에는 수출입 물량에 큰 변동이 없는 반면, 수출품 가격은 하락하고 수입품 가격은 상승해 무역수지는 악화된다. 하지만 어느 정도 기간이 지난 뒤에는 수출입 상품의 가격 경쟁력 변화에 맞춰 수출입 물량이 조정받게 되는데, 수출량은 늘어나고 수입량은 줄어들어 무역수지는 개선된다.

연습문제

1. 국제무역과 우리의 경제생활과의 관련성을 설명하라.

2. 우리나라의 FTA에 현황과 대외의존도에 대해 설명하라.

3. 세계화(globalization)와 신자유주의(neo-liberalism), 그리고 WTO체제에 대해 설명하라.

4. 코로나19와 미·중 경제갈등 여파로 재편되고 있는 세계공급망, 탈세계화에 대해 설명하라.

5. 리쇼어링(reshoring)과 프렌드쇼어링(friendshoring)에 대해 설명하라.

6. 자유무역주의와 절대위위론에 대해 설명하라.

7. 절대우위론과 비교우위론의 차이점을 설명하라.

8. 비교우위를 결정하는 원인에 대해 설명하라.

9. 자유무역주의와 보호무역주의에 대해 설명하라.

10. 관세의 경제적 효과에 대해 설명하라.

11. 비관세의 개념과 종류에 대해 설명하라.

12. GATT와 WTO체제의 특징과 차이점을 설명하라.

13. 글로벌공급망 재편과 관련하여 디커플링(decoupling)과 디리스킹(derisking)의 개념을 설명하라.

14. 미국 주도의 IPEF와 중국주도의 BRICS+의 경제공동체의 특징을 설명하라.

15. 자유무역지역, 관세동맹, 공동시장, 경제동맹의 차이점을 설명하라.

16. 고정환율제도의 특징과 장·단점을 설명하라.

17. 변동환율제의 특징과 장·단점을 설명하라.

18. 정부의 외환시장 개입에 대해 설명하라.

19. 우리나라의 환율제도에 대해 설명하라.

20. 외환시장에서 수요·공급에 의한 환율결정원리를 설명하라.

21. 외환의 수·급에 영향을 미치는 요인에 대해 설명하라.

22. 환율변동이 국내경제에 미치는 영향에 대해 설명하라.

23. 환율결정에 관한 구매력평가설을 설명하라.

24. 환율결정에 관한 이자율평가설을 설명하라.

25. 빅맥지수의 개념과 의미에 대해 설명하라.

26. 브레튼우즈체제와 기축통화에 대해 설명하라.

27. 트리핀 딜레마(Triffin's dilemma)와 킹스턴체제에 대해 설명하라.

28. 미국의 달러와 중국의 위엔화를 둘러싼 통화전쟁에 대해 설명하라.

29. 국제수지표의 개념과 국제수지의 흐름에 대해 설명하라.

30. 경상수지의 개념과 구성에 대해 설명하라.

31. 상품수지의 개념과 구성에 대해 설명하라

32. 자본수지의 개념과 구성에 대해 설명하라.

33. 금융계정의 개념과 구성에 대해 설명하라.

34. 국제수지의 흑자와 적자가 국내경제에 미치는 영향에 대해 설명하라.

찾아보기

ㅇ

기타

저자 약력

강남호 교수

원광대학교 경제학부 교수로서 20여 년 간 경제학원론 교과를 담당하고 있다. 대통령 직속 국가균형발전위원회 전문위원 및 전라북도 지역혁신협의회 위원으로 국가균형발전을 위한 정책수립에 참여하고 있다. 원광대학교 경영대학 학장 및 경영대학원장, 기획부처장, 평생교육원장, 그리고 인력개발처장 직을 수행하면서 대학교육발전에 기여한 바 있다. 여성대학, 행정대학원 최고여성지도자과정 및 법학전문대학원에서 강의하였으며 특강, TV토론, 신문의 칼럼 등을 통하여 국민경제교육에 노력하고 있다. 국가고시(행정고시, 7급 공무원, 9급 공무원)문제선정, 평가 및 면접위원 등으로 활동하였고, 농촌진흥청 정책과제심의위원, 전라북도 재정사업민간평가위원, 국회사무직 8급 경제학문제 확정위원 등으로 활동 중이다.
연구논문으로는 '우리나라 임대주택시장과 법적규제에 관한 연구' 외에 다수의 논문이 있고, 저서로는 미시경제학(1996), 지방재정학(공저, 1997), 테마경제(1998), 잘사는 사회 위대한 사회(2008), 경제학(Boys & Melvin, *Fundamentals of Economics*, 공동번역, 2013), 경제학(2016), 경제와 사회(2019)를 출간하였다.

김경표 교수

원광대학교 경제학부 교수로서 10여 년 간 경제학원론 교과를 담당하고 있다. 연구논문으로는 '주택임대차시장 임대차계약 형태 구조 변화에 따른 세제개편에 관한 연구' 외에 다수의 논문이 있고, 저서로는 한국세제사 2편 3권 지방세·재산과세·조세지원제도(공동저서, 2014)가 있다.

경제학입문

초판 발행 2024년 2월 28일

지은이 강남호·김경표
펴낸이 김중용
편 집 심성보
펴낸곳 도서출판 정독
경기도 고양시 일산서구 하이파크로 113, 102-204
등록 제406-2014-000093호

전 화 031)924-7203 팩 스 02)718-8554
홈페이지 www.jeongdok.co.kr 이메일 admin@jeongdok.co.kr
ISBN 979-11-6858-216-3 93320

정 가 26,000원